▶ 主编简介

胡卫萍,女,1972年9月出生,江西临川人,法学硕士。现任教于华东交通大学人文社科学院法学系,为法学教授、民商法学硕士研究生导师、法学一级学科(校级重点学科)学科带头人、学科负责人,江西省高等学校第七批"中青年骨干教师"。连续五次荣获华东交通大学"优秀主讲教师"荣誉称号,校优秀教师。中国民法学研究会理事、江西省法学会理事、南昌市法学会常务理事,长期从事民商法学的教学和研究工作。曾主持国家社科基金项目一项,教育部人文社会科学研究项目一项,省级社会科学研究项目近10项。已出版专著一部,并在《法学论坛》《江西社会科学》《求实》《求索》等杂志发表论文50余篇,其中两篇论文分获江西省第十三次、第十四次社会科学优秀成果奖三等奖。

江西省法学教材系列

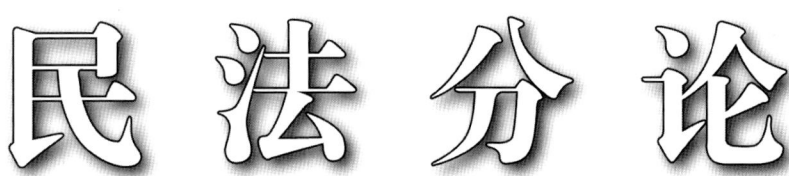

主　编　胡卫萍

副主编　曾荣鑫　张以标

▶ **撰稿人（按撰稿章节顺序）：**

胡卫萍　曾荣鑫　赵于樊　徐燕峰　张以标
汪志刚　籍明明　龚美华　汪旭鹏　陈淑文

厦门大学出版社　国家一级出版社
XIAMEN UNIVERSITY PRESS　全国百佳图书出版单位

江西省法学教材系列编委会

主　　任：魏小琴

常务副主任：刘德意

副主任：涂书田　　叶　青　　利子平　　邓　辉
　　　　沈桥林　　朱爱莹　　邓国良　　王世进
　　　　王新华　　宋文艳

执行总主编：涂书田

委　　员：(按姓氏拼音排序)

　　　　曹贤信　　邓国良　　邓　辉　　江　丽
　　　　康　诚　　李朝生　　利子平　　刘德意
　　　　刘　俊　　刘　俊　　沈桥林　　施高翔
　　　　舒小庆　　宋文艳　　涂书田　　宛锦春
　　　　汪志刚　　王世进　　王新华　　魏小琴
　　　　叶　青　　朱爱莹　　邹建辉

总 序

党的十八大根据全面建成小康社会的新形势和新要求,作出了"全面推进依法治国"的重大决策和战略部署。习近平同志在中央政治局就全面推进依法治国进行集体学习时强调,要坚持依法治国、依法执政、依法行政共同推进,坚持法治国家、法治政府、法治社会一体建设。江西省第十三次党代会根据建设富裕和谐秀美江西的发展战略,提出了加快推进依法治省进程的明确要求。党中央、江西省委为新时期法学研究和法学教育事业发展提出了新的要求并指明了方向。

法律的进步和法治的完善,是一项综合性、系统性的社会工程。全民法律意识、法律素质的提高,是实现全面推进依法治国战略关键的、决定性的因素。在推进法律进步和法治完善进程中,法学教育无疑处于基础的地位。江西省的法学教育自上世纪70年代末恢复开展以来,取得了长足的进步。时至今日,开设法学本科教育的大专院校就有二十余所,培养了大批的优秀法律专业人才。随着国家的发展、社会的进步和法治建设的深入推进,高等法学教育日益面临新的任务。这就需要全省高校各法学院(系)加强合作与交流,共同推进我省高等法学教育事业发展,以适应全社会对法律专业人才的多样化需求。要搞好法学教育,自然离不开一套好的法学教材。为了适应新形势下我省高等法学教育和民主法治实践发展的需要,提升法学本科教学和研究水平,江西省法学会组织全省高校各法学院(系)联合编写了这套适应法学本科教育,具有江西特色,符合社会主义法治理念要求的法学系列教材。

本套教材以我省高校主要法学院(系)的师资力量为依托,由具有丰富教学经验和科研能力的资深教授领衔主编,约请全省二十余所高校法学专业骨干教师联袂参编,作者权威,阵容强大。在内容和体例上,教材特别强调以学生为本,从法学本科生的知识需要出发,既注重保留传统教材的精华,又力求有所突破和创新。首先,各册教材根据巩固基础、够用好学的要求,对相应领域的法律知识进行了高度整合,形成一个逻辑严密、便以理解掌握的知识体系,帮助学生打下扎实的法律专业基础。其次,突出理论与实践的结合,在各章之前增设了"引例",通过案例激发学生的学习动力和兴趣,切入相关知识体系,从而进一步理解抽象的法律专业知识。同时,根据当前法科学生必须通过司法考试方能取得司法从业资格的实际需要,注意了理论教育与职业教育之间的衔接,在各章之后增加了"司法考试真题链接",帮助学生将理论知识与司法考试有机结合起来。在学术观点上,为了避免给学生学习上带来过多困惑,通篇采用了我国法学界公认的理论观点,对存有争议的部分不作深入探讨。

本套教材既是江西省各高校法学院(系)通力协作、共同努力的结果,集中体现了我省法学教学与科研的最新成果,凝聚了广大教师的心血和智慧,也是一套面向新时期、反映我省当今高等法学教育最新状况的法学教材。相信本套教材的出版,一定能够为新时期我省高等法学教育的繁荣发展发挥应有的作用。

本套教材的编写,由厦门大学出版社策划并提供大力支持,得到了中共江西省委政法委的指导。在此,谨致深切的谢意。由于水平和经验有限,错误和不当之处在所难免,敬请读者批评指正,以助日后不断修改完善。

江西省法学教材系列编委会

2013年3月

前言

"民法学"作为教育部规定的法学专业核心课程之一,是法学本科学生的必修课程,也是司法考试中分值比重较大的部门法学。"民法学"不仅要研究民法的各项基本制度以及各项制度之间的关系,还要关注民法适用中不断涌现的新问题、新思想。它在保护社会成员的基本权利,维护社会秩序,保障社会经济制度,增强人们平等、民主和权利意识,促进商品经济和社会文明发展等方面具有重要意义,在我国法学教育中具有重要地位和作用。

"江西省法学教材系列"丛书的"民法学"教材分为《民法总论》和《民法分论》两个部分。《民法总论》是关于民法的一般性规定,统领整个民商立法,普遍适用于民法的各个部分,是民法各个部分共同适用的基本规则。《民法分论》则是《民法总论》关于民法的一般性规则的具体化。相对于《民法总论》规定的原则性、抽象性,《民法分论》更具有实用性和可操作性。

《民法分论》教材没有拘泥于现行民事立法分散的具体规定,而是根据现实社会发展的需要,顺应《民法总论》的指导思想、基本原则,以我国《民法通则》、《物权法》、《合同法》、《侵权责任法》等现行民事法律为依据,紧密结合最高人民法院的司法解释,借鉴外国及我国台湾地区的民事立法和司法实践,吸收国内外民法学研究的新成果,理论联系实际,系统地阐述了《民法分论》的基本理论、基本制度和基本知识(因知识产权法、婚姻家庭法及合同法另有教材,故未作具体论述)。内容阐述简明扼要,语言通俗易懂,包含了物权、债权、人身权、侵权责任等共4编26章内容,具体表现为:

第一编:物权法。该编内容主要包括物权法和物权的一般原理、所有权制度、他物权制度(用益物权和担保物权)、相邻关系、共有和占有制度等物权法问题,侧重于保护财产的静态安全。

第二编:债权法。该编内容主要从债权法总论方面进行阐述,涵盖债的一般原理、债的履行、债的保全和担保、债的移转和消灭、合同法总论、不当得利和无因管理之债等债权法基本问题,侧重于维护财产的动态安全。

第三编:人身权。人身关系是民法调整对象的重要组成部分,一般人格权、具体人格权和身份权则构成了人身法律关系的主要内容。具体人格权中的精神性人格权和物质性人格权的划分,不仅是对具体人格权内容的有效梳理,更有利于人格权问题的准确定位、妥善处理。

第四编:侵权责任法。侵权责任问题一直是民法分论研究的重中之重。该编内容涉及侵权责任的归责原则、一般侵权责任的构成要件、特殊侵权责任、共同侵权、侵权损害赔偿等侵权责任的一般原理,因循了《侵权责任法》的立法体例和思路。

《民法分论》教材采用丛书的编撰体例,章前设"引例",增加学生的学习兴趣;章中适时插入"案例分析"并予以解答,帮助学生掌握案例分析的基本方法和思路;章后则设置"思考题",以课后思考的形式敦促学生复习章节内容,方便学生课堂和课后讨论。同时,在章后还附有"司法考试真题链接",不仅使学生了解相应章节司法考试的考点,还使学生对司法考试的基本要求有个大概的把握,增强了理论教学的实践应用性。

本教材由胡卫萍、曾荣鑫、张以标统稿,撰稿人及分工如下(以撰写章节先后为序):

曾荣鑫(江西财经大学法学院讲师,法学博士):第1、7、11、12章;

赵于樊(江西警察学院法律系民商法经济法教研室副主任,副教授,法律硕士):第2、5章;

徐燕峰(华东交通大学人文社科学院讲师,法学系系副主任,法学硕士):第3、4章;

张以标(江西师范大学政法学院讲师,中国政法大学知识产权研究中心兼职研究员、专利代理人和兼职律师,法学博士):第6、8章;

汪志刚(景德镇陶瓷学院人文社科学院副教授,法学博士):第9、10章;

籍明明(江西理工大学应用科学学院人文科学系党总支副书记,讲师,法学硕士):第13、19章;

龚美华(江西科技师范大学法学院副教授,法学硕士):第14、15章;

胡卫萍(华东交通大学人文社科学院法学系系主任,教授,法学一级学科负责人):第16、18、21、22、23章;

汪旭鹏(九江学院政法学院副教授,法学博士研究生):第17、20、26章;

陈淑文(宜春学院政法学院讲师,法学硕士):第24、25章。

本教材在写作的过程中,参考了国内外学者的著作,谨此表示感谢。

本教材的编写,尽管竭尽了编者的全力,但由于能力、资料有限和时间的仓促,不足之处在所难免,欢迎广大读者批评指正,以便进一步修订完善。

胡卫萍

2013年1月27日

第一编　物权法

第一章　物权法概述 /3

第一节　物权法概述 …………………………………………………… 3
第二节　物权概述 ……………………………………………………… 6
第三节　物权的客体 …………………………………………………… 11
第四节　物权的保护 …………………………………………………… 14

第二章　物权变动 /21

第一节　物权变动概述 ………………………………………………… 21
第二节　动产物权的变动 ……………………………………………… 28
第三节　不动产物权的变动 …………………………………………… 31

第三章　所有权的一般原理 /39

第一节　所有权概述 …………………………………………………… 39
第二节　所有权的权能 ………………………………………………… 41
第三节　所有权的取得 ………………………………………………… 44
第四节　所有权的行使和消灭 ………………………………………… 51

第四章　所有权的具体形态 /54

第一节　国家、集体、私人所有权 …………………………………… 54
第二节　业主的建筑物区分所有权 …………………………………… 58
第三节　共有 …………………………………………………………… 65

第五章　相邻关系/72

第一节　相邻关系概述 …………………………………………………… 72
第二节　相邻关系的种类 ………………………………………………… 73
第三节　处理相邻关系的原则 …………………………………………… 77

第六章　用益物权/80

第一节　用益物权概述 …………………………………………………… 80
第二节　土地承包经营权 ………………………………………………… 82
第三节　建设用地使用权 ………………………………………………… 86
第四节　宅基地使用权 …………………………………………………… 91
第五节　地役权 …………………………………………………………… 93

第七章　担保物权/99

第一节　担保物权概述 …………………………………………………… 99
第二节　抵押权 …………………………………………………………… 104
第三节　质押权 …………………………………………………………… 116
第四节　留置权 …………………………………………………………… 124

第八章　占有/132

第一节　占有概述 ………………………………………………………… 132
第二节　占有的分类 ……………………………………………………… 134
第三节　占有的取得与消灭 ……………………………………………… 136
第四节　占有的效力与保护 ……………………………………………… 137

第二编　债权法

第九章　债的一般原理/143

第一节　债的概述 ………………………………………………………… 143
第二节　债的要素 ………………………………………………………… 145
第三节　债的发生原因 …………………………………………………… 146
第四节　债的分类 ………………………………………………………… 148

第十章　债的履行/155

第一节　债的履行概述 …………………………………………………… 155
第二节　债的履行原则 …………………………………………………… 156
第三节　双务合同履行中的抗辩权 ……………………………………… 160

第十一章　债的保全和担保/166

第一节　债的保全 ………………………………………………………… 166
第二节　债的担保 ………………………………………………………… 172

第十二章 债的移转和消灭 /184

- 第一节 债的移转 …………………………………………………………… 184
- 第二节 债的消灭 …………………………………………………………… 188

第十三章 合同法 /195

- 第一节 合同法概述 ………………………………………………………… 195
- 第二节 合同的订立 ………………………………………………………… 199
- 第三节 合同的内容与形式 ………………………………………………… 208
- 第四节 合同的变更和解除 ………………………………………………… 212

第十四章 不当得利之债 /219

- 第一节 不当得利概述 ……………………………………………………… 219
- 第二节 不当得利的效力 …………………………………………………… 222

第十五章 无因管理之债 /226

- 第一节 无因管理概述 ……………………………………………………… 226
- 第二节 无因管理的构成要件 ……………………………………………… 227
- 第三节 无因管理的类型 …………………………………………………… 229

第三编 人身权

第十六章 人身权的基础理论 /237

- 第一节 人身权概述 ………………………………………………………… 237
- 第二节 人身权的分类 ……………………………………………………… 239

第十七章 物质性人格权 /246

- 第一节 生命权 ……………………………………………………………… 246
- 第二节 身体权 ……………………………………………………………… 248
- 第三节 健康权 ……………………………………………………………… 249

第十八章 精神性人格权 /251

- 第一节 姓名权和名称权 …………………………………………………… 251
- 第二节 肖像权 ……………………………………………………………… 255
- 第三节 名誉权 ……………………………………………………………… 258
- 第四节 荣誉权 ……………………………………………………………… 262
- 第五节 隐私权 ……………………………………………………………… 264
- 第六节 自由权 ……………………………………………………………… 266

第十九章　身份权/270

第一节　配偶权 ……………………………………………………… 270
第二节　亲权 ………………………………………………………… 273
第三节　亲属权 ……………………………………………………… 276

第四编　侵权责任法

第二十章　侵权责任法概述/281

第一节　侵权行为概述 ……………………………………………… 281
第二节　侵权责任概述 ……………………………………………… 283
第三节　侵权责任的抗辩事由 ……………………………………… 285
第四节　侵权责任与其他民事责任的竞合 ………………………… 286

第二十一章　侵权责任的归责原则/291

第一节　侵权责任归责原则概述 …………………………………… 291
第二节　过错责任原则 ……………………………………………… 292
第三节　无过错责任原则 …………………………………………… 296
第四节　公平责任原则 ……………………………………………… 299

第二十二章　一般侵权责任的构成要件/302

第一节　一般侵权责任构成要件概述 ……………………………… 302
第二节　过错 ………………………………………………………… 303
第三节　加害行为 …………………………………………………… 306
第四节　损害事实 …………………………………………………… 307
第五节　因果关系 …………………………………………………… 310

第二十三章　特殊主体的侵权责任/315

第一节　监护人的责任 ……………………………………………… 315
第二节　用人者责任 ………………………………………………… 318
第三节　网络用户、网络服务提供者的责任 ……………………… 321
第四节　违反安全保障义务的责任 ………………………………… 323
第五节　教育机构违反职责的责任 ………………………………… 326

第二十四章　特殊行为的侵权责任/331

第一节　特殊行为的侵权责任概述 ………………………………… 331
第二节　产品责任 …………………………………………………… 332
第三节　机动车道路交通事故责任 ………………………………… 335

第四节　医疗损害责任…………………………………………338
第五节　环境污染损害责任……………………………………341
第六节　高度危险作业致人损害责任…………………………343
第七节　饲养动物致人损害责任………………………………345
第八节　物件损害责任…………………………………………347

第二十五章　共同侵权 /354

第一节　共同侵权行为概述……………………………………354
第二节　共同加害行为…………………………………………356
第三节　共同危险行为…………………………………………357
第四节　无意思联络的数人侵权行为…………………………359

第二十六章　侵权损害赔偿 /362

第一节　侵权损害赔偿概述……………………………………362
第二节　财产损害赔偿…………………………………………363
第三节　人身损害赔偿…………………………………………364
第四节　精神损害赔偿…………………………………………367

第一编 物权法

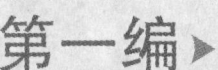

- 第一章　物权法概述
- 第二章　物权变动
- 第三章　所有权的一般原理
- 第四章　所有权的具体形态
- 第五章　相邻关系
- 第六章　用益物权
- 第七章　担保物权
- 第八章　占有

第一章 物权法概述

【引例】

大罗与小罗是叔侄关系。2008年5月1日,大罗与小罗签署房屋转让协议,约定大罗将其房屋按15万元的价格转让给小罗,同时约定大罗可以在有生之年在该房屋居住。2008年10月1日,小罗与朋友梅某某签订了该房屋的买卖合同,约定以20万元的价格将房屋转让给梅某某,双方办理了过户登记手续,并约定于同年11月1日交付房屋。其后,梅某某又办理了房屋所有权证和国有土地使用权证,取得了上述房屋的所有权,但由于大罗拒绝搬出该房屋,小罗无法向小西交付房屋,为此,梅某某以大罗、小罗为被告向法院提起诉讼,要求两被告搬出房屋。请问:梅某某的主张能得到法院的支持吗?

本案中,争议的焦点为物权法定原则,即大罗和小罗约定的居住权是否属于物权的问题。根据《中华人民共和国物权法》(以下简称《物权法》)①第5条的规定,物权的种类和内容都由法律规定。我国《物权法》没有规定居住权,因此,当事人之间设定的居住权不能产生物权效力,但是,可以产生合同上的债权效力。引例中,梅某某依法取得了房屋所有权,而梅某某和小罗签订的房屋转让协议没有约定在该房屋上存在被告大罗的居住权,所以,大罗应该搬出房屋,但可基于其与小罗之间的居住权约定,向小罗主张违约责任。

第一节 物权法概述

一、物权法的概念

我国《物权法》第2条第1款规定:"因物的归属和利用而产生的民事关系,适用本法。"因此,物权法是调整平等主体之间关于物的归属和利用而产生的民事关系的法律规范的总称。物权法是市场经济的基本法律,有广义和狭义之分。狭义的物权法,也称形式意义上的物权法,是指集中调整物权关系的法典,即《中华人民共和国物权法》。广义的物权法,也称实质意义上的物权法,除包含狭义的物权法外,还包括散见于其他法律、法规中与物权关系有关的条款,如《担保法》、《土地管理法》、《森林法》、《渔业法》等法律、法规中与物权有关的条款。

《物权法》第1条规定:"为了维护国家基本经济制度,维护社会主义市场经济秩序,明

---

① 本书如无特别说明,所引用的法律均省略"中华人民共和国"字样。

确物的归属,发挥物的效用,保护权利人的物权,根据宪法,制定本法。"因此,我国制定《物权法》最直接的立法目的是明确物的归属,发挥物的效用,保护权利人的物权。通过这些措施,进而达到维护社会主义市场经济秩序、维护国家基本经济制度的最终目的。

二、物权法的调整对象

民法是调整平等主体之间的财产关系和人身关系的法律,作为民法重要组成部分的物权法,是调整平等主体之间因物的归属和利用而产生的财产关系的法律,因此,物权法的调整对象是平等主体之间因物的归属和利用而产生的财产关系。

1. 物权法调整平等主体之间的民事关系

所谓平等主体,是指当事人参与法律关系的地位平等,适用相同的法律规则并受到法律的平等保护。[①] 物权法调整对象的平等性,是由民法调整的社会关系的性质所决定的,是物权法与调整不平等主体的财产归属和利用关系的公法的显著区别。

2. 物权法调整因物的归属和利用而产生的财产关系

民事关系的范围相当广泛,包括人身关系和财产关系。人身关系,是指人们在社会生活中形成的,具有人身属性,与主体的人身不可分离的,并以特定精神利益为内容的社会关系。这类关系主要由婚姻法、继承法、人格权法等法律调整。

财产关系,是指人们在产品的生产、分配、交换和消费过程中形成的具有经济内容的社会关系,包括财产的归属、流转和利用关系。而物权法调整的是民事关系中的财产关系,主要是财产关系中财产的归属和利用关系。

三、物权法的基本原则

物权法的基本原则,是指贯穿于物权法各项制度及物权法始终的、统领物权法全部内容的基本精神。

(一)物权法定原则

1. 物权法定原则的概念

物权法定原则,是指物权的种类、内容必须由法律明确规定,当事人不得自由创设。我国《物权法》第 5 条明确规定:"物权的种类和内容,由法律规定。"

物权法定原则中的"法",是指狭义的法律,即只有全国人民代表大会及其常务委员会颁布的法律,才可对物权的种类和内容作出规定,所有其他层次的广义上的法律,如国务院颁布的行政法规、条例、决定、命令,国务院各部委颁布的规章,以及地方性法规等,都不包括在内。[②]

2. 物权法定的具体内容

(1)类型法定。即何种权利属于物权,必须由法律规定。当事人不得将某种权利自由约定为物权,约定的权利只能产生债的效力,而不产生物权的效力。例如,在公房买卖中,单位经常规定,如职工要卖房应通知单位,单位有优先购买权。由于《物权法》没有规定优先购买

[①] 王利明:《物权法论》,中国政法大学出版社 2008 年版,第 22 页。
[②] 国务院法制办公室编:《中华人民共和国物权法(案例应用版)》,中国法制出版社 2009 年版,第 7 页。

权,因此,该优先购买权不受物权法的保护,但是,如职工不遵守该约定,单位可主张违约责任。

(2)内容法定。即物权的内容必须由法律规定,当事人不得创设与法定物权内容不符的物权,也不得基于合意而自由约定物权的内容。① 自由约定的内容不发生物权的效力,只在当事人之间发生债的效力。如《最高人民法院关于适用〈中华人民共和国担保法〉若干问题的解释》(以下简称《担保法解释》)第12条规定:当事人约定的或者登记部门要求登记的担保期间,对担保物权的存续不具有法律约束力。第87条规定:出质人代质权人占有质物的,质押合同不生效;质权人将质物返还于出质人后,以其质权对抗第三人的,人民法院不予支持。

(3)效力法定。法律规定物权具有优先效力、追及效力和物权请求权等效力,如当事人的约定与法律规定的内容冲突时,不得发生物权的效力,仅在当事人之间发生债权效力。

(4)公示法定。法律规定不动产以登记、动产以交付为公示方法,当事人不得自由约定变更物权的公示方法,否则会混淆物权的真实状态,对物权的公示公信产生冲击;公示的效力也是法定的,登记或交付在什么情况下是物权的成立要件,在什么情况下是对抗要件,都必须由法律规定。

(二)公示公信原则

公示公信原则,实际上包含公示原则和公信原则两个方面。

1. 公示原则

公示原则,是指物权的设立和变动必须以法定的可取信于社会公众的外部表现形式予以公开。根据《物权法》的规定,不动产物权的设立、变更、转让和消灭,应当依照法律规定进行登记;动产物权的设立和转让,应当依照法律规定进行交付。换言之,不动产以登记为公示方法,动产以交付占有为公示方法。

2. 公信原则

公信原则,是指当物权的状态依据法律规定进行了公示,相对人信赖公示的物权状态而与公示物权人进行的交易受法律的保护。即使其表征与物权的真实状态不符,也对信赖该公示物权并和公示物权人从事交易的人没有任何影响。公信原则赋予公示的内容具有公信力,以保护交易安全,促进交易。

[案例]张三和李四是好友。张三有一处90平方米的商品房出售,李四得知后,对张三表示愿意购买该商品房。双方协商一致,张三以60万元的价格将该房卖给李四。由于两人是好友,加上其他一些因素的考虑,双方未办理产权过户登记手续。后来,由于张三缺钱,且和李四关系恶化,于是,张三背着李四将该房另外卖给了王五,并办理了过户登记手续。请问,本案中的商品房究竟归谁所有?

[解答]根据《物权法》第6条和第9条的规定,张三和李四的买卖合同在前,但由于未办理过户登记手续,该房的所有权仍归张三所有,而不是李四。后来,张三和王五签订了卖房合同,并办理了过户登记手续,王五取得该房的所有权。

---

① 梁慧星:《中国物权法研究(上)》,法律出版社1998年版,第67页。

(三) 一物一权原则

一物一权原则，又称为物权客体特定原则，是指一个物权的客体仅为一个独立的有体物，在同一物之上不得设立两个或两个以上相互矛盾的物权，尤其是不能设立两个所有权。自罗马法以来，一物一权原则即为大陆法系民法所采用，并被作为物权法的一项基本原则。①

具体而言，一物一权原则主要包含以下内容：

1. 一个独立的特定物之上只能存在一个所有权，不能成立多重所有权。需要注意的是，法律允许一个特定物之上有数个所有人，数个所有人对一物享有所有权的情形即为共有。它并不意味着所有权本身是多重所有权，所有权仍然是一个，只不过主体存在多人而已。从根本上说，这是出于产权界定、定纷止争的需要。如果一物之上可以并存多重所有权，则难以确定物的真正归属，而且容易发生各种产权纠纷。②

2. 一个所有权的客体只能是一个独立的特定物。因此，在一个物的组成部分上不能成立一个独立的所有权。

3. 一物之上不得并立两个所有权或两个互不相容的物权，但可以并存多个相容的物权。具体表现为：

(1) 同一物之上不得存在两个所有权，即"一物不容二主"。如果某人对某物依法取得所有权，即使另一人事实上占有该物也不能享有法律上的所有权。

(2) 一物之上不能成立两个相互矛盾的物权，比如，两个占有型物权不可也无法同时成立于一物之上。由于质权要移转标的物占有，因此，标的物的所有人不能在标的物上设定一个质权的同时，再以该标的物另行设定一个质权或需要转移占有的用益物权。

(3) 一物之上可以并存多个相容的物权，如所有权可以和用益物权、担保物权同时并存于一物之上；多个非占有担保物权可以同时并存于一物之上；用益物权和非占有担保物权也可以同时并存于一物之上。例如，所有人可将其电脑设定一个抵押权，同时也可在该物之上设定另一个抵押权或质权；所有人也可将其电脑设定一个质权，同时在该物之上设定另一个抵押权。

第二节 物权概述

一、物权的概念和特征

(一) 物权的概念

《物权法》第 2 条第 3 款从立法上明确规定了物权的概念："本法所称物权，是指权利人依法对特定的物享有直接支配和排他的权利，包括所有权、用益物权和担保物权。"由此

---

① 李显冬：《物权法案例重述》，中国政法大学出版社 2010 年版，第 44 页。
② 王利明：《物权法的基本原则》，http://www.civillaw.com.cn，下载日期：2012 年 8 月 1 日。

可见,物权是指特定的权利人直接支配特定的物并在该物上享有的排他性的权利。物权是权利人对特定物的支配权;同时,权利人对特定物的支配关系要上升为具有权利义务内容的法律关系,只有在人与人的关系中才有意义,因此,物权表面上反映为人与物的关系,本质上反映的仍然是人与人之间的关系。

(二)物权的特征

物权是指特定的权利人直接支配特定的物并在该物上享有的排他性的权利。因此,物权具有如下特征。

1. 特定性

作为一种直接支配标的物的权利,物权的客体必须是独立的、特定的物,否则便无法确定权利直接支配的范围,这就是物权的特定性。物权的客体必须是特定的物,既包括性质上独一无二的物,如名人字画、古董等,也包括被特定化的种类物,如这辆汽车、这张沙发。如果标的物不特定,就无法进行确定权利人的支配范围,也无法通过交付或登记的方式进行公示。同时,作为物权的客体的特定物必须是独立存在的物,物的组成部分,如房屋的一面墙、汽车轮胎、手机的电池等,不得脱离物的整体而单独作为物权的客体,因为物的一部分无法与其他部分明确区分开来,无法进行公示。

2. 支配性

物权的支配性,是指物权在本质上是权利人对物的直接支配权,权利人无须借助他人的行为或意思就能按自己的独立意志直接占有、使用或以其他方式支配标的物。物权的支配性包括权利人对特定的动产和不动产的使用价值的支配,也包括对物的交换价值的支配。[①] 具体而言:

(1)所有权人支配的是标的物的全部利益,包括对标的物的归属、占有、使用、收益和处分等权利。

(2)用益物权人支配的是标的物的使用价值。如,土地承包经营权人可以通过对土地的使用而从中获取一定的收益;建设用地使用权人可以在土地上建设房屋,并从房屋的使用、租赁或销售中获利。

(3)担保物权人支配的是标的物的交换价值,即在债务人不清偿到期债务或发生当事人约定实现担保物权的情形时,担保物权人(债权人)享有对担保物进行变价并以所得价款优先清偿担保债权的权利。

3. 排他性

物权的排他性,体现为两个方面:一方面,物权是一种对世权,可以对抗权利人之外的一切不特定的人,可以排除不特定的任何人对物权的侵害或干扰。换言之,权利人之外的任何人都负有不得侵害物权的义务,即物权法律关系的义务人是不特定的人,义务的内容是消极的不作为。另一方面,在一物之上成立物权时,在该物上不得成立内容与之互相矛盾的其他物权。具体而言:第一,一物之上不得同时并存两个所有权;第二,一物之上不得同时并存两个或两个以上以占有为要件的他物权。

[①] 尹田:《物权法理论评析与思考》,中国人民大学出版社2004年版,第27页。

二、物权的分类

(一)自物权和他物权

这是以物权人是否是标的物的所有权人为标准对物权进行的分类。

自物权是指权利人依法对自己所有的物直接支配并排除他人非法干预的物权。所有权是最完全的一种物权形式,也是唯一的一种自物权,因此,自物权也被称为所有权、完全物权。

他物权是指在他人所有物上设定的物权,包括自物权以外的任何物权。[①] 他物权是从所有权派生出来的独立的财产权,是直接支配他人所有的物的权利。他物权人有权根据法律的规定或合同约定,排除任何人(包括原所有人)的非法干涉。因他物权在客观上对所有权进行了限制,所以又被称为限制物权或定限物权。

(二)所有权、用益物权和担保物权

以物权的目的为标准,物权可分为所有权、用益物权和担保物权。

所有权是指所有人依法对其财产进行占有、使用、收益和处分的权利,是最完全的物权。分为国家所有权、集体所有权和私人所有权。

用益物权是指权利人在一定范围内对他人所有的物所享有的使用和收益的权利。我国《物权法》规定的用益物权有土地承包经营权、建设用地使用权、宅基地使用权和地役权。此外,还将海域使用权、探矿权、采矿权、取水权和使用水域、滩涂从事养殖、捕捞的权利列为用益物权。

担保物权是指为了担保债权的实现,债务人或者第三人以自己的动产、不动产或者权利与债权人约定或者直接依据法律,在债务人不履行债务时,债权人有权就担保财产变价后的价款优先受偿的一种定限物权。我国《物权法》规定的担保物权有抵押权、质权和留置权。

(三)动产物权、不动产物权和权利物权

这是以标的物的性质为标准对物权进行的分类。

顾名思义,动产物权就是以动产为标的物的物权,如手机、电脑、电视、汽车等物的所有权;不动产物权就是以不动产为客体的物权,如土地所有权、房屋所有权等;权利物权,是指在权利之上设定的物权,如权利质权、权利抵押权等。

(四)主物权和从物权

这是根据物权是否具有独立性进行的分类。

主物权是指民事主体所享有的不依附于其他权利而独立存在的物权。比如所有权和用益物权,都无须依附于其他权利而存在。例如,某甲接受朋友馈赠的一只宠物狗,受赠

---

① 杨立新、尹艳:《我国他物权制度的重新构造》,载《中国社会科学》1995年第3期。

人某甲对该特定的宠物享有的所有权即不以其他权利存在为依存,属于主物权。

从物权,也称附属物权,是指民事主体所享有的必须依附于其他权利而存在的物权,没有其他权利的存在,就不会产生从物权。其他权利的灭失,也会导致该物权的灭失,比如担保物权,就是担保的主债权的从物权。

(五)本物权与占有

占有是指对物直接进行掌握控制之事实。相对于占有而言,民法规定的所有权、各种用益物权与担保物权,以及承租人、借用人基于债的关系而对物进行占有、使用的权利,皆称本物权。

对占有,有人认为是一种单纯的事实,也有人认为是一种权利,但占有无论为权利还是事实,将它与本权加以区别,并以此为基础在物权法中对占有作出专门的规定,建立相应的保护占有的法律制度,对稳定物之现实占有关系,维护物之动态安全(交易上的安全),均有重要的意义。

三、物权的效力

物权的效力,是指法律为保护物权人对标的物的支配的完整性而赋予物权的特定保障力。"物权的效力论题说明的问题是,同一物上一项确定的物权和其他权利(包括他人的物权、债权及非权利的占有)发生支配冲突时,确定物权能否排斥其他权利以及如何排斥的问题"。[①]

(一)排他性效力

《物权法》第2条第3款规定:"本法所称物权,是指权利人依法对特定的物享有直接支配和排他的权利,包括所有权、用益物权和担保物权。"由于物权在性质上和债权相区别的主要特性之一就是物权具有排他性,而债权不具有排他性,同时,排他性又是物权的直接支配性的必然结果,因此,排他性既是物权的特性,也是物权的效力。

由于在物权的特征部分已对排他性进行说明,此处不再赘述。不过,需要注意的是:第一,物权的排他性效力,并不意味着任何物权都相互排斥,不会互相矛盾的物权可以并存于一物之上,如所有权和他物权可以并存,不以占有为要件的多个物权也可以并存。第二,物权的排他效力有强弱之分,所有权的排他性效力最强,一物之上绝对不可并存两个所有权;以占有为要件的物权,如质权等,排他性次之;不以占有为要件的物权,如地役权、抵押权等,排他性最弱。

(二)优先性效力

物权的优先效力,是指同一标的物上有两个或两个以上不同性质或内容的权利时,物权优先于债权,且成立在先的物权优先于成立在后的物权。因此,物权的优先性体现在物权的对外效力和对内效力两个方面。

[①] 孙宪忠:《中国物权法总论》,法律出版社2003年版,第44页。

1. 物权的对外优先效力

物权的对外优先效力,即物权优先于债权的效力,是指某一标的物在作为物权的客体的同时,也是债权给付的标时,物权优先于债权,物权成立于债权之前还是之后,在所不问。例如,在一物二卖的场合,甲将其房屋卖给乙,乙交付金钱后搬入居住,后甲又将房屋卖给丙并进行了产权过户登记,则本案件中丙享有的是物权,乙享有的是债权,根据物权优先于债权的效力,丙取得房屋所有权;在承租人的优先权与共有人的优先权发生冲突的时候,共有人享有的物权优先权优先于承租人因租赁合同而享有的债权优先权。

当然,物权优先于债权是一个原则,但该原则也存在一些例外:其一,买卖不破租赁,即在租赁关系存续期间,即使出租人将租赁物让与他人,对租赁关系也不产生任何影响,买受人不能以其已成为租赁物的物权人为由否认原租赁关系的存在而收回租赁物。其二,基于社会公共利益或政策的考虑,法律规定某些特殊债权可优先于物权,例如,《合同法》第286条作出规定,发包人未按照约定支付价款的,承包人可以催告发包人在合理的期限内支付价款。发包人逾期不支付的,除按照建设工程性质不宜折价、拍卖的以外,承包人可以与发包人将该工程协议折价,也可以申请人民法院将该工程依法拍卖,并优先受偿。《海商法》第22条第1款第2项至第5项、第25条第1款规定的船舶营运中的人身伤亡的赔偿请求、船舶吨税、引航费、港务费和其他港口规费的缴付请求、海难救助的救助款项的给付请求,以及船舶在营运中因侵权行为产生的财产赔偿请求权等债权,《民用航空法》第19条第1款、第22条规定的援救该民用航空器的报酬、保管维护该民用航空器的必需费用等债权,均优先于物权受偿。

2. 物权的对内优先效力

物权的对内优先效力,即物权之间的优先效力,是指在同一物上存在多个性质相容的物权时,应依据法律的规定和成立时间的先后确定优先效力。

(1)先成立的物权优先于后成立的物权,即"时间在先,权利在先"的原则。

(2)他物权优先于所有权,例如,土地承包经营权是他物权,是限制物权,集体经济组织对集体土地享有的是所有权,所以,土地承包经营权优先,集体经济组织对集体土地占有、使用、收益、处分的权利就受到了联产承包责任制中的承包经营权这样一种限制物权的限制。

[案例]债务人北丐欠东邪、南帝、西毒各500万元,现在三个债权都已届清偿期,但北丐除了一套抵押(已办理抵押登记)给东邪的价值600万的别墅之外,没有其他清偿能力。请问,本案应该如何清偿?

[解答]由于东邪享有具有优先性效力的抵押权,因此,可对该别墅变价后行使500万元的优先受偿权;此后,别墅变价所剩余的100万元,在南帝和西毒之间按各自的债权比例分配,即南帝和西毒各得50万元。

(三)追及性效力

物权的追及性效力,是指物权依法成立后,不管作为物权的标的物辗转流入何人之手,除法律另有规定外,物权人都可以依法向物的占有人主张物权,恢复物权的效力。对于国家财产也一样,无论国家财产流传至何人之手,国家都可以依法向物的占有人主张物权,恢复物权的效力。追及效力体现在对一个真正物权人的充分保护,所以其是物权中的一个独立的物权效力。

物权的追及效力不是绝对的,必须受到一定的法律限制,如善意取得制度的设立即对物权的追及效力构成阻却。

(四)物权请求权效力

为保障物权人对物享有的充分的支配权、排除妨害并恢复物权到圆满的状态,法律赋予物权人以请求他人返还原物、排除妨害、消除危险和恢复原状的请求权,即民法上所说的物权请求权。[①]

物权请求权不是物权的权能,但却是我国《物权法》第34条、第35条和第36条明文规定的保护物权的有效措施,是和物权不可分离的权利,因此也是物权的重要效力之一。

第三节 物权的客体

一、物权客体概述

(一)物权客体的概念

物权,就是在物上成立的权利,也就是说,物权的客体是物。但作为一种支配权,物权必须以特定的物作为支配的客体,无法为人力所支配的物,不能成为物权的客体。

《物权法》第2条第2款规定:"本法所称物,包括不动产和动产。法律规定权利作为物权客体的,依照其规定。"而《担保法》第92条规定:"本法所称不动产是指土地以及房屋、林木等地上定着物。本法所称动产是指不动产以外的物。"因此,根据我国现行法律的规定,物体的客体原则上为有体物;权利,仅在法律有明文规定的情形下才可作为物权客体,但法律并未对什么是"物"作出明确界定。通说认为,作为物权客体的物,是在人身之外客观存在的、能够为人力所支配,并能满足人们社会生活需要的物。

(二)物权客体的特征

根据物权的客体的概念,作为物权客体的物具有如下特征:

1. 是存在于人身之外的客观存在物

物是能够为人直接感知的客观实在,具有客观物质性,是存在于人身之外的物质对象。那些原本无法为人直接感知的自然力,如电、气、热、磁力等,由于具有一定的物质结构或形态,也被认为是物。[②] 基于公序良俗的考虑,一般认为,人体、人体的器官和尸体,

---

① 王利明:《物权法论》,中国政法大学出版社2008年版,第9页。
② 李显冬:《物权法案例重述》,中国政法大学出版社2010年版,第28页。

不是法律上的物，不能成为物权的客体。

2. 必须能够为人力所支配

作为物权的客体的物必须能够为人力所支配。能够为人力所支配，实际上是指物是否能够被权利人特定化，能否被权利人占有、使用、收益或处分。一些能给人们带来利益却不能被人支配的物，不能成为民法上的物，也不能成为物权的客体，如阳光、空气、雨水等。不过，随着人类征服自然的能力不断增强，能作为物权客体的物也随着人类科技的进步而不断增多，许多原本无法为人支配的东西已经转变为可被人支配的东西，如光能、电能和各种提取的气体，如氧气、氢气等。因此，物权的客体具有扩张性。

3. 必须能够满足人们社会生活的需要

作为物权客体的物，必须具有一定的、能够满足人们社会生活某种需要的效用或价值。这种效用或价值可以是物质性的，如经济用途；也可以是精神性的，如情感价值或文化价值。

4. 具有特定性和独立性

作为物权客体的物首先必须是特定物。倘若标的物不特定，权利人就无从进行支配，也无法通过交付或登记进行公示。

同时，物权的客体应是独立存在的物，物的组成部分，如房屋的墙体、汽车的轮胎、手机的屏幕等，不得单独作为物权的客体。因为：一方面，物的部分离开整体就无法发挥其效用；另一方面，物的某一部分无法和其他部分明确区分，难以进行公示。

二、物权客体的分类

（一）流通物、限制流通物和禁止流通物

这是以物的流通性和流通范围为标准而进行的区分。

流通物是指法律允许在民事主体之间自由流通的物。

限制流通物是指法律基于某些特殊因素的考虑，对其流通范围或流通条件有一定限制的物。例如：黄金、白银等贵重金属；私人收藏的文物；麻醉药品、毒品、运动枪支等。

禁止流通物，又称不可流通物，是指法律明令禁止流通的物。例如：国家专有的物资、土地、矿藏、水流和珍贵野生动物，以及反动或淫秽的书画等。

区分流通物、限制流通物和禁止流通物的意义在于：公民和法人违反有关限制流通物、禁止流通物的规定从事有关的民事行为的，民事行为无效；情节严重的，要承担行政或刑事责任。

（二）动产和不动产

这是以物是否能够在不损害标的物价值的情况下进行移动为标准对物所作的分类。不动产是指按照其物理性质不能移动或虽可移动但移动则会损害价值的物。动产是指能够在不致损害价值的情况下移动的物。

根据《担保法》第92条的规定，不动产是指土地以及房屋、林木等地上定着物。不动产以外的物都是动产，如汽车、桌子、电脑等。

区分动产和不动产的意义在于:首先,物权的公示方法不同。不动产以登记为公示方法,而动产则以交付标的物为公示方法。其次,流通范围不同。根据我国法律的规定,不动产中的流通物种类很少,大部分为限制流通物或不可流通物,如土地、公路、铁路等相当种类的物为禁止流通物,其他一些物多为限制流通物。但动产大多属于流通物或限制流通物,禁止流通物较少。再次,可以设定的权利不同。通常,在动产之上可以设定所有权,也可以设定用益物权和抵押、质押和留置等担保物权;①不动产之上可以设立所有权、用益物权和抵押权,但不能设立质权,也不能成立留置权。最后,纠纷的管辖不同。与不动产有关的纠纷,适用专属管辖,由不动产所在地的人民法院或者仲裁机构管辖;与动产有关的纠纷适用普通管辖,相对而言灵活得多。

（三）主物与从物

这是以两个独立存在的物在用途上客观存在的主从关系为标准所作的区分。共属于一人所有的两个独立存在的物,结合起来才能发挥经济效益的,构成主物与从物关系。

主物是指在两个独立物结合使用中发挥主要效用的,由从物所辅助的物。从物则是和主物共属一人,在两个独立物结合使用中处于依附地位、起辅助或配合作用的物。例如,电视机和遥控器,电视机是主物,遥控器是从物;杯子和杯盖,杯子是主物,杯盖是从物。从物是否限于动产,各国的立法例不尽一致。我国现行法未明文限制从物的范围,应解释为从物不限于动产。如建筑物中可以有主建筑物和从建筑物之分,车库、储藏室一般而言是从建筑物。需要注意的是,不论是主物还是从物,都是独立的物,否则,不构成主物和从物,例如,房屋和房屋墙上的门窗,以及汽车和汽车轮胎之间并非主物和从物的关系,而是整体和部分的关系。

区分主物与从物的意义在于:如法律或合同没有相反的规定,对主物的处分及于从物。如此规定的目的是最大限度地发挥物的效用,避免资源的浪费。

（四）原物与孳息

根据两物之间存在的原有物产生新物的关系,物可分为原物和孳息。②

原物是指依其自然属性或法律规定产生新物的物,如产生幼畜的母畜、带来利息的存款等。

孳息是指原物所产生的收益,包括天然孳息和法定孳息。天然孳息是原物根据自然规律产生的物,如幼畜;法定孳息是原物根据法律规定带来的物,如存款利息、股利、租金等。

---

① 对于动产之上是否可成立用益物权,不少学者持否定意见。但本书认为,我国《物权法》第二编("用益物权"编)第117条明确规定:"用益物权人对他人所有的不动产或者动产,依法享有占有、使用和收益的权利。"同时,《物权法》第121条还规定:"因不动产或者动产被征收、征用致使用益物权消灭或者影响用益物权行使的,用益物权人有权依照本法第四十二条、第四十四条的规定获得相应补偿。"据此可以认定,我国《物权法》允许在动产之上设定动产用益物权,不能因为"用益物权"编在"一般规定"之后四章列举的用益物权不包括动产用益物权而否定动产用益物权的合法性。

② 李显冬:《物权法案例重述》,中国政法大学出版社2010年版,第35页。

区分原物与孳息的意义在于确定孳息的归属。对此,《物权法》第116条规定:"天然孳息,由所有权人取得;既有所有权人又有用益物权人的,由用益物权人取得。当事人另有约定的,按照约定。法定孳息,当事人有约定的,按照约定取得;没有约定或者约定不明确的,按照交易习惯取得。"

(五)可分物与不可分物

这是依物是否能在不改变性质、损害价值或使用价值的情况下进行分割为标准对物进行的分类。

可分物是指可以分割并且不因分割而改变性质、损害价值或使用价值的物,如米、油、盐、布等。不可分物是指按照物的性质不能分割,否则会改变其性质、损害其价值或使用价值的物。如汽车、手机、电视机等。按照法律的规定或财产共有人的协议,在一定时间内不得分割的物,也是不可分物。

区分可分物与不可分物的意义在于:第一,可以确定共有财产的分割。共有财产是可分物的,共有人可对实物进行分割,各得其应有部分;共有财产为不可分物的,不可分割实物,实物只能归个人所有,而其他人从获得实物的所有人处获得合理的折价补偿。第二,有利于确定留置物的范围。当留置物为不可分物时,留置权人有权留置标的物的整体;当留置物为可分物时,留置权人只能留置与其未获清偿的债权的价值相当的部分标的物。

(六)特定物与种类物

这是根据物是否有独立特征或是否因指定而特定化所作的分类。

特定物是指具有独立特征或被特定化的,不能以其他物作为替代的物。包括性质上独一无二的物,如名人字画、古董等,也包括经当事人从种类物中指定而特定化的物,如经挑选的一辆汽车等。特定物因其有不可替代性,因此也被称作不可替代物。

种类物是指没有独立特征或未被特定化的,可通过品种、质量、规格或度量衡来确定的一类具有共同特征的物。如级别、价格相同的小麦、汽油等。由于种类物具有可替代性,因此也被称作可替代物。

区分两者的意义在于:第一,民事法律关系的专属性不同。有些法律关系只能以特定物为客体,如所有权法律关系,租赁和借用法律关系等;有的只能以种类物为客体,如消费借贷、货币借贷;有些法律关系既可以是特定物也可以是种类物,如买卖法律关系等。第二,标的物灭失时的法律后果不同。特定物在交付前灭失的,可以免除义务人的交付义务,只负担赔偿责任。而种类物在交付前灭失的,由于其具有可替代性,故不能免除义务人的交付义务,义务人仍应交付等质等量的种类物。

第四节 物权的保护

一、物权保护的途径

物权保护,是指在物权受到妨害的情况下,采用法律规定的各种方法维护物权人的利益、保障权利人不受侵害的各种保护方法。[1]

物权事关国家的基本经济制度,是所有制在法律上的体现,因此,我国法律为物权提供了全方位的综合保护。

（一）公法保护

物权的公法保护,是指宪法、行政法、刑法等公法部门对物权提供的保护。我国宪法、行政法和刑法等公法部门对物权的保护作出了明确的规定,如《宪法》第12条和第13条分别规定公共财产和公民的合法的私有财产不受侵犯,《行政征收补偿条例》、《国有土地上房屋征收与补偿条例》等行政法对征收、征用公民财产的行为进行规范,《刑法》对盗窃、诈骗、聚众哄抢等侵占他人财产的行为进行刑事制裁。

（二）私法保护

私法保护是最常见、最常用的保护物权的有效措施,最主要的是《物权法》第三章对物权保护所作的规定。

根据《物权法》第32条的规定,物权受到侵害的,权利人可以通过和解、调解、仲裁、诉讼等途径解决。因此,在物权受到侵害时,权利人可以采取与侵害人协商和解的方式来解决物权纠纷;也可以提请专门的调解机构调解或在法院主持下调解来解决物权争议;或者提请仲裁机构进行仲裁;还可以通过向人民法院起诉的方式来解决物权争议。人民法院是最终解决物权争议的机关,当事人之间如无法通过其他方式解决争议时,应通过诉讼途径来解决争议。

《物权法》不但规定了物权请求权,还从保护物权的角度出发,规定了确认物权请求权和损害赔偿请求权等其他物权保护途径。

二、物权请求权

（一）物权请求权的概念和特征

物权请求权,是指当物权的圆满状态受到侵害或有被侵害的危险时,物权人有权请求恢复物权的圆满状态或防止侵害的权利。

物权请求权具有下列特征:

1. 物权请求权基于物权而产生,享有物权是行使物权请求权的前提。

2. 物权请求权是依附于物权的民事请求权,只有当物权的圆满状态受到侵害或有被侵害的危险时才会发生。

3. 物权请求权的效力优先于债权请求权,物权受到侵害时的首要救济方法就是通过行使物权请求权进行保护。[2]

4. 物权请求权是物权的效力之一,以恢复物权的圆满状态为目的,实现这一目的的

---

[1] 王利明:《物权法论》,中国政法大学出版社2008年版,第43页。
[2] 王利明:《物权法论》,中国政法大学出版社2008年版,第48页。

方法有:返还原物、排除妨害、消除危险和恢复原状。

(二)返还原物请求权

返还原物请求权,是指当财产被他人非法占有时,权利人享有请求非法占有人或请求法院责令非法占有人返还原物的权利。

《物权法》第34条规定:"无权占有不动产或者动产的,权利人可以请求返还原物。"因此,以占有为权利内容的物权,在物权的标的物被他人非法占有时,物权人可以请求非法占有人返还原物,或提起返还原物之诉,请求法院责令非法占有人返还原物。

返还原物请求权的行使,需要注意以下几点:

1. 返还原物请求权应由失去对标的物的占有的物权人行使。该物权人可以是所有权人,也可以是用益权人或担保权人,条件是该物权人本来依其物权享有的对标的物的占有被非法剥夺。

2. 返还原物请求权应向无权占有人行使。一方面,作为返还原物请求权的义务人必须是无权占有人。所谓无权占有,是指无正当权源而占有标的物,当事人主观上是否有故意或过失,在所不问。另一方面,作为返还原物请求权的义务人必须是标的物的现在占有人,否则不得对其主张返还原物。①

3. 原物仍然存在。如果原物已经灭失,自然不可能行使原物返还请求权,此时的原物权人只能向侵害人主张损害赔偿。

[案例](1)甲的某 Pad 被乙抢走,随即又被丙抢走,此时甲应向谁主张返还原物请求权?

(2)甲乙签订了房屋买房合同,甲将房屋交付给乙,但未办理过户登记手续。后来甲又将房屋卖给了不知情的丙,双方办理了过户登记手续。请问:甲、丙能否向乙主张返还原物?

[解答](1)甲应向丙主张返还原物,而不是向乙主张返还原物,因为乙不是手机的现在的占有人。

(2)甲不能向乙主张返还原物,因为乙虽未取得房屋所有权,但根据买卖合同,乙的占有对于甲而言是有权占有;丙可以,因为丙是房屋的所有权人,乙的占有对于丙而言属于无权占有。

(三)排除妨害请求权

排除妨害请求权,又称妨害除去请求权,是指当他人以占有之外的行为非法妨害物权人行使物权时,物权人享有请求妨害人排除妨害或请求法院责令妨害人排除妨害的权利。

排除妨害请求权的行使,必须满足下列几个条件。

1. 妨害人没有剥夺物权人对标的物的占有,但却妨害了后者的物权的正常行使。由

---

① 王泽鉴:《民法物权(通则·所有权)》,台湾地区作者印行2001年版,第168页。

于物权人行使排除妨害请求权的依据是他人的妨害行为构成了对物权人行使物权权能的妨害,因此,行使排除妨害请求权的主体是直接占有标的物的物权人,可以是标的物的所有人,也可以是直接占有标的物的用益物权人或担保权人。该权利应该向妨害人行使。

2. 妨害人以占有之外的行为对物权人的物权造成不正当妨害。即:第一,妨害人对物权人的物权的妨害必须是以占有之外的行为实施的,如果是以占有的方式实施,则物权人享有返还原物请求权;第二,妨害必须是持续进行的,如果妨害是转瞬即逝的或已经消失的,则物权人只能请求妨害人承担侵权损害赔偿责任;第三,妨害必须是不正当的,即妨害人的妨害行为没有正当理由,没有法律上的或合同上的依据。①

法律要求物权人应容忍他人的正当的、轻微的适度妨害,如物权人对妨害有容忍义务,则不得行使排除妨害请求权,例如,土地用益权人应容忍邻居根据相邻关系的有关规定在其土地上的通行,邻居新生婴儿的哭闹等。

(四)消除危险请求权

消除危险请求权,又称妨害防止请求权,是指当他人的行为可能妨害物权人行使物权时,物权人有权请求行为人采取消除危险的措施,或请求法院责令行为人采取消除危险的措施。

《物权法》第35条规定:"妨害物权或者可能妨害物权的,权利人可以请求排除妨害或者消除危险。"此处所指的危险,是指尚未实际发生的但有可能出现的妨害物权人的物权行为或状态。对于是否存在危险的判断,应以一般社会生活观念为准则,结合具体情况加以判定。例如,甲乙两人为邻居,甲的房屋年久失修,变为危房,如甲的房屋倒塌,就会压到乙的房屋时,乙有权要求甲拆除房屋或加固房屋,消除危险。

(五)恢复原状请求权

恢复原状请求权,是指当物权的标的物受他人的侵权而损坏时,如果能通过修复等途径恢复原状,则物权人有权请求侵权人或请求法院责令侵权人恢复标的物到原有的状态。《物权法》第36条规定:"造成不动产或者动产毁损的,权利人可以请求修理、重作、更换或者恢复原状。"

根据《物权法》的有关规定,行使原状恢复请求权需要满足以下条件:

1. 侵害人的行为导致了物权人的财产损坏,包括故意毁损不动产或动产的行为和使用不当致使不动产或动产毁损的行为。

2. 对遭受侵害的不动产或动产进行修复尚有可能。一方面,财产遭受侵害之后,原物仍然存在,如财产已经灭失,则无法恢复原状;另一方面,恢复原状在经济上应该是合理可行的,如果恢复原状的费用过高,则不宜采用恢复原状的方式。

三、物权保护的其他方式

除物权请求权之外,《物权法》还从保护物权的角度出发,规定了确认物权的请求权和

---

① 王利明:《物权法论》,中国政法大学出版社2008年版,第53页。

损害赔偿请求权。

(一)确认物权的请求权

确认物权的请求权,是指利害关系人在物权的归属、内容发生争议时,请求法院或者专门国家机关确认物权归属、明确物权内容的权利。我国《物权法》第33条明文规定:"因物权的归属、内容发生争议的,利害关系人可以请求确认权利。"

对于确认物权请求权,要注意以下几点:

1. 确认物权的请求权不是物权请求权。物权请求权是权利人在物权的归属和内容清晰的情况下已经享有权利,是权利人才享有的权利。对于确认物权的请求权而言,有权提起确认物权的请求权的是"利害关系人",而非"权利人",因为在物权的归属和内容有争议的情况下,谁是"权利人"尚无法确定。因此,确认物权的请求权不是物权请求权。

尽管如此,"从权利救济的角度看,确认权利本身似乎并无多少独立的价值"①。确认物权的请求权常常是各种物权请求权行使的前提条件,而实践中常见的情形是,大量的物权争议并非在归属或内容明确的情况下发生,在此情形下,当事人若要提起返还原物请求权、排除妨害请求权等物权请求权,就必须同时行使物权确认的请求权。例如,张三的一部手机被李四占有,李四认为自己才是手机的所有权人,在这种情形下,若张三要行使返还原物请求权,必须先证明自己才是手机的所有权人,因此,张三必须同时提起确认物权的请求权之诉和返还原物之诉。

2. 确认物权的请求权要解决的是民事主体之间就某物的物权发生的争议,争议的内容是物权的归属问题,或者是物权的支配范围或内容的问题。因此,确认物权的请求权不但包括所有权的确认请求权,也包括他物权(用益物权和担保物权)的确认请求权。

(二)损害赔偿请求权

我国《物权法》第37条规定:"侵害物权,造成权利人损害的,权利人可以请求损害赔偿,也可以请求承担其他民事责任。"因此,当他人侵害物权的行为造成物权人的经济损失时,物权人可以请求侵害人或请求法院责令侵害人赔偿损失。

一般认为,损害赔偿请求权属于债权请求权,是债法上的救济措施。但是,我国《物权法》在物权保护部分规定了损害赔偿请求权,其目的是使物权人在其物权遭受侵害而无法通过行使物权请求权的方式达到保护物权的目的时,获得相应的金钱补偿,使其整体利益能够恢复(至少是尽量恢复)到物权的完满状态。因此,物权法中的损害赔偿请求权,也是物权保护的一种法律手段,在物权人、占有人利益保护中发挥着不可缺少的作用,而且在某种情况下发挥着极为重要的补充作用。②

侵害人侵犯他人物权的,首先应返还原物;原物如果损坏但能恢复原状的应尽量恢复原状,原状恢复请求权实现之后,如果被损坏的不动产或动产之价值比原来有所降

---

① 刘家安:《物权法论》,中国政法大学出版社2009年版,第53页。
② 孙宪忠:《物权法》,社会科学文献出版社2005年版,第171页。

低,所有权人还有权请求毁损人赔偿损失;既不能返还原物,又不能恢复原状的,应赔偿损失。

【思考题】

1. 简述物权法的基本原则。
2. 简述物权的特征。
3. 试析物权的效力。
4. 试析作为物权客体的物必须具备的特征。
5. 简述物权请求权的概念、特征和范围。

【司法考试真题链接】

1. 甲将300册藏书送给乙,并约定乙不得转让给第三人,否则甲有权收回藏书。其后甲向乙交付了300册藏书。下列哪一说法是正确的?(2009年)
   A. 甲与乙的赠与合同无效,乙不能取得藏书的所有权
   B. 甲与乙的赠与合同无效,乙取得了藏书的所有权
   C. 甲与乙的赠与合同为附条件的合同,乙不能取得藏书的所有权
   D. 甲与乙的赠与合同有效,乙取得了藏书的所有权

2. 甲将其父去世时留下的毕业纪念册赠与其父之母校,赠与合同中约定该纪念册只能用于收藏和陈列,不得转让。但该大学在接受乙的捐款时,将该纪念册馈赠给乙。下列哪一选项是正确的?(2007年)
   A. 该大学对乙的赠与无效,乙不能取得纪念册的所有权
   B. 该大学对乙的赠与无效,但乙已取得纪念册的所有权
   C. 只有经甲同意后,乙才能取得纪念册的所有权
   D. 该大学对乙的赠与有效,乙已取得纪念册的所有权

3. 物权人在其权利的实现上遇到某种妨害时,有权请求造成妨害事由发生的人排除此等妨害,称为物权请求权。关于物权请求权,下列哪一表述是错误的?(2011年)
   A. 是独立于物权的一种行为请求权
   B. 可以适用债权的有关规定
   C. 不能与物权分离而单独存在
   D. 须依诉讼的方式进行

4. 甲有一块价值1万元的玉石。甲与乙订立了买卖该玉石的合同,约定价金11000元。由于乙没有带钱,甲未将该玉石交付与乙,约定3日后乙到甲的住处付钱取玉石。随后甲又向乙提出,再借用玉石把玩几天,乙表示同意。隔天,知情的丙找到甲,提出愿以12000元购买该玉石,甲同意并当场将玉石交给丙。丙在回家路上遇到债主丁,丁向丙催

要 9000 元欠款甚急,丙无奈,将玉石交付与丁抵偿债务。后丁将玉石丢失被戊拾得,戊将其转卖给己。根据上述事实,请回答下列(1)—(3)题。(2009 年)

(1)关于乙对该玉石所有权的取得和交付的表述,下列选项正确的是:
A. 甲、乙的买卖合同生效时,乙直接取得该玉石的所有权
B. 甲、乙的借用约定生效时,乙取得该玉石的所有权
C. 由于甲未将玉石交付给乙,所以乙一直未取得该玉石的所有权
D. 甲通过占有改定的方式将玉石交付给了乙

(2)关于丙、丁对该玉石所有权的取得问题,下列说法正确的是:
A. 甲将玉石交付给丙时,丙取得该玉石的所有权
B. 甲、丙的买卖合同成立时,丙取得该玉石的所有权
C. 丙将玉石交给丁时,丁取得该玉石的所有权
D. 丁不能取得该玉石的所有权

(3)关于该玉石的返还问题,下列说法正确的是:
A. 戊已取得了该玉石的所有权,原所有权人无权请求返还该玉石
B. 该玉石的真正所有权人请求己返还该玉石不受时间限制
C. 该玉石的真正所有权人可以在戊与己的转让行为生效之日起两年内请求己返还该玉石
D. 该玉石的真正所有权人可以在知道或者应当知道该玉石的受让人己之日起两年内请求己返还该玉石

第二章 物权变动

【引例】

　　张某所在的单位进行集资建房，每位职工按照每平方米 2000 元的价格缴纳集资款，张某可享受的集资住房面积为 110 m²。因张某家庭经济困难，遂将该集资房的指标以 5 万元转给了薛某。双方签订了《集资房转让协议书》，约定名义上仍由张某、实际上系薛某向单位缴纳集资款，薛某取得张某集资房的所有权。房屋竣工后，张某将所分配得到的住房以每平方米 3500 元的价格卖给了肖某并签订了房屋买卖合同。但由于政策规定集资房在交付 5 年后才允许上市交易，因此张某和肖某之间只签订了合同，并未办理房屋产权的变更登记手续。后薛某、肖某均到人民法院起诉，主张自己对该套房屋的所有权。

　　本案中，张某先后与薛某、肖某进行的集资房（指标）转让行为，在司法实践中屡见不鲜。关于此种行为是否有效，目前法律并无明确的规定。集资房与职工个人身份密切相关，因此与相关福利待遇密切相关。集资建房的单位往往对购房职工作出限制性约定，要求不得转卖、转让、出租等。本案的前手交易中，"指标"并不属于《合同法》中规定的明确的、具体的标的，由此导致了此协议的瑕疵。后手交易中，若张某所在单位有明确规定集资房不得转让，则单位的规定可对抗张某与肖某的转让行为，此其一；其二，不动产物权的享有和变动以登记为公示方法，张某与肖某并未办理房屋产权的变更登记手续，因此，肖某也未取得该套房屋的所有权。综上所述，该套房屋的所有权并未发生变动的效力，薛某和肖某均不能取得该套房屋的所有权。他们与张某之间的权利义务关系均应依照《合同法》的规则进行调整。

第一节　物权变动概述

一、物权变动的概念

　　物权的变动，从物权自身的本体角度来说，是权利产生的一种动态现象，指的是物权的发生、变更与消灭；从物权的权利主体角度而言，指的是物权的取得、设定、变更及丧失。《物权法》第二章规定的"物权的设立、变更、转让和消灭"，规定的就是物权变动规则。

　　物权的设立，是指权利主体根据法律规定设立新的物权。为自己设立物权，称为物权的取得；为他人设立物权，称为物权的设定。物权的设立是产生一个新的物权，通常称为物权的发生。根据大陆法系各国的法律规定，物权的发生有两种方式：原始取得和继受取得。[①]

---

① 郑云瑞：《民法物权论》，北京大学出版社 2006 年版，第 81 页。

原始取得，又称固有取得，是指非依他人权利与意志，直接依照法律的规定而取得物权，是权利的绝对发生。例如，通过生产而取得产品的所有权、国家依照法律规定的程序取得遗失物的所有权等。继受取得，也称传来取得，是指以原所有人的权利和意志为根据而取得物权，是权利的相对发生。例如，买受人通过与出卖方实施买卖行为而取得财产所有权、继承人取得被继承人的遗产等。

物权的变更，有广、狭二义。广义的变更包括物权主体的变更、物权内容的变更和物权客体的变更；狭义的变更仅指物权客体和内容上的变更，不包括物权主体的变更。由于物权的主体的变更，通常是指物权的取得或者消灭，亦即《物权法》第二章所称物权的"转让"，因此，一般所称的物权的变更，多指狭义的变更。

物权的消灭，从权利人方面观察，是指物权的丧失，可以分为绝对的消灭与相对的消灭。绝对的消灭是指物权本身不存在了，物权的标的物与其主体相分离，而且他人也未取得其权利，如标的物灭失且无替代物。相对的消灭是指物权与其主体分离而被另一主体取得，如买卖行为使一方丧失所有权而另一方取得所有权。

二、物权变动的原因

物权变动的原因，是指能够引起物权发生、变更或消灭的法律事实。物权变动的原因主要有两大类：法律行为和法律行为之外的其他法律事实。由于民法是调整财产归属和交易关系的法律，物权法是民法的重要组成部分，而法律行为基本上反映了交易关系，因此，法律行为是引起物权变动的主要原因，[①]而法律行为之外的法律事实则是引起物权变动的次要原因。了解这些原因，对于明确物权的归属、判断财产的权利状态具有十分重要的意义。可从物权的取得与消灭两个方面来论述物权变动的原因。

(一)物权的取得

1. 因法律行为的实施而取得。例如，因买卖、互易、赠与、遗赠等行为取得物权，通过物的所有权人与第三人的设定行为为第三人设定抵押权、质权、地役权等他物权。

2. 因法律行为之外的其他法律事实而取得。主要有：

(1)因取得时效而取得物权。

(2)因法律规定而取得物权，如留置权。

(3)因添附取得物权。

(4)因继承和受遗赠取得物权。(《物权法》第29条)

(5)因拾得遗失物、发现埋藏物或者隐藏物取得物权。

(6)因合法生产、建造而取得物权。(《物权法》第30条)

(7)因人民法院、仲裁委员会的法律文书取得物权。

根据《物权法》第28条的规定，法院、仲裁委员会的生效法律文书导致物权变动，应当符合如下条件：第一，必须是人民法院的生效判决或仲裁委员会的生效裁决。第二，必须是针对物权变动作出的判决或裁决。第三，必须是针对特定的物而作出的决定。

---

① 梁慧星：《中国物权法研究(上)》，法律出版社1998年版，第139页。

一旦判决或者裁定生效,新的权利人在没有办理登记的情况下也享有物权,可以基于该物权对抗原权利人和原权利的债权人,也可以基于其享有物权的事实要求登记机关变更登记。[1]

(8)因征收或者没收取得物权。

所谓征收,是指国家为了公共利益的需要,在依法作出补偿的前提下,利用公权力强制性地将集体或私人所有的财产征归国有的行为。国家因征收而取得被征收财产的物权。

所谓没收,是指行政机关或司法机关运用强制措施,依法将违法行为人取得的违法所得财物的所有权予以强制性剥夺。国家无偿取得被没收财产的物权。

(9)孳息的所有权取得。

天然孳息,由所有权人取得;既有所有权人又有用益物权人的,由用益物权人取得。当事人另有约定的,按照约定取得。法定孳息,当事人有约定的,按照约定取得;没有约定或者约定不明确的,按照交易习惯取得。[2]

(二)物权的消灭

1. 因法律行为的实施而消灭

(1)抛弃。抛弃是直接引起物权消灭,以消灭物权为目的的单方民事行为。抛弃只需权利人作出抛弃物权的意思表示,即可产生抛弃物权的法律效力。但他物权的抛弃,必须向因抛弃而直接受益者为意思表示;而不动产物权的抛弃,除须向因抛弃而直接受益者作出抛弃的意思表示外,还须办理注销登记,方能使相对人行使自己的权利。

原则上物权一经权利人抛弃即归消灭,但是如果因为物权的抛弃会妨害他人的权利时,则物权人不得任意抛弃其权利。例如农村承包经营户的承包经营权,因有对农村集体组织的义务,所以不能任意抛弃,以免损害农村集体组织的权利。[3]

(2)合同。合同也是一种能够引起物权消灭的法律行为,是指当事人之间关于物权存续的期间或者约定物权消灭的意思表示一致的民事行为。在合同约定的期限届满或约定物权消灭的合同生效时,物权即归于消灭。例如,甲以自己的房屋为抵押与银行之间签订贷款合同,合同届满,甲履行了还款义务,银行的抵押权归于消灭。

(3)撤销权的行使。撤销权的行使既可基于法律的直接规定,也可基于当事人之间的约定。例如,根据我国《土地管理法》第37条的规定,"禁止任何单位和个人闲置、荒芜耕地。已经办理审批手续的非农业建设占用耕地……连续两年未使用的,经原批准机关批准,由县级以上人民政府无偿收回用地单位的土地使用权……"。

2. 因法律行为以外的其他法律事实而消灭

(1)标的物灭失。标的物灭失是较为常见的引起物权消灭的原因,指物权的标的物在生产中被消耗或者生活中被消费或者因其他原因灭失或损毁。如油料燃烧、食物被吃掉、

---

[1] 王利明:《民法》,中国人民大学出版社2010年第5版,第167页。
[2] 魏振瀛:《民法》,北京大学出版社、高等教育出版社2010年第4版,第223页。
[3] 魏振瀛:《民法》,北京大学出版社、高等教育出版社2010年第4版,第224页。

泥石流冲垮房屋等。对于毁损的标的物的残余物,原物的所有人仍然享有所有权。如房屋损坏,房屋的所有人对残余的砖、瓦、土、木等仍享有所有权。此外,依《物权法》第174条等相关法条之规定,在担保物因毁损灭失而转化为保险金、赔偿金或补偿金等或其他替代物时,担保物权续存于其替代物之上。

(2)物权存续期间届满。法律规定的限制物权存续期间届满也是导致物权消灭的原因之一。例如,依据《物权法》第123条的规定,"耕地的承包期为三十年。草地的承包期为三十年至五十年。林地的承包期为三十年至七十年……"。当法律规定的土地承包经营权届满时,该物权消灭。

(3)混同。混同是指两个无并存必要的权利归属于一个权利主体的关系。混同有债权债务的混同和物权的混同,前者是导致债的关系消灭的原因,这里指的是物权的混同。物权在一般的情况下亦因混同而消灭,但有时也有例外。① 如某一物的所有权与该物上所设立的他物权,同时归属于一个权利主体时,他物权不因混同而消灭。例如,甲将其房屋抵押给乙,然后又将房屋抵押给丙,乙为第一抵押权人,丙为第二抵押权人。假设甲又将房屋卖给了乙,如果根据混同物权消灭原则,乙对房屋的所有权就要受到损害。乙对房屋的抵押权因混同而消灭之后,丙升为第一抵押权人,一旦甲无力履行其对丙的债务,丙即可行使房屋的抵押权,那么,乙的利益就会受到损害。因此,以他物权为标的权利,如果其存续对权利人或者第三人有利益,就不因混同而消灭。②

此外,某些法律事实作为引起物权取得的原因,从原物权人的角度来看属于物权的消灭。例如因时效而取得物权,因人民法院、仲裁委员会的法律文书或征收取得物权,对原权利人而言物权相对消灭。

三、物权变动的原则

物权是权利人直接支配标的物的权利,作为一种支配权和绝对权,物权具有排他效力和对世性。由于物权的存在及变动,涉及权利人或当事人以外的其他民事主体,因此,其状态或效果必须以一种可以从外部察知的方式向社会公开,从而使第三人知道,保障交易安全,避免纠纷产生。为此,《物权法》关于物权的变动,明确规定了公示原则,同时通过善意取得的规定,也体现了物权变动的公信原则。③

(一)公示原则

所谓物权的公示原则,是指物权的变动,必须采取可取信于社会公众的外部方式表现出来,从而减少交易成本、避免第三人遭受损害,保护交易安全。例如,甲、乙双方以合同的方式在甲的房屋上设定了抵押权,如果不以一定的方式表现出该抵押权的存在,第三人因不知该抵押权存在的事实而购买房屋,其权益就可能遭受损害。正因为物权的公示对于维护物权之归属秩序和交易安全具有如此重要的作用,自19世纪以来,各国无不实行

---

① 郑玉波:《民法物权》,台湾三民书局1992年修订第15版,第43~44页。
② 郑云瑞:《民法物权论》,北京大学出版社2006年版,第84~85页。
③ 刘家安:《物权法论》,中国政法大学出版社2009年版,第59~60页。

公示原则,规定物权公示的方法和公示的效力。我国《物权法》在第一章"基本原则"中确立了物权的公示原则,通过第6条明确区分不动产物权和动产物权的不同公示方法。此外,在第二章"物权的设立、变更、转让和消灭"中分别通过第23条和第9条进一步规定:因法律行为的动产物权变动,以交付为生效要件,除非法律另有规定;因法律行为的不动产物权变动,以登记为生效要件,除非法律另有规定。

1. 物权公示的方法

物权变动的公示方法,在罗马法上先后经历了要式买卖、拟诉弃权、最后统以"交付"的发展历程。近代以来,物权公示的方法,因不动产物权或动产物权的不同而有区别。不动产物权以登记和登记的变更作为权利享有与变动的公示方法,动产物权以占有作为权利享有的公示方法,以占有的移转(交付)作为权利变动的公示方法。

近代不动产物权登记最初仅适用于抵押权,如普鲁士1722年的《抵押及破产法》、1783年的《抵押法》、法国1795年的《抵押法》,后来逐渐适用于各种不动产物权。因此,不动产登记制度是在近代确立的。① 通常认为法国在抵押权领域采取登记制度,是现代意义的不动产登记制度正式诞生的标志。

动产物权的公示方法,自古以来即为交付,即标的物占有的现实移转,罗马法如此,日耳曼法亦同。近代以来,登记制度虽然大兴,但动产物权的变动,如果都必须以登记进行公示,殆无可能。② 同时,因物权交易日渐频繁,如动产物权的变动也采登记的公示方法,必然影响物权交易的便捷,甚至延缓物权交易的进程。因此,近代动产的变动,仍以"交付"作为其公示方法,即以占有之所在为动产物权之所在。

2. 物权公示的效力

关于物权的公示效力,从各国的立法例来看,主要有三种:

(1)公示生效主义。又称公示的有效要件主义,为德国民法典以及以其为模式的民法典所采。按照这种立法例,物权如果不经公示,权利人不享有权利或者权利不发生转移。即只有当事人之间的物权变动的意思表示,而没有法定的公示方法时,将不会引起物权变动的法律效果。

(2)公示对抗主义。主要为法国法系国家所采取,日本民法也采此主义。指当事人只要达成了物权变动的合意,即发生物权变动的法律效果,未经公示并不影响此效果的发生,但不能对抗善意第三人。

(3)折中主义。是指生效主义和对抗主义皆采的一种主义,但各国在立法上往往有所侧重,以一种主义为原则,另一种主义为例外。

我国的物权立法采取的是折中主义的立法模式,《物权法》原则上确立了公示生效主义,③在此原则之外,也承认了公示对抗主义的公示效力,主要有:①船舶、航空器和机动

---

① 郑玉波:《民法物权》,台湾三民书局1992年修订第15版,第28页。
② 谢在全:《民法物权论(上册)》,中国政法大学出版社1999年版,第57~58页。
③ 《物权法》第9条第1款规定:"不动产物权的设立、变更、转让和消灭,经依法登记,发生效力;未经登记,不发生效力,但法律另有规定的除外。"第23条规定:"动产物权的设立和转让,自交付时发生效力,但法律另有规定的除外。"

车可适用登记,但该登记仅具有对抗效力(第24条)。②土地承包经营权自土地承包经营权合同生效时设立(第127条)。土地承包经营权人将土地承包经营权互换、转让,当事人要求登记的,应当向县级以上地方人民政府申请土地承包经营权变更登记;未经登记,不得对抗善意第三人(第129条)。③地役权自地役权合同生效时设立。当事人要求登记的,可以向登记机构申请地役权登记;未经登记,不得对抗善意第三人(第158条)。④以《物权法》第180条第1款第4项、第6项规定的财产或者第5项规定的正在建造的船舶、飞行器抵押的,抵押权自抵押合同生效时发生效力;未经登记,不得对抗善意第三人(第188条)。①

(二)公信原则

所谓物权的公信原则,是指物权变动一旦依法进行了公示,则即使依公示方法表现出来的物权状态与真实的物权状态不相符合,也不能影响物权变动的效力。

公信原则,其目的在于使人"信"。依此原则,公示方法所表现的物权即便不存在或存在瑕疵,但对于信赖该公示而从事物权交易的善意第三人,法律仍然承认该第三人可以取得如同公示与权利相符时可以取得的结果,以保护交易安全。例如,某处房产被登记为甲所有,乙信赖该登记而与甲订立房屋买卖合同,并进行了房产的所有权变更登记。后发现该房产实则为丙所有,那么,乙仍然取得房屋的物权,尽管登记的物权存在瑕疵。

公信原则包括两方面的内容:其一,记载于不动产登记簿的人推定为该不动产的权利人,动产的占有人推定为该动产的权利人,除非有相反的证据证明。即"权利的正确性推定效力"。其二,凡善意依赖公示的表象而为一定的行为,在法律上应当受到保护,保护的方式就是承认此行为所产生的物权变动的效力。② 值得注意的是:其一,在交易中,动产占有的权利正确性推定仅对所有权而言,不能推定出所有权以外的权利,如用益物权、质权等。即动产占有公信力仅指动产的占有人被推定为所有权人。其二,公信力完全是为了交易便捷和安全而建立的一种制度,它只对在交易中善意依赖它的第三人(或称交易相对人)有效,而对有直接请求权关系的当事人不具有效力——不得援用公示的公信力主张权利。例如,甲的房屋被误登记为乙的房屋,那么只有与乙交易的第三人,可以援用公信力保护自己,主张因善意而取得所有权;而乙不能援用之,主张该房屋的所有权。③

[案例]杨女士多年前花费数十万元买下一套商品房,并入住多年。有一天,一位手持该套商品房房产证的陌生人前来要求她腾出房屋,杨女士才发现自己上了开发商的当。原来,开发商在住宅楼完工后,到有关部门办理房产证时,将所有商品房的产权都登记在自己名下。当这位开发商向杨女士等人出售房屋时,只与购房者签订预售合约,然后以种种借口拒绝办理过户手续。一段时间后,开发商生意失败欠下债务,为了筹钱,

---

① 刘家安:《物权法论》,中国政法大学出版社2009年版,第70~71页。
② 魏振瀛:《民法》,北京大学出版社、高等教育出版社2010年第4版,第221页。
③ 高富平:《民法学》,法律出版社2009年第2版,第309页。

便采取"一房二卖"的损招,把这些已经售出的商品房再次出售给其他人,并在房地产交易登记机构办理了登记手续。明明是自己的房子,却被开发商卖掉,包括杨女士在内的上当者最终把开发商告上了法庭。杨女士能否取得该套住房的所有权?

[解答]房屋作为不动产以登记为其所有权享有和变动的公示方法。本案中开发商尽管已经交付房屋给杨女士,但由于始终没有办理所有权变更登记手续,因此,依据物权法的公信原则,任何善意第三人基于对登记的产权人为开发商这样一种表象的信赖,而与开发商签订房屋买卖合同,依法受法律保护。买卖合同签订后在房地产交易登记机构办理了登记手续,是善意第三人取得房屋所有权的公示。在此种情况下,杨女士不能取得该套住房的所有权,其损失由开发商进行赔偿。但是,如果第三人为恶意第三人则另当别论。

按罗马法上"任何人不得以大于自己所有之权利让与他人"以及"我发现我自己之物之处,我得取回之"的法谚,无论动产或不动产物权都没有发生公信原则的余地。但在日耳曼法上,作为物权公示方法的占有,具有物权转移的效力,因此却有"所有人任意让与他人占有其物,则只能对该他人请求返还"以及"以手护手"的法谚。法国固有法上也有"动产不许追及"的法谚。此项法谚发展的结果,使得无从取得权利的受让人也能取得权利,通说认为这是动产公信原则的起源,其后为近代各国民法所继受,以善意取得或即时取得制度的新姿态出现。

不动产公信原则,按日耳曼法的上述占有效力及法谚,起源于德国(《德国民法典》第892条),其后为瑞士所继受(《瑞士民法典》第973条)。① 但《法国民法典》和《日本民法典》对于不动产物权还未实行公信原则。不动产物权是否采取公信原则,在法律效力上会有显著的差异。例如,甲将房屋出卖给乙并且经过产权登记,而乙又将房屋转卖给丙,且也经过产权登记,以后因甲主张其与乙之间的买卖合同有错误而归于无效时,乙不能取得房屋的所有权,但对于丙来讲,他可否取得房屋的所有权,就要看法律是否赋予不动产物权登记以公信力,如果予以公信力——因登记的所有权人是乙,丙也相信房屋是乙的所有物——则丙取得其所有权;如果不予以公信力——即使登记的所有人是乙,丙也相信房屋是乙的所有物,即使其相信并无过失——丙不能取得房屋的所有权。从维护交易安全、稳定社会经济秩序出发,应当赋予不动产物权登记以公信力。②

我国《物权法》第106条规定了物权的善意取得制度,第三人在符合法律规定的条件下可以信赖物权的公示而从无权处分人处取得物权,实际上是赋予了登记、交付的公信力,这是公信原则的体现。在公信制度下,公信原则追求的是法律的真实,而非事实上的真实。参与交易之人,不必探究公示内容的真实与否和详查物权的实际状态,只需依物权公示之物权现状进行交易即可,避免遭受不测之损害。因此,物权公信原则是物权公示原则在逻辑上的必然结果,已成为现代物权法的一项重要原则。

---

① 谢在全:《民法物权论(上册)》,中国政法大学出版社1999年版,第60～61页。
② 魏振瀛:《民法》,北京大学出版社、高等教育出版社2010年第4版,第222页。

第二节 动产物权的变动

一、动产物权变动概述

(一)交付的概念

随着近代不动产登记制度的确立,交付成为动产物权变动的公示方法。交付不像登记那样具有永久的公示力,作为物权变动的公示方法,也未必真实可靠,但是动产变动频繁,不可能全面实行登记制度,因而只能把占有的移转即交付,作为物权变动的外在表现形式。

交付,是指权利人将其占有的物或者物权凭证转移给他人占有的行为。交付即占有的转移,构成占有转移应满足以下三个条件:一是对标的物的实际控制发生转移,即占有体素;二是具有占有转移的意思,即占有心素;三是必须是受让人占有。[1]

(二)基于法律行为的动产物权变动规则

在《物权法》之前,我国立法上通过《民法通则》第72条第2款和《合同法》第133条确立了以交付作为我国财产所有权移转的原则规定,[2]此规则的适用范围当然包括动产和不动产在内的所有财产。据此,动产的移转以交付作为所有权移转的时间,但是,如果当事人另有约定或者法律另有规定的,遵从当事人约定或者法律规定。例如,某甲将一幅字画卖给某乙,约定自合同成立时,该字画的所有权移转至乙。或者同例,但该字画在合同订立前已经被乙占有的,则此种情形下合同生效的时间为字画的交付时间,即所有权的转移时间(《合同法》第140条)。

《物权法》在动产物权变动规则上对《民法通则》和《合同法》的上述规定作出了较大的调整,取消了其中的"约定例外"规则,当事人不能再通过约定排除交付规则的适用,而改采一律交付生效,但法律另有规定的除外。[3] 从理论上讲,物权法定,物权取得方式和要件也应当由法律规定,这样有利于保护交易安全。由于占有对动产物权的公示作用,交付例外应当限定在尽可能小的范围,由法律规定即可以满足商业实践的需要。因此,《物权法》取消了约定例外规则。但是,《合同法》明确规定的几条,仍然有效并可为当事人援用。第一,所有权保留买卖。《合同法》第134条规定,当事人可以在买卖合同中约定买受人未履行支付价款或者其他义务的,标的物的所有权属于出卖人。第二,权利凭证代替交付。

---

[1] 谢在全:《民法物权论(上册)》,中国政法大学出版社1999年版,第88~89页。
[2] 《民法通则》第72条第2款规定:"财产所有权的取得,不得违反法律规定。按照合同或者其他合法方式取得财产的,财产所有权从财产交付时起转移,法律另有规定或者当事人另有约定的除外。"《合同法》第133条规定:"标的物的所有权自标的物交付时起转移,但法律另有规定或者当事人另有约定的除外。"
[3] 《物权法》第23条规定:"动产物权的设立和转让,自交付时发生效力,但法律另有规定的除外。"

《合同法》第135条规定，出卖人应当履行向买受人交付标的物或者交付提取标的物的单证，并转移标的物所有权的义务。依此，出卖人交付提取标的物的单证也可以理解为交付义务的履行。[1]

（三）非基于法律行为的动产物权变动规则

动产物权的变动既可基于法律行为而发生，也可以基于非法律行为而发生。交付作为动产物权的公示方法，仅以基于法律行为引起的物权变动为限。而非基于法律行为的其他动产物权的变动则不以交付作为其公示手段。如根据《物权法》第28条和第29条的规定，物权自事实发生时取得。如因人民法院、仲裁委员会的法律文书导致物权变动的、因继承或者受遗赠取得物权的。因为在上述场合中，或者根本不发生交付，或者交付在其中不具有法律意义。又如留置权，由于是债权人先占有债务人的动产，于债务人届期不履行债务时才发生，所以交付也不是取得留置权的公示手段。此外，动产物权非依法律行为而发生变动的原因还有先占、取得时效、遗失物拾得、埋藏物发现和添附等（具体在"所有权的一般原理"一章中进行详述）。可见，只有基于法律行为让与动产所有权和设定质权时，交付才是动产物权变动的公示手段，其中具有普通意义的，是动产所有权的让与。

另外，须提及的是，即使是某些基于法律行为而产生的动产物权变动，如海上运输的指示单证，根据《海商法》第79条第2项的规定，系以记名背书或空白背书为生效要件，而不以交付为生效要件。[2]

二、交付的形态

交付作为通常的动产物权变动的公示方法，其形态有现实交付、观念交付和拟制交付之分。

（一）现实交付

交付，通常指的是现实交付，是指动产物权的出让人，将其对于动产的占有实际转移给受让人，由受让人直接支配、管领动产。现实交付，因其有占有移转之行为，故起到两个作用：一是使受让人能够现实地支配标的物；二是向世人公示某物的物权由出让人移转至买受人处，使第三人知悉该物之归属。因此，交付标志着动产的物权变动。《物权法》中所称的交付，主要是指此种交付。

关于现实交付，有两个问题需要注意：其一，在涉及运输的交易中，交付的问题比较复杂。因为出卖人移转占有和买受人实际获得占有之间存在一个时间差，而且有第三人即承运人的参与。此种情形下，在哪个时间点上所有权发生移转取决于法律规定、交易习惯或者合同约定。其二，现实交付行为并非一定要求出让人自己完成，出让人可以委托其他人代为完成交付，也可以向有权受领的第三人交付。例如，交付经由被指令人完成：甲出售一幅画给乙，乙转售给丙，乙请甲直接将该画交付给丙，甲允诺而为之；交付向占有辅助

---

[1] 高富平：《民法学》，法律出版社2009年第2版，第403~404页。
[2] 梁慧星、陈华彬：《物权法》，法律出版社2010年第5版，第93~94页。

人完成：甲将乙所购的自行车，交付给乙的司机或者代理人；交付向占有媒介人完成：甲寄存其马于乙处，出售给丙，约定由甲将马该交给驯马人丁，代为训练，乙依甲的指示将该马交付给丁时，在丁与丙之间成立占有媒介关系，丁为直接占有人，丙为间接占有人。①

（二）观念交付

观念交付属于非真正的交付，是指在某些情形下，当事人通过特别约定的方式进行占有观念的移转，以替代动产的现实交付。这种交付是法律为了考虑交易的迅捷和便利而采取的变通方法，有利于节省交易成本、提高交易的效率，符合社会经济快速发展的需要。《物权法》第 25 条至第 27 条规定了三种观念交付方式，即《物权法》第 23 条中所提及的"法律另有规定"的三种例外情形。

1. 简易交付

出让动产物权时，如果受让人已经占有了标的物，就无谓标的物移转占有的问题。在这种情形下，所有权的移转时间通常为双方当事人达成动产物权让与合意之时。《物权法》第 25 条即是对简单交付规则的确立："动产物权设立和转让前，权利人已经依法占有该动产的，物权自法律行为生效时发生效力。"至于受让人此前已经占有标的物的原因是基于承租人、保管人的身份还是其他，在所不问。

2. 指示交付

指示交付，是指在动产由第三人占有时，出让人将其对于第三人的返还请求权让与受让人，以代替交付。《物权法》第 26 条明确规定了指示交付："动产物权设立和转让前，第三人依法占有该动产的，负有交付义务的人可以通过转让请求第三人返还原物的权利代替交付。"例如，甲将自己的自行车借给乙使用，借用期间甲将自行车卖给了丙，甲可以将其对乙的自行车的返还请求权出让给丙以代替交付。

与我国台湾地区"民法典"第 761 条第 3 款和《德国民法典》第 931 条相比较，《物权法》与其不同的是在第三人占有动产的前提上加上了"依法"二字，这使得指示交付在我国大陆法域可适用的范围较之传统民法的范围有所缩小，排除了将对没有法律依据而占有标的物的第三人（例如对拾得遗失物却不构成无因管理的人）的返还请求权进行让与而代替交付的可能。

3. 占有改定

占有改定，是指动产物权的让与人与受让人之间达成物权让与合意后，仍需继续占有动产的，双方可订立合同，使受让人取得对动产的间接占有以代替交付的方式。《物权法》第 27 条规定："动产物权转让时，双方又约定由出让人继续占有该动产的，物权自该约定生效时发生效力。"例如，甲将其所有的一台笔记本电脑卖给乙，但因自身需要仍需使用该电脑一个月，甲乙双方遂在买卖电脑的合同之外又订立了一个借用合同，约定由甲再借用该电脑一个月，由此乙取得对该电脑的间接占有。自该借用合同依法成立时起，电脑的所有权发生变动，自甲移转到乙。

---

① 王泽鉴：《民法物权（通则·所有权）》，中国政法大学出版社 2001 年版，第 134 页。

(三)拟制交付

拟制交付,是指出让人将标的物的权利凭证(如仓单、提单、载货证券)交付或背书给受让人以完成动产所有权转移的方式。例如,依据《合同法》第135条之规定,"出卖人应当履行向买受人交付标的物或者交付提取标的物的单证,并转移标的物所有权的义务",交付标的物的凭证即相当于标的物的交付,因此,交付取货凭证即意味着所有权的转移。

拟制交付与现实交付均包含实际的交付,但现实交付转移的是标的物的占有不同,拟制交付转移的是对标的物的凭证的占有,因此二者并不相同。

拟制交付也不同于观念交付。观念交付是通过双方的约定替代实际的交付,在当事人之间没有发生实物的交付,仅仅是观念上或者理念上的交付而已;而拟制交付也不存在物的实际交付,仅仅交付物权凭证,因而也属于"观念"交付。因此,拟制交付是介于现实交付和观念交付之间的一种交付方式。

第三节 不动产物权的变动

一、不动产物权变动概述

(一)登记的概念

不动产物权的变动以登记为公示方法。与动产物权的变动不同的是,不动产物权变动,仅仅只有交付标的物的程序,并不能发生法律意义上的物权移转效力,这一效力的发生必须经由登记机关的确认并颁发权利证书才能最终达成。显然,《民法通则》和《合同法》关于财产所有权移转的原则规定并不能直接适用于不动产。

登记,是指把不动产物权的变动事项,依法定程序记载于国家主管机关的登记簿上。相比于动产而言,不动产价值大、稀缺程度高,围绕其发生的交易关系十分复杂,通常涉及社会公共利益和第三人的利益,加之不动产的直接占有人一般不是不动产的所有人,仅凭单纯的占有很难对不动产的权利归属状态作出准确判断。因而需要通过不动产登记,由专门的登记机关,依照法定程序,对不动产上的权利及其变动进行登记,以供查阅。从而有利于不动产交易的顺利进行和交易安全的保护。

我国迄今为止先后制定了许多有关不动产移转的法律法规,确立了不动产转让必须或者应当登记的原则,主要包括《城市私有房屋管理条例》(已废止)、《城市房地产管理法》、《物权法》等,但并未制定专门的不动产登记法。关于不动产物权的享有与变动登记的基本规定主要规定在《物权法》中。

(二)我国的不动产物权变动规则

1. 基于法律行为而发生的不动产物权变动

《民法通则》并无关于不动产登记的规定,但有关法律、法规实际上确立了登记生效主义的规则。如《城市房地产管理法》第 35 条规定："房地产转让、抵押,当事人应当依照本法第五章的规定办理权属登记。"《担保法》第 41 条、第 42 条规定,以无地上定着物的土地使用权、城市房地产或者乡(镇)、村企业的厂房等建筑物抵押的,应当办理抵押物登记,抵押合同自登记之日起生效。至《物权法》,通过第 9 条第 1 款和第 14 条的规定进一步强调了登记作为不动产物权变动的基本生效规则:"不动产物权的设立、变更、转让和消灭,经依法登记,发生效力;未经登记,不发生效力,但法律另有规定的除外。""不动产物权的设立、变更、转让和消灭,依照法律规定应当登记的,自记载于不动产登记簿时发生效力。"这两条规定意思基本一致,即不动产物权的得、丧、变更均须经登记才产生法律效力,不登记不生物权效力。

《物权法》在坚持登记生效规则之外,也规定了登记对抗规则,涉及的法条有:《物权法》第 24 条、第 127 条、第 129 条、第 158 条及第 188 条。这一部分在本章第一节已有叙述,不再赘述。登记对抗规则作为不动产物权变动的例外规则,意味着不登记也可以在当事人之间产生物权变动的效力结果,但不能对抗善意第三人。例如,甲将自己的汽车卖给了乙,乙取得汽车的所有权,但并未就汽车的所有权变动进行登记。后甲又与不知情的丙签订了以此汽车为标的物的买卖合同并依法办理了所有权变更登记手续,则乙的物权须让位于丙的物权。据此,登记对抗规则有两点须注意:其一,未经登记的物权变动行为,其效力在当事人之间产生,而且仅在当事人之间产生,即受让人享有的物权可以对抗转让人所享有的物权;其二,在此情形下,受让人的物权虽不能对抗善意第三人,但可以对抗恶意的第三人,即明知道或者应当知道物权变动事实的人。

2. 非基于法律行为的不动产物权变动

《物权法》中关于不动产物权非基于法律行为的变动原因,主要规定在第 28 条至第 30 条:因人民法院、仲裁委员会的法律文书、人民政府的征收决定、继承或受遗赠、合法建造或拆除房屋等法律事实引起的不动产物权变动,自相应事实成就时发生效力。但是,依据第 31 条的规定,处分上述物权时,依照法律规定需要办理登记的,未经登记,不发生物权效力。

二、登记的基本内容

(一)初始登记

所谓"初始登记"又称总登记,是指不动产的所有人依法在规定的时间内对其权利进行的第一次登记,是登记机关为确立不动产管理秩序,对不动产进行的一种全面登记。

初始登记发生在所有权登记中,作为第一次登记,其表示的是不动产的总体面貌,是所有权人日后进行不动产变动的原始依据。须注意的是:新建成的房屋即使没有登记,权利人也享有所有权。在此情况下,登记并非所有权享有的条件,而是他再次处分的条件。

(二)他项权利登记

所有权之外的其他权利的登记,称为他项权利登记。包括用益物权、抵押权等。

他项权利登记是在初始登记的基础上产生的,是所有权人对其不动产进行各种处分而产生的物权形态登记。①

（三）变动登记、更正登记和涂销登记

变动登记，也称变更物权或者动态登记，是指登记机关就不动产物权变动所进行的登记，包括主体变更登记与内容变更登记。例如，房屋的所有权人变更登记、建设用地使用权的期限变更登记等。

更正登记，是指对已经完成的登记，因当初登记手续的错误或者遗漏造成登记与原始的实体权利义务关系不一致，为消除这种状态而对原登记内容的修正补充。更正登记仍属于初始登记，是对有瑕疵的原登记权利的涂销和对真正权利的记录。《物权法》第19条第1款规定："权利人、利害关系人认为不动产登记簿记载的事项错误的，可以申请更正登记。不动产登记簿记载的权利人书面同意更正或者有证据证明登记确有错误的，登记机构应当予以更正。"

涂销登记，是指在既存的登记中，基于原始的或者后发的理由而致登记事项全部的不适法，从而消灭这一登记的记载行为。因此，涂销登记是以消灭原有的登记事项为目的的。这种登记类型适用的对象是原有的登记事项全部不适法，如果仅仅是部分的不适法，则进行的为变更登记或更正登记。不适法的原因可以是原始的，也可以是后发的。无论是登记无效，还是登记原因被解除，如标的物消灭，最终均导致登记原因的不存在。因此，就必须进行涂销登记。②

（四）预告登记

预告登记是指为了保障债权的实现、保障物权的顺位请求权而将此权利作为对象进行的提前登记。预告登记是为了保全将来发生的不动产物权变动而进行的登记，对于不动产的请求权一旦登记，可对抗将来发生的任何与该项请求权内容相冲突的物权处分行为。

《物权法》第20条规定："当事人签订买卖房屋或者其他不动产物权的协议，为保障将来实现物权，按照约定可以向登记机构申请预告登记。预告登记后，未经预告登记的权利人同意，处分该不动产的，不发生物权效力。""预告登记后，债权消灭或者自能够进行不动产登记之日起三个月内未申请登记的，预告登记失效。"

对此规定的理解：

1. 预告登记包括两种情况：(1)当事人签订买卖房屋的合同。例如，甲与乙签订商品房买卖合同，甲为了避免将来乙将房屋又卖与第三人，于是，对乙的房屋的请求权进行登记。实践中，商品房预售登记是最典型的预告登记形式。(2)当事人签订其他不动产物权的协议。比如抵押权的顺位登记、在建工程的预告登记等。

2. 预告登记为任意事项，是否登记由当事人约定，不是法律的强行性义务。

3. 预告登记后，未经预告登记的权利人同意处分不动产的，合同可以有效，只是物权

---

① 江平：《物权法》，法律出版社2009年版，第92～93页。
② 杨立新：《物权法》，中国人民大学出版社2009年第3版，第45页。

不发生有效的变动。

(五)异议登记

《物权法》第 19 条第 2 款规定:"不动产登记簿记载的权利人不同意更正的,利害关系人可以申请异议登记。登记机构予以异议登记的,申请人在异议登记之日起十五日内不起诉,异议登记失效。异议登记不当,造成权利人损害的,权利人可以向申请人请求损害赔偿。"所谓异议登记,又称异议抗辩登记,是指登记机构将利害关系人对不动产登记簿登记事项的异议记载在登记簿上的行为。①

在不动产登记中,倘若登记错误,由于公示公信原则的作用,登记簿上记载的权利人,因其具有享有权利的外观而有可能对不动产进行处分。异议登记的法律意义就在于防止这种情况的发生,一旦异议登记完成,即可对抗现实登记的权利的正确性,中止不动产登记权利的正确性推定和公信力,从而防止第三人根据登记的公信力取得受让利益。

异议登记是一种临时性保护措施。依上述条款的规定,登记机构在进行异议登记后,申请人应在异议登记之日起 15 日内起诉,要求确认自己在不动产上的物权。逾期不起诉的,异议登记失效。之所以作此限制,是因为申请人在异议登记之日起 15 日内不起诉,表明他不积极行使其权利,法律对其没有特别加以保护的必要,也避免进一步影响登记簿记载的权利人的利益和正常的交易秩序。②

异议登记申请人在登记机构进行异议登记之日起 15 日内起诉,则异议登记将继续保持其效力,直到法院作出生效的判决;如果异议申请人败诉,则申请人或登记簿记载的权利人可申请注销异议登记,权利人因此遭受损失的(如因异议登记丧失了交易机会),可以向异议申请人要求损害赔偿;如果异议申请人胜诉,即法院判决申请人是真正的不动产权利人,则登记机构可根据生效的司法文书或协助执行通知书等进行更正登记。③

三、登记的其他问题

(一)登记机构

1. 统一登记问题

长期以来,我国将登记作为行政机关的管理职权,登记机关与行政机关的设置与职能合一。而不同行政机关负责对不同的不动产实施管理,因此,在登记机构的设置上存在着"多头登记"的问题。具体而言,我国现在对不动产物权的享有与变动有权加以登记的机构包括:土地管理部门、房产管理部门、农业主管部门、破产管理部门、水行政主管部门、运输工具登记部门、工商行政管理部门、渔政管理部门和林业主管部门等。它们对基于土地、房屋、矿产资源、水资源、森林资源、草原、滩涂、道路等发生的物权或准物权行使登记管理权。除了不动产登记机构的不统一,进行登记时所依循的法规也多不相同。为改变

---

① 刘家安:《物权法论》,中国政法大学出版社 2009 年版,第 65 页。
② 胡康生:《中华人民共和国物权法释义》,法律出版社 2007 年版,第 60 页。
③ 刘家安:《物权法论》,中国政法大学出版社 2009 年版,第 66 页。

这种局面,我国自1998年正式起草《物权法》时,在立法方针上确立了建立我国统一的不动产登记制度的"五统一原则",即统一机构、统一法律依据、统一效力、统一程序和统一权属证书。① 为此,最终,《物权法》第10条规定:"不动产登记,由不动产所在地的登记机构办理。国家对不动产实行统一登记制度。统一登记的范围、登记机构和登记办法,由法律、行政法规规定。"同时,鉴于建立统一的登记制度,无论是涉及现行登记体制的变革,还是对已有的登记信息进行处理,都需要一段时间进行准备工作。因此,《物权法》第246条作出了变通性的规定:"法律、行政法规对不动产统一登记的范围、登记机构和登记办法作出规定前,地方性法规可以依照本法有关规定作出规定。"

2. 登记机构的审查职责

(1)积极职责

《物权法》第12条规定:"登记机构应当履行下列职责:(一)查验申请人提供的权属证明和其他必要材料;(二)就有关登记事项询问申请人;(三)如实、及时登记有关事项;(四)法律、行政法规规定的其他职责。申请登记的不动产的有关情况需要进一步证明的,登记机构可以要求申请人补充材料,必要时可以实地查看。"据此,在登记过程中,登记机构有义务对申请材料进行审查,然此种审查究竟是形式审查还是实质审查,在该规定中却并未明确规定。所谓形式审查,是指登记机构仅对当事人所提交的材料进行形式审查,依据其是否符合形式要件作出合格与否的认定。所谓实质审查,是指登记机构不仅对当事人提交的申请材料进行形式要件的审查,而且对申请材料内容的真伪进行审查,甚至在特殊情况下对法律关系的真实性也要进行审查。

从物权法的规定来看,实际上采纳了以形式审查为主、以实质审查为辅的审查模式。

(2)消极职责

《物权法》第13条规定了登记机构负有不得作出下列行为的消极职责:"(一)要求对不动产进行评估;(二)以年检等名义进行重复登记;(三)超出登记职责范围的其他行为。"

3. 登记机构的法律责任

《物权法》第21条第1款规定:"当事人提供虚假材料申请登记,给他人造成损害的,应当承担赔偿责任。"在法律规定的这种情况下,并非完全免除登记机构的责任,是否承担责任应当根据其是否尽到了审查义务来决定。②

同时,本条第2款规定:"因登记错误,给他人造成损害的,登记机构应当承担赔偿责任。登记机构赔偿后,可以向造成登记错误的人追偿。"这里的"登记错误",既包括第1款规定的当事人提供虚假的权属证书等证明材料欺骗登记机关的情形,也包括登记机构的工作人员故意或疏忽大意造成登记错误的情形。前一情形,构成责任竞合。登记机关的赔偿责任不属于国家赔偿责任。③

---

① 梁慧星:《中国物权法草案建议稿:条文、说明、理由与参考立法例》,社会科学文献出版社2000年版,第139~141页。

② 王利明:《民法》,中国人民大学出版社2010年第5版,第169页。

③ 全国人大常委会法制工作委员会民法室:《中华人民共和国物权法条文说明、立法理由及相关规定》,北京大学出版社2007年版,第34页。

(二)登记簿与权属证书

《物权法》第 16 条规定："不动产登记簿是物权归属和内容的根据。不动产登记簿由登记机构管理。"实践中,除不动产登记簿之外,还有向不动产登记的权利人发放权属证书的做法。根据《物权法》第 17 条的规定："不动产权属证书是权利人享有该不动产物权的证明。不动产权属证书记载的事项,应当与不动产登记簿一致;记载不一致的,除有证据证明不动产登记簿确有错误外,以不动产登记簿为准。"据此,在法律上真正可以依赖的应是不动产登记簿的记载,而非当事人所持有的权属证书。

【思考题】

1. 试列举引起物权取得的民事行为之外的法律事实。
2. 试分析我国《物权法》所采纳的物权变动模式。
3. 简述交付的形态。

【司法考试真题链接】

1. 甲将自己收藏的一幅名画卖给乙,乙当场付款,约定 5 天后取画。丙听说后,表示愿出比乙高的价格购买此画,甲当即决定卖给丙,约定第二天交货。乙得知此事,诱使甲 8 岁的儿子从家中取出此画给自己。该画在由乙占有期间,被丁盗走。此时该名画的所有权属于下列哪个人?(2008 年)

   A. 甲
   B. 乙
   C. 丙
   D. 丁

2. 中州公司依法取得某块土地建设用地使用权并办理报建审批手续后,开始了房屋建设并已经完成了外装修。对此,下列哪一选项是正确的?(2008 年)

   A. 中州公司因为享有建设用地使用权而取得了房屋所有权
   B. 中州公司因为事实行为而取得了房屋所有权
   C. 中州公司因为法律行为而取得了房屋所有权
   D. 中州公司尚未进行房屋登记,因此未取得房屋所有权

3. 某房屋登记的所有人为甲,乙认为自己是共有人,于是向登记机构申请更正登记。甲不同意,乙又于 3 月 15 日进行了异议登记。3 月 20 日,丙打算买甲的房屋,但是到登记机构查询发现甲的房屋存有异议登记,遂放弃购买。乙申请异议登记后,发现自己的证据不足,遂对此事置之不理。下列哪些选项是正确的?(2008 年)

   A. 异议登记后,未经乙同意,处分该房屋的,不发生物权效力
   B. 异议登记于 3 月 31 日失效
   C. 甲有权向乙请求赔偿损失

D. 甲有权向登记机构请求赔偿损失

4. 郑某开办公司资金不足,其父将3间祖屋以25万元卖给即将回国定居的郭某,但其父还未来得及办理过户手续即去世。郑某不知其父卖房一事,继承了这笔房款及房屋,并办理了登记手续。随后,郑某以3间祖屋作抵押向陈某借款10万元,将房产证交给了陈某,但没有办理抵押登记。下列哪些选项是正确的?(2008年)

A. 郑某的父亲与郭某之间的房屋买卖合同有效
B. 郑某享有房屋的所有权
C. 郑某在其父亲去世后,有义务协助郭某办理房屋过户手续
D. 陈某对房屋不享有抵押权

5. 某房屋登记簿上所有权人为甲,但乙认为该房屋应当归己所有,遂申请仲裁。仲裁裁决争议房屋归乙所有,但裁决书生效后甲、乙未办理变更登记手续。一个月后,乙将该房屋抵押给丙银行,签订了书面合同,但未办理抵押登记。对此,下列哪些说法是正确的?(2010年)

A. 房屋应归甲所有
B. 房屋应归乙所有
C. 抵押合同有效
D. 抵押权未成立

6. 房地产开发企业甲急欲销售其开发的某住宅区的最后1套别墅,遂打电话向乙、丙、丁发出售房要约,并声明该要约的有效期为1个月。要约发出后第10日,甲与乙签订买卖合同并交付该别墅,乙支付了全部房款,但未办理产权变更登记。第21日,甲与不知情的丙签订买卖合同并办理了产权变更登记。第25日,甲又与不知情的丁签订了买卖合同。第26日,该别墅被意外焚毁。下列关于乙的权利义务的何种表述是正确的?(2006年)

A. 若房屋未焚毁,丙有权要求乙搬离房屋
B. 若房屋未焚毁,法院应确认该房屋为乙所有
C. 乙对房屋的占有为善意、自主占有
D. 乙应向丙赔偿因房屋焚毁而造成的损失

7. 2007年4月2日,王某与丁某约定:王某将一栋房屋出售给丁某,房价20万元。丁某支付房屋价款后,王某交付了房屋,但没有办理产权移转登记。丁某接收房屋作了装修,于2007年5月20日出租给叶某,租期为2年。2007年5月29日,王某因病去世,全部遗产由其子小王继承。小王于2007年6月将该房屋卖给杜某,并办理了所有权移转登记。关于小王和杜某间的房屋买卖,下列选项正确的是:(2007年)

A. 交付标的物是房屋买卖合同的有效要件
B. 小王须将所继承的房屋登记在自己的名下,才能将其所有权转移给杜某
C. 房屋所有权转移自记载于不动产登记簿时发生效力
D. 该房屋的利害关系人可以申请查询该房屋登记资料

8. 甲继承了一套房屋,在办理产权登记前将房屋出卖并交付给乙,办理产权登记后又将该房屋出卖给丙并办理了所有权移转登记。丙受丁胁迫将房屋出卖给丁,并完成了

移转登记。丁旋即将房屋出卖并移转登记于戊。(2008年)

(1)在办理继承登记前,关于甲对房屋的权利状态,下列选项正确的是:
A. 甲已经取得了该房屋的所有权
B. 甲对该房屋的所有权不能对抗善意第三人
C. 甲出卖该房屋未经登记不发生物权效力
D. 甲可以出租该房屋

(2)关于甲、乙、丙三方的关系,下列选项正确的是:
A. 甲与乙之间的房屋买卖合同因未办理登记而无效
B. 乙对房屋的占有是合法占有
C. 乙可以诉请法院宣告甲与丙之间的房屋买卖合同无效
D. 丙已取得该房屋的所有权

第三章　所有权的一般原理

【引例】

某市水产公司欲购买两台桑塔纳轿车,向有关部门提出申请以后,一直未获得批准。该公司因办公急需轿车,便由该公司的办公室主任李某出面,以其个人名义以公款购买了两台桑塔纳轿车,共花费35万元。该款全部由水产公司直接向该市汽车销售公司转账支付。在交付车辆后,水产公司将两辆车都以李某的名义办理了所有权登记。半年后,李某下海经商,将这两辆车带走,一辆留作自用,另一辆以10万元的价格转让给张某并办理了所有权过户登记。在转让时,李某明确表示该车是其个人购买的,并出示了有关权利凭证。水产公司得知上述情况以后,立即向法院提起诉讼,请求张某和李某返还汽车并赔偿损失。

第一节　所有权概述

一、所有权的概念

按照《物权法》第39条的规定,所有权是所有权人对自己的不动产或者动产,依法享有占有、使用、收益和处分的权利。在我们的一般观念中,所有权是权利人对所有物进行完全控制和支配的权利;而占有、使用、收益、处分恰好是"完全控制和支配"的最全面表现。

需要注意的是,所有权并非是占有、使用、收益和处分的简单相加。从理论上讲,所有权人对其所有物应为一般的概括的支配,占有、使用、收益和处分是所有权权能的具体表现,物权法对所有权的定义是以罗列的方法来完成的,其缺陷很明显:罗列意味着不能穷尽。其实,所有权除了占有、使用、收益和处分权能外,还包括一些消极权能,如当所有权遭受侵犯时所表现出来的所有物返还请求权、排除妨害请求权以及消除危险请求权等。从另一个角度来看,所有权人对所有物的占有、使用、收益和处分这四大权能被他人分享其中几项甚至是被他人完全拿走,也不影响所有权的存在。前者如房东将房屋出租给租客,房东在租赁期间将失去对房屋的占有和使用权,但房东对房屋的所有权依然存在;后者如国家将国有资产授权给国有企业去经营,国有企业对国有资产完全享有占有、使用、收益和处分权,但国有资产归国家所有这一点不会改变。基于此,本书认为,所有权是一种内涵丰富、效力全面的权利,绝非占有、使用、收益、处分的简单的算术和。

二、所有权的特征

(一)全面性

所有权的全面性,又称为完全性,是指所有权人对其所有物得为全面的支配。一方面,从物权人对物的价值的支配来看,所有权人是对物的使用价值和交换价值的全面支配,而用益物权仅支配物的使用价值,担保物权也仅支配物的交换价值;另一方面,从物权的权能来看,所有权集占有、使用、收益、处分于一身,而定限物权则只有其中的某几项权能(如用益物权通常包含占有、使用、收益权能,而担保物权通常只包含处分权能)。因此,所有权是全面的支配权,定限物权则是某一方面(不完全)的支配权。① 定限物权由所有权产生,是所有权权能与所有权相分离的结果,没有所有权就不会有定限物权。

(二)整体性

所有权的整体性,又称为浑一性,是指所有权人对其标的物具有统一的支配力,而非占有、使用、收益、处分四项权能在量上的总和。简言之,所有权是一项整体性的权利。所有权因其整体性,决定了所有权本身在内容和时间上不得加以分割。当所有人将其对物的部分权能转移给他人支配,设立用益物权或担保物权时,不是让与所有权的一部分,而是创设一项全新的物权。② 实践中,在保留所有权买卖的情形中,买受人向出卖人分期付款,双方约定在买受人支付全部价款之前,出卖人保留标的物的所有权,买受人即使支付了99%的货款,也不能认定买受人取得了99%的所有权,这就是由所有权的整体性所决定的。

(三)弹力性

所有权具有四大权能:占有、使用、收益和处分。一旦所有人将其对标的物的部分权能转让给他人支配,形成用益物权或者担保物权。所有权就应受到该定限物权的限制,这是由所有权人和定限物权人双方的私法自治来实现的,法律应予以保障。而一旦定限物权去除,此种对所有权构成的限制也随之消失,所有权重新回复到圆满的状态。正如梁慧星教授所言:所有权又如一皮球,压之则陷,脱之则圆。这是对所有权弹力性的生动描绘。需要注意的是,现代社会由于强化物的利用,充分发挥物的效用,使之为社会经济做贡献,法制上开始提升物的利用人的法律地位,使某些用益物权可以长久地存续下去,如我国物权法规定的土地承包经营权、建设用地使用权等,这已经说明所有权的弹力性有徒具其名之势。

(四)永久性

所有权的永久性,又称为永久存续性。当事人不得约定所有权的存续期间。这与定

---

① 姚瑞光:《民法物权论》,台湾海宇文化事业有限公司1995年版,第42页。
② 王泽鉴:《民法物权通则所有权》,台湾三民书局2003年版,第152页。

限物权不同,如土地承包经营权、建设用地使用权、抵押权等可以约定其存续期间。一般情况下,除了因标的物灭失、取得时效、所有权人抛弃等原因外,所有权均不消灭。

(五)观念性

近代以来,所有权往往系观念的存在,而不以对所有物的现实支配为必要。在前资本主义时代,民事主体对标的物享有所有权,需要以直接占有标的物为前提,或者说,占有与所有不可分离,占有是所有人对标的物享有所有权的权利外观,没有占有,也就无所谓有所有权。这一点在古代日耳曼法尤其明显。而到了资本主义时代,封建主与农奴之间的身份关系被废除,人人生而平等并有其独立的人格,人们在"利己心"的支配下极力追逐财富,结果促成了资本主义经济的繁荣。在这种形势下,使财富得到最大化的利用和增值,成为整个社会的急迫需求。而欲达成这一目的,并非自己独占使用其物所能济事,而唯有将物交由他人使用方能成功,因为每个人的天赋、能力不同,所有物在所有人手中支配未必能发挥最大的效用(比如说,同样的 100 万元,在理财专家手中通常会比在普通的所有人手中获得更大的收益)。于是,所有权的内容不得不被分化:物之使用价值以用益物权的形态归属于物之利用人,所有权人则从中获取收益(租金);物之交换价值则以担保物权的形态归属于担保权人,所有权人则借此取得信用,获得融资。对于所有权人现今放弃标的物的现实支配,转而收取对价或取得金钱融资的价值利益的现象,学术界称其为所有权的价值化或观念化。[①]

第二节 所有权的权能

所有权的权能是指所有人为实现对标的物的支配,在法律允许的范围内所能采取的各种措施。所有权是对标的物全面的支配,但这种支配并非仅仅是抽象的存在,而必须表现为各种具体的支配形式,即所有权的权能,包括积极权能与消极权能。其中积极全能是指所有权的占有、使用、收益和处分权能;消极权能是指排除他人干涉的权能。

一、积极权能

(一)占有

占有是指所有权人对于标的物实际上的管领和控制。在实际生活中,只有对物进行占有,才能对物进行使用、收益。故通常来说,物的占有权能是行使物的支配权的前提和基础。占有作为所有权的一项独立权能,在一定条件下(基于所有人的意思)可以与所有权相分离,这时,非所有人将会取得该物的占有权能,而且同样受法律保护,所有人不得随意请求返还原物。例如,房屋的承租人在租赁期间有权占有该房屋,房屋所有人在租赁期间届满之前不得随意要求收回房屋。此外,当非所有人的合法占有遭受第三人的非法侵夺时,其同样可以依法请求返还原物。

---

① 梁慧星、陈华彬:《物权法》,法律出版社 1997 年版,第 104~105 页。

关于占有的分类、效力等内容详见本书第八章,此处不再赘述。

(二)使用

使用是指依照物的性能和用途,在不毁损其物或变更其性质的前提下加以利用,来满足生活上的需要。例如,用电视机来收看节目,用汽车来代步等。所有权具有使用权能本质上是由物具有使用价值决定的,也可以说,行使使用权能是实现物的使用价值的手段。需要注意的是,行使物的使用权能,必须以对物的占有为前提;没有占有,则无法使用。然而,具备了物的占有权能,并不意味着一定能使用其物,如保管人对保管物的占有、质权人对质物的占有等,保管人、质权人都无法对其占有之物进行使用。

(三)收益

收益,是指收取所有物的利益,包括孳息和利润。[1] 孳息包括天然孳息和法定孳息。前者如果树生长的果实,母畜生产的幼崽;后者如出租房屋获取的租金,将钱存入银行获得的利息。收益还包括收取物的利润,即把物投入生产、流通过程所取得的利益。

值得大家思考的问题是,传统的观点认为,收益仅仅包括原物带来的孳息,不包括原物带来的利润。其理由是:如果认为收益包括对物进行使用所产生的利润,那么会导致使用和收益难以分开。[2] 本书认为,使用和收益确实存在非常密切的联系,以至于德国法上将二者合成为"用益",[3]只要有所"用",必会有所"益"。但如果报以较真的态度来观察,"使用"着重于"用"的动态过程,"收益"则侧重于"用"的静态结果——获取了利益。

收益权能是所有权的一项基本权能。但并不意味着收益权能不能与所有人相分离。在现代市场经济条件下,为了充分实现物的效益,当物之所有人亲自利用其物并不比他人利用其物能带来更大的效益时,所有人就有将物交由他人使用,并允许他人与其分享收益权能的冲动。如,所有人与经营人订立契约,在让与资产占有权、使用权、处分权的同时,让与部分收益权,自己保留部分收益权,从而与经营人按一定比例分享资产的收益。政府与国有企业之间的关系就是一个很好的例证。

(四)处分

处分是决定物在法律上或事实上的命运。这是所有权内容的核心,是所有权最基本的权能。处分可以分为事实上的处分与法律上的处分。事实上的处分是指在事实上改变所有物的物理形态,如把面包吃掉、把房屋拆除等。法律上的处分是指依照所有人的意志,通过法律行为对标的物的所有权进行处理,包括转移、消灭和限制。例如,出售所有物、将所有物抛弃、在标的物上设立担保物权,皆为法律上的处分。

---

[1] 魏振瀛:《民法》,北京大学出版社、高等教育出版社 2000 年版,第 228 页。
[2] 崔建远:《物权法》,中国人民大学出版社 2009 年版,第 179 页。
[3] [德]鲍尔·施图尔纳:《德国物权法(上册)》,张双根译,法律出版社 2004 年版,第 31 页。

二、消极权能

所有权的消极权能是指所有权人排除他人干涉其权利的法律上之力。所谓干涉,主要是指第三人对所有物的非法侵夺、干扰及妨害。例如,强行拿走所有权人的东西、兴建大厦遮掩邻地的正常采光、施工方挖掘地下车库导致邻居房屋墙壁开裂等,均已构成干涉,所有权人得依法予以排除。由于此项权能,须于受他人不法之干扰、妨害或侵夺时,方能表现,否则隐而不彰,故称为消极权能。根据第三人的非法干涉的具体情形,所有权的消极权能分别有以下几项:返还原物请求权、排除妨害请求权和消除危险请求权。

> [案例]被告荣华房地产开发公司在与原告新华印刷厂相邻30余米处建造一座大厦。在基础工程建设期间,因施工大量抽排地下水,使原告印刷厂地面下沉,厂房墙体处开裂。原告向被告提出停止抽排地下水,被告予以拒绝。后来原告发现墙体开裂更严重,并导致印刷机的基础移位,机器转筒纸胶印机出现异常,印刷质量下降。经有关单位鉴定,原告厂房和厂内印刷机受损的直接原因,是被告基础工程施工大量抽排地下水造成的。原告因此直接损失达14万余元。原告请求被告赔偿,一直未能得到解决,遂向法院提起诉讼,要求停止侵害,赔偿损失。
>
> [解答]本案在性质上属于相邻关系的纠纷。被告建造的大厦与原告厂房相邻,被告建造大厦时,未充分考虑邻人建筑物的安全,由此造成对原告的损害,侵害了原告的合法权益,原告在其物权受到侵害的情况下,可以享有两项请求权:物权请求权(排除妨害请求权)和基于侵权所产生的损害赔偿请求权。

三、所有权权能的限制

任何权利都有其界限,一方面,为了维护公共利益和社会秩序,需要对所有权加以一定的限制,此为公法对所有权的限制。另一方面,为了协调和保护个人私益的需要,需要对每个人的所有权加以一定的限制,此为私法本身对所有权的限制。

(一)私法对所有权的限制

私法上对所有权的限制,主要以保障其他个人利益为目的。其途径主要有以下几种:(1)权利不得滥用原则;(2)诚实信用原则;(3)私力救济行为;(4)相邻关系制度。

(二)公法对所有权的限制

公法对所有权的限制,就日而言,均为保护社会和国家的公共利益。主要包括以下几个方面的限制:(1)国家对私人或集体财产的征收、征用。根据我国《物权法》第42条和第44条的规定,为了公共利益的需要,依照法律规定的权限和程序可以征收集体所有的土地和单位、个人的房屋及其他不动产;因抢险、救灾等紧急需要,依照法律规定的权限和程序可以征用单位、个人的不动产或者动产。(2)城市规划法与土地规划法对土地利用的限制。(3)基于环境与自然资源保护对不动产所有权的限制。

第三节 所有权的取得

《物权法》第 7 条规定:"物权的取得和行使,应当遵守法律,尊重社会公德,不得损害公共利益和他人合法权益。"因此,所有权的取得,是指法律所规定的民事主体取得所有权的方式。一般来说,所有权的取得方式有两种:原始取得和继受取得。

一、原始取得

所谓原始取得,是指法律规定的不依赖于财产原所有人的意志、最初取得财产所有权的方式。原始取得的方式主要有以下几种:

(一)劳动生产

指民事主体通过自己的劳动生产活动所获取的劳动产品,如工人制作的衣服,农民耕种出来的粮食。这种财产是民事主体最初取得的,显然属于原始取得。

(二)征收

我国《宪法》第 10 条规定:"国家为了公共利益的需要,可以依照法律规定对土地实行征收或者征用并给予补偿。"我国《物权法》第 42 条第 1 款规定:"为了公共利益的需要,依照法律规定的权限和程序可以征收集体所有的土地和单位、个人的房屋及其他不动产。"可见,所谓征收,是指国家为了公共利益的需要,在依法给予补偿的前提下,将集体或私人的财产收归国家所有。很明显,政府通过征收取得财产无须征得被征收人的同意,所以征收应该属于原始取得财产的方式。征收具有如下特征:

1. 征收的主体是国家。征收是代表国家的政府行使征收权的行政行为,其本质是代表公共利益的公权力对个别私权利的侵夺,这就决定了征收的主体只能是国家,其他任何组织、个人都无权行使征收权。

2. 征收是转移所有权的行为。从征收的概念里可以了解到,征收是国家运用公权力将集体或私人的财产收为国家所有。这与征用有明显的区别,在征用的情况下国家并不取得私人财产的所有权,国家只是在一定期限内使用私人财产,等特定任务完成后,财产仍然归还原所有人。如国家修建铁路,铁轨铺设的土地就必须征收。但是在实施工程当中,用于堆放材料的土地可以通过征用取得,等铁路修建完毕再归还原所有人。

3. 征收的目的必须是为了公共利益。公共利益是相对于个体利益而言的,所体现的是整个社会的总体利益,但并不是每个社会成员利益的简单相加。为了规范政府征收权的行使,避免其滥用,各国都对"公共利益"进行了解释,其立法体例分为两种:其一是概括性规定,这种规定只是对公共利益从概念上的限定,例如德国民法典。其二是列举兼概括式,例如《韩国土地征收法》、《日本土地征收法》。我国学者也试图用列举的方式解释"公共利益"。梁慧星教授主持的《物权法草案建议稿》第 48 条规定:"所谓公共利益指公共道路交通、公共卫生、灾害防治、科学及文化教育事业、环境保护、文物古迹及风景名胜区的保护、公共水源及引水排水用地区域保护、森林保护以及国家法律规定的其他公共利益。"①但新颁布的《物权法》并没有采纳该建议稿的意见,对"公共利益"的概念未作任何说明。本书认为,公共利益是指一定范围内不特定的多数人的利益,这不仅表现为受益对象的不确定,也表现为利益内容的不确定,因此并不适宜采用单纯列举的方式解释,而需要采用概括性的规定。但是"公共利益"的界定在征收制度中至关重要,若单独采用概括性的规定,势必会给行政机关留下相当大的自由解释权,反而不利于私权利的保护。所以,本书更加赞同梁慧星教授的《物权法草案建议稿》中的列举兼概括式。

在现实生活中,似乎存在很多用"公共利益"标准很难解释的征收行为,如政府先征收城市郊区的土地,后出让给房地产开发商,房地产开发商在土地上兴建豪华别墅或高档小区,再以高价出售给社会上的少数富豪。试问,这种情况下的征收是否符合宪法所规定的"公共利益"征收标准呢?反对者主张:这种现象显然不符合"公共利益"征收标准,因为政府的这种征收行为除了能给自己带来大量的土地出让金和给房地产开发商带来巨额的利润之外,似乎没有给社会公众带来什么利益;相反,政府和开发商共同促成的高房价给社会上的一般民众带来了巨大的负担,购房百姓成为"房奴"的现象似乎越来越普遍。而赞成者则主张:政府的这种征收行为从整体宏观上看,更加有利于城市的"完美规划",政府出让这些土地取得土地出让金,增加了政府的财政收入之后,可以投入到更多的社会公共建设上,所以这种"公共利益"的实现是间接的。本书认为,政府征收土地是政府对农民土地的强制性剥夺,是政府权力的体现,必须以"公共利益"为前提,而且这种"公共利益"必须是直接的;对于文章中的上述现象,需要重新构建我国的土地转让制度,打破政府在土地一级市场的垄断地位,应该允许农村集体组织代表农民利益直接与房地产开发商进行平等协商,签订土地转让协议,这样更能落实农村集体经济组织的土地所有权,也更有利于农民的致富,政府应该站在宏观调控者的位置来制定合理规划监督这种土地交易行为。

4. 征收必须依法作出补偿。从本质上说,征收本身就是政府公权力对私权利的侵害,因为出于公共利益的考量,政府无须征得被征收人的同意,可直接获取私人财产,因此,从情感上被征收人是蒙受伤害的。为了最大化弥补对被征收人的伤害,法律要求征收必须以补偿为前提,而不能在不支付任何补偿的情形下强制性地剥夺公民的私有财产,否则就构成政府对私人的"二次侵害"。《物权法》第42条第2款规定:"征收集体所有的土体,应当依法足额支付土地补偿费、安置补助费、地上附着物和青苗的补偿费等费用,安排被征地农民的社会保障费用,保障被征地农民的生活,维护被征地农民的合法权益。"

(三)善意取得

1. 善意取得的概念

依学界通说,善意取得制度是指无权处分他人动产的让与人,于不法将其占有的动产交付给第三人后,若第三人在取得该动产时系出于善意,即取得该动产所有权,原动产所有人不得要求受让人返还的制度。作为适应商品经济发展的一项交易规则,善意取得制

---

① 梁慧星:《中华人民共和国物权法草案建议稿》,中国社会科学文献出版社2000年版,第7页。

度有利于维护市场的交易秩序,保护交易安全。因此,不管是大陆法系还是英美法系国家的民事立法,都普遍确认了善意取得制度。我国《物权法》第106条也明确规定了善意取得制度。

2. 善意取得制度的历史沿革

在罗马法时代,由于所有权的绝对主义原则甚嚣尘上,就传来取得奉行"后手的权利不得优于前手"的原则,如买主从卖主处买得物品时,所取得的所有权的权利不得超过卖主原有的权利。① 所以在动产占有人无权处分动产时,仅是一般地规定处分行为无效,动产所有人可以基于"发现己物,我即收回"的原则,取回动产。其结果是,在整个罗马法时代,法律始终不知善意取得为何物。至共和国末年,交易迁徙频繁,为适应商品经济发展以及促进经济流转,缓解举证困难的需要,才在罗马法上出现了平衡所有人和善意受让人之间利益的法律对策:认可短期取得时效制度。《十二铜表法》规定,善意受让人得就其受让的动产主张时效取得,只不过取得时效期间较短,仅为一年。这就在一定程度上弥补了严格奉行"后手的权利不得优于前手"原则所引致的弊端。

日耳曼法与罗马法有所不同。它首先将物由他人占有的事实,依据其原因区分为占有脱离和占有委托。在占有委托的情况下,如果占有人将其占有的动产让与第三人,基于"以手护手"的理念,"你将你的信赖置于何处,就应于何处寻之",动产的所有权人只能依据"所有人任意让他人占有其物者,只能对该他人请求返还"的原则,向占有人请求返还占有物。如占有人将财产移转给第三人时,权利人不得向第三人主张所有物返还请求权,而只能向转让人请求损害赔偿。② "以手护手"观念所包含的制度设计,既是一项对于物的追及制度,也是一项对于物的绝对追及效力的限制。

一般认为,善意取得制度就是近代以来以日耳曼法的"以手护手"这一制度设计为基础,又吸纳了罗马法上短期取得时效制度中的善意要件,从而得以产生发展起来的。

3. 善意取得制度的理论基础

善意取得制度,是传统民法中的一项重要的法律制度。其涉及民法财产所有权静的安全与财产交易动的安全的保护问题。如果就保护所有权的立场而言,所有权不能因他人的无权处分而消灭,所有人得向受让人请求返还其物,受让人应向让与人依相应法律关系寻求救济。但是,如果绝对贯彻所有权保护原则,交易活动必受影响。因在市场或商店购物,对让与人占有其物的信赖倘若不予保护,则购物者人人自危,恐遭不测损害,交易势必难以进行。倘若由购物者去查知让与人是否为所有人,有无处分权,交易成本也将甚大。可见,所有权的保护(静的安全)与交易便捷(动的安全)这两个价值必须妥协,不能兼顾。③ 就实质来看,善意取得制度是一种以牺牲财产的静的安全为代价而保护财产的动的安全的制度。但是,立法者为什么要以牺牲财产的静的安全而换取财产的动的安全呢?这就涉及善意取得制度存在的理论基础问题。

关于善意取得存在的理论基础,历来是学界中一项有名的争论问题,归纳起来,有以

---

① 周枏:《罗马法原论(上)》,商务印书馆1996年版,第313页。
② 王泽鉴:《民法物权通则(所有权)》,中国政法大学出版社1993年版,第208页。
③ 梁慧星、陈华彬:《物权法》,法律出版社2001年版,第182页。

下几种学说：其一，"取得时效说"。该说认为善意取得之所以能使善意受让人取得受让动产之所有权，完全是"即时时效"或"瞬间时效"作用的结果。法、意学者倡导此说。法国民法典将善意取得制度规定于时效中，就是受此种学说影响的结果。其二，"权利外像说"。该说认为根据占有的公信力，占有动产的人应推定其为法律上的所有人。其三，"法律赋权说"。该说认为善意受让人所以能从无处分权人处取得动产之所有权，是由于法律赋予占有人以处分原动产所有人之权利的权利。其四，"占有效力说"。该说认为善意取得系受让人受让动产之占有的效力使然，为我国学者黄右昌先生所倡导。此外，台湾地区学者郑玉波先生倡导"法律特别规定说"，认为善意取得是法律直接规定的一种特别制度。

我们仔细考量各种学说可以发现：首先，时效制度与善意取得制度无论如何都是两种风马牛不相及的制度。时效制度是以时间及时间的经过为其构成要素，而善意取得制度与时间全然没有联系。因此，本书认为"取得时效说"不具有合理性。其次，依"法律赋权说"，既然法律已赋予占有人处分他人动产的权利，那么让与人对占有他人动产的处分便是有权处分；既然让与人有权处分占有的他人动产，那么受让人当然可基于法律行为而取得该动产的所有权，而无论是有偿或无偿，所以法律没有规定善意取得之必要，此说亦不可取。再次，"占有效力说"忽视了善意取得必为有偿取得的构成要件，依"占有效力说"，受让人无偿取得动产之占有亦应产生占有之效力，从而也能取得受让动产的所有权，这一结论显然与各国所认可的善意取得制度相悖，也不可取。最后，至于"法律特别规定说"，根本就未揭示出善意取得的理论基础，也就是说它根本没能回答法律为什么要确认善意取得制度。

比较而言，本书更加赞同"权利外像说"。正如高富平老师所言："探究善意取得的理论基础，关键在于弄清楚为什么法律要把一个本不合法的交易拟制为合法交易加以保护；实质上这等于探讨为什么仅凭受让人的善意即可以对他的交易行为加以保护。"[①]物权（尤其是所有权）是对世权，然物权之对抗世人的效力应以世人知道其权利的存在为前提，因而为明示动产上存在的物权以使其产生对抗世人的效力，各国民法均以占有为动产物权之公示方法，并赋予占有以公信力，即社会第三人将动产的占有人推定为动产的所有人，并与之实施交易行为。如果善意的受让人不知也不应知占有人非真正的权利人，而让其承担占有人无权处分行为无效的法律后果，对该受让人而言显然是不公平的，而且这一结果也与物权公示原则的公信力相佐。所以本书认为，法律确认善意取得制度的理论基础正在于此。

4. 善意取得制度的构成要件

第一，让与人无权处分他人财产。如承租人、保管人、借用人等对其占有的标的物未经授权，擅自处分其占有的标的物。

第二，以合理的价格有偿转让。善意取得制度设计的价值在于保护交易安全，所以该制度只发生在让与人与受让人之间的有偿转让上；若两者之间是无偿转让的赠与关系，出于对真正物权人的利益保护考虑，不承认善意取得制度更为适宜，因为此时否定受让人对标的物的所有权对受让人损害不大。

---

① 高富平：《物权法原论（下）》，中国法制出版社2001年版，第831页。

第三,受让人取得财产时出于善意。善意取得制度的重心在于保护受让人的合理信赖,故而,要构成善意取得制度,受让人在取得财产时必须是善意的,否则就无所谓善意取得。那么,如何来评判受让人的善意呢?一般来说,要考虑如下因素:首先,第三人在交易时是否已经知道转让人为无权处分,如果第三人与转让人非常熟悉,至少可以认定第三人在与转让人交易时应该有合理的怀疑;从举证责任的角度看,本书认为该举证责任应由物品的真正所有人来承担,由其提供证据证明第三人与转让人的平时关系十分密切,对于转让人对该物品的无权处分应有合理的怀疑,进而由法官根据交易的具体情形来形成"心证",以确定第三人是否为善意。其次,要考虑该物品转让给第三人时的交易价格因素。如果第三人受让该物品的价格,与同类物品的当地市场价格相比较明显过低,一个理性的交易当事人不可能以此种价格来成交,那么这样的转让人就很可能是"无权处分人",只有过分急于脱手,才会以明显不合理的低价来转让该物品。最后,要充分考虑交易的场所。详言之,如果受让人是在公开市场上购买的物品,并且出具了发票或办理了相应的手续,可以认定第三人是善意的。但如果是在非公开市场,尤其是在"黑市"购买的二手货,则表明第三人可能是非善意的。

第四,完成了法定的公示程序。根据《物权法》第106条第1款第(3)项的规定:"转让的不动产或者动产依照法律规定应当登记的已经登记,不需要登记的已经交付给受让人。"这就意味着善意取得制度的构成必须以完成了法定的公示方法为要件。

争议:尽管《物权法》已经明文规定了善意取得制度的标的物包括动产和不动产,但在学术理论界对不动产适用善意取得存在很大的争论。传统民法关于善意取得的标的物是否包括不动产这一问题上持否定态度,但最近有越来越多的人主张设立不动产善意取得制度。他们认为,动产善意取得的理论根源在于动产占有的公信力,而不动产登记亦有公信力,我国承认不动产登记公信力就必然要承认不动产善意取得,否则将无法贯彻不动产登记的公信力。对此,本文不敢苟同。

首先,传统民法中的善意取得制度适用动产,而不适用不动产,是因为动产占有和不动产登记之间存在差异。动产占有具有权利推定的效力,但是这只是一种推定力。而且,随着社会的发展,非所有人占有动产、利用动产的情形越来越多,占有作为权利的外像并非全是所有权,准确地讲只能使人信赖占有人有权利用该项动产。所以,就所有权的证明来讲,占有的公信力远远没有不动产登记来得强。也正因为如此,动产无法借助公信力来单独完成交易安全的保护,所以,必须借助于善意取得制度来完成交易安全的保护。而在不动产登记问题上,所有采行不动产登记公信力制度的国家,实行的是强制登记和实质审查,基于法律行为而取得的不动产物权,其登记为设权性登记而非证权性登记,非经登记不得创设不动产物权,一经登记即在法律上创设了不动产物权,在更正以前,对社会公众来讲,登记权利是唯一受法律保护的权利。无论是权利人、相对人的过错,或是不动产登记机关的过错,登记对任意第三人来说都应该是正确的登记,登记的权利与权利人实际权利都应该是一致的。这是因为,对第三人来说,登记是国家专门机关所为之行为,当然也就是最具有社会公信力的事实。不动产登记公信力如此之强,不动产登记完全可以单独借助于公信力来完成对物权变动中的交易安全的保护任务。在现在我们国家民法学者普遍认为传统民法理论的善意取得制度不包括不动产的背景下,根本没有必要把善意取得的标的物范围扩展到不动产,以免造成理论和法律适用上的混乱。所以对于动产而言,在先已存在善意取得制度的情形下,继续适用善意取得来保障交易安全的确是明智的选择;而对于不动产则显然不能适用。

其次,不动产登记公信力原则本身就是一项裁判规则,法官在审理案件当时可以直接援用作出裁决,并非像某些学者所言,如无不动产善意取得制度,不动产登记公信力就会成为不着现实、无法实际操作的空中楼阁。①

[案例]甲借用朋友乙的自行车数月。期间,甲因急需用钱,向同事丙借200元,并就自行车设定质押,但丙不知此自行车非甲所有。后甲逾期未偿还债务,丙即变卖该自行车实现债权。问:丙是否有权变卖该自行车,以实现自己的债权?

[解答]本案中,因丙不知甲无处分权,故适用善意取得,质权设定行为有效;乙所遭受的损失只能由甲来赔偿。

(四)添附

当人们把不同所有人的财产或劳动成果合并在一起,就会形成一种新形态的财产,我们称其为添附。因添附结果而生成的新物,若允许恢复原状,或事所不能,或对社会经济不利。因此,现代各国的法律,通常都规定由其中一人取得添附物的所有权,又或者两人共有合成物。目的都在于不许恢复原状,使添附物能为社会经济利益而继续存在。即使当事人之间有恢复原状的特约,也应理解为违背公序良俗而无效。② 添附主要有附合、混合和加工三种方式。

1. 附合。指两个或两个以上不同所有人的物结合在一起而不能分离,若分离会毁损该物或者花费较大,比如说用了他人的水泥来建造房屋。附合有两种情形:

(1)动产与动产附合。其附合物应当由原所有人按照其动产的价值,共有合成物。如果可以区别主物或从物,或者一方动产的价值显然高于另一方动产,则应当由主物或者价值较高的物的所有人取得合成物的所有权,并给对方补偿。

(2)动产与不动产附合。一般由不动产所有人取得合成物的所有权,但同样应当给予动产所有人以补偿。

2. 混合。指两个或两个以上不同所有人的动产互相混杂合并,难以分开,形成了新的财产。混合发生在动产之间,它与附合不同:附合的数个动产在外观上可以识别、分割,只是分离后要损害附合物的价值,出于社会利益考虑不许分割;而混合则是数个动产混合在一起,在事实上不能也不易区别。但二者的法律效果却是一样的,因此各国民法典大多规定混合准用附合的规定。

3. 加工。是指在他人之物上附加自己的劳动,使之形成新物。如在邻居的树根上雕刻,形成了木雕。对于加工物所有权的归属,有两种立法例。法国和日本民法典规定,以

---

① 潘申明:《不动产善意取得制度理论质疑》,载《华东政法学院学报》2004年第4期。
② 姚瑞光:《民法物权论》,台湾海宇文化事业有限公司1995年版,第113~114页。

加工物属于材料所有人为原则,而在加工所增加的价值远远超过材料的价值时,才属于加工人。而德国民法典则规定,以加工人取得加工物所有权为原则,在加工的价值显然少于材料的价值时,才由原材料所有人取得。我国司法实践中的做法是:加工物的所有权原则上归原物的所有人,并给加工人以补偿。但是当加工增加的价值大于材料的价值时,加工物可以归加工人所有,但应该对原材料所有人进行补偿。

(五)拾得遗失物

遗失物,是所有人遗忘于某处,不为任何人占有的物。遗失物只能是动产,不动产不存在遗失的问题。遗失物也不是无主物,只不过是所有人暂时丧失了对物的占有。对于遗失物所有权的归属,我国法律有明确的规定。根据我国《物权法》,遗失物的所有权归于失主。拾得遗失物,应当返还权利人。拾得人应当及时通知权利人领取,或者送交公安等有关部门。有关部门收到遗失物,知道权利人的,应当及时通知其领取;不知道的,应当及时发布招领公告。遗失物自发布招领公告之日起六个月内无人认领的,归国家所有。

[案例]甲有天然奇石一块,不慎丢失。乙误以为无主物捡回家,配以基座,陈列于客厅。乙的朋友丙十分喜欢,乙遂以之相赠。后甲发现,向丙追索。问:甲是否有权向丙追索?

[解答]本案中,乙拾得遗失物,并加以简单加工,很显然加工的价值显然低于天然奇石本身的价值,故乙无法取得奇石的所有权;后乙将其相赠与丙,丙也无法适用善意取得,因此,甲有权利要求丙返还天然奇石。

(六)漂流物的拾得、埋藏物和隐藏物的发现

所谓漂流物,是指在水面上漂流的动产。所谓埋藏物,是指埋藏于地下,所有权人不明的动产。所谓隐藏物,是指隐匿于他物之中,不容易从外部发现的物。从广义上讲,隐藏物应当包含埋藏物,因为"埋藏于地底下"的概念应当是"隐匿于他物之中"的下位概念。我国《物权法》第114条规定:"拾得漂流物、发现埋藏物或者隐藏物的,参照拾得遗失物的有关规定。文物保护法等法律另有规定的,依照其规定。"据此,我们可以确定漂流物、埋藏物和隐藏物发现后的权属规则:首先,在拾得漂流物或发现埋藏物、隐藏物后,应当作为遗失物,知道失主的,及时归还失主;不知道失主的,上交有关部门(如警务部门),有关部门应该发布招领公告,如果自发布招领公告之日起六个月无人认领的,应当归国家所有。

二、继受取得

继受取得,又称为传来取得,是指通过民事行为从原所有人处取得该物品的所有权。如通过买卖、赠与、互易、继承等取得财产所有权。

第四节　所有权的行使和消灭

一、所有权的行使

所有权的行使,是指所有人依照法律规定实现所有权的各项权能的行为。正如《物权法》第 7 条的规定:"物权的行使必须合法。"在今日社会中,由于人与人之间的联系越来越密切,任何物权人所享有的物权都不可能是绝对的、不受限制的,否则必生无穷纠纷。因此,现代民法对物权的内容及其行使都设置了较多的限制。其目的在于维护社会公益、维护经济秩序、保护资源和环境。

（一）所有人直接行使

所有人直接行使,是指所有权人在法律规定的范围内亲自对所有物为占有、使用、收益和处分。所有权人在行使所有权时,一般并不需要义务人的积极配合,只要不作为即可。

（二）授权他人行使

所有权人授权他人行使,是指所有人根据合同的约定,授权他人依法占有、使用、收益或处分自己的财产,从而使所有权权能与所有权分离。从本质上看,所有人授权他人行使所有权实际上就是在所有权上设置他物权,包括用益物权和担保物权。当所有人将物的占有、使用、收益权能交由他人支配,就形成用益物权;而当所有人将物的处分权能交由他人支配,则形成担保物权。但不管怎样,用益物权人、担保物权人行使权利,不得损害所有权人的权益。

二、所有权的消灭

所有权的消灭,通常是指由于某种法律事实的出现,而导致财产所有人丧失了财产所有权。导致所有权消灭的原因,大致有以下几种:

（一）所有物灭失

这是所有权的绝对消灭,物作为所有权的客体,一旦灭失,存在该物上的一切物权全都归于消灭。

（二）所有人死亡

是指因所有权人主体资格的丧失,导致其享有的所有权的消灭。所有人有继承人的,通常会由其继承人重新取得该物的所有权。

（三）所有权被依法转让

是指所有权人通过法律行为处分其财产,自愿将其享有的所有权转让给他人。这种情形属于所有权的相对消灭。

(四)所有物被抛弃

是指所有权人自愿放弃自己对该物的所有权,例如将杯子抛弃、放弃遗产等。

> [案例]私营企业主王某办公用的一台电脑损坏,遂嘱秘书张某扔到垃圾站。张某将电脑搬到垃圾站后想,与其扔了不如拿回家给儿子用,便将电脑搬回家,经修理后又能正常使用。王某得知电脑能够正常使用后,要求张某返还。问:王某的要求是否应该得到支持?
>
> [解答]本案中,王某对损坏电脑的处理属于抛弃,张某属于对电脑这一无主物的先占取得,将确定无疑地取得其所有权,王某的要求不能得到支持。

(五)所有权被依法强制消灭

主要指国家出于公共利益的考量,依照法律规定对集体或私人所有的财产进行征收或国有化,导致原所有人失去该物的所有权。

【思考题】

1. 所有权的法律特性有哪些?
2. 思考善意取得制度的构成要件以及法律效果。
3. 添附有哪些情形并思考各自的法律效果。

【司法考试真题链接】

1. 甲借用朋友乙的自行车数月。期间,甲因急需用钱,向同事丙借200元,并就自行车设定质押,但丙不知此自行车非甲所有。后甲逾期未偿还债务,丙即变卖该自行车实现债权。现问下列哪些表述是正确的?(2002年)

    A. 因丙不知甲无处分权,故适用善意取得,质权设定有效
    B. 因甲对自行车无处分权,且质权不适用善意取得,故该质权设定无效
    C. 甲、丙应共同赔偿乙的损失
    D. 应由甲单独赔偿乙的损失

2. 甲将自己收藏的一幅名画卖给乙,乙当场付款,约定5天后取画。丙听说后,表示愿出比乙高的价格购买此画,甲当即决定卖给丙,约定第二天交货。乙得知此事,诱使甲8岁的儿子从家中取出此画给自己。该画在由乙占有期间,被丁盗走。此时该名画的所有权属于下列哪个人?(2008年)

    A. 甲　　　　　B. 乙　　　　　C. 丙　　　　　D. 丁

3. 下列哪一选项属于所有权的继受取得？（2008年）

A. 甲通过遗嘱继承其兄房屋一间

B. 乙的3万元存款得利息1000元

C. 丙购来木材后制成椅子一把

D. 丁拾得他人搬家时丢弃的旧电扇一台

4. 下列哪一种情况下，善意第三人不能依据善意取得制度取得相应物权？（2007年）

A. 保留所有权的动产买卖中，尚未付清全部价款的买方将其占有的标的物卖给不知情的第三人

B. 电脑的承租人将其租赁的电脑向不知情的债权人设定质权

C. 动产质权人擅自将质物转质于不知情的第三人

D. 受托代为转交某一物品的人将该物品赠与不知情的第三人

第四章 所有权的具体形态

【引例】

尚某与陶某系同一单位职工，共同居住于单位家属楼同一层相邻。两户住宅中间，有一条共同使用的通道，并有一个临街窗子。尚某先入住，就将这条楼道打上隔断，自己装杂物用。陶某入住时发现此事，曾向尚某提出拆除隔断的意见，尚某没有接受。住房制度改革以后，双方都交房款购买了住房的所有权，住房成为私房，陶某又向尚某提出拆除隔断、该处楼道应共同使用的要求，尚某仍不同意。经过单位领导调解不成，陶某遂向法院起诉。

本案中当事人各自购买了住房的产权，形成了建筑物区分所有的法律关系，是一个建筑物区分所有权的纠纷。本案中的争议主要在于共有部分的使用问题。在建筑物区分所有的状态下，共有权与区分所有人的专有权是紧密联系在一起的。区分所有人对共有部分所享有的权利大都是法定的，也就是说，在共有人对共有部分的权利没有达成约定时，各区分所有人对共有部分都应享有法定的权利。其中专有所有权是核心，取得了专有所有权也就意味着有共有权，丧失了专有所有权也就意味着丧失了共有权。区分所有人可以占有、使用共用部分。本案中尚某拒不拆除的行为，侵犯了陶某对共有部分的权利，是错误的。

第一节 国家、集体、私人所有权

在我国，目前存在多种所有制经济形式——国家所有制、集体所有制和私人所有制，那么在法律上就有相应的国家所有权、集体所有权以及私人所有权与之对应。

一、国家所有权

（一）国家所有权的概述

国家所有权本质上是社会主义全民所有制在法律上的表现，在我国，社会主义国家不仅是国家政权的承担者，而且也是国有资产的所有者。《物权法》第 45 条规定："法律规定属于国家所有的财产，属于国家所有即全民所有。"所谓国家所有权，是指国家对国有财产依法享有的占有、使用、收益和处分的权利。其法律特性如下：

1. **主体的特殊性**

顾名思义，国家所有权的主体显然是国家，而非其他人。在我国社会，国家的身份是多重的，在政治上，国家既是主权的享有者又是政权的承担者，在经济上同时又是国有财产的所有人。但需要注意的是,国家在以财产所有人的身份为民事行为时,主权享有者和政权承担者的身份是隐而不露的,在民事法律关系中应该以平等主体的身份与相对人为交易,否则相对人可以向法院提起民事诉讼,这是现代法治的要求。根据《物权法》第45条的规定,国有财产由国务院代表国家行使所有权;法律另有规定的,依照其规定。

2. 客体的广泛性

《宪法》和《民法通则》对国家所有权的客体范围规定得十分广泛,《物权法》予以承继并加以具体和明确。国家所有权的客体可以分为专属于国家所有的财产和非专属于国家所有的财产。所谓专属于国家所有的财产,是指依据法律规定只能由国家所有的财产。《物权法》第41条规定:"法律规定专属于国家所有的不动产和动产,任何单位和个人不能取得所有权。"这就是国家专属所有的表达。所谓专属,是指某财产只能属于特定主体所有,而排斥其他主体享有所有权。依据《物权法》的相关规定,矿藏、水流、海域、城市的土地、某些文物、某些野生动植物、无线电频谱等财产专属于国家,任何单位和个人不能取得其所有权。对于专属于国家所有的财产,不发生物权法上善意取得的效果。一旦有当事人取得专属于国家的财产的合同,会因为违反法律的禁止性规定而无效(《合同法》第52条第5项)。所谓非专属于国家所有的财产,是指可以由国家以外的其他主体享有所有权的财产。

《物权法》规定,矿藏、水流、海域属于国家所有(第46条)。城市的土地,属于国家所有;法律规定属于国家所有的农村和城市郊区的土地,属于国家所有(第47条)。森林、山岭、草原、荒地、滩涂等自然资源,属于国家所有,但法律规定属于集体所有的除外(第48条)。法律规定属于国家所有的野生动植物资源,属于国家所有(第49条)。无线电频谱资源属于国家所有(第50条)。法律规定属于国家所有的文物,属于国家所有(第51条)。国防资产属于国家所有。铁路、公路、电力设施、电信设施和油气管道等基础设施,依照法律规定为国家所有的,属于国家所有(第52条)。由此可见,国家所有权的客体非常广泛。

3. 取得方式的多样性

如前所述,国家本身又是国家主权的享有者和政权的承担者,因此其手中掌握巨大的公权力,国家完全可以凭借其手中的公权力通过征收、国有化、没收等方式强制性地将集体或私人的财产收归国有;也可依据行政权强制性地征收税金而取得国有财产。不过值得注意的是,国家在采取这些措施取得所有权时必须严格依照法定条件并遵循法定程序,以保障公民、法人等普通民事主体的合法权益,维护正常的社会经济秩序。此外,国家还可以通过特殊的方式取得其所有权:例如《物权法》第113条规定,遗失物自发布招领公告之日起6个月内无人认领的,归国家所有,拾得漂流物、发现埋藏物或者隐藏物的,参照拾得遗失物的规定,除非《文物保护法》等法律另有规定(第114条)。还有,《继承法》第32条规定,公民死亡后,无人继承又无人受领遗赠的财产归国家所有,除非死者生前是集体经济组织的成员。这些都表明,国家所有权在取得方式上具有多样性的特点。

4. 行使方式的特殊性

国家所有权在行使方式上不同于私人所有权。私人所有权一般都由民事主体直接对所有物进行占有、使用、收益和处分。而国家作为一个抽象的主体,它难以直接行使所有权,得交由国家机关、国家举办的事业单位代行所有权。至于国家出资的企业,由国务院、地方人民政府依照法律、行政法规的规定分别代表国家履行出资人的职责,享有出资人的权益,国家所有权已经演化为股权。

5. 法律保护的优越性

国家所有权受到侵害或者妨碍,不但有物权请求权、不当得利返还请求权、侵权损害赔偿请求权等这些普通民事主体能够行使的保护方式,而且拥有普通民事主体所没有的保护手段,如无故收回建设用地使用权、不适用诉讼时效制度等。例如,《城市房地产管理法》第25条规定,土地使用权人满2年未动工开发建设用地使用权的,可以无偿收回土地使用权。再如,最高人民法院《关于〈民法通则〉的司法解释》第170条规定,未授权给公民、法人经营、管理的国家财产受到侵害的,不受诉讼时效期间的限制。[①]

(二)国有资产的监管保护

主要表现在1994年颁布的《国有企业财产监督管理条例》,其中规定:国务院授权有关部门或有关机构,对指定或其所属的企业财产的经营管理实施监督。根据国务院的授权,省、自治区、直辖市人民政府可以确定有关部门或有关机构,对指定的或其所属的企业财产的经营管理实施监督。另外,《物权法》第57条也规定:履行国有资产管理、监督职责的机构及其工作人员,应当依法加强对国有资产的管理、监督,促进国有资产的保值增值,防止国有资产损失;滥用职权,玩忽职守,造成国有资产损失的,应当依法承担法律责任。

二、集体所有权

(一)集体所有权概述

在我国,集体所有制经济是社会主义公有制经济的重要组成部分,反映在法律上就是集体所有权。所谓集体所有权,是指集体组织及其全体成员对集体财产享有的占有、使用、收益和处分的权利。它具有如下特点:

1. 集体所有权主体的复合结构

集体所有权的主体,首先包括一些集体组织。这里的集体组织,是指劳动群众集体,包括农村劳动群众集体和城镇劳动群众集体。应该注意到的是,城镇劳动群众集体企业应经被改制成有限责任公司、股份有限公司等法人形式,以及合伙企业形式。这些组织所享有的所有权已经不再是集体所有权了。

根据《物权法》第59条的规定:集体所有权的主体还包括集体组织的全体成员。集体成员,应该根据集体成立时的原始成员进行判断。原始成员死亡的,相应的成员资格应该由其继承人继承。物权法上明确把集体所有权的主体扩展到集体组织的成员,之所以这样做,是为了解决目前集体所有权的主体地位虚化这一难题,有些地方的集体所有的财产被少数村干部作为谋取私利的工具,村民们却难以真正行使对集体财产的权利。

2. 客体的范围受到限制

[①] 崔建远:《物权法》,中国人民大学出版社2009年版,第184页。

相对于国家所有权的客体的广泛性而言,集体所有权的客体在范围上明显受到限制。《物权法》第58条规定:集体所有的不动产和动产包括法律规定属于集体所有的土地和森林、山岭、草原、荒地、滩涂;集体所有的建筑物、生产设施、农田水利设施;集体所有的教育、科学、文化、卫生、体育等设施,以及集体所有的其他不动产和动产。所谓由法律规定属于集体所有的情形,如根据《土地管理法》第8条的规定,农村和城市郊区的土地,除由法律规定属于国家所有的以外,属于集体所有;宅基地和自留地、自留山,也属于集体所有。

3. 所有权运行的民主性

如前所述,集体所有权的主体涵盖集体组织的全部成员,故行使集体所有权时应充分尊重该组织所有成员的意志,保障他们的权益;在对集体财产进行重大处分时,本书认为应召集集体成员到场,进行投票表决,民主决定。

4. 保护手段的特殊性

对于集体所有权的法律保护,主要表现在物权请求权、侵权损害赔偿请求权、不当得利返还请求权等方式,除此以外,还有集体成员的撤销权。《物权法》第63条规定:集体经济组织、村民委员会或其负责人作出的决定侵害集体成员合法权益的,受侵害的集体成员可以请求法院予以撤销。

(二)集体所有权的行使

1. 代表行使机制

集体是一个抽象的主体,集体所有权的行使还是有赖于某些代表(自然人)的行为。《物权法》第60条规定:属于村农民集体所有的,由村集体经济组织或村民委员会代表集体行使所有权;分别属于村内两个以上农民集体所有的,由村内各集体经济组织或村民小组代表集体行使所有权;属于乡镇农民集体所有的,由乡镇集体经济组织代表集体行使所有权。

2. 民主决策机制

正如前文所述,集体组织成员是集体所有权的主体,故集体所有权的行使必须反映集体成员的共同意志,充分民主。《物权法》第59条规定,下列事项应当依照法定程序经本集体成员决定:(1)土地承包方案以及将土地发包给本集体以外的单位或个人承包;(2)个别土地承包经营权人之间承包地的调整;(3)土地补偿费等费用的使用、分配方法;(4)集体出资的企业的所有权变动等事项;(5)法律规定的其他事项。《物权法》第62条规定:集体经济组织或者村民委员会、村民小组应当依照法律、行政法规以及章程、村规民约向本集体成员公布集体财产的状况。这实际上是确认了村务公开的原则,进一步保护农民的知情权,以确保村务民主。

3. 设立他物权的途径

集体所有权的行使,归根到底是要服务于全体集体经济组织成员的。但如前所述,集体是个抽象的概念,集体本身无法直接行使财产所有权,只能由具体的自然人来行使集体财产所有权。为了尽量避免个别村干部利用集体所有权谋取私利,同时也为了集体成员都能享受到集体所有权之福利,本书认为应由集体成员分享集体土地所有权中的占有、使用、收益权能,取得土地承包经营权和宅基地所有权。

三、私人所有权

(一)私人所有权的概念

所谓私人所有权,就是指自然人个人依法对其所有的财产享有的权利,以及私人投资到各类企业中所依法享有的出资人的权益。

(二)私人所有权的保护

我国《宪法》规定,公民的合法的私有财产不受侵犯。《物权法》按照宪法的规定,扩大了私有财产的保护范围,进一步强化了对公民私有财产的保护。《物权法》第一次以基本法的形式确立了平等保护原则,不论是国有所有权、集体所有权还是私人所有权,法律一律给予平等的保护。《物权法》中对私人财产的保护范围非常广泛,不仅规定了私人对其合法收入、房屋、生活用品、生产工具、原材料等财产享有所有权,而且规定私人的储蓄、投资及其收益,受法律保护。此外,《物权法》关于城市居民的房产权的规定,有力维护了广大人民群众的切身利益。《物权法》对城市居民的房产权作了充分的确认和保护,例如,《物权法》第149条规定:"住宅建设用地使用权期间届满的,自动续期。"《物权法》完善了征收补偿制度,从而强化了公民财产权的保护。最后,《物权法》还规定了对私人物权进行保护的各种方法,该法第66条规定:私人的合法财产受法律保护,禁止任何单位和个人侵占、哄抢、破坏。公民在法律规定的范围内行使其生产资料所有权,从事其正当的生产经营活动,或利用其生活资料满足个人的需要,都受法律的保护。对于各种非法摊派和收费,公民有权予以拒绝。公民在其所有权受到侵犯时,有权要求侵权行为人停止侵害、返还财产、排除妨害、恢复原状、赔偿损失。

第二节 业主的建筑物区分所有权

一、建筑物区分所有权概述

(一)建筑物区分所有权的概念

建筑物区分所有权,是指业主对建筑物内的住宅、经营性用房等专有部分享有所有权,对共有部分享有共有权和共同管理权的复合所有权(《物权法》第70条)。这里所说的建筑物,包括住宅和经营性用房。所谓住宅,是指以居住为目的及用途,供家庭居住使用的房屋。所谓经营性用房,是指以经营为目的及用途,供商业使用的房屋。所谓区分,有的是纵向区分(如分为不同单元),有的是横向区分(如分为不同楼层),更多的是纵切和横切的混合。所谓专有部分,是指具有构造上和使用上的独立性,并能成为建筑物区分所有权客体的部分。[①] 所谓共有部分,是指专有部分以外的归业主共同所有的部分,包括楼

---

① 陈华彬:《建筑物区分所有权研究》,法律出版社2007年版,第120~125页。

梯、电梯、走廊、水塔、消防设备等。所谓共同管理，是指业主对于区分所有建筑物的共有部分和由此产生的共同事务所从事的管理。业主对专有部分享有专有权，对共有部分享有共有权及共同管理权。这三种权利共同构成建筑物区分所有权。

(二) 建筑物区分所有权的特征

1. 权利构成的复合型

建筑物区分所有权由专有权、共有权和共同管理权组成，表现出复合型。而一般所有权具有单一性，即它仅仅是权利人对于所有物占有、使用、收益和处分的权利，没有共有权和共同管理权。

2. 专有权的主导型

尽管业主享有的建筑物区分所有权，是由多种权利构成的，但在各项权利中，专有权居于主导地位，其他权利都是由专有权来决定的。基于专有权的大小，才决定了共有权的持有比例，决定了在行使共同管理权时的管理权的大小。

3. 权利存续与处分的整体性

建筑物区分所有权的三要素原则上结为一体，在转让、抵押、继承时，应将它们视为一体，不宜保留其一或其二而转让、抵押其他权利。[1] 就其实质而言，专有权、共有权和共同管理权均为建筑物区分所有权的构成部分，缺少任何一项都会严重伤及建筑物区分所有权，尤其是专有部分更是建筑物区分所有权中不可分离的核心因素，共同管理权和楼梯、电梯、走廊、建筑物外立面等部的共有权若丧失，就会伤及建筑物区分所有权的筋骨，甚至会导致其功能的丧失。从这个意义上说，建筑物区分所有权具有整体性。[2]

(三) 建筑物区分所有权制度产生的必然性

随着人口的增加，城市作为一块特定的生活区域，人口密度越来越大，城市有限的土地上要承载更多的人口，解决其住宅需求，只能建造高层建筑，将土地的立体空间利用起来。为此，建筑物区分所有权制度不失为一项较为理想的选择。

数栋建筑物存在于一个建筑区划内，多数业主生活在一栋建筑物内，专有权和共有权交织在一起，相邻关系呈现立体化、以共有部分为媒介、以法律和规约共同调整的特色，[3] 业主间的相互关系复杂，个体和集体的理念交错并存，需要专门的建筑物区分所有权制度加以统一、规范。

二、专有权

(一) 专有权的概念和性质

专有权，全称为专有部分所有权，德国法上称为"特别所有权"，系建筑物区分所有

---

[1] 陈华彬：《建筑物区分所有权研究》，法律出版社2007年版，第120～125页。
[2] 崔建远：《物权法》，中国人民大学出版社2009年版，第196页。
[3] 崔建远、孙佑海、王宛生：《中国房地产法研究》，中国法制出版社1995年版，第183～184页。

中的"单独性灵魂",其含义是指区分所有权人对于建筑物内的住宅、经营性用房等专有部分所享有的占有、使用、收益和处分的权利。

至于专有权的性质,理论上意见不一,通说认为是一种空间所有权。如德国法上贝尔曼先生认为,专有权是"供居住或其他用途(营业或办公)之建筑物空间上成立的空间所有权"[①]。我国台湾学者黄越钦先生也认为,专有权并非是对某一有体物加以管领支配的权利,相反,它是对建筑材料组成的空间加以管领支配的权利,是一种空间权。[②]

(二)专有权的客体——专有部分

专有部分,是指在构造上能明确区分,具有排他性且可独立使用的建筑物部分。通说认为,建筑物的特定部分要构成专有部分,须具备以下两项条件:

第一,构造上的独立性。所谓构造上的独立性,又叫物理上的独立性,是指建筑物经过区分而形成的特定部分,系以墙壁、楼板等建筑构造物与建筑物的其他部分相隔离,达到适合作为物的支配的程度,客观上足以明确区分其范围。[③]

第二,利用上的独立性。又称为功能上的独立性,是指建筑物经过区分而形成的特定部分,必须可作为一建筑物单独使用,如同一般的建筑物,具有独立的经济效用,能够满足社会经济生活目的。通常,专有部分是否具有独立满足社会经济生活目的的功能,应依下述标准来判断:其一,单独使用。所谓单独使用,是指建筑物的专有部分无须其他部分的辅助即可独立使用,通常以该专有部分有无独立的出入门户为判断标准。其二,独立的经济效用。即一栋建筑物的专有部分必须具有与一般建筑物同样的独立的经济效用。

(三)专有权的范围

就专有部分的范围,理论界有不同观点,大致有以下四说:

其一,中心说,又叫壁心说,认为专有部分的范围达到墙壁、柱、地板、天花板等境界部分厚度的中心。该说的主张者以日本学者山田幸二和河村贡先生为代表。该说虽然使建筑物各区分所有权人可以充分行使其分隔境界的权利,但对于整体建筑物的维持与管理较有损害。因为,专有部分的范围既然包含境界墙壁的中心,那么各个区分所有人在没有超过壁心的范围内,均可自由使用或变更其专有部分。但是,就现实建筑物来看,其分隔部分的内部构造相当复杂,而且往往铺设各种管线,如水管、电线、天然气管,若任由区分所有人随意开挖墙壁,对整体建筑物显然会造成巨大的负面影响。故不足为取。

其二,空间说,以日本学者舟桥淳一和我国台湾地区学者史尚宽先生为代表。此说以建筑物区分所有权的共有权理念为立论基础,是与以个别所有为立论基础的"中心说"完

---

① [德]贝尔曼:《德国住宅所有权法》,戴东雄译,载《法学论丛》1990年第13卷第1期。
② 黄越钦:《住宅分层所有权的比较法研究》,载郑玉波:《民法物权论文选辑(上)》,台北五南图书出版公司1984年版,第440页。
③ 谢在权:《民法物权论(上册)》,台湾三民书局2003年修订2版,第373页。

全对立的观点。该说认为专有部分之范围仅限于由墙壁、地板、天花板所围成的空间部分,而界限点上的分隔部分,如墙壁、地板、天花板则由各区分所有权人所共有。

其三,最后粉刷表层说,以日本学者玉田弘毅先生为代表。认为专有部分包含壁、柱等境界部分表层所粉刷之部分,也就是说境界墙壁与其他境界之本体属于共用部分,但其最后粉刷的表层部分则属于专有部分。

其四,壁心和最后粉刷表层说,以日本学者川岛一郎、丸山英气先生为代表。该说又称为"中央部分属于共用部分,表面属于专有部分说",认为专有部分的范围应分内部关系和外部关系而论。在区分所有人相互间,尤其是有关建筑物的维持、管理关系上,专有部分仅包含壁、柱、地板和天花板等境界部分表层所粉刷之部分;但在外部关系上,尤其是对第三人(如买卖、保险)关系上,专有部分的范围则包含壁、柱、地板及天花板等境界部分厚度之中心线。

以上四种学说,以第四说为通说。

三、共有权

(一)共有权的概念

共有权,特指建筑物区分所有权中共有部分的所有权,又叫作共有部分的持份权,是指业主依照法律的规定或管理规约及业主大会的决定,对建筑物内住房或经营性用房的专有部分以外的共用部分所享有的占有、使用、收益和处分的权利。此处的持份是指业主对共有部分的潜在的应有份额。

(二)共有部分的构成与特征

1. 共有部分的构成

共有部分包括三种情形:一是建筑物的专有部分以外的部分,如建筑物的梁柱、承重墙、地板等构造,以及外墙、电梯、走廊等;二是不属于专有部分的建筑物附属物,如供应区分所有的建筑物的自来水、电力、天然气、管线设备等;三是不属于专有部分的建筑物的从物,如独立的锅炉房、会所、游泳池等。

2. 共有部分的特征

(1)共有部分的从属性

共有部分在法律上为附属于专有部分而存在的附属物,具有较强的从属性。它往往随着专有部分的转移而发生转移。对于小区业主来说,不能将专有部分所有权转让给他人,而自己仍保留共有部分的所有权,否则,受让人将无法有效行使自己的专有部分所有权。

(2)共有部分的不可分割性

所谓共有部分的不可分割性,首先,是指为专有部分所必需的共有部分与专有部分不可分割,如楼道、电梯、楼梯与专有部分不可分离,否则专有部分的功用将受阻。其次,是指共有部分本身只能与专有部分一起转让、抵押,不得将共有部分的某些成分单独转让、抵押等。至于某些共有部分,如地下室、防空洞、会所等,并非专有部分不可分离的成分,则可以被单独登记为一个独立之物,在这种前提下就可以脱离专有部分而单独转让给他人。

正因为共有部分与专有部分的不可分割,或者说共有部分附随于专有部分,使得建筑物区分所有权里的共有不同于按份共有和共同共有,而是属于一种特殊的共有形态。有时按照按份共有处理,如对建筑物及其附属设施的费用分摊、收益分配等事项无约定或约定不明时,按照业主专有部分占建筑物总面积的比例确定(《物权法》第 80 条);有时则适用共同共有的规则,如建筑区划内的绿地、公用通道则属于业主共同共有(《物权法》第 73 条)。[1]

(3)共有部分客体的广泛性

在一个住宅小区里,业主共有部分的涉及范围是很广泛的,主要有建设用地使用权、建筑物的外墙、承重结构、小区里的公共道路、绿地、水电气附属设施等等,不易逐一列举。

(三)法定共有的范围

所谓法定共有,是指依照法律规定由全体业主对于共有部分享有的共有权。按照《物权法》的相关规定,属于法定共有的类型主要有:

1. 绿地。《物权法》第 73 条规定:"建筑区划内的绿地,属于业主共有,但属于城镇公共绿地或者明示属于个人的除外。"

2. 道路。《物权法》第 73 条同样有规定:"建筑区划内的道路,属于业主共有,但属于城镇公共道路的除外。"在实践中,有些小区的面积很大,小区内有的道路是市政道路,有的是业主共有的道路,因此在规划时就应该明确区分。凡是规划为市政道路的,任何人都有权使用,小区业主不得妨害他人的通行。

3. 物业管理用房。物业管理用房是指物业管理公司为管理整个小区内的物业而使用的房屋。对于物业管理用房的所有权归属,《物权法》第 73 条明文规定应当归全体业主共有《物权法》。因为物业管理用房是向小区提供物业服务所必需的,没有物业服务用房,物业公司就无法向小区提供必要的物业服务。

4. 维修资金。所谓维修资金,就是指由业主支付的专门用于住宅共用部分、共用设施和设备维修所需要的资金。如电梯、水箱等共有部分的维修费用。《物权法》第 79 条规定:"建筑物及其附属设施的维修资金,属于业主共有。经业主共同决定,可以用于电梯、水箱等共有部分的维修。维修资金的筹集、使用情况应当公布。"这就是说,维修资金在归属上必须属于业主共有,而且维修资金必须用于特定的目的。此外,维修资金的使用还必须通过全体业主经过法定的程序来决定。维修资金的使用必须由业主共同决定,且应当经专有部分占建筑物总面积 2/3 以上的业主且占总人数 2/3 以上的业主同意。(《物权法》第 76 条)

5. 建筑区划内的其他公共场所和公用设施。《物权法》第 73 条规定:"建筑区划内的其他公共场所、公用设施和物业服务用房,属于业主共有。"公共场所包括小区里的广场、

---

[1] 崔建远:《物权法》,中国人民大学出版社 2009 年版,第 202 页。

园林、走廊、门庭、大堂等等。公用设施包括各种健身设施、消防设施、围墙、大门、自行车车棚、外墙、配电箱、各种供电、供水、供气管线等。

（四）车位车库的归属

《物权法》第74条规定："建筑区划内，规划用于停放汽车的车位、车库应当首先满足业主的需要。建筑区划内，规划用于停放汽车的车位、车库的归属，由当事人通过出售、附赠或者出租等方式约定。占用业主共有的道路或者其他场地用于停放汽车的车位，属于业主共有。"从该法条中我们可以得出以下结论：

1. 从车库车位的所有权归属来看，《物权法》第74条只规定了一种情形，就是占用业主共有的道路或其他场所而修建的车位，法律明文规定为业主共有。如果没有占用业主的共有部分，则需要通过出售、附赠或出租方式来确定。对于这一点，本书有疑问，当事人（开发商与业主）之间通过买卖、赠与合同固然可以确定该车库车位的所有权归属，但出租方式只能解决其使用权归属。所以该法条的规定是有缺陷的。

2. 开发商根据规划修建的车库、车位，首先应当满足业主的需要。这是强制性规定，开发商不得不顾业主的合理性需求，而完全基于市场自由竞争机制将车位车库卖给出价更高的非业主，若违反了该规定而签订的合同都会被宣告无效。

四、共同管理权

（一）共同管理权的概念

所谓共同管理权，是指业主对于共有部分和共同事务从事管理的权利。它具有如下法律特征。

1. 共同管理权是基于业主间的共同关系而生的权利。

首先，全体区分所有人均居住于同一建筑物内，形成事实上的共同体关系；其次，各区分所有人在行使专有权和共有权时，不得侵害其他区分所有人的利益，必须维护区分所有人的共同利益；再次，管理相互间的共同事务关系着各个区分所有人的利益，须有全体区分所有人的共同参与。

2. 共同管理权是独立于专有权和共有权以外的权利。

专有权是区分所有人对其专有部分所享有的权利，共有权是区分所有人对其共有部分所享有的权利。这两项权利都无法囊括表决权、参与订立规约权、选举和解除管理人之权、请求召集业主大会之权等内容。而这些权利显然属于共同管理权之范畴。

3. 共同管理权是专属于业主的权利。

共同管理权虽然是管理共有部分和共同事务的权利，但离开专有部分则肯定大异其趣甚至不复存在，而专有权为业主所独享，因而说共同管理权是专属于业主的权利。

（二）共同管理权的内容

1. 制定和修改业主大会议事规则的权利。

业主大会议事规则是业主大会组织、运作的规程，是对业主大会的宗旨、组织体制、活动方式、表决程序、业主委员会的组成、成员任期及权利义务等内容进行记载的业主自律性文件。《物权法》第76条规定:制定和修改业主大会的议事规则,需要全体业主共同决定,应当经专有部分占建筑物总面积过半数的业主且占总人数过半数的业主同意。

2. 制定和修改建筑物及其附属设施的管理规约的权利。

所谓管理规约,是指业主大会依照法定程序通过的对业主具有拘束力的关于共同事务及共有财产的管理的具体规则。它是全体业主之间的共同行为,是业主自我管理、自我约束、自我规范的规则约定。它关系重大,需要全体业主共同制定和修改。《物权法》也规定,制定和修改建筑物及其附属设施的管理规约,应当经专有部分占建筑物总面积过半数的业主且占总人数过半数的业主同意。

3. 选举业主委员会或更换业主委员会的成员的权利。

业主委员会是业主大会的执行机关,按照管理规约及业主大会的决定,代表全体业主对内决定建筑区划内的日常事务,对外代理业主从事必要的活动。《物权法》规定:选举业主委员会或更换业主委员会成员,应当经专有部分占建筑物总面积过半数的业主且占总人数过半数的业主同意。

4. 选聘和解聘物业服务企业或其他管理人的权利。

物业服务企业或其他管理人是全体业主的受托人,基于全体业主的委托授权,按照物业服务合同的约定,对房屋及配套的设施设备和相关场地进行维修、养护、管理,维护物业管理区域内的环境卫生和相关秩序的活动。根据《物权法》的规定,选聘和解聘物业服务企业或其他管理人,应当经专有部分占建筑物总面积过半数的业主且占总人数过半数的业主同意。

5. 筹集和使用建筑物及其附属设施的维修资金的权利。

维修资金属于业主共有,专项用于物业报修期满后物业共用部位、共用设施设备的维修和更新、改造,不得挪作他用。《物权法》考虑到维修资金事关全体业主的共同利益,特别规定,维修资金的筹集和使用事项,应当经专有部分占建筑物总面积2/3以上的业主且占总人数2/3以上的业主同意。

6. 改建、重建建筑物及其附属设施。

《物权法》要求应当经专有部分占建筑物总面积2/3以上的业主且占总人数2/3以上的业主同意。

[案例]王某有一栋两层楼房,在楼顶上设置了一块商业广告牌,后王某将该楼房的第二层出售给了张某。问:如何处理王某与张某之间的法律关系?

[解答]本案中,王某与张某形成了建筑物区分所有权法律关系;张某对楼顶享有共有和共同管理的权利;张某无权要求王某拆除广告牌,但张某有权要求与王某共同分享该广告收益。

第三节 共有

一、共有的概述

（一）共有的概念

共有是指某项财产所有权同时为数人共同享有。根据所有权的基本属性，一物之上不能同时存在两个所有权，但一个所有权可同时由数人享有，因为对权利的主体为单数或是复数，无限制的必要。所以，我国《民法通则》第78条规定：财产可以由两个以上的公民、法人共有；《物权法》第93条也规定：不动产或动产可以由两个以上的单位、个人共有。

依据传统的民法理论，对权利可以进行质的分割和量的分割。将一个所有权的部分权能与所有权分离而由非所有人享有和行使，即为所有权质的分割。所有权质的分割产生非所有人的他物权，而所有权量的分割则形成共有。基于财产共有而发生的权利义务关系称为共有关系，各共有主体称为共有人，客体称为共有物。

（二）共有的特征

共有作为一种法律关系，其基本特征是：

1. 共有的主体是两个或两个以上的自然人、法人或其他主体。即共有的主体必须是复数，单一主体不能形成共有关系。

2. 共有关系的客体是同一项财产。此财产可以是一个集合物（如图书馆），也可以是一个合成物（如房屋、汽车），还可以是一个单一物（如土地）。但无论如何，共有关系之标的物在法律上均表现为一项尚未分割的统一财产。如果这项统一财产被几个主体分割，每个主体都成了他所分的那一份财产的单独所有人，其共有关系也就消灭了。[①]

3. 共有的内容具有双重的权利、义务关系。即内部权利义务关系和外部权利义务关系。其内部权利义务关系表现为各共有人对共有物按照各自的份额或者不分份额平等地享有权利、承担义务。但各共有人对权利的行使并非完全独立的，在许多情况下要体现共有人的意志，要受其他共有人利益的限制。其外部权利义务关系体现为共有人与非共有人之间的关系，具有绝对性。各共有人作为统一的主体，可以同共有关系以外的任何人发生财产关系。

4. 共有物上的所有权只有一个，只是所有权人为复数，仍然符合一物一权原则。共有不是一种独立的所有权形式，只是同种或不同种类的所有权的联合。所谓同种所有权的联合，如个人与个人的共有；所谓不同种类的所有权的联合，如国家和集体的共有，集体和个人的共有。

[①] 彭万林：《民法学》，中国政法大学出版社1993年版，第250页。

(三)共有的类型

按照《物权法》的规定,共有包括按份共有和共同共有。但实际上,有些共有既有按份共有的属性,也有共同共有的色彩。例如,在合伙中,各合伙人出资形成的共有为按份共有,盈利的分配和风险的承担也以份额为准。就此来看,合伙具有按份共有的性质。但是,在合伙事务管理方面,各个合伙人具有共同的平等权利,又体现出共同共有的色彩。因此,有学者将合伙中的共有称为混合共有。① 再加上准共有(民法把所有权以外的财产权的共有,称为准共有),可以说共有的类型有四类。本书主要阐述按份共有和共同共有。按份共有和共同共有的区别主要有以下几点:

1. 成立的原因不同。共同共有的成立,以共有人之间存在着共同关系为前提;而按份共有却无须如此。

2. 权利享有和义务承担上的不同。根据《物权法》的规定,在按份共有中,共有人依其应有份额享有权利和承担义务;而共同共有人的权利及于共有物的全部而不局限于某一部分,各个共有人对共有物不分份额地共同享有权利和承担义务。

3. 分割的限制上不同。在共同关系存续期间,共同共有人不得请求分割共有物,除非共有基础丧失或有重大理由确需分割共有物;而在按份共有场合,共有人可以随时请求分割共有物,但共有人有特别约定的除外。

4. 对共有物管理的不同。在按份共有场合,除非法律另有规定或者合同另有约定,对共有物的简易修缮和保存行为,共有人可以单独实施;一般的改良行为则在获得共有人过半数或应有份额合计半数的共有人同意,才可为之;② 对共有的不动产或动产作重大修缮的,应当经占份额 2/3 以上的按份共有人或全体共有人的同意。在共同共有的场合,对共有物的管理应得到全体共有人的同意,除非法律另有规定或当事人另有约定。

5. 对共有物的处分不同。在按份共有场合,各个共有人可自由处分其份额;而在共同共有场合,则无份额的处分可言。

6. 存续期间的不同。共同共有的存续取决于共同关系的存在,婚姻关系、家庭关系等共同关系较为稳定,共同共有的存续期间也较长;而按份共有关系,就其本质而言,具有暂时性。③

需要注意的是,《物权法》第 103 条规定,共有人对共有物没有约定为按份共有或共同共有,或者约定不明确的,除共有人具有家庭关系的以外,视为按份共有。

二、按份共有

(一)按份共有的概念

按份共有,又称为分别共有,是指各共有人按确定的份额对共有财产分享权利和分担

---

① 崔建远:《物权法》,中国人民大学出版社 2009 年版,第 244 页。
② 梁慧星、陈华彬:《物权法》,法律出版社 2007 年第 4 版,第 239 页。
③ 梁慧星、陈华彬:《物权法》,法律出版社 2007 年第 4 版,第 239 页。

义务的共有。《民法通则》第 78 条规定:"按份共有人按照各自的份额,对共有财产分享权利,分担义务。"《物权法》第 94 条规定:"按份共有人对共有的不动产或者动产按照其份额享有所有权。"例如,甲、乙、丙各出资五万元购买一辆货车,三人各按出资的份额对货车分享权利和分担义务。按份共有是最常见的共有关系,它可以发生在自然人之间、法人之间,也可以发生在自然人和法人之间。

(二)按份共有的特征

按份共有作为共有的一种,具有以下特征:

1. 各个共有人对于共有物按照预先确定的份额享有所有权。各共有人的份额,又称应有份,日本学者称为"持份",其具体份额在共有关系产生时,共有人就已经明确。如果各共有人的份额均等,各共有人按自己应有的份额平等地享有权利、承担义务。份额不相等的共有人,其享有的权利和承担的义务也不相同。

2. 共有人的权利义务及于共有物的全部。在按份共有中,各共有人虽然按照确定的的份额分享权利、分担义务,但各共有人的权利义务不是局限在共同财产的某一部分上,而是及于共有物的全部。

3. 在法律无限制或不违背共有协议的情况下,按份共有人对其应有的份额可以自由处分。例如各共有人可以抛弃、转让他的应有份额。但共有人的处分行为不得损害其他共有人的利益。

(三)按份共有的形成

按份共有作为法律关系之一,是因一定的法律事实而形成的。其形成的原因概括起来无外乎两种:一是基于当事人的合意,例如,多方当事人签订合同,共同投资开发新技术、创办企业、购买物品等;二是基于法律的规定,例如,不同所有人之物混合在一起不可分离而又无法区分主物从物时,则各所有人可以按混合前的价值比例按份共有混合物的所有权。

(四)按份共有人权利的行使

各共有人行使按份共有权利时,须遵循协商一致的原则。各共有人对于其应有份额的权利虽然可以自由处分,但由于各共有人的权利及于全部共有财产,其权利的行使会涉及其他共有人的利益。因此,各共有人对其按份共有的财产进行占有、使用、收益和处分时,应遵循事先达成的协议;事先没有达成协议的,应在平等的基础上通过协商取得一致意见;意见不一致的时候,应按拥有财产份额一半以上的共有人的意见处理,但这种处理办法不得损害其他共有人的合法利益。共有人违反协商一致的原则,擅自处分共有财产的,其处分行为对其他共有人不发生法律效力。给其他共有人造成损害的,应由擅自处分人负责赔偿。

(五)按份共有人的权利与义务

1. 按份共有人的权利

(1)按份共有人按其份额对共有财产享有占有、使用、收益和处分的权利。享有的份额越大,其享有的权利越多。但各共有人行使权利时应遵循事先达成的协议或协商一致的原则，不得损害其他共有人的权利，否则，应承担相应的民事责任。

（2）分出其份额的权利。所谓分出，是指按份共有人退出共有，将自己在共有财产中的份额分离出来。分出时，在不影响其他共有人经营的情况下，可以分出实物，反之则只能由其他共有人作价补偿。但共有人预先达成协议规定在一定时期内禁止分割的，共有人应遵守此约定。

（3）处分其应有份额的权利。各共有人对其应有份额可以按自己的意志进行各种处分，如赠与、出售、在其财产上抵押或单方面抛弃等。其处分行为同样应遵循事先达成的协议或协商一致的原则。如果合同对按份共有人处分其份额的权利有限制时，各共有人仍应遵守其限制。

（4）优先购买权。《物权法》第101条规定："按份共有人可以转让其享有的共有的不动产或者动产份额。其他共有人在同等条件下享有优先购买的权利。"但行使优先购买权时，须具备一定的条件：首先，须在同等的条件下；其次，必须在规定的期限内行使。欲出售其份额的共有人，须将出售之意思及相关条件通知其他共有人，其他共有人在法律规定的期限内不为购买的承诺，即丧失优先购买权。但出售其份额的按份共有人不为出售的通知而暗自出售的，其行为无效。

  2. 按份共有人的义务

按份共有人按照各自的份额对共有财产享有权利，同时也要按各自的份额分担义务，从而体现权利义务一致的法律原则。按份共有人享有的份额越大，其承担的义务也就越多。

按份共有，是一种具有对内对外双重权利义务的关系。在其内部关系中，各共有人按确定的份额分担义务。但在对外关系中，各按份共有人分担义务的形式则因义务性质的不同而异。如义务是可分的（如偿还第三人对于共有物之修缮费），则各共有人按照各自的份额承担义务。如义务是不可分的，则共有人之间应负连带责任。

[案例]甲、乙、丙共有一轮船，甲占该船70％的份额。现甲欲将该船作抵押向某银行贷款500万元。已知各共有人事先对此未作约定，则下列说法中正确的是（　　）
  A. 甲将共有轮船抵押应经过乙、丙的同意
  B. 甲将共有轮船抵押须乙或丙两者中的一个同意
  C. 甲将共有轮船抵押无须经任何人同意
  D. 甲将共有轮船抵押属于无权处分
[解答]C. 根据《物权法》第47条的规定，处分共有的不动产或动产，以及对共有的不动产或动产作重大修缮的，才应当经占份额2/3以上的按份共有人或全体共有人的同意。本案中，甲对共有的动产船舶押处分，因其所占份额又超2/3，故无须其他按份共有人的同意。

三、共同共有

（一）概述

共同共有，是指共有人基于共同关系而对于全部共有财产不分份额地享受权利承担

义务的共有。共同共有具有如下法律特征:

1. 在共同共有中,共有财产不分份额。只要共同共有关系存在,共有人对共有的财产就不能划分自己的份额,只有在共同共有关系终止时,才能确定各共有人的份额。

2. 在共同共有中,各共有人平等地享有权利和承担义务。

3. 共同共有基于共同关系而产生,以共同关系的存在为前提。例如,夫妻关系、家庭共同劳动关系,分别形成夫妻财产共有关系和家庭财产共有关系。共同共有一般发生在互有特殊身份关系的当事人之间。[1]

(二)共同共有的类型

在我国的实际生活中,共同共有主要有以下几种:

1. 夫妻共有。我国《婚姻法》第13条规定:"夫妻在婚姻关系存续期间所得的财产归夫妻共同共有,双方另有约定的除外。""夫妻对共同所有的财产,有平等的处理权。"由此可见,夫妻共有是一种共同共有。

2. 家庭共有。家庭共有,就是指家庭成员基于共同生活、共同劳动关系而发生的共有形式。家庭关系不仅限于夫妻关系,还存在着父母、子女、兄弟姐妹、祖父母、外祖父母和孙子女、外孙子女等之间的关系。在家庭成员的共同生活中,各个家庭成员共同经营的财产,以及共同经营收入中用于扩大经营的投资,用于共同消费和积累的财产,均属于家庭共有财产。各家庭成员对共有财产享有平等的权利和承担相同的义务。

3. 遗产分割前的共有。这里是指在继承开始以后至遗产分割前这段时间里,多个继承人基于继承遗产而发生的共有关系。在这段时间中,任何继承人都不能单独取得遗产的所有权,也不能确定各继承人对遗产的份额,遗产只能为全体继承人共同共有。各继承人只有在分割遗产时,才能依照法律或者遗嘱确定各自的份额。

(三)共同共有人的权利与义务

共同共有人对共有财产享有平等的占有、使用权。对共有财产的收益,不是按比例分配,而是共同享用。对共有财产的处分,必须征得全体共有人的同意。《〈民法通则〉司法解释》第89条规定,在共同共有关系存续期间,部分共有人擅自处分共有财产的,一般认定为无效。但第三人善意、有偿取得该财产的,应当维护第三人的合法权益,对其他共有人的损失,由擅自处分共有财产的人赔偿。

共同共有人对共有财产共同承担义务。《物权法》第98条规定:对共有物的管理费用以及其他负担,有约定的,按照约定;没有约定或者约定不明确的,按份共有人按照其份额负担,共同共有人共同负担。从该法条中我们可以看出,在共同共有的情况下,因对共有财产进行维护、保管、改良等所支付的费用由各共有人共同分担,各共有人因经营共同事业对外发生债务或对第三人造成损害的,由全体共有人承担连带责任。

共同共有关系存续期间,各共有人无权请求分割共有财产,部分共有人擅自划分份额并分割共有财产的,应认定为无效。

---

[1] 李开国、张玉敏:《中国民法学》,法律出版社2002年版,第414页。

四、共有财产的分割

(一)分割的原则

按份共有人有权请求从共有财产中分割出属于自己的应有份额,共同共有人在共同关系结束后,也可请求对共有财产进行分割。共有财产的分割应遵循如下原则:

1. 遵守法律的原则。如果法律对共有财产的分割有相关的规定,则共有人在财产分割中应当遵循。例如,夫妻财产的分割应当遵循《婚姻法》的有关规定,遗产的分割应当遵循《继承法》的相关规定。

2. 遵守协议的原则。如果共有人之间事先订有协议,明确规定了共有财产的分割方式,则各共有人应依协议来分割。

3. 平等协商的原则。各共有人对共有财产分割的范围、期间、方式等事项应进行平等协商,力求达成一致协议。若不达成协议,在按份共有中,按拥有财产份额一半以上的共有人的意见处理,但不得损害其他共有人的利益;在共同共有中,应当根据等分原则处理,并且考虑共有人生产、生活的实际需要等情况进行分割。

(二)分割的方式

1. 实物分割。在不影响共有财产的价值和特定用途时,可以对共有财产采取实物分割的方式。可采取此种分割方式的共有物一般是可分物,如粮食、布匹等。

2. 变价分割。如果共有财产不能分割或者分割有损其价值,而且各共有人都不愿意接受共有物时,可以将共有物出卖,由各共有人分别取得价金。

3. 作价补偿。对于不可分割的共有物,共有人中的一人愿意取得共有物的,可以由该共有人取得该共有物。对于共有物的价值超出其应得份额的部分,取得共有物的共有人应对其他共有人作价补偿。

(三)分割的效力

共有财产分割以后,共有关系归于消灭,各共有人就应得份额取得单独所有权。但如分割后某共有人分得的财产因为分割以前的原因而为第三人追及或者发现共有物的瑕疵,则原共有人都应承担责任。

在共同共有财产分割后,一个或者数个原共有人出卖自己分得的财产时,如果出卖的财产与其他原共有人分得的财产属于一个整体或者需配套使用的,其他原共有人主张优先购买的,应当予以支持。[1]

---

[1] 《最高人民法院关于贯彻执行〈民法通则〉若干问题的意见》,第90条。

【思考题】

1. 试述建筑物区分所有权的概念、性质以及产生的必要性。
2. 简述按份共有与共同共有的区别。

【司法考试真题链接】

1. 甲、乙、丙、丁分别购买了某住宅楼(共四层)的一至四层住宅,并各自办理了房产证。下列哪些说法是正确的?(2006年)

    A. 甲、乙、丙、丁有权分享该住宅楼的外墙广告收入

    B. 一层住户甲对三、四层间楼板不享有民事权利

    C. 若甲出卖其住宅,乙、丙、丁享有优先购买权

    D. 如四层住户丁欲在楼顶建一花圃,须得到甲、乙、丙的同意

2. 甲与乙系五、六楼邻居关系。甲于1994年购买此房。进住后,甲在五楼通往六楼的楼梯上安装铁栅栏门,铁栅栏门外又安装了铝合金门,并用胶合板将楼梯扶手上的空间封堵。2001年5月,乙购买了进住六楼。2004年5月,乙认为甲严重造成了自己出入及搬运东西的不便,于是向法院提起了诉讼,要求甲立即拆除。下列说法正确的是(2008年)

    A. 不应支持乙的诉讼请求,因为甲安门在前,乙进住在后,进住时乙明知楼中的格局问题

    B. 不应支持乙的请求,因为甲是建筑物空间共有人之一,可自由使用该空间

    C. 应支持乙的诉讼请求,因甲侵犯了其共有权

    D. 不应支持乙的诉讼请求,因其请求已过诉讼时效

3. 甲乙丙三人各出资六万元购买一台机器,后因甲有事外出,乙丙商量把机器卖给丁,卖的价款按三等份给甲留了一份,甲回家后得知此事认为未经自己同意无权出卖该机器。下列说法正确的是(2009年)

    A. 若丁善意取得机器的所有权,则乙丙应该赔偿给甲造成的损失

    B. 乙丙的行为侵犯了甲的所有权

    C. 乙丙的行为侵犯了甲的优先购买权

    D. 甲可以主张买卖该机器的合同无效

第五章 相邻关系

【引例】

杨某与李某同住某小区。2010年8月,李某对自家房屋进行装修,在杨、李二人房屋所在的两幢楼之间的支架上违章搭建阳光房,该违章建筑距离杨某房屋的卫生间窗口不足半米,严重影响其房屋卫生间的采光、通风、视野、私密性和安全性。杨某多次与李某协商,要求拆除违章搭建的阳光房,但李某坚持自己的装修并不是违章搭建,装修也没有超过自家的房屋区域,因此双方的争议始终未果。杨某无奈之下诉至法院,要求判令李某拆除位于两幢楼之间的违章建筑,恢复原状。

本案中,李某未经有关部门同意和批准在两幢楼之间搭建阳光房,显然已经超出了自己房屋的所有区域,属违章搭建的违规行为。该行为给相邻方杨某的采光权、通风权、私密性、安全性等合法权益带来了妨害,根据《物权法》第89条的规定:"建造建筑物,不得违反国家有关工程建设标准,妨碍相邻建筑物的通风、采光和日照。"因此,李某应拆除该违章建筑、恢复原状。

第一节 相邻关系概述

一、相邻关系的概念

相邻关系,从权利的角度来讲又称为相邻权,是指相互毗邻的不动产的所有人或使用人,在行使所有权或使用权时,相互间应给予对方便利或接受限制而产生的权利义务关系。

物权所具有的支配性和排他性使得权利主体可自由地对物加以支配并排除他人非法干涉以实现其自身的利益。但当不动产相互毗邻时,不动产权利人便不可避免地要与周围的权利人产生联系。如果允许不动产权利人绝对自由地行使各自的物权,只考虑自身的利益,不顾及他人的需求,则冲突纷争在所难免。因此,相邻关系制度的功能在于谋求实现不动产相邻各方"发生冲突之际的利害关系的调整"①。从这个角度来看,相比相邻权,"相邻关系"的称谓更能准确地表明相邻关系制度之本旨。《物权法》第七章即是有关各类"相邻关系"的明文规定。

二、相邻关系的特征

（一）相邻关系的主体必须是两个或两个以上相互毗邻的不动产的权利人

1. 一人无法构成相邻,相邻关系只能在两个或两个以上的权利主体之间产生。

---

① 史尚宽:《物权法论》,台湾荣泰印书馆股份有限公司1979年版,第79页。

2. 相邻关系的发生,以不动产相互毗邻为必要,即相邻关系只能基于不动产相邻的事实而发生。不动产的位置相邻,可以相连接,也可以位置相邻近,不相毗邻的不动产,无法产生相邻关系。

3. 不动产权利人既可以是不动产所有人,也可以是不动产的用益人。

相邻不动产(如相邻两幢房屋)所有人之间固然产生相邻关系,但因我国实行土地的公有制,相邻关系更多地表现为相邻不动产用益人,如土地承包经营权人、建设用地使用权人、宅基地使用权人、建筑物利用权人等具体利用土地或建筑物的人之间的关系。因此,《物权法》对相邻关系的主体采用了"不动产权利人"的表述。①

(二)相邻关系的内容是相邻一方有权要求他方给予自己必要的便利

相邻关系作为法律规定的民事主体之间的权利和义务关系,其内容体现为相邻一方享有请求他方给予必要便利的权利,相应地,他方必须履行给予必要便利的义务。所谓必要的便利,是指非从相邻方得到便利,就无法正常行使其所有权或使用权。当事人在行使相邻权时,不得给他方的合法权益带来损害。

(三)相邻关系的客体主要是行使不动产权利所体现的利益

相邻各方行使不动产权利时所体现的利益,可能是经济利益,例如相邻取水关系,相互给予对方的方便就是追求的经济利益;也可能是非经济利益,例如城市相邻关系中的空调器设置关系,相邻方给予对方的方便,追求的就是非经济利益。② 这种利益的实现,必须以相邻方互相给予必要便利为条件。

(四)相邻关系是依据法律的规定而产生的

相邻关系的产生是法律为了保障相邻不动产权利一方最基本的生产和生活需要(如通风、采光、排水、通行、排污等)而规定的他方必须给予的必要便利,在一方给另一方提供便利的同时,自身的权利自然受到了限制,相应地,另一方的权利得到了扩张。因此,相邻关系是对不动产所有权或使用权的当然的限制或扩张,是法律直接规定的,其本质上体现了法律对不动产权利的干预。

第二节 相邻关系的种类

不动产相邻关系产生的原因很多,十分复杂。根据《物权法》的规定,相邻关系主要包括以下类型:

一、相邻用水、排水关系

《物权法》第 86 条规定:"不动产权利人应当为相邻权利人用水、排水提供必要的便

---

① 刘家安:《物权法论》,中国政法大学出版社 2009 年版,第 127~128 页。
② 杨立新:《物权法》,中国人民大学出版社 2009 年第 3 版,第 103 页。

利。""对自然流水的利用,应当在不动产的相邻权利人之间合理分配。对自然流水的排放,应当尊重自然流向。"此条规定主要包括两个方面。

(一)相邻用水关系

在我国,水资源主要为国家所有,但相邻各方均有权利用自然流水。我国《水法》第3条规定:"水资源属于国家所有。水资源的所有权由国务院代表国家行使。农村集体经济组织的水塘和由农村集体经济组织修建管理的水库中的水,归各该农村集体经济组织使用。"因而,所谓水之所有,一般均系水之利用权的习惯性称谓。① 为避免冲突的产生,兼顾各方用水利益,土地相邻各方应当依照历史习惯和法律规定对水资源进行合理的使用和分配。水源地和水流地的所有人,在自由使用自然流水的同时,不得因此而妨碍邻人的用水利益。不得擅自垄断、堵塞水流;不得改变水流的原有结构和自然流向;不得为一己利益乱开凿水井、破坏原有水源。因上述行为使邻人的水流井泉水位下降甚至干涸、影响到他方正常的生产生活的,应恢复原状,造成损害的应予以赔偿。

(二)相邻排水关系

相邻排水关系,包括相邻自然排水和相邻人工排水两种。自然流水,是指未施以人工的流水,如雨水、泉水等。而施以了人工的流水则称为人工流水,如工业废水。

在自然排水时,原则上应依据自然流水的方向,尊重自然流水的排放,即低地的权利人有承担高地的权利人按照水流的自然规律向低地排水之义务。如因其土地上的所有设备导致水流无法排放时,低地所有人负有排除障碍的义务。至于此障碍是低地所有人故意造成,还是因过失或其他原因造成,在所不问。相应地,如因低地排水障碍致使高地所有人遭受损失,高地所有人可以请求侵权损害赔偿。但低地所有人对于自然流水不负疏通义务,故水流因自然原因而在低地堵塞时,原则上由高地所有人自己负责疏通。但有习惯的,依其习惯。②

在人工排水中,土地所有人或使用人原则上没有使用邻地的权利。相邻一方不得设置管、槽、屋檐或其他工作物,使房屋雨水直接注泻于邻人的不动产上。如果因为人工排水而构造各种设施或工作物,改变了水流的方向,给他人造成损害的,该他人可以请求排除妨害、赔偿损失。在排水时,不能排放违反国家法律明确禁止的污水以及其他污染物。

二、相邻土地通行关系

《物权法》第87条规定:"不动产权利人对相邻权利人因通行等必须利用其土地的,应当提供必要的便利。"

据此规定,不动产权利人对邻人的通行给予便利义务的前提为利用土地之"必须",包括两种情况:(1)相邻一方的建筑物或土地,处于不动产权利人(另一方)的土地包围之中,即形成所谓的"袋地",在袋地情况下,通行人非经由不动产权利人的土地无法到达公用通

---

① 江平:《物权法》,法律出版社2009年版,第178页。
② 江平:《物权法》,法律出版社2009年版,第179页。

道,即无路可行。此种情况属于相邻关系制度的调整范围,而不属于地役权的内容。因为出现袋地以后,通行的需求属于最低限度的生产、生活需要。即使是因为土地转让、交换等而产生袋地现象,相邻一方也应当提供通行的便利。[1] (2)与上一种情况不同,相邻一方有其他的通道,并非完全无路可行,但选择该通道通行会给其带来较高的费用、危险或其他的不便。例如,一方的土地与公路之间距离很近,但是被另外一方的土地所阻隔,如果其不通过另一方的土地而是绕道到达公路,需要穿越其土地背后的山脉,成本大幅增加且颇具危险性。[2] 上述两种情况无论哪一种,通行人在利用邻人土地时,应当选择最必要、对相邻方损害最小的路线通行。因其通行给权利人带来损害的,应当予以赔偿。

历史上形成的通道,不动产权利人无权任意堵塞或妨碍他人通行。确实需要改道的,应与邻人进行协商。但若有其他通道可通行,且堵塞后不影响他人通行的,则可以堵塞历史通道而改用其他通道通行。

三、相邻土地、建筑物利用关系

《物权法》第 88 条规定:"不动产权利人因建造、修缮建筑物以及铺设电线、电缆、水管、暖气和燃气管线等必须利用相邻土地、建筑物的,该土地、建筑物的权利人应当提供必要的便利。"此规定包括两种情况:

(一)因建造、修缮建筑物对邻人不动产的利用

因建造、修缮的原因而使用邻人不动产的,相邻权利人应当提供必要的便利。如建造房屋时,需要临时在相邻的不动产上搭建脚手架或堆放建筑材料。根据《民通意见》第 97 条的规定,"相邻一方因修建施工临时占用他方使用的土地",他人应当允许。但是施工应选择对他人损失最小的方案,并"按照双方约定的范围、用途和期限使用",施工完毕应当"及时清理现场,恢复原状"。

(二)相邻管线的铺设

不动产权利人非通过他人的土地或建筑物,不能铺设电线、电缆、水管、暖气和燃气管线等,或虽能铺设但费用过高无法承受时,相邻一方应允许其使用自己的土地或建筑物。例如,电力公司为了供电需要铺设有关的线缆,因此有必要在某人的不动产上方或者地表以下进行施工。[3]

不动产权利人对相邻一方土地或建筑物的使用,既可能是临时的,也可能是长期的。使用他人不动产一方应当选择对相邻方损害最小的方法和线路为之,由此给他人带来损失的,应赔偿损失。

---

[1] 全国人大常委会法制工作委员会民法室:《中华人民共和国物权法》,中国法制出版社,2007 年版,第 87 页。
[2] 王利明:《民法》,中国人民大学出版社 2010 年第 5 版,第 200 页。
[3] 王利明:《民法》,中国人民大学出版社 2010 年第 5 版,第 201 页。

四、因通风、采光、日照而产生的相邻关系

《物权法》第89条规定:"建造建筑物,不得违反国家有关工程建设标准,妨碍相邻建筑物的通风、采光和日照。"

现代社会,城市规模日益扩大,土地资源日益稀缺,高楼大厦林立。相邻建筑物之间因空间距离的缩小而导致的通风、采光权益纠纷较之以往更为突出。《物权法》通过此条规定保障了相邻一方通风、采光和日照的权益。根据此条规定,这种类型的相邻关系的构成包括两个方面:

1. 不动产权利人在建造建筑物的过程中,必须考虑到相邻他方的通风、采光和日照便利。虽然权利人基于自己所有人或使用人的身份,有权在自己的土地上建造建筑物,但是如果所修建的建筑物阻挡了邻人的通风、采光和日照这些维持人们基本的生产和生活的最低限度的需求,则构成权利的滥用。

2. 不动产权利人所建造的建筑物必须是符合国家有关工程建设标准的。如建设部颁布的《建筑采光设计标准》、《国家标准城市居住区规划设计规范》和《工程建设标准强制性条文》等。由于这些建筑标准在制定之时就结合通风、采光和日照等因素进行过科学的论证,因此,按照这些标准建造的建筑物一般不会发生上述问题。但是,因各种原因导致房屋建造人虽然未违反有关工程建设标准要求,仍然给他人的通风、采光或日照带来妨害的,受害人也可以视具体情况请求相对方承担赔偿责任。

要注意的是,修建过程中的建筑物,权利人如果违反法律规定造成相邻一方通风、采光和日照妨碍的,受害人有权要求其立即停止侵害、恢复原状或赔偿损失。如果建筑物已经建造完成,而且没有违反规划,基于经济利益的衡量,受害人只可要求损害赔偿,不得要求其拆除建筑物。

五、相邻环保关系

工业社会的发展带来的生态破坏和环境问题已成为当今世界人类面临的共同问题之一,对于居住安宁与生活环境的保护成为各国近现代法律的重要组成部分。《物权法》第90条明确规定了对居民环境权的保护:"不动产权利人不得违反国家规定弃置固体废物,排放大气污染物、水污染物、噪声、光、电磁波辐射等有害物质。"此条规定中涉及的有害物质,在学理上称为"不可量物"或"不可称量物"。所谓不可量物,是指不可用传统的度量方式精确计量的物质,如气体、声响、粉尘、光线、波、火花等。根据《物权法》的此条规定,不可量物构成侵害必须符合如下条件:

1. 违反了国家有关环境保护方面的法律法规。如果国家还没有制定相关的规定,则应当根据具体情况来确定是否过度或过量,并据此认定是否构成对相邻关系的侵害。

2. 侵害必须发生在相邻的不动产权利人之间。如果不可量物散发很远,则构成无过错的环境侵权责任。

3. 侵害必须达到一定程度。即一方导致另一方的损害具有"异常性"或"过度性",超越了受害方通常可忍受的限度。如果不可量物的侵入轻微,或依不动产的坐落情况等符合习惯的,则不动产权利人有容忍的义务。例如,邻居在白天演奏乐器发出声响即属轻

微;房屋坐落在高速公路旁,权利人不得不容忍一定的噪声、废气等属于符合习惯等。①

六、相邻防险关系

《物权法》第91条规定:"不动产权利人挖掘土地、建造建筑物、铺设管线以及安装设备等,不得危及相邻不动产的安全。"这种情况在学理上称为"邻地损害的防免"。根据此规定,一旦相邻一方不动产权利人实施了危害另一方不动产安全的行为,如挖掘地基形成大洞,导致临近的另一方的建筑物倒塌或形成可能倒塌的危险,那么受到妨害的一方不动产权利人便有权请求对方停止侵害、消除危险或者赔偿损失。在相邻防险关系中,并不一定要有损害的实际发生,只要存在发生损害的危险,就可以行使相邻安全权利。当然,如果损害已然发生,施工方必须承担赔偿责任。

[案例]吴某与秦某分别居住于某市某路50号20室、32室。2011年4月,秦某在房屋西侧后天井公用部位违章搭建了淋浴房(内设卫生间马桶),挤占了消防通道,致使吴某不能正常晾晒衣服、影响采光,更严重的是秦某淋浴房内马桶排污管道直接进入小区下水道,污染环境。物业公司也对秦某发出《违法建筑整改通知书》,但秦某一直未能整改。吴某遂起诉至法院,要求秦某拆除公用天井内的淋浴房(包括内设卫生设施)。问:应如何依法处理双方的关系?

[解析]本案中,吴某与秦某系邻居,双方理应互谅互让和睦相处,营造一个和谐共处、宽松礼让的生活环境。但秦某在天井公用部位违章搭建了淋浴房,不但给相邻方吴某的正常生活造成了一定的影响,并且给小区环境带来了污染。根据《物权法》相邻关系的处理原则,不动产的相邻各方应当按照有利生产、方便生活、团结互助、公平合理的原则,正确处理相邻关系,给相邻方造成妨碍的,应当停止侵害、排除妨碍。因此,秦某应拆除淋浴房。

第三节 处理相邻关系的原则

我国司法实践中遵循的处理相邻关系的原则在法律上的规范基础早先为《民法通则》第83条,《物权法》出台以后,通过第84条重申了《民法通则》的立法精神:"不动产的相邻权利人应当按照有利生产、方便生活、团结互助、公平合理的原则,正确处理相邻关系。"据此,处理相邻关系的原则体现为:

一、有利生产、方便生活

相邻关系制度在法律上的意义就在于调和相邻不动产的利用,充分发挥财产的效用,减少纠纷,从而保障人们的生产、生活能够顺利进行。因此,处理相邻关系应当从有利生产、方便生活出发,充分发挥不动产的使用效益,最大限度地维护各方利益,以实现法律调

---

① 刘家安:《物权法论》,中国政法大学出版社2009年版,第131~132页。

整相邻关系所追求的社会目的。

二、团结互助、公平合理

一方面,不动产的相邻各方,其民事权利和利益关系往往相互交织、相互依赖,任何一方利益的实现往往都要建立在另一方给予的必要的便利的基础上。因此,相邻各方在行使其权利时,应团结互助、兼顾各方利益。另一方面,相邻权利人一旦未能顾及他方和社会公共利益,滥用自己的权利,就极易引发争议和纠纷。人民法院在面对相邻纠纷的处理时,应本着公平的原则。如果处理不当,会激化社会矛盾,影响安定团结。

三、尊重历史和习惯

在处理相邻关系时,要特别注意尊重历史和习惯。这是因为,历史上形成的相邻状况和处理相邻关系时依据的习惯,已经被相邻各方和公众所接受。如果相邻各方发生纠纷,依照历史和习惯来处理,是最好的解决方法。[①] 当然,尊重历史和习惯的前提是其不违反法律和社会公共利益。《物权法》第85条规定:"法律、法规对处理相邻关系有规定的,依照其规定;法律、法规没有规定的,可以按照当地习惯。"依此规定,相邻关系的处理,有法律的依据法律,没有法律的,才可以依照习惯处理。

四、依法给予补偿

《物权法》第92条规定:"不动产权利人因用水、排水、通行、铺设管线等利用相邻不动产的,应当尽量避免对相邻的不动产权利人造成损害;造成损害的,应当给予赔偿。"相邻关系是法律对于不动产的一种干预,在许多情况下,相邻一方为另一方提供的便利,是一种法定义务,不能要求另一方提供补偿。在此,应当区分两种情况:其一,如果是为了满足生产、生活的最低限度的需要,即使造成了损失也不一定要给予补偿。例如,袋地所有人要通行于他人的土地,必然造成他人的损害。在此情况下,虽无须承担赔偿责任,但基于公平的考量,有必要给予适当的补偿。[②] 其二,超出满足生产、生活的最低限度的需要给他人造成损失的,应赔偿损失。

【思考题】

1. 简述相邻关系的概念及其法律特征。
2. 《物权法》规定了哪几种主要的相邻关系?
3. 简述处理相邻关系的原则。

---

① 杨立新:《物权法》,中国人民大学出版社2009年第3版,第109页。
② 王利明:《民法》,中国人民大学出版社2010年第5版,第204页。

【司法考试真题链接】

1. 某郊区学校为方便乘坐地铁,与相邻研究院约定,学校人员有权借研究院道路通行,每年支付一万元。据此,学校享有的是下列哪一项权利?(2010年)
   A. 相邻权
   B. 地役权
   C. 建设用地使用权
   D. 宅基地使用权

2. 甲、乙、丙依次比邻而居。甲为修房向乙提出在其院内堆放建材,乙不允。甲遂向丙提出在其院内堆放,丙要求甲付费200元,并提出不得超过20天,甲同意。修房过程中,甲搬运建材须从乙家门前经过,乙予以阻拦。对此,下列哪一种说法不正确?(2005年)
   A. 乙无权拒绝甲在其院内堆放建材
   B. 乙无权阻拦甲经其门前搬运建材
   C. 甲应依约定向丙支付占地费
   D. 若建材堆放时间超过20天,丙有权要求甲清理现场

第六章 用益物权

【引例】

1984年2月,王某以一户三人(王某、妻子李某和大儿子)的名义申请了宅基地建房。同年12月,小儿子出生。2005年大儿子结婚,同年,王某因车祸去世。2006年,小儿子因结婚另行申请了宅基地建房;大儿子也将该房屋拆除后在原宅基地上重建了新房,李某一直随大儿子居住。2008年,大儿子居住房屋面临拆迁,获得了拆迁补偿款20万余元和宅基地使用权补偿款60万余元。小儿子认为,宅基地补偿款属于申请宅基地时的王某、李某和大儿子共同所有,三人应各享有20万余元。父亲王某已经去世,其享有的20万余元应作为遗产由母亲、哥哥和自己共同继承。大儿子反对,双方对簿公堂。

本案中,从表面看争议的标的是宅基地补偿款,实质是对宅基地使用权归属的争议。宅基地使用权作为一项特殊的用益物权,与农民个人的集体经济组织成员资格紧密相关,因其作为集体经济组织成员而获得,因死亡而灭失。王某因车祸死亡,自然丧失其集体经济组织成员的资格,不再是宅基地使用权的主体,宅基地补偿款当然也无权享有。小儿子要求分割宅基地补偿款的诉请已经失去了事实和法律依据,因此无权分得该宅基地补偿款。

第一节 用益物权概述

一、用益物权的概念

用益物权,是指对他人所有的物,在一定范围内依法享有占有、使用和收益的权利。用益物权是典型的他物权,大陆法系的各国民法对用益物权的分类不尽相同。基于我国民法的历史传统和现阶段经济发展的需要,我国物权法规定了土地承包经营权、建设用地使用权、宅基地使用权和地役权,也有学者主张我国的用益物权还应包括我国习惯法上的典权,以及采矿权、探矿权、渔业权、狩猎权等准物权。

二、用益物权的特征

用益物权除具有物权的对世性、支配性、排他性等基本特征外,与其他物权相比较,还具有以下主要特征:

1. 用益物权主要是不动产物权。尽管我国《物权法》第117条规定的用益物权是对他人所有的动产或者不动产所拥有的权利,但用益物权的标的物主要是土地,如我国《物权法》所规定的土地承包经营权、建设用地使用权、宅基地使用权和地役权,还有其他国家民法上的地上权、永佃权等也主要都是以土地为其标的物的。也有部分国家规定的用益物权不以不动产为标的物,如《德国民法》规定的财产用益物权和权利用益物权,就是以财产性权利为标的物。

用益物权以不动产为主要标的物,原因在于,在对他人的物的利用上,动产由于价值小、数量多,使用人如有需要的话,完全可以自行购买。而对于重要且价值大的物如土地等不动产,全部要求使用人购买则并不实际,有的如土地,数量上不能满足;也有的不经济,如当事人仅愿意使用一段时间,因此有必要依赖于用益物权得以实现。

2. 用益物权以对标的物的使用、收益为目的。用益物权的"用益",顾名思义,本身就包含着对物的使用、收益的意思。用益物权是以实现对物的利用或使用,充分发挥或实现物的使用价值为目的,用益物权的这一特点区别于担保物权。这也决定了用益物权的设立应以对标的物的占有为要件,亦即用益物权人必须现实地占有标的物,在实体上支配标的物,否则,用益物权的目的就无法实现。如我国规定的建设用地使用权、土地承包经营权、宅基地使用权,权利人都必须通过对土地的占有、支配来实现其权利。至于说用益物权人的处分权,仅仅是指对自己用益物权权利的处分,并不包括对作为用益物权标的物的他人之物的处分。

3. 用益物权是他物权。用益物权是在他人所有的物上设定的物权,是非所有人依法或依约对他人所有物享有的使用、收益的权利,属于他物权。

用益物权作为他物权,是为了充分发挥物的效用,考虑到由所有权人直接利用自己的物可能并不经济或不完全,因此有必要将所有权中的部分权能分离,由他人在一定的时间和范围内对物加以利用,并取得收益,以发挥物的最大效用,因此,用益物权也可以说是由所有权派生的权利。

4. 用益物权是限制物权。用益物权作为一种所有权派生的权利,实际上是所有权人依法将自己的所有权权能中的部分权能让渡给了用益物权人。因此,用益物权是一种限制物权,表现在:(1)在权利内容上,用益物权仅具有占有、使用和收益的权能,原则上不具有处分的权能;(2)在权利的行使上,用益物权人在行使权利时,不仅要遵守法律的规定,而且还应受当事人间设定用益物权的合同的限制。

但是,对于所有权而言,用益物权具有优先性,亦即用益物权优先于所有权,这就对所有人权利的行使进行了适当的限制。

5. 用益物权还主要表现为一种有期限物权。与所有权的永久存续期限不同,用益物权是有一定的期限的权利,在其存续期限届满时,用益物权即归于消灭。如我国对建设用地使用权、土地承包经营权都明确规定了一定的期限。

三、我国的用益物权制度

据史料记载,早在《汉谟拉比法典》中就已出现了永佃权的萌芽;至罗马法时代,就产生了役权(其中包括人役权和地役权)、永佃权和地上权三种用益物权。近代大陆法系国家继受了罗马法的传统,在民法典中都对用益物权制度作了规定,但并不一致。如《法国民法典》规定了使用权、居住权、役权与地役权等用益物权类型;《德国民法典》规定了地上权、先买权、土地负担和役权(其中包括地役权、用益权和限制的人役权)等用益物权类型；《日本民法典》规定了地上权、永佃权、地役权和入会权四种用益物权。

我国民国时期的民法典中规定了地上权、地役权、永佃权和典权四类用益物权。新中国成立后,我国在全面废除"六法全书"后的很长一段时期内对用益物权制度未作任何规定,《民法通则》中也没有用益物权的规定。我国《物权法》对用益物权制度认可并作了统一、系统的规定,根据社会发展和经济改革的需要,实事求是地规定了土地承包经营权、建设用地使用权、宅基地使用权和地役权四类用益物权,《物权法》第122条和第123条则对其他的用益物权作了概括性的规定,实际上是承认了历来具有争议的海域使用权、探矿权、采矿权、取水权、渔业权和捕捞权等的用益物权性质。

此外,在起草物权法的过程中,我国的物权法学者在建议稿中还提出了应规定典权和居住权,但最终通过的《物权法》对此未作规定。

第二节 土地承包经营权

一、土地承包经营权概述

土地承包经营权,是指对承包经营的耕地、林地、草地等,以农业生产经营为目的,依法享有的占有、使用和收益的权利。土地承包经营权是我国农村经济体制改革过程中,农村集体经济组织实行家庭经营承包为基础、统分结合的双层经营体制改革的产物。土地承包经营权制度解决了我国人口占多数的农村和农民的衣食来源问题,是一项具有中国特色的用益物权类型。其具有以下主要特征：

1. 土地承包经营权的主体为农业生产经营者。我国土地承包经营权的主体包括从事农业生产的自然人和集体组织,一般是指农村集体经济组织的成员,原则上仅限于以村为单位的本集体经济组织内部成员。如我国《农村土地承包法》第5条规定:农村集体经济组织成员有权依法承包由本集体经济组织发包的农村土地。任何组织和个人不得剥夺和非法限制农村集体经济组织成员承包土地的权利。在农村土地承包权中,妇女与男子享有平等的权利,任何组织和个人都不得剥夺、侵害妇女依法应当享有的土地承包经营权。

因而,我国土地承包经营权主体具有一定的地域性,表现在限制于集体经济组织的成员,但根据我国《土体管理法》等相关法律的规定,符合一定条件的集体经济组织以外的单位或个人,依照法定程序,也可以取得符合法定条件的土地承包经营权。

2. 土地承包经营权仅存在于农民集体所有或国家所有,由农民集体使用的土地上。一方面,我国土地承包经营权除存在于农民集体所有的土地上外,还可以存在于国家所有,由农民集体经营使用的土地上；另一方面,我国土地承包经营权的标的是耕地、林地、草地等适合从事农业生产经营的土地。

3. 土地承包经营权仅存在于农民集体所有或国家所有,由农民集体使用的土地上。根据我国法律的规定,我国的土地承包经营权人可以在承包的土地上从事以农业生产为目的的种植业、林业和畜牧业等,并获取一定的收益。而从事上述农业生产活动的前提则是承包人必须取得对土地的占有。

二、土地承包经营权的取得

我国土地承包经营权主要依民事法律行为而取得,包括创设取得和流转取得。此外,也可依如继承等非民事法律行为而取得。

(一)依民事法律行为而取得

1. 通过订立土地承包经营合同创设取得

土地承包经营权的创设取得,主要是指承包人与发包人通过订立土地承包经营合同而取得承包经营权。包括以家庭为单位的家庭承包和通过招标、拍卖和公开协商方式订立承包经营合同两种方式。通过订立承包经营合同创设取得承包经营权的,承包合同自成立时起生效,承包方自合同生效时起取得土地承包经营权。当事人要求登记的,由县级以上地方人民政府向土地承包人发放土地承包经营权证、林权证、草原使用证等,并登记造册,确认承包人的土地承包经营权,未经登记,不得对抗善意第三人。

(1)通过家庭承包创设取得土地承包经营权。根据《土地承包法》第12条的规定,农民集体所有的土地依法属于村农民集体所有的,由村集体经济组织或者村民委员会发包;已经分别属于村内两个以上农村集体经济组织的农民集体所有的,由村内各该农村集体经济组织或者村民小组发包。国家所有依法由农民集体使用的农村土地,由使用该土地的农村集体经济组织、村民委员会或者村民小组发包。家庭土地承包经营权的取得还当遵循以下原则:①本集体经济组织成员依法平等地行使承包土地的权利;②民主协商,公平合理;③承包方案经本集体经济组织成员的村民会议2/3以上成员或者2/3以上村民代表的同意;④承包程序合法。

(2)通过其他方式创设取得土地承包经营权。根据《土地承包法》第3条的规定,农村土地承包中,不宜采取家庭承包方式的荒山、荒沟、荒丘、荒滩等农村土地,可以采取招标、拍卖、公开协商等方式承包。通过这些方式取得土地承包经营权需要满足以下条件:①该土地仅限于"四荒"土地,即荒山、荒沟、荒丘和荒滩;②该承包人不限于本集体经济组织成员,也包括集体经济组织以外的自然人、法人和其他组织;③取得方式只能是采取招标、拍卖和公开协商三种方式,在采取招标和拍卖时,当事人还应遵循我国《招标投标法》和《拍卖法》的有关规定。

以其他方式承包农村土地,在同等条件下,本集体经济组织成员享有优先承包权。

2. 通过转包、互换或转让等流转取得

土地承包经营权的流转因初始取得土地承包经营权的土地承包人而有所不同。

(1)通过家庭承包取得的土地承包经营权的流转。通过家庭承包取得的土地承包经营权可以依法采取转包、出租、互换、转让或者其他方式流转。但受到法律的一定限制。根据《土地承包法》第33条的规定,土地承包经营权流转应当遵循以下原则:①平等协商、自愿、有偿;②不得改变土地所有权的性质和土地的农业用途;③流转的期限不得超过承包期的剩余期限;④在同等条件下,本集体经济组织成员享有优先权。

采取转让方式流转的,应当经发包方同意;采取转包、出租、互换或者其他方式流转的,应当报发包方备案。

(2)通过其他方式取得的土地承包经营权的流转。根据《物权法》第133条的规定,通过招标、拍卖、公开协商等方式取得承包荒地等农村土地,依照农村土地承包法等法律和国务院的有关规定,其土地承包经营权可以转让、抵押或者以其他方式流转。

理论上,土地承包经营权作为一种用益物权,具有财产价值的法律性质,因而也可以作为租赁合同的对象,通过租赁方式而取得。

(二)非依民事法律行为而取得

非依民事法律行为取得土地承包经营权是指通过继承方式取得,土地承包经营权是具有财产性质的用益物权,依法当然可以依法继承。但根据我国《土地承包法》第31条和第50条的规定,只有以下几种方式取得的土地承包经营权可以依法继承:(1)林地承包经营权;(2)通过招标、拍卖、公开协商等方式取得的土地承包经营权。

依继承方式取得的土地承包经营权,在被继承人死亡,继承开始时生效。

已登记的土地承包经营权发生流转变更的,应依法办理变更登记,未经登记,不得对抗善意第三人。

> [案例]占某的父亲早年去世,最近母亲也因病去世。忙完母亲后事后,占某想把父母生前的承包地转包给堂兄种植。村组干部得知后,认为占某与妻子多年前将户口迁到打工的城市(设区市),没有本村户口,不能处理其父母生前承包地的转包。但占某认为,《物权法》出台就是要保护私有财产,父母只有自己一个子女,他们生前的承包地理应由其继承,继承后他就有权转包。问:占某是否存在继承和转包其母亲的土地承包经营权问题?
>
> [解析]根据我国《土地承包法》第31条和第50条的规定,只有以下几种方式取得的土地承包经营权可以依法继承:(1)林地承包经营权;(2)通过招标、拍卖、公开协商等方式取得的土地承包经营权。土地承包经营权具有人身依附性,只能为本集体经济组织的成员,因此,本案中的土地承包经营权依法不能继承。

(三)土地承包经营权的期限

土地承包经营权是具有一定期限的权利。考虑到我国农村人口的流动和迁居等变化因素,并结合我国不同土地的生产性质,我国《物权法》第126条规定,耕地的承包期为30年;草地的承包期为30~50年;林地的承包期为30~70年,特殊林地的承包期,经国务院林业行政主管部门批准可以延长。承包期届满时,由土地承包经营权人按照国家有关规定继续承包。

单位、个人承包经营国有土地,或者集体经济组织以外的单位、个人承包经营集体所有的土地,从事种植业、林业、畜牧业和渔业生产,土地承包经营的期限由承包合同约定,但应当根据从事承包经营事业的具体情况,确定承包经营的合理期限。

土地承包经营期内,非遇法律规定的特殊情形,发包人不得调整承包土地;不得非法收回承包土地。

三、土地承包经营权的效力

(一)承包人的权利和义务

1. 承包人的权利

(1)对土地的占有、使用、收益权

土地承包经营权人承包土地的目的:一方面,土地承包人要通过他人所有的土地来进行耕作、养殖或畜牧等农业生产活动,因而必然要求土地承包人对土地进行占有和使用;另一方面,土地承包人使用他人土地的最终目的是获取一定的利益,因而对于生产活动中所产生的收益也当然拥有合法权利,包括土地承包经营权依法流转后的收益,如土地承包经营权的转包费、租金、转让费等。

(2)土地承包经营权的流转权

土地承包经营权作为一种财产权,也可以依法流转,以发挥土地的最大效用。根据《物权法》第128条和第129条的规定,土地承包人有权将土地承包经营权采取转包、互换、转让等方式流转。互换、转让的,当事人要求登记的,应当向县级以上人民政府办理变更登记,未经登记,不得对抗善意第三人。

(3)获得补偿的权利

承包的土地被征收征用的,土地承包权人有权依法获得相应的补偿。根据《物权法》第42条的规定,国家因公共利益的需要征收土地的,应当给予土地承包经营权人合理、充分的补偿。

此外,土地承包人的权利还包括:终止权、出租权、自主经营权。

2. 承包人的义务

(1)依约定方式和用途使用土地的义务

土地承包人应当依照承包合同约定的使用方式和用途,以生产经营为目的使用土地,不得将承包的土地用作合同约定范围以外的目的使用,如非法用于非农业生产建设,更不能闲置和搁荒所承包的耕地。否则,土地发包人可以依法终止土地承包人的土地承包经营权。根据《土地管理法》第37条的规定,承包经营耕地的单位或个人连续2年弃耕抛荒的,发包单位应当终止承包合同,收回发包的耕地。

(2)维持土地生产力的义务

土地承包人在使用所承包的土地时,应依法合理使用和保护所承包的土地,维持土地的生产力,不得对土地造成永久性的损害,如滥伐滥采导致水土流失。否则,发包方可以依法制止,并要求承包人赔偿由此造成的损失。

(3)依约缴纳承包费的义务

依约缴纳土地承包费是指由土地承包人应根据承包合同的约定,向农村集体经济组织等土地发包人缴纳承包费,这是承包合同中土地承包人的主要义务。但是,依法可以免除缴纳承包费的除外。

（二）发包人的权利和义务

1. 发包人的权利

（1）根据承包合同收取承包费的权利。土地发包人有权根据土地承包合同的约定收取土地承包人的承包费。如果土地承包人不交，土地发包人可依法解除土地承包合同。

（2）监督土地承包人合理利用土地的权利。土地发包人有权依照承包合同的约定和法律法规的要求，监督土地承包人合理利用承包土地，并有权制止土地承包人非法改变土地的使用方法和用途的行为。

2. 发包人的义务

在承包合同约定的承包经营期内，土地发包人应当尊重承包人的自主经营，不得对土地承包人依照承包合同约定的方式和用途利用土地进行农业生产活动的行为进行阻挠和干涉。如需调整承包的土地，必须依照法律法规的规定办理。

四、土地承包经营权的消灭

（一）土地承包经营权消灭的原因

根据我国法律法规的规定，土地承包经营权消灭的主要原因有：(1)承包期届满；(2)承包人在承包期内自愿交回所承包的土地；(3)发包人依法收回承包土地；(4)承包土地被依法征收；(5)承包人在承包期内依法转让承包土地。

根据我国相关司法解释的规定，家庭成员全部死亡后，除林地承包外，其他土地的土地承包经营权归于消灭。

（二）土地承包经营权消灭的法律后果

土地承包经营权消灭后，土地承包人应交回承包土地。如果土地承包人有违反法律或承包合同的约定，对承包土地造成损害的，还应当赔偿因此造成的损失。

第三节 建设用地使用权

一、建设用地使用权概述

建设用地使用权，又称国有土地使用权，是指对国家所有的土地，以建造建筑物、构筑物及其附属设施为目的，依法享有的占有、使用和收益的权利。建设用地使用权是以土地的利用为目的，建立在他人土地上的他物权，其主要特征有：

1. 建设用地使用权的客体是国家所有的土地。这里要从两个方面来理解：一方面，建设用地使用权是存在于土地上的物权，这是建设用地使用权作为用益物权的基本特征，因此，不存在以其他不动产如建筑物为基础的建设用地使用权；另一方面，建设用地使用权仅存在于国家所有的土地上，因此，在农村集体土地上不能设立建设用地使用权，农村集体土地只有依法转变为国有土地后，才可以设立建设用地使用权。

集体所有的土地作为建设用地的,应当依照土地管理法等法律规定办理。根据《土地管理法》等相关法律的规定,集体建设用地使用权,主要是指兴办乡镇企业和村民建设住宅经依法批准使用本集体经济组织农民集体所有的土地的,或者乡(镇)村公共设施和公益事业建设经依法批准使用农民集体所有的土地。农民集体所有的土地设立建设用地使用权的,由土地使用者向土地所在地的县级人民政府土地行政主管部门提出土地登记申请,由县级人民政府登记造册,核发集体土地使用权证书,确认建设用地使用权。

2. 建设用地使用权的内容是建造建筑物、构筑物及其附属设施。建设用地使用权人对国有土地加以占有、使用和收益,其主要使用方式仅限于建造和保存建筑物、构筑物以及其附属设施,而不得非法将土地用作其他用途。

3. 建设用地使用权可以在同一土地上依法分层设立。根据我国《物权法》第136条的规定,建设用地使用权可以在地表、地上或者地下分别设立,新设立的建设用地使用权不得损害已设立的用益物权。因此,在同一块国有土地上可以依法同时设立两个或两个以上不存在冲突的建设用地使用权,以发挥土地的最大效用。

二、建设用地使用权的取得

根据我国《物权法》第137条的规定,我国建设用地使用权的取得主要采取划拨或者出让的方式,包括招标、拍卖等公开竞价的出让方式。

(一)以划拨方式取得

土地划拨,是指土地使用人按照法定的程序向国家有关主管机关申请,经主管机关批准后取得国有土地使用权。土地划拨方式具有行政许可的性质,通过划拨方式取得建设用地使用权无须缴纳土地出让金。

我国《物权法》规定,严格限制以划拨方式取得建设用地使用权,以防止这种无偿划拨方式被滥用。我国《土地管理法》第54条规定,可以通过划拨方式取得建设用地使用权仅限于以下情形:(1)国家机关用地和军事用地;(2)城市基础设施用地和公益事业用地;(3)国家重点扶持的能源、交通、水利等基础设施用地;(4)法律、行政法规规定的其他用地。采取划拨方式的,应当遵守法律、行政法规关于土地用途的规定。

根据《房地产管理法》第22条的规定,土地划拨必须经县级以上人民政府依法批准,在土地使用者缴纳补偿、安置等费用后将该幅土地交付其使用,或者将土地使用权无偿交付给土地使用者使用。亦即经划拨方式取得的建设用地使用权并不是完全无偿取得的,部分建设用地使用权人还应当依法缴纳补偿费、安置费等费用。

通过划拨方式取得的土地使用权只有依法办理相关手续并缴足土地出让金后方可进行转让。

(二)以出让方式取得

1. 通过出让设定建设用地使用权

通过出让设定建设用地使用权是建设用地使用权的初始取得方式之一,是指由土地使用权人与国有土地所有者签订土地使用权有偿出让合同,由土地使用人在一定期限内取得建设用地使用权。

我国以出让方式设定建设用地使用权有三种方式：协议、招标和拍卖。

协议方式，是指由县级以上人民政府代表国家，与土地使用人根据自愿、平等、有偿的原则协商一致签订土地出让合同，取得建设用地土地使用权。

招标、拍卖方式，是指土地使用人通过招标、拍卖程序，依法与国有土地所有权人签订土地出让合同，取得建设用地使用权。根据《物权法》第137条的规定，工业、商业、旅游、娱乐和商品住宅等经营性用地以及同一土地有两个以上意向用地者的，应当采取招标、拍卖等公开竞价的方式出让。

以划拨或出让方式设立建设用地使用权的，建设用地使用权人应当依法向登记机关申请办理建设用地使用权登记，由登记机关向建设用地使用权人发放建设用地使用权证，建设用地使用权自在登记机关登记之日起设立。

2. 通过流转取得建设用地使用权

通过流转取得建设用地使用权是指土地使用权人通过转让、互换、赠与或出资等方式将建设用地使用权转让给他人。建设用地使用权作为一种具有财产性质的物权，使用权人当然可以依法进行转让。建设用地使用权的转让应采取书面合同的形式，并应当到土地登记部门办理建设用地使用权变更登记，新建设用地使用权人自登记变更之日起取得建设用地使用权。

根据《物权法》第143条的规定，通过有偿出让方式取得的建设用地使用权人有权将建设用地使用权转让、互换、出资、赠与或者抵押，但法律另有规定的除外。

[案例]廖某原居住地的房屋需实施拆迁，县建设局采用土地安置的形式对其进行补偿，安置用地位于某安置区内，面积为80平方米。2005年10月廖某与张某签订协议，双方约定廖某自愿将土地转让给张某建造，张某在付清地价43000元后，便可及时按城建规划建房，三证办好后廖某应协助办理过户手续，过户费及工本费由张某负担。签订协议后，张某按约履行了支付地价款的义务，且双方到县拆迁办在安置区图纸上挑选了安置土地的具体位置，工作人员在规划图上也批注了张某的名字。事后，地价上涨，廖某反悔，协商不成，诉之法院。问：张某可否依法取得廖某安置区内地块的建设用地使用权？

[解答]本案中，其一，作为合同交易的标的是作为期待权的建设用地使用权，该合同不违反我国法律的规定，意思表示真实、合法有效。其二，即使作为建设用地使用权交易也是可行的，根据《物权法》的规定，通过有偿出让方式取得的建设用地使用权人有权将建设用地使用权转让，但法律另有规定的除外。

（三）建设用地使用权的期限

建设用地使用权是一种有期限的物权，根据我国相关法律的规定，对于出让方式取得的建设用地使用权，我国按照土地用途设定了相应的期限：(1)住宅居住用地70年；(2)工业用地、教育、科技、文化、卫生、体育用地50年；(3)商业、旅游、娱乐用地40年；(4)综合或者其他用地50年。

根据《物权法》第149条的规定,住宅建设用地使用权期间届满的,自动续期。非住宅建设用地使用权期间届满后的续期,依照法律规定办理。

但根据我国相关法律的规定,划拨的建设用地使用权没有使用期限的限制,法律、行政法规另有规定的除外。

三、建设用地使用权的效力

（一）建设用地使用权人的权利

1. 占有、使用和收益的权利。建设用地使用权人为保存建筑物或其他工作物而使用建设土地,因而必须首先占有土地,在土地上依照法律规定和出让合同的约定使用该建设用地,通过在土地上建造建筑物、构造物等方式使用建设用地,获取一定的收益,实现自己的建设用地使用权的最终目的。

2. 依法处分建设用地使用权的权利。建设用地使用权人可以依法处分自己的建设用地使用权,主要包括以下几种情形：

（1）转让、互换、出资、赠与。根据《物权法》第143条的规定,建设用地使用权人有权将建设用地使用权转让、互换、出资、赠与或者抵押,但法律另有规定的除外。因此,建设用地使用权人有权将建设用地使用权依法转让、互换、出资或者赠与。我国建设用地使用权在转让、互换、出资或者赠与或抵押的过程中,实行的是房地一体主义。根据《物权法》第146条和第147条的规定,建设用地使用权转让、互换、出资或者赠与的,附着于该建设用地上的建筑物、构筑物及其附属设施应一并处分。建筑物、构筑物及其附属设施转让、互换、出资或者赠与的,该建筑物、构筑物及其附属设施占用范围内的建设用地使用权一并处分。亦即建设用地使用权的转让、互换、出资或者赠与不能与该土地上的建筑物、构筑物及其附属设施分开,必须一并处分。

（2）抵押。建设用地使用权作为一种财产权,可以为抵押权的标的物。建设用地使用权抵押时,其地上的建筑物、构筑物及其附属设施也一并抵押或其他工作物也随之抵押。根据房地一体主义,当建设用地上的建筑物、构筑物及其附属设施抵押时,其使用范围内的建设用地使用权也一并抵押。

建设用地使用权抵押时,当事人应采取书面的形式订立相应的抵押合同,并到土地管理部门办理抵押登记,抵押权自登记之日起生效。

（3）出租。建设用地使用权作为一种财产权,可以依法进行出租。根据房地一体主义,出租人在出租建设用地使用权时,应当将建设用地使用权连同地上的建筑物、构筑物或附属设施一并出租。

但根据我国相关法律的规定,通过划拨方式取得的建设用地使用权,只有在下列几种情况下,才可以转让、抵押、出租：①土地使用者为公司、企业、其他经济组织和个人；②领有国有土地使用证；③具有地上建筑物、其他附着物合法的产权证明；④签订土地使用权出让合同,向当地市、县人民政府补交土地使用权出让金或者以转让、出租、抵押所获收益抵交土地使用权出让金。

3. 取得补偿的权利。建设用地使用权人在土地上建造的建筑物、构筑物或附属设施等,其所有权当然应属于建设用地使用权人。因此,在建设用地使用权因公共利益原因被征收或期限届满被收回时,对该建设用地上的建筑物、构筑物或附属设施等,建设用地使用权人有获得相应补偿的权利。

根据《物权法》第148条和第149条的规定,建设用地使用权期间届满前,因公共利益需要提前收回该土地的,应当依照本法第42条的规定对该土地上的房屋及其他不动产给予补偿,并退还相应的出让金。非住宅建设用地使用权期间届满后,该土地上的房屋及其他不动产的归属,有约定的,按照约定;没有约定或者约定不明确的,依照法律、行政法规的规定办理。

根据《土地管理法》第58条的规定,因以下原因收回国有土地使用权的,对土地使用权人应当给予适当补偿:(1)为公共利益需要使用土地的;(2)为实施城市规划进行旧城区改建,需要调整使用土地的。

4. 附属行为的权利。建设用地使用权人还可以在其建设用地范围内进行非保存建筑物或其他工作物的附属行为,如修筑围墙、种植花木、养殖等。

(二)建设用地使用权人的义务

1. 支付土地出让金的义务

土地出让金,是指根据土地出让合同的约定,取得建设用地使用权的使用权人应当向土地出让方支付一定数额的土地使用费。当事人可以约定出让金的支付内容和支付方式。出让金一般应以金钱为限,但当事人也可以约定以其他方式支付。出让金既可以一次性支付,也可以分期支付。以划拨方式取得建设用地使用权的使用权人将土地使用权转让、出租或抵押的,应当依法补交土地使用权出让金,或以出租、抵押所获得的收益抵交使用权出让金。

根据《物权法》第141条的规定,建设用地使用权人应当依照法律规定以及合同约定支付出让金等费用。因此,建设用地使用权人除应向土地所有者依照出让合同支付土地出让金外,还应当依法支付其他的费用,主要是指建设用地使用权人依法对原土地使用者应当支付的建筑物、构筑物、农作物等的补偿费、安置费。

土地划拨的,建设用地使用权人无须支付土地出让金,但根据《房地产管理法》第22条的规定,土地划拨必须经县级以上人民政府依法批准,在土地使用者缴纳补偿、安置等费用后将该土地交付其使用,或者将土地使用权无偿交付给土地使用者使用。

2. 合理利用土地的义务

建设用地使用权人应当按照土地出让合同约定的方式和用途合理利用土地,不得闲置土地和改变土地用途;需要改变土地用途的,应当经有关人民政府土地行政主管部门同意,报原批准用地的人民政府批准。土地使用权人应本着节约用地,保护环境的原则充分利用土地,以发挥土地的最大效用。

根据《房地产管理法》第25条的规定,以出让方式取得土地使用权进行房地产开发的,必须按照土地使用权出让合同约定的土地用途、动工开发期限开发土地。

3. 返还土地的义务

建设用地使用权人在土地使用权消灭时,应将土地返还给土地所有权人,并恢复建设用地的原状。

四、建设用地使用权的消灭

建设用地使用权消灭的主要原因有:

1. 因建设用地使用权存续期限届满

建设用地使用权为一种有期限的用益物权,期限届满而当然消灭。但根据《物权法》第149条的规定,住宅建设用地使用权期间届满的,自动续期。非住宅建设用地使用权期间届满后的续期,依照法律规定办理。因此,我国住宅建设用地期限届满后,可以因使用权人续期而存续不消灭。同时,我国以划拨方式取得的建设用地使用权则无期限的限制,因此也不存在因期限届满而消灭的情形。

2. 依法提前收回土地

根据《土地管理法》第58条的规定,有下列情形之一的,由有关人民政府土地行政主管部门报经原批准用地的人民政府或者有批准权的人民政府批准,可以收回国有土地使用权:(1)为公共利益需要使用土地的;(2)为实施城市规划进行旧城区改建,需要调整使用土地的;(3)土地出让等有偿使用合同约定的使用期限届满,土地使用者未申请续期或者申请续期未获批准的;(4)因单位撤销、迁移等原因,停止使用原划拨的国有土地的;(5)公路、铁路、机场、矿场等经核准报废的。

根据《房地产管理法》第25条的规定,以出让方式取得土地使用权进行房地产开发的,必须按照土地使用权出让合同约定的土地用途、动工开发期限开发土地。满两年未动工开发的,可以无偿收回土地使用权。

3. 土地被征收

根据《物权法》第148条和第42条的规定,建设用地使用权期间届满前,因公共利益需要提前收回该土地的,应当依照本法第42条的规定对该土地上的房屋及其他不动产给予补偿,并退还相应的出让金。

征收单位、个人的房屋及其他不动产,应当依法给予拆迁补偿,维护被征收人的合法权益;征收个人住宅的,还应当保障被征收人的居住条件。

4. 土地灭失

土地因自然灾害原因而灭失,附着于该土地上的建设用地使用权也就不复存在,归于消灭了。

建设用地使用权消灭的法律后果:

根据《物权法》第150条的规定,建设用地使用权消灭的,出让人应当及时办理注销登记。登记机构应当收回建设用地使用权证书。

第四节 宅基地使用权

一、宅基地使用权概述

宅基地使用权,是指农村集体经济组织的成员对集体所有的土地依法享有的利用该土地建造住宅及其附属设施的权利。宅基地使用权是基于我国农村发展的历史,针对农民住宅及附属设施的现状所确立的一项具有中国特色的农村用益物权制度。宅基地使用权解决了我国农村农民的居住问题,对维护我国农村社会稳定、促进农业发展具有非常重要的意义,其有以下主要特征:

1. 权利主体的特殊性。宅基地使用权的主体只能是农村集体经济组织的成员。非农村集体经济组织成员不得拥有宅基地,除非其依法将户口迁入该农村集体经济组织。

2. 权利内容的特殊性。宅基地使用权的用途主要限于农村集体成员建造家庭住宅以及与居住生活有关的附属设施,如厨房、院墙等。

3. 权利客体的特殊性。宅基地使用权的客体只能是集体所有的土地,在国有土地上不能设立宅基地使用权。

4. 分配上的特殊性。宅基地使用权是以家庭为单位分配的,农村一个家庭只能拥有一处宅基地使用权。根据《土地管理法》第62条的规定,农村村民一户只能拥有一处宅基地,其宅基地的面积不得超过省、自治区、直辖市规定的标准。农村村民出卖、出租住房后,再申请宅基地的,不予批准。

除非农村家庭成员户口全部转为非农村户口或家庭成员全部死亡,每一户农村家庭均可依法永久拥有宅基地使用权。

二、宅基地使用权的取得、流转和消灭

(一)宅基地使用权的取得

宅基地使用权作为农民的基本居住保障,集体经济组织成员依法无偿取得。根据《土地管理法》第62条和第77条的规定,农村村民一户只能拥有一处宅基地,其宅基地的面积不得超过省、自治区、直辖市规定的标准。超过省、自治区、直辖市规定的标准,多占的土地以非法占用土地论处。农村村民住宅用地,经乡(镇)人民政府审核,由县级人民政府批准;其中,涉及占用农用地的,依照本法第44条的规定办理审批手续。

宅基地使用权可以依法办理登记,以确认宅基地使用权。

(二)宅基地使用权的流转

根据《物权法》等相关法律的规定,我国严格禁止宅基地使用权的流转。为保障农民的基本生存居住条件,我国禁止宅基地使用权的买卖、赠与、出租、投资和抵押。

但宅基地使用权可以依法继承和随房屋所有权买卖进行限制性流转。该限制性流转受以下条件限制:(1)必须是该宅基地范围内的房屋所有权买卖;(2)买受人必须是本集体经济组织成员;(3)买受人所拥有的宅基地面积不得超过省、自治区、直辖市规定的宅基地使用权面积标准。同时,根据《土地管理法》第62条的规定,农村村民出卖、出租住房后,再申请宅基地的,不予批准。

已经登记的宅基地使用权转让或者消灭的,应当及时办理变更登记或者注销登记。

(三)宅基地使用权的消灭

宅基地使用权消灭的主要原因有:(1)宅基地的征收;(2)宅基地的收回;(3)宅基地的灭失;(4)宅基地的长期闲置。

三、宅基地使用权的效力

(一)宅基地使用权人的权利

1. 占有、使用的权利。根据《物权法》第152条的规定,宅基地使用权人依法对集体所有的土地享有占有和使用的权利,有权依法利用该土地建造住宅及其附属设施。

2. 有限处分的权利。根据我国相关法律的规定,宅基地使用权可以随该土地上的房屋及其附属设施的转让一并转让。

对于宅基地使用权是否可以随土地上房屋的赠与、出资、入股和抵押一并处分,学者仍存在较大争议。

(二)宅基地使用权人的义务

宅基地使用权人的主要义务有:(1)依据法律批准的用途占有、使用宅基地;(2)依据法律批准的面积建造住宅及其附属设施;(3)不得非法转让宅基地使用权。[①]

第五节 地役权

一、地役权概述

地役权,是指根据合同的约定,一方为提高自己不动产的效益,利用或限制他人不动产的权利。前者的不动产为需役地,后者的不动产为供役地。与相邻关系(或相邻权)不同,地役权具有法定性,地役权是一项独立的物权,是相邻不动产权利人为增值自己的不动产或便利自己不动产的使用,协商约定而产生的权利,具有合意性;相邻关系(或相邻权)是所有权行使作用的结果,它不是一项独立的物权,是为了满足相邻不动产使用的最低要求。地役权的主要特征有:

1. 地役权的主体是不动产的所有权人或使用权人。地役权设立的目的为便利自己的生产生活,增益自己的不动产的价值,因此地役权的主体只能是对此有需求的不动产的所有权人,以及承租人、借用人或用益物权等不动产的使用权人。

2. 地役权的客体为相邻的不动产。距离遥远的两处不动产之间互相利用或限制是不现实的,只有具有相邻关系的不动产两者之间,才存在一方利用或限制另一方的不动产,以提高自己的不动产效益的可能性,因此,地役权只能产生在相邻关系的不动产之间。理论上,此处相邻关系中的相邻应不受距离远近的限制,但明显超出生活常识的距离的不

---

① 梁慧星、陈华彬:《物权法》,法律出版社2007年第4版,第284页。

动产之间则不能设立地役权。

3. 地役权具有从属性和不可分性。地役权是与需役地和供役地密切相关、命运相连的一项权利,具有从属性和不可分性。地役权的从属性,是指地役权的设立是建立在需役地和供役地的基础上的,是从属于需役地和供役地的。具体而言,一方面,地役权是建立在需役地的所有权人或使用权人便利或增益自己不动产的需求上的,是从属于需役地的;另一方面,地役权也是建立在对供役所有权人或使用权人不动产的利用和限制的基础上的,是从属于供役地的。根据《物权法》第164条和第165条的规定,地役权不得单独转让。土地承包经营权、建设用地使用权等转让的,地役权一并转让,但合同另有约定的除外。地役权不得单独抵押。土地承包经营权、建设用地使用权等抵押的,在实现抵押权时,地役权一并转让。

地役权的不可分性,是指地役权为不可分割的权利。具体而言,一方面,地役权不得被分割为两个或两个以上的地役权,也不存在部分地役权的消灭;另一方面,地役权不得与需役地或供役地相分离,不存在无供役地或需役地的地役权,根据《物权法》第166条和第167条的规定,需役地以及需役地上的土地承包经营权、建设用地使用权部分转让时,转让部分涉及地役权的,受让人同时享有地役权;供役地以及供役地上的土地承包经营权、建设用地使用权部分转让时,转让部分涉及地役权的,地役权对受让人具有约束力。

4. 地役权具有合同自治性。地役权是通过合同约定的,地役权人利用或限制供役地人利用土地,便利或增益自己土地的权利,其意思自治性表现在:(1)地役权设立上的自治性。与其他用益物权的法定主义,如使用国家土地建造房屋必须依法设立建设用地使用权不同,相邻不动产的所有权人或使用权人之间是否设立地役权,完全依双方协商约定。(2)地役权内容上的自治性。根据《物权法》第156条的规定,地役权人有权按照合同的约定,利用他人的不动产,以提高自己的不动产的效益,因此,地役权人设立具有何种具体利用或限制内容,也完全依双方的合同约定。(3)地役权期限上的自治性。根据《物权法》第161条的规定,地役权的期限由当事人约定,但不得超过土地承包经营权、建设用地使用权等用益物权的剩余期限。(4)地役权对价上的自治性。地役权人所获得的利用或限制供役地人利用土地,便利或增益自己土地的地役权是否有偿,完全根据双方合同的约定。因此,地役权的取得既可以是有偿的,也可以是无偿的。

地役权可以由当事人依合同自治原则自由设立,但地役权的内容不得违反法律的强制性规定,不得有悖于公序良俗,否则所设定的地役权无效。

二、地役权的取得

地役权是一种由双方当事人协商合意的合同行为而设立的用益物权,因此主要基于民事法律行为而取得,同时,地役权作为一种财产性权利也可依非民事法律行为继承取得。

(一)依民事法律行为取得

地役权是当事人通过合同方式取得的对他人不动产的利用或限制的权利,因此,地役权主要是通过合同方式取得。此外,地役权作为一种从属性的权利,也可基于不动产的受让而移转取得。

1. 依合同方式设定取得

根据《物权法》第156条的规定,地役权是依照合同设立的一项用益物权。其权利内容、权利期限和权利对价都是由当事人通过合同来约定,除非违反法律的强制性规定,地役权自地役权合同生效时设立。但土地上已设立土地承包经营权、建设用地使用权、宅基地使用权等权利的,未经用益物权人同意,土地所有权人不得设立地役权。

同时,根据《物权法》第157条和第158条的规定,设立地役权,当事人应当采取书面形式订立地役权合同。当事人要求登记的,可以向登记机构申请地役权登记;未经登记,不得对抗善意第三人。

2. 随权利移转继受取得

地役权为具有从属性和不可分性的权利。地役权的从属性决定了地役权本身不可以单独转让,亦即地役权人不可将地役权与作为主权利的需役地的所有权或用益物权分开而单独转让;地役权的不可分性决定了地役权的移转仅能随主权利的需役地所有权或用益物权一并移转,反之则行不通。

根据《物权法》第162条、第164条和第166条的规定,土地所有权人享有地役权或者负担地役权的,设立土地承包经营权、宅基地使用权时,该土地承包经营权人、宅基地使用权人继续享有或者负担已设立的地役权。地役权不得单独转让。土地承包经营权、建设用地使用权等转让的,地役权一并转让,但合同另有约定的除外。

地役权也会随着供役地不动产权利人的变更而变更。根据《物权法》第167条的规定,供役地以及供役地上的土地承包经营权、建设用地使用权部分转让时,转让部分涉及地役权的,地役权对受让人具有约束力。

已经登记的地役权变更、转让或者消灭的,应当及时办理变更登记或者注销登记。

[案例]某甲房地产开发公司拍得某市区河畔一块土地,准备以"观景"为理念设计并建造一所高层观景商品住宅楼。但该地前面有一平房制衣厂,为了该住宅楼业主能在房间里欣赏河畔风景,双方约定:制衣厂在30年内不得在该土地上兴建3层高以上建筑;作为补偿,甲每年向制衣厂支付20万元。3年后,制衣厂将该土地使用权转让给乙公司,乙公司在该土地上动工修建高层电梯公寓。甲公司得知后,便要求乙公司立即停止兴建。但遭到拒绝,甲于是向法院提起诉讼,请求法院判决乙公司停止施工并同时要求制衣厂承担违约责任。问:甲的诉求可否得到法院的支持?

[解答]该地役权未办理登记,因此不具有对抗善意第三人——受让人乙公司的法律效力,乙公司可以不受该地役权协议的约束。

(二)非依民事法律行为取得

地役权为便利或增益自己不动产的权利,具有民事财产性,因此,地役权可以依法继承。地役权人死亡后,其不动产等财产由他的继承人继承,从属于该不动产的地役权亦由取得该不动产的继承人取得,地役权自继承开始时取得。通过继承取得的已登记的地役权,非经变更登记,不得对抗善意第三人。

地役权是否可基于取得时效而取得,学者对此存在较大争议。

三、地役权的效力

(一)需役地人的权利和义务

1. 需役地人的主要权利

(1)对供役地的利用或限制。根据合同的约定,地役权人有权为需役地的便利或增益需役地的效益而利用或限制供役地权利人对供役地的使用。这里包括两个方面的内容:一方面,地役权人为需役地的便利或增益需役地效益,可以利用供役地人对供役地的使用,如地役权人为自己土地取水的方便,在供役地上设立汲水地役权,约定在供役地人土地上埋设水管就近汲水;另一方面,地役权人为便利需役地或增益需役地的效益,可以限制(包括禁止)供役地人对供役地的使用,如地役权人为满足自己的房屋能够眺望湖景,在供役地上设立眺望地役权,约定限制供役地人建设比自己房屋更高的楼房。至于地役权人如何利用或限制供役地的使用,其具体利用或限制的方法、范围、程度以及期限,则完全应依地役权合同的约定内容而定,但该约定内容不得违反法律的强制性规定,不得有悖于公共道德或公序良俗。

在同一个供役地上是否可以设立两个或两个以上的地役权,这完全依供役地的性质以及地役权的内容而定。原则上只要在先的地役权不与在后的地役权产生冲突,亦即不妨碍后设立的地役权人行使自己的地役权,两个或两个以上的地役权就可以于同一土地上存在。如在同一土地上设立两个或两个以上的汲水地役权。两个地役权产生冲突时,原则上先取得地役权的效力应优先于后设立地役权的效力。

(2)对供役地实施必要的附属行为。地役权人为达到利用或限制供役地来满足需役地的需求,可以在供役地上为必要的附属行为。所谓必要的附属行为,是指为达到地役权的最终目的,地役权人所必须实施的行为,包括设置必要的工作物。如汲水地役权的地役权人在供役地上挖掘和埋设水管,设置水管标志等附属行为。但是,此附属行为以必要或必需为限,超过合理范围给供役地人造成损害的,地役权人应予以赔偿。

根据《物权法》第160条的规定,地役权人应当按照合同约定的利用目的和方法利用供役地,尽量减少对供役地人物权的限制。

(3)地役权物权请求权。基于地役权的物权性,地役权人还可对非法妨碍或侵害自己行使地役权的第三人具有物权请求权,请求第三人排除妨碍,停止侵害。

2. 需役地人的主要义务

(1)依约支付费用的义务。地役权既可以是有偿取得,也可以是无偿取得,这完全由当事人通过地役权合同约定。因有偿取得供役地地役权的,地役权人应依约定向供役地人支付相应的费用,否则,供役地人可以解除合同。

(2)合理利用土地的义务。地役权人在行使地役权时,应本着节约用地的原则,以权利行使必要为限度,合理利用供役地,以发挥土地的最大效用。对供役地造成永久性损害的,应予以恢复和赔偿。

(3)维持工作物的义务。地役权人对于因行使地役权在供应地上设置的必要附属物或工作物,应进行管理和及时维护、维修,保持附属物或工作物的正常运行和符合安全要求,以免对供役地人造成损害。

（二）供役地人的权利和义务

1. 供役地人的主要权利

(1)请求地役权人付费的权利。供役地人有权请求地役权人依约定支付费用。

(2)在不妨碍地役权行使的范围内行使自己的合法权利。地役权与供役地人的权利并不总是相互冲突和互不相容的,在不妨碍地役权人行使地役权的前提下,供役地人有权在供役地上行使自己的合法权利,这也有利于发挥土地的效用。

2. 供役地人的主要义务

供役地人的主要义务表现为容忍和不作为义务,即供役地人应对于地役权人于供役地上行使地役权的行为予以容忍,并不得妨碍地役权人行使权利。

根据《物权法》第159条的规定供役地人应当按照合同的约定,允许地役权人利用其土地,不得妨害地役权人行使权利。

四、地役权的消灭

地役权消灭的主要原因有:(1)存续期间届满;(2)约定事由的发生;(3)土地的灭失;(4)抛弃或混同。

此外,根据《物权法》第168条的规定,地役权人有下列情形之一的,供役地权利人有权解除地役权合同,地役权消灭:(1)违反法律规定或者合同约定,滥用地役权;(2)有偿利用供役地,约定的付款期间届满后在合理期限内经两次催告未支付费用。

已经登记的地役权变更、转让或者消灭的,应当及时办理变更登记或者注销登记。

【思考题】

1. 简述我国用益物权的登记制度及其意义。
2. 试论述土地承包经营权的流转。
3. 简述地役权的从属性与不可分性。

【司法考试真题链接】

1. 某郊区学校为方便乘坐地铁,与相邻研究院约定,学校人员有权借研究院道路通行,每年支付一万元。据此,学校享有的是下列哪一项权利？(2010年)

A. 相邻权　　　B. 地役权　　　C. 建设用地使用权　　　D. 宅基地使用权

2. 李某从自己承包的土地上出入不便,遂与张某书面约定在张某承包的土地上开辟

一条道路供李某通行,李某支付给张某2万元,但没有进行登记。下列哪一选项是错误的?(2008年)

　　A. 该约定属于有关相邻关系的约定

　　B. 该约定属于地役权合同

　　C. 如果李某将其承包经营权转移给他人,受让人有权在张某承包的土地上通行,但合同另有约定的除外

　　D. 如果张某将其承包经营权转移给他人,则善意的受让人有权拒绝李某在自己的土地上通行

　　3. 甲公司与乙公司约定:为满足甲公司开发住宅小区观景的需要,甲公司向乙公司支付100万元,乙公司在20年内不在自己厂区建造6米以上的建筑。甲公司将全部房屋售出后不久,乙公司在自己的厂区建造了一栋8米高的厂房。下列哪一选项是正确的?(2007年)

　　A. 小区业主有权请求乙公司拆除超过6米的建筑

　　B. 甲公司有权请求乙公司拆除超过6米的建筑

　　C. 甲公司和小区业主均有权请求乙公司拆除超过6米的建筑

　　D. 甲公司和小区业主均无权请求乙公司拆除超过6米的建筑

　　4. 甲、乙、丙依次比邻而居。甲为修房向乙提出在其院内堆放建材,乙不允。甲遂向丙提出在其院内堆放,丙要求甲付费200元,并提出不得超过20天,甲同意。修房过程中,甲搬运建材须从乙家门前经过,乙予以阻拦。对此,下列哪一种说法不正确?(2005年)

　　A. 乙无权拒绝甲在其院内堆放建材

　　B. 乙无权阻拦甲经其门前搬运建材

　　C. 甲应依约定向丙支付占地费

　　D. 若建材堆放时间超过20天,丙有权要求甲清理现场

　　5. 关于土地承包经营权的设立,下列哪些表述是正确的?(2010年)

　　A. 自土地承包经营合同成立时设立

　　B. 自土地承包经营权合同生效时设立

　　C. 县级以上地方政府在土地承包经营权设立时应当发放土地承包经营权证

　　D. 县级以上地方政府应当对土地承包经营权登记造册,未经登记造册的,不得对抗善意第三人

第七章 担保物权

【引例】

甲为了筹款向乙借了20万元,并提供自己的一间价值8万元的房屋和一辆价值15万元的汽车作抵押,并办理了抵押登记。不料,在办完抵押登记回来的路上,甲驾驶汽车被一辆违规行驶的汽车撞伤,汽车也被撞坏,经估价,该车还值3万元,根据保险合同,保险公司赔偿甲10万元。那么,根据民法原理和相关法律分析:甲、乙之间汽车抵押的效力如何?对保险赔偿金10万元应当如何处理?

就本章的引例而言,涉及担保物权的物上代位性和不可分性。根据担保物权的不可分性,本案中的汽车虽然被损坏,但是仍值3万元,其剩余的价值仍应用作抵押,抵押关系依然有效。另根据担保物权的价值性和物上代位性,汽车毁损的10万元赔偿金也应当用于担保甲对乙的债务。根据题意,双方当事人刚刚办理完抵押登记,因此可推断债务还没有到清偿期,因此,甲、乙可以协商用10万元赔偿金提前清偿债务,乙也可以请求提存该10万元保险赔偿金。

第一节 担保物权概述

一、担保物权的概念

《物权法》第170条规定:"担保物权人在债务人不履行到期债务或者发生当事人约定的实现担保物权的情形,依法享有就担保财产优先受偿的权利,但法律另有规定的除外。"因此,担保物权是指为了担保债权的实现,债务人或者第三人以自己的动产、不动产或者权利与债权人约定或者直接依据法律,在债务人不履行债务时,债权人有权就担保财产变价后的价款优先受偿的一种定限物权。

具体而言,担保物权的概念包含如下几个方面的内容:

(一)担保物权的设定以担保债权的实现为目的

担保物权是以 定的物作为担保物来担保债权的实现的,债权人所享有的债权因担保物的存在而得到充分的保障。① 因而,担保物权是以担保债权的实现为目的而设定的物权,只有在债务人不履行到期债务或发生当事人约定的实现担保物权的情形时,担保债权人才能行使担保物权。

---

① [日]近江幸治:《担保物权论》,祝娅等译,法律出版社2000年版,第2页。

需要注意的是,担保债权主要是合同之债,但不仅限于合同之债,侵权之债、不当得利之债和无因管理之债都可以成为担保债权。① 为法律所认可但却不受强制执行力保护的自然之债,如已过诉讼时效的债权,本不能成为担保债权,但由于为自然之债提供新担保的行为被视为对自然之债的履行承诺,因此,该自然之债转化为具有强制执行力之债,可成为担保债权。② 但非法之"债"(如赌债)并非民法意义上的"债",不能成为担保债权。

(二)担保物权是在债务人或第三人的特定财产或财产权利上新设定的权利

根据《物权法》第2条的规定,担保物权的客体可以是物,但并非任何物都可以成为担保物权的客体,能够成为担保物权的客体的物必须是有体的、特定化的、可流通的;③担保物权的客体也可以是权利,但仅在法律有明确规定的情形下权利才能作为担保物权的客体。担保物权是在担保财产上新设定的一项权利,而不是该财产上原本存在的权利。④

(三)担保物权是支配担保财产的交换价值的定限物权

所有权是完全物权,是全面支配标的物的权利,权利人拥有财产的占有、使用、收益和处分权。而担保物权人不能对标的物进行全面支配,不能像所有权人那样自由地行使所有权的全部权能,因而它是一种定限物权。担保物权人对权利客体的支配的目的,并不是直接支配标的物的实体以取得标的物的用益价值,而在于支配其交换价值以使自己在债权未获清偿时能够直接从标的物的交换价值中优先受偿。⑤

二、担保物权的特征

担保物权的属性,是指各种具体类型的担保物权所共同具有的特性。作为物权的一种类型,担保物权具有一般物权所共同具有的支配性、特定性、优先受偿性等特征。此外,担保物权还具有自己的一些特定属性:

(一)价值性

担保物权是以担保债权的实现为目的的,以标的物的价值和优先受偿为内容,原则上它追求的不是物的使用价值,而是物的交换价值,因而担保物权具有价值性或变价性,是一种价值权。

担保物权人设立担保物权并不以使用担保财产为目的,而是以取得该财产的交换价值为目的,因此,担保财产即使灭失、毁损,但代替该财产的交换价值还存在的,担保物权的效力就仍然存在,但此时担保物权的效力及于该代替物。这就是担保物权的物上代位

---

① 王利明:《物权法论》,中国政法大学出版社2008年版,第320~321页。
② Zeng Rongxin, Étude comparée des sûretés réelles en droit français et en droit chinois, Thèse de doctorat à l'Université Panthéon-Assas (PARIS II), 2010, p. 59.
③ 王利明:《物权法论》,中国政法大学出版社2008年版,第321页。
④ 郭明瑞:《担保法》,法律出版社2010年版,第75页。
⑤ 王利明:《物权法论》,中国政法大学出版社2008年版,第321页;郭明瑞:《担保法》,法律出版社2010年版,第75页。

性。《物权法》第174条明文规定:"担保期间,担保财产毁损、灭失或者被征收等,担保物权人可以就获得的保险金、赔偿金或者补偿金等优先受偿。被担保债权的履行期未届满的,也可以提存该保险金、赔偿金或者补偿金等。"

(二)从属性

由于担保物权的设立以担保主债权的实现为目的,因此,担保物权和主债权之间是一种主从关系,担保债权是主权利,担保物权是从属于主债权的从权利,这就是担保权的从属性。具体而言,可以从以下几个方面来理解:

1. 成立和效力上的从属性

《物权法》第172条第1款规定:"设立担保物权,应当依照本法和其他法律的规定订立担保合同。担保合同是主债权债务合同的从合同。主债权债务合同无效,担保合同无效,但法律另有规定的除外。"

因此,担保物权的成立以既存的债权为前提,其成立从属于主债权的存在。如果主债权不存在,或成立后被认定无效或被撤销,则担保物权也不成立或随之无效。①

2. 处分上的从属性

除非法律另有规定或者当事人另有约定,担保物权随主债权的处分而发生移转或变化。具体而言,主债权人不得将主债权单独转让,而自己保留担保物权;主债权人不得将担保物权单独转让,而自己保留债权;主债权人不得将主债权和担保物权分别转让给不同的人。

3. 消灭上的从属性

根据《物权法》第177条的规定,担保物权随主债权的消灭而消灭,不得脱离主债权而单独存在。

(三)不可分性

担保物权的不可分性,是指担保物权所担保债权的债权人得就担保物的全部行使权利。这体现在:第一,债权的一部分因清偿、抵消等原因消灭时,各债权人仍就未清偿部分的债权对担保物的全部行使权利;第二,分期履行的债权,已届履行期的部分未履行时,债权人可就全部担保物行使权利;第三,担保物一部分灭失,残存部分仍担保全部债权;第四,担保物被分割或部分转让时,担保物权不受影响,担保物权人可就担保物的各个部分行使担保物权;第五,担保物权设定后,担保物价格上涨,债务人无权要求减少担保物,反之,担保物价格下跌,债务人也无提供补充担保的义务。

> [案例] A公司欠B公司900万元,约定1月1日前还债,A以自己所有的楼房3幢提供抵押,每幢估价约300万元,后A到期不还款。问:
>
> 1. 有1幢楼房被洪水冲走,片瓦未留,但剩余的2幢价格均上涨到500万元以上,B欲从该2幢楼房的卖得价款中优先受偿900万元,可否?

---

① 李显冬:《物权法案例重述》,中国政法大学出版社2010年版,第163页。

2. 债权届期前,A 已还款 400 万元,剩余 500 万元届期未还,现 B 主张拍卖全部 3 幢楼房以优先受偿,可否?

3. 后 A 分立为 C、D 两公司,C 分得 2 幢楼房,D 分得 1 幢,且每幢楼房上涨到 500 万元以上,则 B 只请求拍卖 C 的 2 幢楼房以优先受偿,可否?

4. 后 B 公司分立为 C、D 两公司,C 分得对甲债权中的 500 万元,D 分得 400 万元,现 C 请求一并拍卖全部 3 幢楼房以优先受偿,可否?

5. 抵押设定后每幢楼房价值均上涨为 500 万元,现 A 请求将抵押物减至其中 2 幢,B 不允,甲的请求有无法律依据?

[解答]本案中,前 4 问的答案是:可以。第 5 问的答案是:无法律依据。

三、担保物权的种类

从学理上看,对担保物权进行的常见分类主要包括如下几种:

(一)法定担保物权和意定担保物权

依担保物权的发生原因,担保物权可分为法定担保物权和意定担保物权。

1. 法定担保物权,是指依法律规定的条件,而不是依当事人的约定而直接发生的担保物权,如留置权、优先权、法定抵押权等。这类担保物权往往是出于政策上的考虑,法律为担保特定的债权而直接设定的,具有严格的从属性。

2. 意定担保物权,是指由当事人通过合同的方式设定的担保物权,如质押权、抵押权等。

担保物权以意定担保物权为主,法定担保物权为辅。

(二)动产担保物权、不动产担保物权和权利担保物权

依担保物权的标的物性质,担保物权可分为动产担保物权、不动产担保物权和权利担保物权。

1. 动产担保物权,是指以动产作为担保标的物的担保物权,包括动产抵押、动产质押、动产留置权等。

2. 不动产担保物权,是指以不动产为担保标的物所设立的担保物权,包括不动产抵押、不动产质押和不动产优先权等。

3. 权利担保物权,是指以权利为担保标的而设立的担保物权,如权利质权、以用益权为担保标的设立的权利抵押权等。

(三)占有型担保物权和非占有型担保物权

依是否转移标的物的占有,担保物权可分为占有型担保物权和非占有型担保物权。

1. 占有型担保物权以占有担保标的物为要件,如质权、留置权。

2. 非占有型担保物权则不以占有担保标的物为要件,担保人仍保有担保标的物的占

有、使用和收益权,抵押权是典型的非占有型担保物权。

一般而言,对于占有型担保物权而言,占有担保标的物本身就是一种物权公示方法,因此,无须通过其他方式对该担保物权进行公示;而对于非占有型担保物权而言,则需要进行登记,否则,担保物权不能生效,或者虽能生效但却缺乏对抗第三人的效力。

(四)定限型担保物权和权利转移型担保物权

将担保物权分为定限型担保物权和权利转移型担保物权,是以担保物权的构造形态为标准所进行的分类。

1. 定限型担保物权,是指在标的物上设定的具有担保作用的定限物权为其构造形态的担保物权,如抵押权、质权、留置权等。

2. 权利转移型担保物权,是指将标的物的所有权或其他权利转移给担保权人为构造形态的担保权,如所有权保留担保、让与担保等。

我国现行法律上所规定的担保物权,都是定限型担保物权,权利转移型担保物权尚未被明文规定为担保物权。

(五)典型担保物权和非典型担保物权

依担保物权是否具有典型性为标准,担保物权可分为典型担保物权和非典型担保物权。

1. 典型担保物权,是指具有类型化的特征,并已在法律中被直接规定为担保权的担保物权。

2. 非典型担保物权,是指尚未被法律明确规定为担保物权,但在实践中已经存在的担保物权。

该分类方法以法律是否有明文规定为标准,所以,若非典型担保物权被规定在法律中,就变成了典型担保物权。

由于各国的法律规定各有异同,因此,在一国为非典型担保物权或典型担保物权的,在别国可能是典型担保物权或非典型担保物权,如所有权保留和让与担保,在大多数国家都是非典型担保物权,但在2006年担保法改革之后的法国,由于其《民法典》中有直接规定,因此就是典型担保物权。不过,抵押权、质权和留置权,在大多数国家,都是常见的典型担保物权,我国也是如此。

四、担保物权的消灭

和其他民事权利一样,担保物权也会因一定的法律事实的出现而消灭。对于担保物权的消灭原因,《担保法》及担保法司法解释中都没有明确提出,但在担保物权一般规定部分的《物权法》第179条规定:"有下列情形之一的,担保物权消灭:(一)主债权消灭;(二)担保物权实现;(三)债权人放弃担保物权;(四)法律规定担保物权消灭的其他情形。"

具体而言,担保物权的消灭原因主要有如下几种:

(一)因主债权消灭而消灭

担保物权是为担保主债权的实现而设定的,具有从属性特征,因此,主债权的消灭,必然会导致担保物权的消灭。不过,鉴于担保物权的不可分性,只有当主债权完全、绝对消灭时,担保该主债权的担保物权才随之消灭。

（二）因担保物权的实现而消灭

担保物权实现后原有的担保合同终止,担保各方当事人的权利、义务关系解除,不管担保物权所担保的主债权是否完全得到清偿,担保物权都自然消灭。

（三）因担保物权人的放弃而消灭

在担保物权设定后,担保物权人在担保期间自动放弃担保物权时,放弃其享有的优先受偿权而变为无担保的普通债权人时,担保物权因担保物权人的放弃而消灭。

（四）因担保财产灭失且无代位物而消灭

客体的灭失是物权消灭的一般原因,担保物权作为物权的一种类型,当然会随着作为客体的担保财产的灭失而消灭。不过,由于担保物权是一种价值权,具有物上代位性,担保财产灭失但有代位物时,担保物权及于代位物之上。因此,只有当担保财产灭失且无代位物时,担保物权才会消灭。

（五）因担保物权合同的无效而消灭

虽然我国《物权法》将担保合同的生效和担保物权的生效区分开来,但是我国不承认物权变动的无因性。换言之,担保合同有效,担保物权不一定有效;但担保合同无效,担保物权必然无效。因此,担保物权会因担保物权合同的无效而消灭。而担保合同的无效包括多种形式的无效,比如,因主体不合格而造成的无效,因客体不合格而造成的无效和因内容不合格而造成的无效等。

第二节 抵押权

一、抵押权概述

（一）抵押权的概念

根据《物权法》第179条的规定,抵押权是指债权人对债务人或者第三人不转移占有的担保财产,在债务人不履行到期债务或者发生当事人约定的实现抵押权的情形时,依法享有对抵押财产进行变价并就卖得价金优先受偿的权利。提供抵押财产的债务人或第三人为抵押人,被担保的主债权人为抵押权人,供作担保的财产为抵押财产。例如：A向B银行申请贷款,并以自己的住房C作抵押,此时,A是抵押人,B银行是抵押权人,住房C是抵押财产。

由于该担保方式在充分满足债权人的担保需要的同时,又不剥夺担保人对担保财产的利用,因此在担保实践中备受债权人和债务人的青睐,素有"担保之王"的美誉。

（二）抵押权的特征

作为一种担保物权，抵押权具备物权的一般特征，如特定性、支配性和优先受偿性等特征；也具备担保物权的一般特征，如价值性、从属性和不可分性等特征。除此之外，和其他的担保方式相比，抵押权还有如下几个基本特征：

1. 抵押权的标的物可以是不动产，也可以是动产，还可以是权利。在我国的担保实践中，由于缺乏一般的动产抵押登记办法，因此，动产抵押的应用比较局限①；常见的抵押主要是不动产抵押（如建筑物及其地上附着物的抵押）和权利抵押（如建设用地使用权抵押和以招标、拍卖、公开协商等方式取得的荒地等土地承包经营权抵押）。

2. 抵押权的成立不以转移标的物的占有为要件。抵押人设立抵押时无须将抵押财产的占有转移给抵押权人，抵押物仍继续由抵押人占有、使用和收益。

3. 抵押权以登记为公示方法。不论是不动产抵押，还是动产抵押、权利抵押，都以登记作为公示方法。只不过，登记的效力对于动产抵押和权利抵押、不动产抵押而言是有区别的：对于动产抵押而言，登记只是抵押权的对抗要件，而对于不动产和与不动产有关的权利而言，登记是生效要件。

二、抵押权的设定

（一）抵押合同

对于抵押合同，应注意从以下几个方面来理解：

1. 抵押合同的当事人

抵押合同的当事人，即抵押法律关系的当事人，是抵押权人和抵押人。

抵押权人即指抵押权所担保的主债权的债权人，其他人不能成为抵押权人。由于抵押权人在抵押法律关系中是纯获利益的人，因此，通说认为，无民事行为能力人和限制行为能力人，可以成为抵押权人。②

抵押人是指提供财产设定抵押的人，既可以是债务人本人，也可以是第三人。由于抵押人以自己的财产作为债权的担保，在债务人不履行到期债务或发生约定的实现抵押权的情形时，必须以抵押财产变价清偿主债权，所以，设定抵押权的行为在性质上是一种处分财产的行为。抵押人应该具备下述条件：

（1）抵押人必须是具有完全民事行为能力的人

在抵押法律关系中，抵押人在自己的财产上设定负担，设定抵押的行为对于抵押人来说不是纯获利益的行为，因此，不具有完全民事行为能力的人不能成为抵押人。

（2）抵押人必须是对抵押财产具有处分权的人

---

① 实践中常见的动产抵押主要是船舶、航空器和交通运输工具，以及企业、个体工商户、农业生产经营者以现有的以及将有的生产设备、原材料、半成品、产品进行的抵押。

② 王利明：《物权法论》，中国政法大学出版社 2008 年版，第 351 页；郭明瑞：《担保法》，法律出版社 2010 年版，第 96 页。

在财产上设定抵押权的行为是对该财产的一种处分行为,所以,抵押人必须对抵押物享有处分权。这种处分权,既可以是财产所有权人对其所有权享有的处分权,也可以是依法享有处分其他财产权利的处分权,如根据《物权法》第 180 条的规定,债务人或者第三人可以以其有权处分的建设用地使用权以及以招标、拍卖、公开协商等方式取得的荒地等土地承包经营权进行抵押,这些财产权利均属于用益物权。

值得注意的是,对某物虽具有处分权,但如果该处分权在法律上受到限制的所有人,也不能作为抵押人。例如,依法被查封、扣押、监管之物的所有人,在该物被采取强制措施期间,不得就上述财产进行抵押,故不能成为抵押人。但如果上述财产先设定抵押后被查封、扣押的,原已设定的抵押权则不因此而受影响,其所有人仍可以成为抵押人。①

2. 抵押合同的形式和内容

(1) 抵押合同的形式

根据《物权法》第 185 条的规定,抵押合同为要式合同,应采取书面形式。书面形式是指合同书、信件和数据电文(包括电报、电传、传真、电子数据交换和电子邮件)等可以有形地表现所载内容的形式。当事人双方采用合同书形式订立担保合同的,自双方当事人签字或者盖章时起,合同成立。当事人用信件、数据电文等形式订立合同的,可以在合同成立之前要求签订确认书。合同自签订确认书时成立。

《物权法》虽然明文规定订立抵押合同应当采用书面形式,但是,当事人未采用书面形式,但一方已经履行主要义务,如抵押人办理了担保物的抵押登记手续,对方当事人接受的,抵押合同仍然成立。

至于抵押合同的具体表现形式,可以在主合同之外订立单独的抵押合同,也可以在主合同中订立抵押条款。除非法律另有规定,抵押合同的效力原则上从属于主合同。

(2) 抵押合同的内容

根据《物权法》第 185 条第 2 款的规定,抵押合同一般包括下列条款:

①被担保的主债权的种类、数额;
②债务人履行债务的期限;
③抵押物的名称、数量、质量、状况、所在地、所有权权属或者使用权权属;
④抵押担保的范围;
⑤当事人需要约定的其他事项。

《物权法》第 185 条第 2 款将《担保法》第 39 条规定的"抵押合同'应当'包括以下内容"修改为"抵押合同'一般'包括下列条款",体现了《物权法》对抵押合同当事人的意思自治的尊重。那么,根据《物权法》第 185 条第 2 款"一般包括"的规定,应将该条该款理解为示范性条款,即除非法律法规规定必须在抵押合同中规定的条款外,抵押合同的内容由当事人自由约定,法律对此不作过多干涉。②

3. 抵押合同中禁止流押条款

---

① 《担保法解释》第 55 条规定:"已经设定抵押的财产被采取查封、扣押等财产保全或者执行措施的,不影响抵押权的效力。"

② 王利明:《物权法论》,中国政法大学出版社 2008 年版,第 350 页。

《物权法》第186条规定:"抵押权人在债务履行期届满前,不得与抵押人约定债务人不履行到期债务时抵押财产归债权人所有。"这就是所谓的"流押契约"禁止的原则。

如果抵押合同包含流押条款,则流押条款因违反法律的禁止性规定而无效,但该条款的无效不影响抵押合同其他条款的效力,也不会影响抵押权的有效成立。

如果抵押权人在债权履行期限届满而未获清偿时,可以和抵押人协议以抵押物折价,亦即在对抵押物进行估价的基础上,经双方协议以抵押物冲抵全部或部分债权。对此,《物权法》第195条明文规定:"债务人不履行到期债务或者发生当事人约定的实现抵押权的情形,抵押权人可以与抵押人协议以抵押财产折价……"因此,法律并不禁止这种"代物清偿协议",不能将该协议和流押条款混为一谈。

(二)抵押财产

对于抵押财产,《物权法》第180条和第184条从正、反两个方面对抵押财产的范围进行了界定。

1. 可以抵押的财产

《物权法》第180条第1款规定:"债务人或者第三人有权处分的下列财产可以抵押:(一)建筑物和其他土地附着物;(二)建设用地使用权;(三)以招标、拍卖、公开协商等方式取得的荒地等土地承包经营权;(四)生产设备、原材料、半成品、产品;(五)正在建造的建筑物、船舶、航空器;(六)交通运输工具;(七)法律、行政法规未禁止抵押的其他财产。"

对于该条规定,理解时要注意以下几点:

(1)以建筑物或建设用地使用权抵押时,应贯彻"房随地走、地随房走"的规则。根据我国《物权法》第182条的规定,以建筑物或建设用地使用权进行抵押时,采取"房地一体主义"的原则,即"以建筑物抵押的,该建筑物占用范围内的建设用地使用权一并抵押。以建设用地使用权抵押的,该土地上的建筑物一并抵押。抵押人未依照前款规定一并抵押的,未抵押的财产视为一并抵押"。但建设用地使用权抵押后在该土地上新增的建筑物不属于抵押财产,只是,基于"房地一体主义"的原则,该建设用地使用权实现抵押权时,应当将该土地上新增的建筑物与建设用地使用权一并处分,但抵押权人无权就新增建筑物所得的价款优先受偿。根据《物权法》第183条的规定,乡镇、村企业的建设用地使用权不得单独抵押。以乡镇、村企业的厂房等建筑物占用范围内的建设用地使用权一并抵押的,实现抵押权后,未经法定程序,抵押权人不得改变土地所有权的性质和土地用途。

(2)以招标、拍卖、公开协商等方式取得的荒地等土地承包经营权可以抵押。除法律另有规定外,我国的土地承包经营权原则上不能抵押。根据《物权法》第180条第1款第3项的规定,以招标、拍卖、公开协商等方式取得的荒地等土地承包经营权可以抵押。此处的"荒地等土地承包经营权"是指荒山、荒沟、荒滩、荒丘等"四荒"土地承包经营权。通过招标、拍卖、公开协商等方式取得的"四荒"土地承包经营权,不论承包人是本集体经济组织成员,还是外来的单位或个人,都可以依法将该土地承包经营权抵押,而且抵押时无须取得发包人同意。但根据《物权法》第201条的规定,实现抵押权后,未经法定程序,抵押权人不得改变土地所有权的性质和土地的用途。

(3)为促进融资,正在建造的建筑物、船舶、航空器均可以抵押。

(4)以法律、行政法规限制流通的财产抵押的,在实现抵押权时,应按照有关法律规定对抵押财产进行处理。比如,以限制流通的一定级别的文物作为抵押财产时,抵押权实现的时候,应由国家文物管理部分进行收购,以收购的价款清偿抵押权人。①

(5)贯彻私法领域"法不禁止即允许"的规则,凡法律、行政法规未禁止抵押的财产均可以抵押,这是《物权法》的新规定。而《担保法》第34条第1款第6项规定的是"依法可以抵押的其他财产",相比较而言《物权法》的新规定拓展了可以抵押的财产的范围。

2. 不得抵押的财产

《物权法》第184条从反面规定了下列财产不得抵押:

(1)在我国,土地所有权专属于国家或集体,不属于个人或企业,因此,土地所有权不得作为抵押财产。

(2)除非法律另有规定,否则,耕地、宅基地、自留地、自留山等集体所有的土地使用权不得抵押。

(3)公益单位的公益设施,如学校和幼儿园的教学楼等教育设施、医院的医疗设施等,不得抵押。需要指出的是,根据《民办教育促进法》第3条的规定,民办教育事业也属于公益性事业,因此,虽然民办学校的教育设施属于私人财产,但其在性质上仍属于公益事业,不能作为抵押财产。另据国务院《医疗机构管理条例》规定,医疗机构应当以救死扶伤、防病治病、为公民的健康服务为宗旨,因此,私立医院也是公益单位,其医疗设施也不能抵押。禁止这类财产抵押,是基于保护社会公共利益的目的,防止和避免公益设施的流失。但是,公益单位的非公益设施是可以抵押的,如学校校长、医院院长等的办公用车。

(4)所有权、使用权不明或者有争议的财产不得抵押。此处所谓的所有权、使用权不明或者有争议,是指在设置抵押时该财产的所有权或用益权的权利归属状态不明或存在争议。

(5)依法被查封、扣押、监管的财产不得抵押。在财产被采取查封、扣押、监管等强制措施期间,其所有权人或用益权人已经失去了对该财产的自由处分权,该财产事实上已经变为不可流通的财产,因此不得作为抵押物。但如果财产在设定抵押后被查封、扣押、监管的,原已设定的抵押权则不受影响,仍然有效。

(6)当事人以农作物和与其尚未分离的土地使用权同时抵押的,土地使用权部分的抵押无效。

(7)法律、行政法规规定不得抵押的其他财产。

(三)抵押登记

抵押登记,也称抵押权登记,是指由主管机关依法在登记簿上就抵押财产上的抵押权状态予以记载。②

1. 抵押登记的模式

根据抵押登记的效力不同,抵押登记模式可分为以下两种:

---

① 唐义虎:《担保物权制度研究》,北京大学出版社2011年版,第58页。
② 郭明瑞:《担保法》,法律出版社2010年版,第103页。

(1)登记对抗主义模式

在登记对抗主义模式下,登记并非抵押权的生效要件,抵押权的生效奉行意思主义,当事人之间缔结抵押合同时,抵押权即告生效,但该抵押权必须经过登记,才具备对抗第三人的效力。采纳该模式的典型国家为法国和意大利。

(2)登记生效主义模式

在登记生效主义模式下,登记是抵押权的生效要件,抵押权的生效仅有当事人的合意还不够,该抵押权还必须在登记机关的登记簿上进行登记,抵押权才能生效。采纳该模式的典型国家为德国和瑞士。

2. 我国的抵押登记

根据《物权法》的规定,我国抵押登记的效力依抵押财产的不同而不同。

(1)不动产及与不动产有关的权利抵押

根据《物权法》第180条和第187条的规定,我国的不动产及与不动产有关的权利抵押实行登记生效主义模式,即抵押权自登记时设立,未办理抵押登记的,抵押权不设立。具体而言,如下财产的抵押自办理抵押登记时设立:①建筑物和其他土地附着物;②建设用地使用权;③以招标、拍卖、公开协商等方式取得的荒地等土地承包经营权;④正在建造的建筑物抵押。

(2)动产及与动产有关的权利抵押

根据《物权法》第180条和第188条的规定,我国的动产及与动产有关的权利抵押实行登记对抗主义模式,即抵押权自抵押合同生效时设立,未办理抵押登记的,抵押权不得对抗善意第三人。具体而言,如下财产的抵押采用登记对抗主义模式:①生产设备、原材料、半成品、产品;②正在建造的船舶、航空器抵押;③交通运输工具。

需要注意的是,根据《物权法》第181条和第189条的规定,动产浮动抵押原则上采登记对抗主义,但存在一个例外:即使是已经登记的动产浮动抵押,也不得对抗正常经营活动中已支付合理价款并取得抵押财产的买受人。

[案例]甲向乙借款100万元,并和乙签订了一份房屋抵押合同和一份轿车抵押合同,但都未办理抵押登记。请问:(1)两份抵押合同是否有效?(2)乙是否取得了抵押权?

[解答](1)两份抵押合同都是有效的抵押合同;(2)乙取得了轿车抵押权,但是,没有取得房屋抵押权。

三、特殊抵押权

特殊抵押权,是相对于普通抵押权而言的,是指法律对其某些方面作出了特殊规定的抵押权。从我国《担保法》和《物权法》的规定来看,主要有以下几种:共同抵押权、最高额抵押权和浮动抵押权。

(一)共同抵押

共同抵押,也称总括抵押权,是指为担保同一债权而在数个标的物上设定的抵押。作为抵押标的的数个物,可以同属于一个抵押人,也可分属于不同的抵押人;并非相互结合而被视为一物,而是在担保同一债权的目的上互相结合担保债权。

对于共同抵押,要注意区分如下两种情形:

1. 当事人之间就各个抵押物的担保金额有明确约定时,应当按照当事人的约定,抵押权人对各个抵押物的变价金额分别按约定的担保金额优先受偿。

从严格意义上讲,这种情形并非真正的共同抵押,因为各个抵押人间没有连带关系,各个抵押物对于同一债权是分别担保不同的数额。

2. 当事人之间就各个抵押物的担保金额没有约定时,抵押权人原则上可以任意就设定共同抵押的某个抵押物的变价金额优先受偿,抵押人承担担保责任以后,可以向债务人追偿,也可以要求其他抵押人清偿其应当承担的份额。因此,每个抵押物都担保债权的全部,这才是真正意义上的共同抵押。因为共同抵押在性质上原则上是共同连带抵押。[①]

(二)最高额抵押

最高额抵押,是指抵押当事人协议以标的物在最高债权额限度内对将来一定时期内连续发生的债权进行担保。

最高额抵押的法律特征:

1. 一般抵押权是先有债权,然后再设定抵押权,而最高额抵押是为将来发生的债权而设定的抵押。

2. 担保债权的种类、数额具有不特定性。将来发生的债权,如其债权额现在已确定,如附延缓条件的债权,为这种债权设定的抵押权本质上仍是一般抵押权。最高额抵押担保的债权是将来发生的、债权额现在尚不确定的债权。

3. 担保的债权具有最高限额。最高额抵押担保的未来债权不得高于合同预先确定的最高限额。抵押权人实现最高额抵押权时,如果实际发生的债权余额高于最高限额的,以最高限额为限,超过部分不具有优先受偿的效力;如果实际发生的债权余额低于最高限额的,以实际发生的债权余额为该抵押担保的债权。

4. 最高额抵押是对一定期限内连续发生的债权提供的担保。在担保的债权数额确定前,部分债权转让的,最高额抵押权不随之转让,除非当事人另有约定。

5. 最高额抵押权人只有在债权数额已确定且履行期届满时才能行使抵押权。因此,债权数额的确定是最高额抵押权实现的先决条件。根据《物权法》第206条的规定,最高额抵押有下列情形之一的,抵押权人的债权确定:

(1)约定的债权确定期间届满;

(2)没有约定债权确定期间或者约定不明确,抵押权人或者抵押人自最高额抵押权设立之日起满2年后请求确定债权;

(3)新的债权不可能发生;

(4)抵押财产被查封、扣押;

(5)债务人、抵押人被宣告破产或者被撤销;

---

① 王利明:《物权法论》,中国政法大学出版社2008年版,第375页。

(6)法律规定债权确定的其他情形。

(三)浮动抵押权

《物权法》第181条规定:"经当事人书面协议,企业、个体工商户、农业生产经营者可以将现有的以及将有的生产设备、原材料、半成品、产品抵押,债务人不履行到期债务或者发生当事人约定的实现抵押权的情形,债权人有权就实现抵押权时的动产优先受偿。"这就是所谓的"浮动抵押权"。

浮动抵押权的设定,应当向抵押人住所地的工商行政管理部门办理登记。抵押权自抵押合同生效时设立;未经登记,不得对抗善意第三人。

和一般抵押不同,我国的浮动抵押具有如下特点:

1. 只有特定主体才可设定浮动抵押。根据上述条文的规定,只有企业、个体工商户、农业生产经营者才可以采用浮动抵押这种担保方式。

2. 浮动抵押的客体只能是动产,不动产、知识产权以及无形财产等都不得作为浮动抵押的标的物。

3. 浮动抵押期间,抵押人处分抵押财产不必经抵押权人同意,抵押权人对抵押财产没有追及权,因此,浮动抵押的标的物处于不断变化之中,抵押权人只能在约定或者法定事由发生后才可就确定的财产优先受偿。

四、抵押权的效力与实现

抵押权是为担保主债权的实现而设立的,抵押人在债务人不履行到期债务或者发生当事人约定的实现抵押权的情形时,依法享有对抵押财产进行变价并就卖得价金优先受偿的权利。

(一)债权届期前抵押权的效力

对于债权届期前抵押权的效力,我们可以从抵押人和抵押权人两个角度加以考察。

1. 债权届期前抵押人的权利与义务

在债权届期前,抵押人仍是抵押财产的所有人,对抵押财产享有占有、使用、收益和处分权。具体而言,抵押人的权利义务包括:

(1)对抵押物的占有、使用权

抵押权设定之后,除非抵押合同另有约定,抵押人继续占有、使用抵押财产。与此相对应的,抵押人应妥善保管抵押物,必要时,应采取必要的措施防止抵押物的毁损、灭失和价值减损,并自行承担相应的费用。

(2)对抵押物的转让权

在抵押权设定后,抵押人仍是抵押财产的所有人,对抵押物享有处分权。为了保护抵押权人的权利,《物权法》第191条对抵押人处分抵押物作出了限制。根据该条的规定,抵押人经抵押权人同意后,有权将该抵押物转让给他人,转让所得的价款应向抵押权人提前清偿债务或者提存。未经抵押权人同意,抵押人不得转让抵押财产,但受让人代为清偿债务消灭抵押权的除外。

(3) 对抵押物的出租权

不动产或者动产设定了抵押权之后,抵押人仍然可以将该财产出租,但是在抵押权实现时租赁合同还未到期,并且会妨碍抵押权的实现时,抵押权人有权打破该租赁合同的约束。如果租赁合同成立在先,抵押权设定在后,则根据《物权法》第190条的规定,适用"买卖不破租赁"的原则,抵押权实现时不得除去租赁合同。

(4) 在抵押物上设定用益物权或担保物权

抵押权设定之后,抵押人仍可在抵押物上再次设定抵押权、质权等担保物权或用益物权。比如,在不动产之上设定抵押权之后,抵押人仍可在该不动产上设定抵押权;在动产之上设定抵押权之后,抵押人除了可以在该不动产上再设定抵押权之外,还可以设定动产质权。如抵押物为土地使用权,则在该土地使用权抵押后,抵押人仍可在该土地上设定地役权。

2. 债权届期前抵押权人的权利与义务

抵押设定后,抵押人仍是抵押财产的所有人,继续对抵押财产进行占有、使用、收益和处分,为了防范道德风险,抵押权人享有相应的权利以应对抵押物价值的非正常减损,即抵押权的保全权。同时,抵押权人还享有对抵押权的自主处分权。

(1) 抵押权的保全权

《物权法》第193条规定:"抵押人的行为足以使抵押财产价值减少的,抵押权人有权要求抵押人停止其行为。抵押财产价值减少的,抵押权人有权要求恢复抵押财产的价值,或者提供与减少的价值相应的担保。抵押人不恢复抵押财产的价值也不提供担保的,抵押权人有权要求债务人提前清偿债务。"据此,抵押期间,抵押物因抵押人的行为而遭受价值减损或有减损之虞时,抵押权人可以行使如下权利保全其抵押权:

首先,在抵押人的行为足以使抵押物的价值减少时,抵押权人有权行使停止侵害请求权和妨害除去请求权,要求抵押人停止其侵害行为或妨害行为。对于抵押人的行为是否"足以"使抵押财产的价值减少,抵押权人负相应的举证责任,抵押权人必须举证证明,抵押人的行为会明显造成抵押物的价值减少。①

其次,抵押物价值减少时,抵押权人有权行使恢复原状请求权或提供相当担保的请求权。换言之,在此情形下,抵押权人可以要求抵押人恢复抵押物的价值到抵押权设定时的价值,或提供与减少的价值相当的担保。抵押人对抵押物价值的减少无过错的,抵押权人有权基于抵押的物上代位性,要求将相应的保险金、补偿金或赔偿所得提存或提前清偿。

最后,抵押人不恢复抵押财产的价值也不提供担保的,抵押权人有权要求债务人提前清偿债务。如果债务人拒不提前清偿债务,其行为构成不履行到期债务,抵押权人可以实现抵押权。②

如果抵押物在抵押期间遭到第三人的侵害,抵押权人仍有权要求侵害人停止侵害、恢复原状、赔偿损失。当抵押物被第三人剥夺时,抵押权人可以依法对抵押物行使物权请求

---

① 王利明:《物权法论》,中国政法大学出版社2008年版,第373页。
② 郭明瑞:《担保法》,法律出版社2010年版,第121页。

权,以保障抵押权的实现。①

(2)抵押权人的处分权

①对抵押权顺位的处分权

抵押权顺位,是指同一抵押财产上的多个抵押权人之间优先受偿的顺序。顺位在先的抵押权人比顺位在后的抵押权人优先受偿,因此,抵押权顺位与各抵押权人的利益息息相关。

根据私法自治的原则,抵押权人可以处分其抵押权顺位。我国《物权法》第194条也确认了抵押权人享有处分抵押权顺位的权利,包括:抵押权顺位的放弃和抵押权顺位的变更。

抵押权顺位的放弃,是指同一抵押财产上的先顺位抵押权人为后顺位抵押权人的利益而放弃自己的顺位利益,包括抵押权顺位的绝对放弃和相对放弃。

抵押权顺位的绝对放弃,是指同一抵押财产上的先顺位抵押权人为不特定的后顺位抵押权人的利益而放弃自己的顺位利益。抵押权顺位绝对抛弃后,后顺位抵押权的顺序依次升进,而抛弃者本人变为最后顺位的抵押权人。② 需要注意的是,抵押权顺位的绝对抛弃对抛弃后新成立的抵押权不生效力。例如,某一抵押财产上有抵押权人A、B、C,分别处于第一、第二和第三顺位,A将自己的抵押权顺位绝对抛弃后,该抵押财产上的抵押权人的顺位依次是B、C、A。如果在A将自己的抵押权顺位绝对抛弃后,在该财产上增加了一个抵押权人D,则该抵押财产上的抵押权人的顺位依次是B、C、A、D。

抵押权顺位的相对放弃,是指同一抵押财产上的先顺位抵押权人为特定的后顺位抵押权人的利益而放弃自己的顺位利益。作为抛弃人的抵押权人相对抛弃抵押权顺位后,并不丧失其抵押权,只是相对于作为受抛弃人的抵押权人而言失去了优先受偿权,此时的抛弃人和受抛弃人处于同一顺位,在抛弃人的抵押权顺位上按抛弃人和受抛弃人双方各自的债权比例受偿抛弃人的优先受偿数额,对其他不受抛弃的抵押权人不发生效力。

抵押权顺位的变更,是指同一抵押财产上的数个抵押权人将抵押权的顺位进行交换。抵押权顺位变更后,后顺位抵押权人取得先顺位抵押权人的顺位,先顺位抵押权人的顺位降至后顺位抵押权人的顺位。抵押权顺位的变更,须发生变更的抵押权人之间达成变更协议,并取得抵押人的同意。抵押权顺位变更时,如果存在中间抵押权人,根据《物权法》第194条的规定,未经中间抵押权人书面同意,抵押权顺位变更不得对其他抵押权人产生不利影响。

②对抵押财产的处分权

《物权法》第192条的规定:"抵押权不得与债权分离而单独转让或者作为其他债权的担保。债权转让的,担保该债权的抵押权一并转让,但法律另有规定或者当事人另有约定的除外。"因此,抵押权人不得单独对抵押权进行处分,将其转让或供作其他债权的担保,但抵押权人可以将抵押财产和其担保的主债权一并处分,将其转让或供作其他债权的担保。而根据《物权法》第194条第1款的规定,抵押权人享有抵押权的抛弃权。抵押权的

---

① 尹田:《法国物权法》,法律出版社1998年版,第502页。
② 梅夏英、高圣平:《物权法教程》,中国人民大学出版社2007年版,第389页。

抛弃，是指抵押权人放弃就抵押财产优先受偿的担保利益。抵押权人抛弃抵押权之后，变为无担保的普通债权人。

《物权法》第194条第2款规定："债务人以自己的财产设定抵押，抵押权人放弃该抵押权、抵押权顺位或者变更抵押权的，其他担保人在抵押权人丧失优先受偿权益的范围内免除担保责任，但其他担保人承诺仍然提供担保的除外。"因此，对于在债务人自己的财产上设定的抵押权，抵押权人不论是抛弃、变更抵押权顺位，还是抛弃、变更抵押权，其他担保人在抵押权人丧失优先受偿权益的范围内免除担保责任，除非其他担保人仍承诺提供担保。

(二) 债权届期后抵押权的效力与实现

实现抵押权的权利，是指在债权届期而未受清偿时，抵押权人有权行使抵押权，对抵押财产进行处分，并以所得价款优先受偿。就抵押权人的优先受偿性而言，主要有以下几点需要注意：

1. 实现抵押权的行使期间

我国《物权法》第202条规定："抵押权人应当在主债权诉讼时效期间行使抵押权；未行使的，人民法院不予保护。"

因此，抵押权的法定行使期间要根据主债权的诉讼时效来确定。主债权诉讼时效的中止、中断或延长，会导致抵押权的法定行使期间发生相应的变化。但在主债权诉讼时效届满后，鉴于抵押权的从属性，抵押权也不受法律保护，抵押人可以以主债权已过诉讼时效为由，基于抵押权的从属性而取得拒绝履行的抗辩权。此时，抵押权的实体权利并未消灭，如果抵押人自愿履行抵押义务，抵押权人仍可实现抵押权；抵押人自愿履行后反悔的，不受人民法院的保护。①

2. 实现抵押权的条件

抵押权的实现，须具备一定的条件：

(1) 必须存在有效的抵押权，且该抵押权不受限制。没有抵押权的有效存在，自然就谈不上抵押权的实现。此外，抵押权只有在其实现不受限制的情况下，才能实现。如抵押权有效存在，但存在一定的限制时，抵押权受限制的范围内不能实现。例如，抵押权随主债权一起为其他债权设定质权时，抵押权的实现就受到限制。

(2) 必须发生债务人不履行到期债务或发生当事人约定的实现抵押权的情形。这是《物权法》第179条规定的实现抵押权的两个条件。对于第一个条件，要注意以下两点：第一，须债务履行期限届满。但是，发生下列情形之一时，抵押权人可以在履行期限届满前主张实现抵押权：债务人在债务履行期限届满前明确表示不清偿债务的；债务人被宣告破产的；抵押人的行为足以使抵押物价值减少，抵押权人请求恢复抵押财产的价值，或者提供与减少的价值相应的担保，而抵押人拒不恢复抵押财产的价值也不提供担保的，抵押权人要求债务人提前清偿债务又被拒绝时。② 第二，不能因债权人方面的原因致使债权届

---

① 杨明刚：《担保物权适用解说与典型案例评析》，法律出版社2007年版，第173页。
② 郭明瑞：《担保法》，法律出版社2010年版，第128页。

期未获清偿。因债权人的原因导致债权未获清偿,如债务人履行债务遭债权人拒绝,则作为抵押权人的债权人不得实现抵押权。

3. 实现抵押权的方式

《物权法》第195条规定:"债务人不履行到期债务或者发生当事人约定的实现抵押权的情形,抵押权人可以与抵押人协议以抵押财产折价或者以拍卖、变卖该抵押财产所得的价款优先受偿。协议损害其他债权人利益的,其他债权人可以在知道或者应当知道撤销事由之日起一年内请求人民法院撤销该协议。抵押权人与抵押人未就抵押权实现方式达成协议的,抵押权人可以请求人民法院拍卖、变卖抵押财产。抵押财产折价或者变卖的,应当参照市场价格。"其中,折价,是指在实现抵押权时,抵押权人和抵押人协商一致,由抵押权人以确定的价格取得抵押财产的所有权。拍卖,是指由专门的拍卖机构,以公开竞价的方式将抵押财产转让给最高应价者的买卖方式。变卖,是指以拍卖之外的方式出卖抵押财产。这就是《物权法》第195条规定的实现抵押权的三种方式。

其中,抵押财产折价或者变卖的,应当参照市场价格。如以过低的价格将抵押财产折价或变卖而损害了其他债权人的利益,其他债权人可以在知道或应当知道撤销事由之日起1年内请求撤销折价或变卖协议。

4. 优先受偿权的范围

在债权届期而未受清偿时,抵押权人有权通过折价、拍卖或变卖的方法实现抵押权,并以所得价款优先受偿,这就是抵押权最主要、最核心的权利。

(1)优先受偿权及于担保债权的范围

优先受偿权及于担保债权的范围,是指抵押权人能够从抵押财产变价后的价款中优先受偿的债权范围。《物权法》第173条规定:"担保物权的担保范围包括主债权及其利息、违约金、损害赔偿金、保管担保财产和实现担保物权的费用。当事人另有约定的,按照约定。"因此,当抵押合同对抵押权担保的债权范围有约定时,从其约定;没有约定或者约定不明时,由于抵押权不要求转移标的物的占有,所以,抵押权所担保的债权的范围包括主债权、利息、违约金、损害赔偿金和实现抵押权的费用,不包括保管担保财产的费用。在实现抵押权时,抵押物折价、变卖或者拍卖所得的价款,当事人没有约定的按照实现抵押权的费用、主债权的利息、主债权的顺序行使优先受偿权。[①]

在实现抵押权时,抵押物折价、拍卖或者变卖所得的价款低于抵押权设定时约定的价值的,应当按抵押物实现时的价值行使优先受偿权;如无其他担保,债权未受清偿的剩余部分变为无担保的普通债权,由债务人清偿。

(2)抵押权优先受偿的顺序

根据《物权法》第199条的规定,同一财产有多个抵押权的,抵押权人之间的受偿顺序遵从下列规定:

①抵押权已登记的,按照登记的先后顺序清偿;顺序相同的,按照债权比例清偿。

②抵押权已登记的先于未登记的受偿。

③抵押权未登记的,按照债权比例清偿。

---

① 唐义虎:《担保物权制度研究》,北京大学出版社2011年版,第78页。

第三节 质押权

一、质押权概述

(一)质押权的概念

质押权,又称质权,是指为担保债务的履行,债务人或第三人将特定的动产或权利移转给债权人占有,在债务人不履行债务或者发生当事人约定的实现质权的情形时,债权人有权以该财产优先受偿的权利。提供财产设定质权的债务人或第三人为出质人或质押人;占有质权标的的债权人为质权人或质押人;用于设定质押的财产为质物,又可称为质押财产或质押标的;设定质权的行为,为质押。

(二)质押权的特征

作为担保物权的一种类型,质权也具有一般担保物权的价值性、从属性和不可分性等特征。除此之外,质权还有一些独有的特征:

1. 根据我国《物权法》的规定,质权的标的物只能是动产和权利,不动产不得成为质押财产。

2. 质权是占有担保物权,以债权人占有质物为要件,这是质押与抵押最根本的区别。质权以出质人转移质押财产的占有为成立要件,也以债权人占有质押财产为存续和实现要件。如标的物为动产,质权人须直接占有动产,在债权得到完全清偿之前,质权人有权留置质押财产;如标的物为权利,质权人须占有权利证书等相关证书,在债权得到完全清偿之前,质权人有权留置质权标的,禁止出质人行使已出质的权利。[①]

二、动产质权

(一)动产质权的概念

动产质权,简单而言,就是以动产为标的的质权。具体而言,根据《物权法》第208条的规定,动产质权是指为了担保债权的履行,债务人或第三人将其动产移交债权人占有,当债务人不履行债务或发生当事人约定的实现质权的情形时,债权人享有以其所占有的动产优先受偿的权利。

(二)动产质权的设定

1. 动产质押合同

(1)质押合同的当事人

质押合同的当事人,即质押法律关系的当事人,是质权人和出质人。

---

① 郭明瑞:《担保法》,法律出版社2010年版,第154页。

质押权人是指质权所担保的主债权的债权人,其他人不能成为质押权人。由于质权人在质押法律关系中是纯获利益的人,因此,不具备完全民事行为能力的人,可以成为质权人。

出质人是指提供财产设定质押的人,可以是债务人本人或第三人。出质人为第三人时,也可被称作"物上保证人"。出质人和抵押人的情形类似,都是以自己的财产作为债权的担保,在担保物权实现时,其担保标的将被变价处分,因此,出质人也和抵押人一样,必须是具有完全民事行为能力的人,同时,应该是质物的所有人或有权处分人。

如果出质人以自己没有处分权的动产质押,质权人是否可以取得质权?各国法律一般都承认质权的善意取得,我国《物权法》第106条规定:"无处分权人将不动产或者动产转让给受让人的,所有权人有权追回;除法律另有规定外。符合下列情形的,受让人取得该不动产或者动产的所有权:(一)受让人受让该不动产或者动产时是善意的;(二)以合理的价格转让;(三)转让的不动产或者动产依照法律规定应当登记的已经登记,不需要登记的已经交付给受让人。受让人依照前款规定取得不动产或者动产的所有权的,原所有权人有权向无处分权人请求赔偿损失。当事人善意取得其他物权的,参照前两款规定。"由此可见,质权也可依善意而取得。当然,动产质权的善意取得须满足一定的条件:

首先,出质人对质物没有处分权。

其次,出质人和质权人之间订立了合法有效的质押合同。

再次,质权人取得了质物的占有,这是质权有效成立的要件。

最后,善意是指质权人在设定质权时是善意的,即质权人在取得质物的占有时不知道出质人对质物没有处分权。质权设定后,质权人是否知道出质人对质物没有处分权,则不予考虑。①

(2)质押合同的形式和内容

①质押合同的形式

根据《物权法》第210条第1款的规定,设立质权,当事人应当采取书面形式订立质权合同。

和抵押合同一样,虽然《物权法》明文规定订立质押合同应当采用书面形式,但是,当事人未采用书面形式,但一方已经履行主要义务,如出质人将质物的占有转移给质权人而质权人接受的,质押合同仍然成立。此外,质押合同可以在主合同之外订立单独的质押合同,也可以在主合同中订立质押条款。除非法律另有规定,质押合同的效力原则上从属于主合同。

②质押合同的内容

《物权法》第210条第1款规定:"质权合同一般包括下列条款:(一)被担保债权的种类和数额;(二)债务人履行债务的期限;(三)质押财产的名称、数量、质量、状况;(四)担保的范围;(五)质押财产交付的时间。"

因此,和理解《物权法》第185条第2款对抵押合同条款的"一般包括"的规定一样,也应该将《物权法》第210条第1款理解为示范性条款,即上述5个条款并非质押合同的必

---

① 王利明:《物权法论》,中国政法大学出版社2008年版,第400页。

备条款,在法律法规对质押合同的条款没有其他强制性规定的情况外,当事人可以自由约定质押合同的条款,法律尊重当事人的意思自治,对此不作过多干涉。

(3)质押合同中禁止流押条款

《物权法》第211条规定:"质权人在债务履行期届满前,不得与出质人约定债务人不履行到期债务时质押财产归债权人所有。"这就是质权领域的"流押契约"禁止的原则。

和抵押合同中流押条款的效力一样,如果质押合同包含流押条款,则流押条款因违反法律的禁止性规定而无效,但该条款的无效不影响质押合同其他条款的效力,也不会影响质权的有效成立。

至于质权人在债权履行期限届满而未获清偿时和出质人协议以质物折价的情形,《物权法》第219条第2款明文规定:"债务人不履行到期债务或者发生当事人约定的实现质权的情形,质权人可以与出质人协议以质押财产折价,也可以就拍卖、变卖质押财产所得的价款优先受偿。"因此,和抵押权实现时以抵押物折价冲抵主债权的情形一样,法律不禁止这种"代物清偿协议"。

2. 质物

质物,又称质押财产、质押标的,是指质押法律关系中用于设定质押的财产。由于质权实现时,需要对质物予以变价处分,因此,并不是所有的动产都可以成为质物。作为质物的动产须满足以下两个条件:

(1)质物必须是不被法律、行政法规禁止转让的流通物。对于质物,《物权法》第209条规定:"法律、行政法规禁止转让的动产不得出质。"这就意味着:一方面,法律、行政法规禁止转让的动产,如毒品、管制枪支等,不得作为质物;另一方面,只有全国人民代表大会及其常委会制定的法律和国务院制定的行政法规,才可禁止动产的转让,其他规范性文件,不能作为禁止转让动产的依据。[1]

(2)质物必须是特定物。作为一种担保物权,质权具有物权的一般特征,如物权标的的特定性。在标的物特定化之前,权利人无法对其进行支配,也无法占有,所以,未特定化的动产不能作为质物。种类物、可替代物只有在特定化之后,才能成为质权的标的。例如,人民币纸钞,是典型的种类物、可替代物,一般不能作为质权的标的,但通过封存或记录编号的方式进行特定化之后,则可以成为质押的标的。

3. 交付质物

交付是指出质人向质权人转移质押财产的占有。根据《物权法》第212条的规定,质权自出质人交付质押财产时设立。债务人或者第三人未按质押合同约定交付质物或未按合同约定的时间交付质物,因此给质权人造成损失的,出质人应当根据其过错承担赔偿责任。对于质物的交付,要注意以下几点:

(1)质物的交付是质权的生效要件,但并不是质押合同的生效要件。《担保法》第64条第2款规定:"质押合同自质物移交于质权人占有时生效。"据此,如出质人在质押合同签订后不交付质物,则不但质押无效,连质押合同也无效,这种不区分质押合同的生效和质押的生效的做法受到理论界和实务界的广泛诟病。《物权法》则改变了《担保法》的这种

---

[1] 国务院法制办公室:《中华人民共和国物权法(实用版)》,中国法制出版社2007年版,第75页。

做法，质押合同自当事人意思表示一致、符合《合同法》规定的合同的一般生效条件时即告生效，而质权自出质人交付质押财产时生效。

(2)交付包括现实交付、观念交付和拟制交付。其中，观念交付又分为简易交付和指示交付及占有改定。作为动产质权公示方法的交付，可以是现实交付，也可以是拟制交付或观念交付中的简易交付或指示交付，但不可以是占有改定。出质人代质权人占有质物的，质押不生效；质权人将质物返还于出质人后，以其质权对抗第三人的，人民法院不予支持。

(3)交付的质物和质押合同的约定不一致时，以实际交付的质物为准，质权仅在实际交付的质物上成立。

> [案例]方某向孙某借款1万元，孙某要求其提供担保，方某说："我有一部手提电脑被刘某租去用了，就以它作质押吧，但租金不作质押。"孙同意，遂付款。下列哪种说法是正确的？
> A．孙某实际占有电脑时质押合同才生效
> B．如刘某书面同意，则质押合同生效
> C．如刘某收到关于质押的书面通知，则质押生效
> D．如质押合同生效，则孙某有权收取电脑租金
> [解答]C。根据上文所述，作为动产质权公示方法的交付，可以是指示交付。

(三)动产质权的效力

1.质权的效力及于担保债权的范围

当事人对质权担保的债权范围有约定时依约定；当事人没有约定时，质押担保的范围包括主债权及利息、违约金、损害赔偿金、质物保管费用和实现质权的费用(《物权法》第173条)。

2.质权的效力及于标的物的范围

质押的动产本身自然为质押的效力所及。此外，动产质权的标的物还包括如下财产：

(1)从物。应该注意的是，动产质权的效力只应及于移转占有的从物，如果从物并未随同主物移交给质权人占有，则根据物权公示的原则，质权的效力不及于该从物。

(2)孳息。《物权法》第213条规定："质权人有权收取质押财产的孳息，但合同另有约定的除外。前款规定的孳息应当先充抵收取孳息的费用。"因此，除非当事人另有约定，否则动产质权的效力及于质押财产的孳息，不论该孳息是自然孳息，还是法定孳息。

(3)代位物。根据《物权法》第174条的规定，担保期间，质押财产毁损、灭失或者被征收等，质权人可以基于担保物权的物上代位性，对所获得的保险金、赔偿金或者补偿金等优先受偿。

3.质权对于质权人的效力

(1)质权人具有占有标的物的权利，负有保管标的物的义务。质权人在债权未受清偿前，有权占有质押财产，拒绝出质人返还质押财产的请求。相应地，质权人负有妥善保管

质押财产的义务;因保管不善致使质押财产毁损、灭失的,应当承担赔偿责任。承担保管义务后,质权人有请求出质人支付保管标的物的费用的权利。

(2)质权人有收取质押财产的孳息的权利,合同另有约定的除外。孳息应当首先充抵收取孳息的费用,其次冲抵主债权的利息,最后冲抵主债权。

(3)质权人有保全质权的权利。因不能归责于质权人的事由可能使质押财产毁损或者价值明显减少,足以危害质权人权利的,质权人有权要求出质人提供相应的担保;出质人不提供的,质权人可以拍卖、变卖质押财产,并与出质人通过协议将拍卖、变卖所得的价款提前清偿债务或者提存。

(4)质权人在质权存续期间,经出质人同意,可将质物转质给他人。未经出质人同意转质,造成质押财产毁损、灭失的,应当向出质人承担赔偿责任;此时,质权人的行为属于无权处分,第三人可以基于善意取得而取得质权。

(5)债务人履行债务或者出质人提前清偿所担保的债权的,质权人应当返还质押财产。债务人不履行到期债务或者发生当事人约定的实现质权的情形,质权人可以与出质人协议以质押财产折价,也可以就拍卖、变卖质押财产所得的价款优先受偿。

4. 质权对于出质人的效力

(1)保全质物请求权。根据《物权法》第215条第2款的规定,质权人不能妥善保管质物可能致使其灭失或者毁损的,出质人可以要求质权人将质物提存,或者要求提前清偿债权而返还质物。如将质物提存的,提存费用由质权人承担;出质人提前清偿债权的,应当扣除未到期部分的利息。

(2)行使赔偿请求权。在质权存续期间,质权人未经出质人同意,擅自使用、出租、处分质物,因此给出质人造成损失的,出质人有权要求质权人承担赔偿责任。

(3)行使质权请求权。出质人可以请求质权人在债务履行期届满后及时行使质权;质权人不行使的,出质人可以请求人民法院拍卖、变卖质押财产。出质人请求质权人及时行使质权,因质权人怠于行使权利造成损害的,由质权人承担赔偿责任。

(4)返还质物请求权。债务履行期届满,债务人履行债务的,或者出质人提前清偿所担保的债权的,出质人有权要求质权人返还质物。

(四)动产质权的实现和消灭

1. 动产质权的实现

(1)动产质权的实现条件

动产质权的实现,必须满足下列条件:

第一,债务履行期限届满,质权人的债权非因自己的原因而未受完全清偿,或发生当事人约定的实现质权的情形。

质权人非因自己的原因而未受完全清偿,是指债务人正常履行清偿债务的义务时,质权人负有配合的义务,如果质权人无正当理由导致债务人不能清偿其债权时,质权人不得实现质权。例如,债务人按照正常程序清偿债务或第三人自愿代替债务人按照正常程序清偿债务,而质权人无正当理由加以拒绝时,质权人不得实现质权。

另外,根据《物权法》的规定,如果发生当事人约定的实现质权的情形,质权人也可以实现质权。这是《物权法》第170条新增的担保物权的实现条件,体现了对担保当事人意思自治的尊重。

第二,质权人占有质物。

质权以占有质物为要件,没有占有就没有质权。因此,质权的实现也以质权人占有质物为条件。质权人丧失质物的占有,也就丧失了实现质权的可能。

(2)动产质权的实现方式

《物权法》第219条第2款规定:"债务人不履行到期债务或者发生当事人约定的实现质权的情形,质权人可以与出质人协议以质押财产折价,也可以就拍卖、变卖质押财产所得的价款优先受偿。"因此,与抵押权一样,动产质权实现的方法也是折价、拍卖或变卖;与抵押权不同的是,由于质权人已经占有了质物,因此有权自行或委托他人将质物拍卖、变卖,而无须请求法院拍卖、变卖。以折价或变卖方式处分质物时,应当参照市场价格。

所得价款清偿完债权后,若有余额,质权人应将余额返还给债务人;若无法返还,则应将其提存,提存费用由债务人负担。所得价款若不足以完全清偿债权,则剩余的债权部分变为普通债权,债权人仍可向债务人要求清偿。

2. 动产质权的消灭

作为一种担保物权,动产质权可因担保物权的一般消灭原因而消灭,如主债权消灭、担保物权实现、债权人放弃担保物权、担保标的灭失、担保物权合同的无效等。但质押权也有特殊的消灭原因:质权因质权人丧失对质押财产的占有而消灭。如上文所述,质权为占有担保物权,质权人占有质物是质权成立和实现的要件。质权人丧失了对质物的占有,质权即告消灭。

需要注意的是,如果质权人虽然失去对质物的占有,但是可以向第三人请求返还的,质权仍然可以存在。根据《担保法解释》第87条第2款的规定,因不可归责于质权人的事由而丧失对质物的占有,质权人可以向不当占有人请求停止侵害、恢复原状、返还质物,其质权并不消灭。当然,此时存在一个例外:在质物已被他人依善意取得规则取得了质物所有权时,为了保护善意第三人的合法利益,质物上存在的质权不复存在。

三、权利质权

(一)权利质权的概念和特征

1. 权利质权的概念

权利质权,就是以财产权利为标的的质权。具体而言,权利质押,是指为担保债务的清偿,债务人或第三人将其除财产所有权以外的可流通的财产权利设定担保,当债务人不履行债务或发生当事人约定的实现质权情形时,债权人有权对该财产权利变价并优先受偿。

2. 权利质权的特征

权利质权和动产质权是我国《物权法》明确规定的两种质权类型,两者并立,共同构成了我国完整的质权制度。和动产质押相比,权利质权具有如下特征:

(1)权利质权的客体是可流通的财产权。权利质权的标的为具有可让与性的无形财产权,而动产质权的标的是可转让的动产,这是权利质权和动产质权最本质的区别。需要注意的是,并非所有的可流通的财产权利都可以成为权利质权的标的。《物权法》第223条以列举的方式对质权的标的作出了限制:"债务人或者第三人有权处分的下列权利可以出质:(一)汇票、支票、本票;(二)债券、存款单;(三)仓单、提单;(四)可以转让的基金份额、股权;(五)可以转让的注册商标专用权、专利权、著作权等知识产权中的财产权;(六)应收账款;(七)法律、行政法规规定可以出质的其他财产权利。"

(2)权利质权以移转权利凭证的占有或履行登记作为公示方法。动产质权以转移标的物的实际占有为公示方法,而权利质权则以转移权利凭证的占有或履行登记作为公示方法,例如,以票据和债券出质的,交付权利凭证为成立要件,背书"质押"字样为对抗要件,以基金份额、股权、知识产权、应收账款出质的,以登记为成立要件和对抗要件。因此,动产质权的公示方法是外在的、有形的,相对而言,权利质权的公示方法则是观念的、抽象的。

(二)权利质权的设定和效力

根据《物权法》的规定,权利质权的设定和抵押权、动产质权的设定一样,都应当订立书面质押合同。

动产质权以有形的动产为标的,可通过外在的、有形的占有方式进行公示,相对而言,权利质权以无形的财产权为标的,无法像动产那样以外在的、有形的占有方式进行公示,因此,权利质权的公示方式则是观念的、抽象的。具体而言,公示方式依质权标的的不同而有所不同:

1. 以汇票、支票、本票、债券、存款单、仓单、提单出质的,即以有价证券出质的,质权自权利凭证交付质权人时设立。没有权利凭证的,质权自有关部门办理出质登记时设立。其中,根据《担保法司法解释》第98条、第99条的规定,以汇票、支票、本票出质,出质人与质权人没有背书记载"质押"字样时,该质押不得对抗善意第三人;以公司债券出质的,出质人与质权人没有背书记载"质押"字样时,该质押不得对抗公司和第三人。

根据《担保法司法解释》第100条的规定,存款单质押时,除了要背书记载"质押"字样外,还需要提请签发银行核押登记,即由签发银行在存款单底联上记载该存款单已经质押,防止出质人通过挂失,支取已质押的存款。

以仓单、提单质押的,由于仓单、提单是提取一定货物的权利凭证,因此,以仓单、提单出质的,出质人和质权人应当将质押的事实通知仓储人、承运人,否则,该质权不得对抗善意第三人。①

2. 以基金份额、证券登记结算机构登记的股权出质的,质权自证券登记结算机构办理出质登记时设立;以其他股权出质的,质权自工商行政管理部门办理出质登记时设立。

3. 以注册商标专用权、专利权、著作权等知识产权中的财产权出质的,质权自有关主管部门办理出质登记时设立。

---

① 郭明瑞:《担保法》,法律出版社2010年版,第191页。

4. 以应收账款出质的,质权自信贷征信机构办理出质登记时设立。应收账款,在性质上属于一般债权,是指权利人因提供一定的货物、服务或设施而获得的要求义务人付款的权利,既包括现有的债权,也包括将来的债权,但仅限于金钱债权,如公路、桥梁等收费权。[①]

对于有价证券质押而言,实践中容易碰到的问题是有价证券的兑现日期或提货日期与主债权的清偿日期不一致的情形,例如,提单质押中,主债权的清偿日期为 2012 年 7 月 1 日,而提单上载明的提货日期为 2012 年 8 月 8 日。遭遇这些情况时,应按照下列规则处理:(1)有价证券的兑现日期或者提货日期先于主债权到期的,质权人可以兑现或者提货,并与出质人通过协议将兑现的价款或者提取的货物提前清偿债权或者提存;(2)有价证券的兑现日期或者提货日期后于主债权到期的,质权人可以选择将有价证券变价并从中优先受偿,也可选择等到有价证券的兑现日期或者提货日期到来时兑现款项或提取货物,并以所得价款受偿。

对于其他权利质权而言,根据《物权法》第 226 条、第 227 条和第 228 条的规定,基金份额、股权、知识产权中的财产权、应收账款出质后,不得转让,但经出质人与质权人协商同意的除外。出质人转让基金份额、股权所得的价款,应当向质权人提前清偿债务或者提存。

(三)权利质权的实现和消灭

对于权利质权的实现和消灭,我国《物权法》没有作特别规定,只是在第 229 条中规定:"权利质权除适用本节规定外,适用本章第一节动产质权的规定。"因此,权利质权的实现和消灭,除《物权法》另有规定外,应当适用《物权法》关于动产质权的有关规定。

1. 权利质权的实现条件必须满足两个条件:第一,债务履行期限届满,质权人的债权非因自己的原因而未受完全清偿,或发生当事人约定的实现质权的情形。第二,质权人占有质押标的的权利凭证或质权已经登记。

2. 和动产质权一样,权利质权人也可通过折价、拍卖或变卖的方式实现质权。除此以外,权利质权还有其他一些实现方式:(1)兑现,如汇票、本票、支票、存单质押,质权人可通过将这些证券兑现现金的方式来实现债权;(2)使用,如著作权中的财产权、商标权、专利权,质权人可通过收取许可他人使用的使用费来实现债权;(3)转变,如提单、仓单质押,质权人可凭提单、仓单,将货物提取,并将权利质权转变为动产质权,然后以拍卖、变卖货物所得的价款清偿债权;(4)代位,如应收账款质押,质权人可以通过代位向出质权利的义务人行使出质权利的方式实现质权。所得价款清偿完债权后,若有余额,质权人应将余额返还给债务人;若无法返还,则应将其提存,提存费用由债务人负担。所得价款若不足以完全清偿债权,则剩余的债权部分变为普通债权,债权人仍可向债务人要求清偿。

3. 权利质权和动产质权一样,可因担保物权的一般消灭原因而消灭,如主债权消灭、担保物权实现、债权人放弃担保物权、担保标的灭失、担保物权合同的无效等。此外,和动产质权类似,权利质权也有特殊的消灭原因:权利质权以占有权利凭证为要件的,质权因

---

① 国务院法制办公室:《中华人民共和国物权法(实用版)》,中国法制出版社 2007 年版,第 85 页。

可归责于质权人的原因而丧失对权利凭证的占有而消灭。

第四节 留置权

一、留置权概述

（一）留置权的概念

根据《物权法》第 230 条的规定，留置权是指债权人可以留置已经合法占有的债务人的动产，并在债务人不履行到期债务时，就该动产优先受偿的权利。

其中，留置是指占有、扣留他人的财产，而拒绝返还。债权人为留置权人，占有的动产为留置财产。

（二）留置权的特征

留置权和其他的担保物权一样，都是以担保主债权的履行为目的的担保物权，因此，留置权也具有价值性、从属性和不可分性。除此之外，留置权还有以下法律特征：

1. 留置权为法定担保物权。留置权被《物权法》直接规定在"担保物权"编，因此，它是一种担保物权。同时，留置权又是依据法律的直接规定当然产生的，而不是由当事人通过合同的方式设立的。因此，它是一种法定的担保物权。留置权的法定性，是它与抵押权、质权相区别的一个极为显著的标志。

不过，留置权的法定性不是绝对的，当事人在留置权问题上还是有意思自治的空间的。比如，《物权法》第 232 条规定："法律规定或者当事人约定不得留置的动产，不得留置。"

2. 留置权为动产物权。根据《物权法》第 230 条的规定，我国留置权的客体以动产为限，不动产或者财产权利不得成为留置权的标的，人身也不得留置。

3. 留置权为占有担保物权。担保物权可分为占有担保物权与非占有担保物权，留置权与动产质权一样，都是占有担保物权，以占有标的物为成立和存续的要件。同时，留置权是一种占有性的留置，而不是收益性的留置，即留置权人不能通过出租等方式取得留置物的收益并就该收益优先受偿权。

4. 留置权的实现必须经过两次行为才能实现，因此，是具有"双重效力"的担保物权：第一重效力是留置，债权人在债务人若不履行到期债务时有权拒绝将已合法占有的债务人的动产返还给债务人，对债务人形成心理上的压力，迫使其清偿债务，这是留置本身的效力；第二重效力是留置权的实现，即就留置物进行变价并以所得价款优先受偿。优先受偿是担保物权共同的效力，但留置权人的优先受偿权与抵押权人、质权人的优先受偿权的显著差异在于留置权人留置债务人的财产后，不能立即行使优先受偿权，而是应给予债务人一个履行债务的宽限期，宽限期届满后，债务人仍不履行债务或另行提供担保的，留置权人才能将留置财产变价，并从中优先受偿。

二、留置权的成立

作为一种法定的担保物权,留置权的成立必须满足法律规定的条件。我国《物权法》第230条至第233条从积极要件和消极要件两个方面对留置权的成立作出了规定。

(一)积极要件

所谓留置权成立的积极要件,是指成立留置权必须具备的法定要件。具体如下:

1. 债权人已经合法占有了债务人的动产

(1)留置权是以担保主债权的履行为目的的担保物权,因此,其主体必须是债权人。

(2)留置权的客体是动产,而且,根据《物权法》第230条的规定,该动产必须是债务人的动产,即只有占有债务人的动产的债权人才可以成为留置权人。然而,"债务人的动产"是否仅限于债务人所有的动产呢?通说认为,"债务人的动产"应解释为债务人交付给债权人占有的动产,而不是专指债务人所有的动产,因此,留置权的客体可以是债务人交付的第三人的动产。①

此外,作为留置权的客体的动产,是否必须具有可流通性?身份证、毕业证、驾驶证等不可流通物之上可否成立留置权?对此,有学者认为,不可流通之物不能成为留置权的标的,因为留置权是留置权人享有留置财产并从所得价款中优先受偿的权利而不可流通物无法变价;有学者认为,既然法律无明文规定可留置之物必须为流通物,对无让与性的财产就可以成立留置权。本书认为,由于留置权是一种担保物权,具有价值性特征,同时,从《物权法》对留置权的定义、成立要件和实现方式的规定来看,不可流通物不可成为留置权的客体。②

(3)债权人对于债务人的动产的占有,必须是合法占有。以非法方式,如侵权等方式占有他人财产的,在该财产之上不能成立留置权。

2. 债务人不履行到期债务

如果债务尚未届期,就无法确定债务人在债务届期时是否会不履行债务,此时,就赋予债权人行使留置权的权利,自无必要。而债务届期后,如债务人履行债务,则债务消灭,自然也没有必要允许债权人行使留置权了。因此,只有在债务人不履行到期债务的情况下,债权人才能行使留置权。

3. 留置的动产应当与债权属于同一法律关系

如果债权人可以任意留置债务人的任何财产,对债务人而言未免过于苛刻,还可能危害到债务人的其他债权人的利益,不利于当事人控制交易风险。因此,我国《物权法》第231条规定占有的动产必须和债权属于同一法律关系,但企业之间留置的除外。对此,可作如下理解:

(1)债权人对动产的占有必须和债权属于同一法律关系,换言之,债权人对动产的占

---

① 郭明瑞:《担保法》,法律出版社2010年版,第218页。
② Zeng Rongxin, Étude comparée des sûretés réelles en droit français et en droit chinois, Thèse de doctorat à l'Université Panthéon-Assas (PARIS II), 2010, p. 127.

有和债权人所享有的债权属于同一民事法律关系的内容。反之,如果债权人对动产的占有与债权分别属于不同的法律关系,则不得成立留置权。

> [案例](1)甲将自己的汽车交由乙维修,维修费约定为2000元,当甲拒不支付维修费时,请问:乙是否有权行使留置权?
>
> (2)甲将自己的汽车交由乙维修,维修费约定为2000元。汽车修理好之后,甲支付了维修费。但甲对乙另欠一笔数额为2000元的货款,请问:乙是否有权留置汽车以迫使甲清偿2000元货款?
>
> [解答](1)乙有权留置汽车以迫使甲清偿2000元维修费。因为"乙对汽车的占有"与"乙所享有的维修费支付请求权"都是甲、乙之间维修合同的内容,属于同一法律关系。
>
> (2)乙无权留置汽车以迫使甲清偿2000元货款,因为"乙对汽车的占有"是保管合同的内容,而"乙享有的货款债权"是买卖合同的内容。

(2)债权人占有动产的原因必须和债权的发生原因属于同一法律关系。① 仍以上面的汽车维修为例,债权人乙占有汽车是因为维修合同,而作为债权的维修费的发生也是因为维修合同,因此,债权人占有动产的原因和债权的发生原因属于同一法律关系。

(3)同一法律关系不以合同关系为限,《物权法》改变了《担保法》将留置权的适用范围限定为保管、运输、承揽等有限的几种合同关系的做法,合同、无因管理、不当得利、侵权行为等法律关系都可以成立留置权。

(4)作为留置权的例外,企业之间的留置无须牵连关系。《物权法》对企业之间的留置进行了特殊处理,发生在企业之间的留置不以"同一法律关系"为要件,即便债权人占有的动产与债权不属于同一法律关系,也不妨碍留置权的成立。例如,甲公司承租了乙公司的一套机器设备,而乙公司曾有一笔货款未向甲公司支付,尽管甲对机器设备的占有(租赁关系的内容)与其所享有的货款支付请求权(买卖关系的内容)不属于同一法律关系,甲依然有权留置该机器设备,以促使乙公司支付货款。

(二)消极要件

在发生下列情形之一时,即使符合上述的积极条件,债权人也不能行使留置权。这些情形就是留置权成立的消极要件,即成立留置权应受到的法律限制。

1. 留置不得违反当事人的约定,即当事人可以通过约定排除或限制留置权的适用。《物权法》第232条规定:"法律规定或者当事人约定不得留置的动产,不得留置。"

2. 如留置物为可分物,则留置不得超过与未获清偿的债权相应的比例。《物权法》第233条规定:"留置财产为可分物的,留置财产的价值应当相当于债务的金额。"

3. 留置不得违反法律的规定或公序良俗。例如,殡仪馆或医院不得因收取医疗费或服务费而留置遗体或骨灰;在抗震救灾之时,不得为了收取运费而留置救灾物资;残疾人

---

① 王利明:《物权法论》,中国政法大学出版社2008年版,第436页。

使用的辅助器材,如假肢等,原则上也不得成为留置权的标的。

三、留置权的效力

(一)留置权效力的范围

1. 留置权担保的债权的范围

《物权法》第173条规定:"担保物权的担保范围包括主债权及其利息、违约金、损害赔偿金、保管担保财产和实现担保物权的费用。"因此,留置权所担保的债权的范围包括主债权、利息、违约金、损害赔偿金、保管留置财产的费用和实现留置权的费用。

2. 留置权的效力及于标的物的范围

通说认为,留置权及于标的物的范围包括主物、从物、孳息和留置物的代位物。

(1)主物。主物是留置权成立时债权人合法占有的债务人的动产,留置权自然及于主物。当主物为不可分物时,债权人有权留置占有的全部财产;主物为可分物时,债权人只有权留置相当于未获清偿的债权数额的动产。

(2)从物。由于留置权的成立以占有标的物为要件,因此,只有在从物也为债权人占有的情况下,留置权才及于从物。

(3)孳息。对于留置财产的孳息,《物权法》第235条规定:"留置权人有权收取留置财产的孳息。"因此,留置财产所产生的孳息,为留置权的效力所及。

(4)代位物。根据《物权法》第174条的规定,物上代位性是担保物权共有的特征,因此,作为担保物权的一种类型,留置权也具有无上代位性。换言之,在留置的动产因毁损、灭失或者被征收等而获得保险金、赔偿金或者补偿金等情况下,留置权人可以对上述保险金、赔偿金或者补偿金行使留置权。

(二)留置权对留置权人的效力

留置权人一方面具有留置标的物、收取留置物孳息的权利和变价处分并优先受偿的权利,另一方面,也必须承担一定的义务。

1. 留置权人的权利

(1)留置标的物的权利

在债权到期未受清偿时,留置权人有权占有留置财产,拒绝债务人返还留置财产的请求,直到债权获得完全清偿。这就是留置权的留置效力,也是留置权的第一重效力,目的是给债务人施加心理压力,迫使其清偿债务。但是,由于留置权为价值权,若无法律特别规定或当事人特别约定,留置权人不得对留置财产进行使用、收益或处分。

(2)孳息收取权

由于留置权人占有标的物,由留置权人收取标的物的孳息更为方便,也是合情合理的事。因此,《物权法》第235条规定:"留置权人有权收取留置财产的孳息。"但是,由于债务人仍是留置财产的所有人,因此,孳息的所有权仍归债务人。债权人取得的,是对孳息的留置权。因此,孳息在收取之后,应当先充抵收取孳息的费用,然后冲抵主债权的利息,最后冲抵主债权。

(3)优先受偿权

优先受偿权是担保物权共同的效力和核心效力,指的是担保物权人将担保财产变价处分,并从所得价款中优先得到清偿的权利。

留置权人虽然享有留置标的物的权利以迫使债务人履行债务的权利,但在债务人仍拒不履行时,其债权仍然无法得到清偿。此时,留置权人就有必要行使优先受偿权,实现留置权,这就是留置权的第二重效力,也是留置权的终极效力。只有在留置权成立后经过一定的期限并具备一定的条件时,才能实现留置权。

2. 留置权人的义务

(1)保管义务

与动产质权人类似,留置权人负有妥善保管留置物的义务,因保管不善致使留置财产毁损、灭失的,应当承担赔偿责任。

(2)及时行使留置权的义务

《物权法》第237条规定:"债务人可以请求留置权人在债务履行期届满后行使留置权;留置权人不行使的,债务人可以请求人民法院拍卖、变卖留置财产。"

(3)返还留置物的义务

当留置权担保的主债权因得到完全清偿而消灭或因其他原因消灭时,留置权人负有返还留置物给债务人的义务。

四、留置权的实现和消灭

(一)留置权的实现

留置权的实现,是指留置权的第二重效力的实现,即留置权人对留置物进行变价处分,并以所得价款优先受偿。

1. 留置权的实现条件

留置权的实现须具备如下几个条件:

(1)留置权人持续合法地占有债务人的动产

留置权是一种以占有标的物为构成要件的法定担保物权,因此,留置权人持续合法地占有标的物,是留置权实现的前提条件。

(2)债务人经催告后在宽限期内仍未履行债务

留置权是二次效力的担保物权,债务人不履行到期债务,债权人可留置债务人的动产,也即拒绝将该动产返还给债务人,但不得立即对留置财产进行变价受偿,而是应给予债务人一个履行债务的宽限期,债务人逾期仍然未履行债务的,留置权人方可以实现留置权。换言之,在宽限期内,留置权人只能留置标的物,宽限期届满,留置权人才可以就标的物优先受偿。《物权法》第236条规定:"留置权人与债务人应当约定留置财产后的债务履行期间;没有约定或者约定不明确的,留置权人应当给债务人两个月以上履行债务的期间,但鲜活易腐等不易保管的动产除外……"根据该条的规定,确定宽限期应遵循下列规则:

首先,宽限期可由留置权人与债务人自行协商确定。协商确定宽限期既可以在留置权成立前约定,也可在留置权成立后约定;约定的宽限期既可以长,也可以短,甚至短到零,即双方约定债务人完全放弃期限利益,一旦债务人不履行到期债务,留置权人即可实现留置权。约定宽限期后,若债权在宽限期届满时仍未得到清偿,则留置权人可直接实现留置权,无须另行通知债务人。

其次,当事人对宽限期没有约定或约定不明时,留置权人可自行确定不少于2个月的宽限期,少于2个月的,应延长为2个月。留置权人确定宽限期后,应当催告债务人在该期限内履行债务,宽限期自债务人接到催告通知之日起算。因债务人下落不明等原因致使留置权人无法作出催告通知的,留置权人可以免去催告义务,但须在留置财产后2个月内未得到清偿的情况下,才可实现留置权。

最后,对于鲜活易腐等不易保管的动产(如水果或活鱼活虾等水产品),债权人有权而且应当及时对标的物进行变价处分,以免损害债权人、债务人双方的利益。

宽限期届满后,留置权人有权将留置财产进行变价处分,并从中优先受偿。留置权人在宽限期届满前处分留置物的行为,属于无权处分行为,应承担相应的民事责任。

2. 留置权的实现方式

根据《物权法》第236条、第237条和第238条的规定,在宽限期届满后债务人仍未履行债务的,留置权人可以和债务人协议以留置财产折价,即以协商确定的留置财产的价格抵消债权,留置权人取得留置财产的所有权。

留置权人也可以和债务人协议将留置财产拍卖、变卖;若无法达成协议,留置权人有权参照市场价格,将留置财产拍卖或变卖,并以所得的价款优先受偿。

所得价款清偿完债权后,若有余额,留置权人应将余额返还给债务人;若无法返还,则应将其提存,提存费用由债务人负担。所得价款若不足以完全清偿债权,则剩余的债权部分变为普通债权,债权人仍可向债务人要求清偿。

(二)留置权的消灭

留置权是一种担保物权,因而担保物权的一般消灭原因,如主债权消灭、担保物权实现、债权人放弃担保物权、担保标的灭失等,都是留置权的消灭原因。但留置权也有特殊的消灭原因,《物权法》第240条规定:"留置权人对留置财产丧失占有或者留置权人接受债务人另行提供担保的,留置权消灭。"

1. 留置权因留置权人丧失对留置财产的占有而消灭。如上文所述,留置权为占有担保物权,留置权人持续合法地占有债务人的动产是留置权成立和实现的要件。留置权人如丧失了对留置财产的占有,留置权即告消灭。

2. 留置权因留置权人接受债务人另行提供担保而消灭。该消灭原因实际上包含了两个要件:(1)债务人另行提供担保,该担保既可以是人的担保,也可以是物的担保;(2)留置权人接受该担保,债务人另行提供担保而债务人不接受时,留置权不会消灭。第二个要件实际上把消灭留置权的决定权赋予了留置权人。通说认为,为了防止留置权人滥用权利,只要债务人另行提供的担保与留置权人的债权相当,则留置权人有接受该担保的义务,否则构成权利滥用。

【思考题】

1. 担保物权有哪些特征？
2. 简述抵押权的顺位处分。
3. 债权届期后抵押权的效力有哪些？
4. 简述动产质权的效力。
5. 试分析权利质权的设定和效力。
6. 简述留置权的成立要件和效力。
7. 简述留置权的实现条件。

【司法考试真题链接】

1. 甲公司开发写字楼一幢，于2008年5月5日将其中一层卖给乙公司，约定半年后交房，乙公司于2008年5月6日申请办理了预告登记。2008年6月2日甲公司因资金周转困难，在乙公司不知情的情况下，以该层楼向银行抵押借款并登记。现因甲公司不能清偿欠款，银行要求实现抵押权。下列哪一判断是正确的？（2009年）

   A. 抵押合同有效，抵押权设立
   B. 抵押合同无效，但抵押权设立
   C. 抵押合同有效，但抵押权不设立
   D. 抵押合同无效，抵押权不设立

2. 某房屋登记簿上所有权人为甲，但乙认为该房屋应当归己所有，遂申请仲裁。仲裁裁决争议房屋归乙所有，但裁决书生效后甲、乙未办理变更登记手续。一个月后，乙将该房屋抵押给丙银行，签订了书面合同，但未办理抵押登记。对此，下列哪些说法是正确的？（2010年）

   A. 房屋应归甲所有
   B. 房屋应归乙所有
   C. 抵押合同有效
   D. 抵押权未成立

3. 甲公司向乙银行贷款1000万元，约定2005年12月2日一次性还本付息。丙公司以自己的一栋房屋作抵押。甲到期没有清偿债务，乙银行每个月都向其催收，均无效果，最后一次催收的时间是2007年3月6日。乙银行在下列哪一时间前行使抵押权，才能得到法院的保护？（2007年）

   A. 2007年12月2日
   B. 2009年12月2日
   C. 2009年3月6日
   D. 2011年3月6日

4. 甲公司向某银行贷款100万元，乙公司以其所有的一栋房屋作抵押担保，并完成了抵押登记。现乙公司拟将房屋出售给丙公司，通知了银行并向丙公司告知了该房屋已经抵押的事实。乙、丙订立书面买卖合同后到房屋管理部门办理过户手续。下列哪些说法是正确的？（2010年）

   A. 不论银行是否同意转让，房屋管理部门应当准予过户，但银行仍然对该房屋享有

抵押权

B. 如丙公司代为清偿了甲公司的银行债务,则不论银行是否同意转让,房屋管理部门均应当准予过户

C. 如丙公司向银行承诺代为清偿甲公司的银行债务,则不论银行是否同意转让,房屋管理部门均应当准予过户

D. 如甲公司清偿了银行债务,则不论银行是否同意,房屋管理部门均应当准予过户

5. 某农村养殖户为扩大规模向银行借款,欲以其财产设立集合动产抵押。对此,下列哪些表述是正确的?（2010年）

A. 该养殖户可将存栏的养殖物作为抵押财产

B. 抵押登记机关为抵押财产所在地的工商部门

C. 抵押登记可对抗任何善意第三人

D. 如借款到期未还,抵押财产自借款到期时确定

6. 根据《物权法》的规定,下列哪一类权利不能设定权利质权?（2009年）

A. 专利权　　　　　　　　　　B. 应收账款债权

C. 可以转让的股权　　　　　　D. 房屋所有权

7. 甲为乙的债权人,乙将其电动车出质于甲。现甲为了向丙借款,未经乙同意将电动车出质于丙,丙不知此车为乙所有。下列哪些选项是正确的?（2008年）

A. 丙因善意取得而享有质权

B. 因未经乙的同意丙不能取得质权

C. 甲对电动车的毁损、灭失应向乙承担赔偿责任

D. 对电动车毁损、灭失,乙可向丙索赔

8. 辽东公司欠辽西公司货款200万元,辽西公司与辽中公司签订了一份价款为150万元的电脑买卖合同,合同签订后,辽中公司指示辽西公司将该合同项下的电脑交付给辽东公司。因辽东公司届期未清偿所欠货款,故辽西公司将该批电脑扣留。关于辽西公司的行为,下列哪一选项是正确的?（2010年）

A. 属于行使抵押权　　　　　　B. 属于行使动产质权

C. 属于行使留置权　　　　　　D. 属于自助行为

第八章 占有

【引例】

某法院在一起民事纠纷案件执行过程中,根据申请执行人的申请,依法查封了置放在被执行人某胶带厂的透明胶带膜28卷、Bopp半成品147卷。案外人某科技发展(北京)有限公司(以下简称某公司)提出书面异议,并向法院递交了和某胶带厂签订的《委托加工协议书》、某公司购买一批原料和辅料的购销合同、某胶带厂出具的上述财产所有权归属于某公司的书面陈述,认为上述被查封的物品系由其提供原料和辅料委托某胶带厂加工制造而成的胶带半成品,依照其和某胶带厂的加工协议,上述财产所有权属于某公司。故某公司请求法院解除对上述案外人财产的查封。第一种意见认为,应该解除对上述物品的查封。根据案外人某公司的异议材料,可以认定上述财产所有权属于某公司,依法应该解除对上述财产的查封。第二种意见认为,不应该解除对上述物品的查封。因为在无法律明文规定排除,以及没有相反证据证明的情况下,动产的所有权应当推定为占有人所有。

本案中,由于法院查封的28卷透明胶带膜、147卷Bopp半成品并没有权属登记证明书可用以证明其所有权归属,而案外人某公司所提供的购买一批原料和辅料的购销合同、《委托加工协议书》以及胶带厂出具的上述财产所有权陈述,显然不足以证明法院查封的上述财产是其提供的那一批原辅料及其加工而成的财产。因此,根据占有的权利推定效力,其所有权应当推定为占有人即本案被执行人胶带厂所有。所以法院对此财产的查封符合法律规定,不应解除查封。

第一节 占有概述

一、占有的概念与特征

占有是指对物在事实上的管领、控制。占有的标的以物为限,因而其他财产性权利上不能成立占有。占有究竟为一种事实还是一种权利,学说见解与各国立法并不一致,日本民法认为占有亦是一种权利,为占有权。我国通说认为占有为一种事实。占有的主要特征有:

第一,占有以物为客体。占有为一种事实,体现为人对物的现实的控制、管领状态,因而其客体只能是物。至于除物以外的其他客体如知识产权、债权等财产性权利客体,因此类客体要么是以登记为控制要件,要么只能发生在相对人之间,因而不能对此类客体进行事实上的占领或控制状态,不能成立占有。

物的一部分或构成部分,虽不能为物权的客体,但由于占有是事实而非权利,因而亦可为占有的客体。

第二,占有为事实上的管领或控制状态。占有为人对物的支配关系,这种支配关系表现为人对物的事实管领、控制。首先,这种管领或控制是客观现实的,亦即占有人的支配力是及于标的物的,标的物处于占有人的作用力范围之内,如使用手机打电话的人对手机的占有;其次,这种支配状态还表现为具有一定的稳定性,能够为他人所知悉,如置于出租房内的家具一般被认为承租人对其具有占有关系,而出租车内系于身上的安全带则不能认为是乘车人对安全带具有占有关系;最后,占有的支配内容为人对物的管领、控制。尽管学说上对此管领、控制的支配力有不同见解,[①]但此处的管领、控制应具有一定的外观性,能够为他人所知悉。

第三,占有为一种法律所保护的事实。占有为事实抑或权利,学者见解不一。权利说者认为,占有既然为法律所保护的一种利益,根据权利的利益说理论,占有当然为权利。事实说者认为,占有仅为一种事实状态,为人对物事实上的管领、控制的事实,而非权利。我国民法通说采事实说。

二、占有与相关概念辨析

(一)占有与持有

占有作为一种事实,与持有的区别并不明显。两者的区别反映在对标的物是否有管领、控制的事实,有则为占有,否则为持有。主要区别有:(1)占有得为间接占有,持有则否;(2)占有物上行使权利者,可推定为合法权利存在,持有则否;(3)占有得为民法上的移转、继承,持有则否;(4)违禁物如毒品虽不得为占有的标的物,但可为持有的标的物;(5)占有辅助人对占有物不得为占有,但可以为持有。

(二)占有与所有

从所有权的产生和内容来看,占有常为取得所有的前提条件,如先占;占有人对标的物的占有常推定为所有,如路上的骑车人通常被认为是车的所有者。占有与所有权的占有权能的联系为占有是所有权的占有权能表象,但占有权能是指权利主体对其财产实际掌握、控制的权能,在所有权权能中,行使占有权能往往是行使使用、收益及处分权能的前提。占有与占有权能的主要区别有:(1)占有为一种事实,而占有权能为所有权的一项权能;(2)占有需依法推定合法权利存在,占有权能本身即为所有权的一部分;(3)占有依管领、控制事实外观而存在,占有权能依所有权的存在而存在;(4)占有的保护主要为占有保护请求权之诉,占有权能的保护为所有权请求权之诉,占有的排他效力弱于占有权能的排

[①] 主要包括三种学说:(1)主观说,认为以所有、支配或自己的意思对物进行管领、控制即为对物的支配(占有);(2)客观说,认为依意思发生的对物的持有为对物的支配(占有);(3)纯客观说,认为不以任何意思为内容的单纯的事实支配为占有。马俊驹、余延满:《民法原论》,法律出版社2010年第4版,第478页。

他效力。

(三) 占有与占有权

占有权是指占有某物的权利,是法律对于占有人事实上管领、控制某物的现状给予保护而产生的法律效力。因此,占有事实为占有权的原因与内容,占有事实的存在与否,决定了占有权的得失。占有人可能不是占有权人,但占有权人必须是占有人。

占有权为一项独立存在的权利,不是一种占有事实,也不是基于本权产生的占有。

第二节 占有的分类

一、有权占有与无权占有

这是以占有是否有本权存在所作的分类。

有权占有,又称合法占有、有权源占有,是指基于法律行为或法律的规定等合法原因或根据而取得的占有,如汽车所有人在大街上驾驶汽车。该合法原因或根据称为本权或权源,如所有权、他物权,以及债权或人身权。无权占有,又称非法占有、无权源占有,是指非基于合法的原因或根据而取得的占有,如盗窃人对盗赃物的占有。

两者区分的意义在于:(1)法律给予两种占有的保护不同。物权占有只能基于占有的现实得受占有制度的保护,而有权占有还可基于本权如所有权等得以保护。(2)有权占有的效力优先于无权占有,如遗失物所有权人可向拾得遗失物人主张遗失物返还请求权。

二、自主占有与他主占有

这是以占有人是否依所有的意思占有所作的分类。

自主占有,是指占有人基于对占有物所有的内心意思对物的占有,如房产所有者居住在自己的房屋内。他主占有,是指占有人对占有物以非所有的意思的占有,如保管人对他人寄存物的保管和管理。但自主占有与他主占有在一定条件下可以互相转化,如房屋所有权人已将房屋卖给他人并继续租住于该房屋内,或自行车借用人买下出借人的自行车继续供上下班使用。

两者区分的意义在于:(1)时效取得或先占取得所有权均需以自主占有为要件,他主占有不发生时效取得或先占取得;(2)因不可归责原因导致占有物损害或灭失时,他主占有人应付负赔偿责任,自主占有人则通常不用赔偿。

三、直接占有与间接占有

这是以占有人是否直接管领、控制占有物所作的分类。

直接占有,是指占有人对占有物事实上的管领、控制的占有,如承租人对租赁物的占有。间接占有,是指占有人并不对占有物有事实的管领和控制,但对于直接占有人依法享有占有物返还请求权,如借用人对出借物的占有。

两者区分的意义在于:(1)直接占有与间接占有是相辅相成的,两者缺一不可;(2)间接占有人往往要借助于直接占有人来取得对占有物实际上的管领、控制,以实现对占有物的利用。

四、单独占有与共同占有

这是以某一物的占有人人数为标准所作的分类。

单独占有,是指某一物的占有人为一人的占有,如甲个人购买一台电脑供自己学习使用。共同占有,是指某一物的占有人为数人的占有。共同占有又可分为简单的共同占有与统一的共同占有。前者是指每一个共同占有人均可以对占有物实施支配的占有,如供在校学生使用的学校篮球场、足球场等体育设施。后者是指数个共同占有人只能以共同行为的方式来实现对占有物的占有,如甲、乙两人共存一笔钱于保险柜,甲掌握钥匙,乙掌握密码,需两人同时行动才能取到钱。

两者区分的意义在于:单独占有人可以独自对占有物为合法的处分和保护行为;共同占有人对占有物处分需共同的意思才有意义,否则该行为无效,如某一占有人私自出让共同占有物于他人,但任何一个共同占有人对占有物的保护行为均有效,如在共同占有物被他人妨害时,某一共同占有人请求侵权人排除妨害。

五、善意占有与恶意占有

这是以无权占有人对于其占有主观上是否存有恶意对无权占有所作的进一步分类。

善意占有,是指占有人不知道也不应当知道自己对占有物的占有为无权占有从而误信为有权占有的占有,如游泳者不小心将他人同一款式的游泳镜拿回家。恶意占有,是指占有人知道或应当知道自己为无权占有的占有。如自习者将他人置放于教室的复习资料拿回寝室。无权占有如无相反证明,推定为善意占有。

两者区分的意义在于:(1)取得时效期间不同,在取得时效期间不同的国家或地区,恶意占有人的取得时效期间要长于善意占有人。(2)善意取得是否成立不同。善意占有为善意取得的要件之一,恶意占有不适用于善意取得。(3)占有物孳息返还的不同。在请求返还占有物时,恶意占有人不能取得占有物的孳息,善意占有人则无须返还孳息。但我国《物权法》第243条对此未作区分。(4)赔偿责任承担的不同。在本权人请求返还占有物时,恶意占有人应承担擅自使用占有物的损害赔偿责任,善意占有人则无须承担非因自己过错使用占有物的损害赔偿责任。根据《物权法》第242条的规定,占有人因使用占有的不动产或者动产,致使该不动产或者动产受到损害的,恶意占有人应当承担赔偿责任。(5)费用求偿权的不同。在请求返还占有物时,善意占有人有权主张返还有益费用,恶意占有人一般不能主张有益费用,如根据添附的基本理论,添附人不得请求返还对他人之物因恶意添附所支出的费用。我国《物权法》对此未作规定。应注意的是,我国《物权法》第243条规定,不动产或者动产被占有人占有的,权利人应当支付善意占有人因维护该不动产或者动产支出的必要费用。亦即我国法律仅承认善意占有人的必要费用求偿权,对恶意占有人的必要费用求偿权未作规定。本书以为,依据无因管理的基本理论,善意占有人和恶意占有人均有权请求返还因维护或管理占有物所支出的必要费用。(6)占有物风险承担的不同。根据《物权法》第244条的规定,占有的不动产或者动产毁损、灭失,该不动产或者动产的权利人请求赔偿的,占有人应当将因毁损、灭失取得的保险金、赔偿金或者补偿金等返还给权利人;权利人的损害未得到足够弥补的,恶意占有人还应当赔偿损失。亦即在占有期间,权利人的占有物风险损失未得到全部赔偿时,恶意占有人必须予以赔偿,善意占有人则无须赔偿。

> [案例]简某和李某系好友,2007年6月,简某出国,将其所有的一辆小轿车无偿借给李某使用。2007年10月,李某死亡,其子小李不知车辆为简某所有,遂作为遗产继承,并作日常之用。2008年3月,简某回国,要小李归还车辆,小李拒绝归还,在简某出示了车辆为其所有的相关证件后,小李才返还。因借用时间较长,且保养不好,车辆磨损严重,相关部件必须更换才能使用。简某要求小李赔偿车辆磨损费用及更换相关部件的费用,小李拒绝,双方遂起争议。问:简某的要求是否合法?
>
> [解答]小李不应赔偿。小李作为车辆的善意占有人,对占有物在使用过程中形成的损害,依法不应承担赔偿责任。

六、自己占有与辅助占有

这是以占有人是否亲自占有所作的分类。

自己占有,是指占有人亲自对占有物为事实上的管领、控制的占有,如甲骑着借来的自行车上学。辅助占有,是指基于特定的关系,根据他人的指示或要求对占有物为事实上的管领、控制的占有,如乙帮忙将甲的教材带到上课的教室。

两者区分的意义在于:辅助占有从属于自己占有,不可单独存在。自己占有则可独立存在。

除以上分类外,还可以根据不同的标准将占有分为继续占有与不继续占有;公然占有与隐秘占有;和平占有与非和平占有;瑕疵占有与无瑕疵占有等。

第三节 占有的取得与消灭

一、占有的取得

占有的取得分为原始取得和继受取得。前者如对无主物、遗失物的先占;后者如通过让与、继承等取得他人移转的占有。

(一)原始取得

占有的原始取得,是指非基于他人在先的占有而取得占有。典型的为对无主物的先占为占有的原始取得。占有的原始取得首先是该占有物应处于无人占有的状态;其次,占有乃为取得的一种事实状态,因此占有的原始取得对占有人应无民事行为能力的要求,也无意思表示的要求,只要其外观上为他人所知悉,即为占有;最后,原始取得的占有一般为直接占有,但并不排除间接占有,如店主指示店员拾起地上的某无主物带回家。

(二) 继受取得

占有的继受取得,是指占有人给予他人的占有的移转取得的占有。包括继承、让与等。占有的继受取得又可分为占有的创设取得与占有的移转取得。

占有的创设取得,是指在他人既存占有的基础上新创设占有,如所有权人将自己的物品借给他人使用。占有的移转取得,是指在通过某种民事事实或行为取得他人既存的占有,如无权占有人将他人所有物予以返还。

占有的继受取得的主要原因有占有的移转和占有的继承。

1. 占有的移转

占有的移转,又称占有的让与,是指占有人通过法律行为将自己对占有物的占有转移给受让人,由受让人取得占有物的占有。因此,占有的移转需具备民事法律行为的一般要件:双方当事人、移转占有的意思表示和占有物的交付。

2. 占有的继承

占有的继承,是指因被继承人死亡的事实,占有人依法取得对被继承人的占有物的占有。因此,占有的继承自被继承人死亡时起有占有人取得占有。占有人得就自己的占有与被继承人的占有合并,如甲继承自己一直使用的去世父亲乙的汽车,并继续使用。

二、占有的消灭

占有因其是一种管领、控制的事实,因此,凡占有人对于占有物的事实管领、控制力的消灭,占有亦当然消灭。但此处所谓的事实消灭应以一般的社会观念来判断,偶然的或一时的管领、控制事实的丧失,占有并不必然消灭。如占有物被他人非法抢夺,后马上被追回。至于对占有物占有事实丧失的原因为法律事实抑或是法律行为,均在所不问。

占有的移转并不消灭对物占有的事实状态,占有物于事实上不复存在,占有当然地绝对消灭,如甲将山上采摘的野果予以充饥,对野果的占有就不复存在。

第四节 占有的效力与保护

一、占有的效力

占有的效力,是指法律赋予占有事实的一定的法律效力,主要包括权利推定的效力、善意取得的效力、取得时效的效力,以及占有人在向占有物权利人返还占有物时产生的权利和义务等。本书仅探讨占有的权利推定效力和占有人的权利和义务。

(一) 权利推定的效力

占有的权利推定,是指占有人依自己的意思在占有物上行使的权利,如无相反证明,则可推定为占有人拥有该行使的权利。占有权利推定的效力的理由如下:

首先,日常生活中任何人对占有物行使权利,通常均以合法权利的存在为前提,而以无合法权利的存在为例外,因此在占有物上行使权利人绝大多数即相应的权利人;

其次，占有人在占有物上行使权利的事实，在他人未作反对表示的情况下，为维护社会秩序的稳定，避免滋生纷争和讼累，应推定行使权利的占有人对占有物有相应的权利；

再次，占有人在占有物上行使合法权利的外观具有公示的效果，该公示因为第三人所知悉具有相当的公信力，为保护交易中的第三人，应推定占有物上行使权利的占有人对占有物有该相应权利。

占有权利推定的范围，以占有人在占有物上所行使权利内容的意思表示推定其有相应的合法权利，如以所有的意思于占有物上行使权利者，推定其对该占有物拥有所有权，在他人土地上耕作推定为耕作人对土地的土地承包经营权，以此类推。占有物的范围应该包括动产和不动产，但不动产占有权利的推定仅限于未登记的不动产物权和不动产债权。①

占有权利推定的效力主要包括：(1)占有人拥有相应的合法权利。如权利不明时，推定为有权占有；善意不明时，推定为善意占有；过失不明时，推定为无过失占有；和平、公然状态不明时，推定为和平、公然占有。(2)占有权利推定，不仅占有人可以援用，第三人也可援用。(3)占有权利推定，即可有利于占有人，也可不利于占有人。(4)占有权利推定仅有消极的效力，占有人不得将此作为权利的证明。如承租占有人不得依权利推定，而登记为真正的房产所有人。

(二)占有人的权利和义务

占有非为物权，因此占有人不具有物权人的权利义务。占有人的权利与义务，是指在占有物的本权权利人请求占有人返还占有物时，占有人对于本权权利人的权利和义务。区分善意占有人与恶意占有人的不同，占有人的权利义务表现为占有物使用和收益权、必要费用偿还请求权、有益费用偿还请求权和占有物毁损灭失的赔偿责任（义务）。

二、占有的保护

占有的保护，可分为物权法的保护方法与债权法的保护方法，前者包括占有人的自力救济权和占有保护请求权；后者包括不当得利返还请求权和损害赔偿请求权。我国《物权法》第245条规定，占有的不动产或者动产被侵占的，占有人有权请求返还原物；对妨害占有的行为，占有人有权请求排除妨害或者消除危险；因侵占或者妨害造成损害的，占有人有权请求损害赔偿。本书仅探讨占有的物权保护方法。

(一)占有人的自力救济权

自力救济，又称私力救济，是指合法权利人在自己权利受到不法侵害，来不及请求国家救济手段时，依靠自己或他人的私力，保护自己的权利免受侵害的民事救济方式。我国民法没有规定私力救济，但学理见解和司法实践均已承认自力救济。

占有作为一种法律应予以保护的事实状态，占有人的自力救济主要包括：(1)自力防御权。自力防御权，是指占有人在他人非法侵夺或妨害自己的占有时，有权以自己的力量

---

① 梁慧星、陈华彬：《物权法》，法律出版社2007年第4版，第408页。

进行防御,驱赶侵入者或排除妨害者。如拾得遗失物的占有人有权对非法抢夺自己拾得物的第三人进行防御,拒绝其抢夺。自力防御权以保护直接占有为必要,因此,间接占有人无此自力防御的权利。(2)自力取回权。自力取回权,是指占有人对于被他人非法侵夺的占有物,有权于侵夺人处径直取回。如动产占有人从非法抢夺人处当场夺回自己的动产。唯应注意的是,自力取回应有时间间隔的限制,该时间间隔应以一般的社会标准来判断,不能与抢夺行为时间相隔太久,以当场取回为佳。

(二)占有人的占有保护请求权

占有保护请求权,是指当占有人的占有物被非法侵害时,占有人有权依法向人民法院提起诉讼,以保护自己的合法占有事实。

占有保护请求权不是物权请求权,与物权请求权存在许多区别:(1)主体不同。占有保护请求权的主体为占有人,物权请求权的主体为物权权利人。(2)基础不同。占有保护请求权以保护占有的事实为基础,物权请求权以保护合法物权为基础。(3)消灭时效不同。占有保护请求权有消灭时效,如我国《物权法》第245条规定,占有人返还原物的请求权,自侵占发生之日起一年内未行使的,该请求权消灭。通说认为,物权请求权不因时效而消灭。(4)举证责任不同。在占有物返还诉讼中,因占有的权利推定效力,占有人主张占有保护请求权在举证责任上更有利;但物权请求权将导致占有人确定的权利,因此,占有人主张物权请求权的效力强于占有保护请求权。

一般认为,占有保护请求权包括:(1)占有物返还请求权,是指占有人在其占有物被非法侵夺时,有权请求侵夺人返还占有物;(2)占有妨害排除请求权,是指占有人在自己的占有物被他人非法妨害时,有权请求妨害人除去妨害;(3)占有妨害防止请求权,是指占有人在自己的占有物有妨害危险之虞时,有权请求非法妨害人防止妨害危险的发生。

【思考题】

1. 试述善意占有与恶意占有的区别。
2. 试论述占有的权利推定。

【司法考试真题链接】

1. 甲向乙借款5000元,并将自己的一台笔记本电脑出质给乙。乙在出质期间将电脑无偿借给丙使用。丁因丙欠钱不还,趁丙不注意时拿走电脑并向丙声称要以其抵债。下列哪些选项是正确的?(2007年)

  A. 甲有权基于其所有权请求丁返还电脑

  B. 乙有权基于其质权请求丁返还电脑

  C. 丙有权基于其占有被侵害请求丁返还电脑

D. 丁有权主张以电脑抵偿丙对自己的债务

2. 甲为了能在自己房中欣赏远处风景,便与相邻的乙约定:乙不在自己的土地上建造高层建筑,作为补偿,甲一次性支付给乙4万元。两年后,甲将该房屋转让给丙,乙将该土地使用权转让给丁。下列哪些判断是错误的?(2006年)

A. 甲、乙之间的约定为有关相邻关系的约定
B. 丙可禁止丁建高楼,且无须另对丁进行补偿
C. 若丁建高楼,丙只能要求甲承担违约责任
D. 甲、乙之间约定因房屋和土地使用权转让而失去效力

第二编 债权法

第九章 债的一般原理

第十章 债的履行

第十一章 债的保全和担保

第十二章 债的移转和消灭

第十三章 合同法

第十四章 不当得利之债

第十五章 无因管理之债

第九章　债的一般原理

【引例】

　　刘女士入住本市妇产医院待产,并在住院登记表上填写了个人家庭住址和手机号码等信息。10天后,刘女士顺产出院回家。自此之后,刘女士就经常接到"×××"品牌奶粉推销员打来的电话,向其推销该品牌的奶粉。刘女士甚为烦恼,并从一次与该推销员的对话中得知,自己的手机号码等信息是该推销员从市妇产医院住院部花钱买来的。刘女士知道这一情况后,就问正在读法学专业的弟弟,让他分析一下她和医院的关系。

　　本案中,刘女士入院待产,与市妇产医院之间成立了医疗服务合同。依据该合同,二者之间形成了合同之债。在该债中,医院不仅对刘女士及其所产婴儿负有提供医疗服务的义务(债务),而且负有不得泄露刘女士个人信息及其他隐私的保密义务(债务)。市妇产医院(员工)出卖刘女士个人信息的行为,既是一种违反合同保密义务的违约行为,又是一种侵犯隐私权的侵权行为,同时还是一种不当得利行为。该行为将在刘女士和市妇产医院之间导致违约损害赔偿之债、侵权损害赔偿之债和不当得利返还之债的竞合,刘女士可任选其一,作为自己向医院主张责任的法律基础。

第一节　债的概述

一、债的概念

　　债在日常生活中主要指金钱债务,如"欠债还钱"、"债台高筑"等。民法上的债的含义远比日常生活中所说的债的含义要广,它既包括各类合同当事人之间的法律关系,也包括因侵权行为、无因管理、不当得利、缔约过失、悬赏广告等行为或事件的发生,在当事人之间引起的法律关系。这些法律关系都有一个基本的共性,即它们都是以一方请求另一方为或不为特定行为为内容的法律关系。在债法中,这种"特定行为"被称之为"给付"。例如,在买卖合同中,这种给付主要是指"交付买卖标的物"和"支付价款";在家教合同中,这种给付主要是"提供家教服务"和"支付报酬";在侵权损害赔偿之债中,这种给付主要是指"支付损害赔偿金"等。因此,民法上的债实质上是对各种具体债权债务关系的抽象概括,即"凡是一方应当向另一方实施以给付为内容的法律关系都可以用债来概括"[①]。

　　我国《民法通则》第84条规定:"债是按照合同的约定或者法律的规定,在当事人之间

[①]　江平:《民法学》,中国政法大学出版社2007年版,第438页。

产生的特定的权利和义务关系。享有权利的人是债权人,负有义务的人是债务人。"债权人享有请求他方(债务人)为或不为一定行为的权利为债权,债务人负有为满足他方(债权人)请求而为或不为一定行为的义务为债务。

债作为一种法律关系,有狭义和广义之分。狭义的债的关系,是指个别的给付关系。这种债的关系一般在经一方给付之后,即归于消灭。例如,在一般的赠与合同中,一旦赠与方将赠与物交给了受赠方,赠与即告完成。"广义的债的关系是一个极其复杂的架构,而这一复杂的架构主要是由众多债权或者义务(狭义的债务关系)组成。"①例如,长期的房屋租赁关系、连续的供货合同关系等,这些债的关系就包含众多的给付义务及与之相对应的债权。

二、债的特征

债作为一种民事法律关系,具有如下特征:

1. 债是特定当事人之间的相对法律关系。债的关系与物权关系、知识产权关系、人身权关系等绝对法律关系不同。在绝对法律关系中,权利主体是特定的,义务主体是不特定的;而在债的关系中,权利主体和义务主体都是特定的。主体的特定化意味着,债的关系原则上只能在特定的当事人之间生效,即债权原则上只能由债权人享有,债务原则上只能由债务人负担,当事人之外的其他人不享有请求债务人履行债务的权利,也不负有向债权人履行债务的义务,但当事人另有约定或法律另有规定的除外。这种债的关系只能在特定当事人之间生效的属性,在学理上被称为债的相对性,因而债也被称为相对法律关系,债权被称为相对权。

2. 债是特定当事人之间得请求为特定行为的法律关系。债的关系的主要内容是债权人一方得请求债务人一方为或不为一定行为,如请求支付报酬、交付货物或停止侵害等。因此,从债的关系所包括的权利性质上看,债的关系又属于请求权法律关系,从而区别于支配权、形成权和抗辩权等法律关系。

3. 债属于财产法律关系。民事法律关系有财产法律关系和人身法律关系之分。在现代民法上,债的关系并不是建立在债权人和债务人之间的人身关系,而是一种以财产性给付为内容的财产关系。债权人享有的权利不管是请求交付金钱,还是请求提供劳务,其本质都体现为一种财产利益,而非人身利益——故债权一般被归入财产权;债务人所负有的义务也主要是提供具有财产价值的给付,但不负有人身义务,即使在债务人不履行债务时,债权人也不得强制债务人的人身或限制其自由。在这一点上,现行的民法与早期的罗马法不同,早期的罗马法曾一度将债的关系视为人身关系,在债务人不履行债务时,债权人可以拘押债务人,以其人身作为债的担保。②

4. 债是依据民事法律行为或法律的规定而在当事人之间产生的特别结合关系。现代民法中的债的概念来源于罗马法上的"obligate",其原意有捆绑、拘束之义。因此,债(obligation)这个词最初表明的是对某种关系的拘束。优士丁尼《法学纲要》称"债是依国

---

① [德]迪特尔·梅迪库斯:《德国债法总论》,杜景林、卢谌译,法律出版社2004年版,第9页。
② 周枏:《罗马法原论(下册)》,商务印书馆1994年版,第628页。

法使他人为一定给付的法锁"。将债比喻成法锁,实质上是指债会使当事人受此关系的约束,并因此而形成一种特别结合关系。不管这种债是基于当事人的意思产生的,还是基于法律规定产生的,只要引起债的原因事实出现,当事人就将因此而被债的关系锁在一起。在债务没有得到有效履行之前,双方都将被该法锁锁住,而打开该法锁的钥匙就是债务人的完全履行。

> [案例]甲公司在2007年至2009年间连续与乙公司签订了三份煤炭买卖合同,并按照合同的约定分别向乙公司的六个子公司发运了货物,但乙公司及其六个子公司一直未支付货款,于是,甲公司向法院提起诉讼,要求乙公司及其六个子公司付款。请问,甲公司有权要求乙公司的子公司付款吗?
>
> [解答]本案中,合同是甲公司和乙公司签订的,乙的六个子公司并不是合同的主体。依据合同或债的相对性原则,乙的六个子公司并不享有合同权利,也不负担合同义务。甲公司虽然向乙的子公司发送了货物,但该行为性质上仍属于向乙公司履行债务的行为,因而在甲公司未收到货款时,该公司只能向乙公司请求支付货款,并要求后者承担违约责任。

第二节 债的要素

债的要素,是指构成债的法律关系必须具备的要素。债的关系与其他民事法律关系一样,也必须具有主体、内容和客体三要素。

一、债的主体

债的主体是指参与债的法律关系的当事人,包括债权人和债务人。其中,债权人是指有权请求他方为或不为特定行为的权利主体,债务人是指有义务应对方请求为或不为特定行为的义务主体。在债的关系中,债权人和债务人是相互对立、相互依存的,缺少任何一方,债的关系都不能成立。

债权人或债务人作为债的一方当事人,都可以是一人或多人,但是,在任何情况下,债的双方主体都只能是特定的。债权人和债务人之外的人,称为债的关系的第三人,第三人不是债的关系的主体。

在我国,一切民事主体都有资格成为债的主体,但有些债的关系对主体的行为能力有特别要求,例如,无民事行为能力人原则上就不能与他人缔结合同,创设合同之债。

二、债的内容

债的内容是债权人享有的权利和债务人负担的义务,即债权和债务。其中,债权是指请求对方为特定给付的权利,债务是指应对方请求实施特定给付的义务。在债的关系中,债权和债务相互对应和依存,统一地构成债的内容,因此,债的关系也称之为债权债务关系。

债权的主要内容是请求义务人为一定给付,因此,债权一般被看成是请求权。但须注意的是,债权除具有请求权的内容之外,还包含其他权利内容,如给付受领权、债权保护请求权等。因此,请求权只能说是债权的主要内容,但并非债权的全部。与物权等绝对权相比,债权性质上属于请求权、相对权,且一般不具有排他性和永久性。

债务的主要内容是为一定给付。这种给付可以是交付财产,也可以是提供劳务或服务等,其具体内容取决于当事人的约定或法律的规定。在债务人不履行或未完全履行其所负债务时,债务可以转化为法律上的责任,例如,不履行合同债务就将产生违约责任,至于这种违约责任的内容与债务的内容是否一致,则要视具体情况而定。

三、债的客体

债的客体,又称债的标的,是指债权人的权利和债务人的义务共同指向的对象。关于债的客体,理论上有不同认识,通说认为,债的客体是"债务人的特定行为",即"给付"。[①]

作为债的客体,给付可分为积极的给付(作为)和消极的给付(不作为),前者如交付财物、支付金钱、移转权利、提供劳务、提交工作成果等,后者如停止侵害、不得擅自将他人委托自己完成的工作任务交由他人完成等。在多数情况下,债的客体都表现为积极的给付。

债的客体原则上应具有合法性和确定性。前者要求作为债的客体的给付应为法律所允许,法律禁止的行为或依其性质不适合作为债的客体的行为,不得成为债的客体;后者要求给付的内容应确定,若给付不确定,则债务人所负债务的内容将无法确定,债权也就无从实现。在实践中,给付一般都是在债的关系成立时确定的,但当事人也可以选择在债的关系成立时仅确定给付的确定标准或方法,待将来履行时再确定给付的具体内容。

[案例]甲大学生与乙签订了一份家教合同,约定每周为乙的儿子辅导英语2次,每次2小时、每次40块钱。试分析该二者之间的法律关系的构成要素。

[解答]本案中,甲乙之间形成的是一种合同之债,该债的构成要素如下:(1)主体是甲和乙,乙的儿子不是合同主体。(2)权利义务内容为:甲的主要义务是为乙的儿子提供英语辅导,就该义务而言,乙为债权人,甲为债务人;乙的主要义务是向甲支付报酬,就该义务而言,甲为债权人,乙为债务人。(3)客体为提供家教服务和支付报酬。

第三节 债的发生原因

债的发生是指债的关系的原始产生。任何法律关系的产生、变更和消灭都是以一定的法律事实为根据的,债作为一种法律关系,其发生也必基于一定的法律事实。这种法律事实就是债的发生原因或根据。

在罗马法中,债的发生原因有四种:(1)契约;(2)准契约,即无因管理和不当得利;(3)私犯,即侵犯人身和私人财产的行为;(4)准私犯,类似现代民法上的特殊侵权行为。近代

---

① 江平:《民法学》,中国政法大学出版社2007年版,第440页。

大陆法系民法典基本上承袭了罗马法的模式,将契约、无因管理、不当得利和侵权行为分别作为债的发生原因,我国《民法通则》也将上述法律事实作为债的发生原因。

一、合同

广义的合同,是指作为平等主体的当事人之间设立、变更、终止民事法律关系的协议,包括以发生债权债务关系为目的的债权合同、以发生物权变动为目的的物权合同、以发生身份关系为目的的身份合同等。狭义的合同,仅指以发生债权债务为目的的债权合同。我国《合同法》所规定的合同为狭义合同,即仅限于民事主体之间以发生债的关系为目的的协议。

合同一旦有效成立,当事人之间就形成一种合同之债的法律关系。在现代社会中,合同是债发生的最常见的原因。这主要根源于现代社会是一个建立在商品交换基础之上的社会,而合同恰恰又是商品交换的法律形式,离开了合同,我们甚至无法生存,而作为现代工业最基本特征的复杂合作和分工也很难成为现实。因此,合同之债是债法体系中最重要的一种债的类型,现代债法的许多规定和原理都主要是围绕合同之债建立起来的。

二、侵权行为

侵权行为是指侵害他人人身或财产权益的不法行为。在民事活动中,每个人都应当尊重他人的合法权益,不得非法侵犯他人的人身或财产权益。一旦发生不法侵害他人合法权益的法律事实,加害人就必须依法对受害人承担侵权责任,如赔偿受害人所受损害。在这种损害赔偿关系中,受害人享有请求加害人赔偿损害的权利,加害人则负有赔偿义务,二者共同构成因侵权而生的债权债务关系,所以侵权责任也可被称为侵权之债。

侵权行为作为债的发生原因之一,其所生法律关系属于债的关系的一部分,因而调整侵权关系的法律规范整体上也属于债法体系的一部分。我国《民法通则》没有将调整侵权法律关系的规定放在第五章第二节的"债权"部分,而是放在了第六章"民事责任"的第二节中。这种体例上的安排虽有其特殊考虑,但它并不能改变因侵权行为而生的法律关系仍属于一种债的关系的基本认识,故调整侵权关系的法律原则上仍得遵循债法的基本原则和原理。

三、不当得利

不当得利是指一方无法律上的根据获得利益而使他方利益受损的事实。为纠正这种不当的损益变动,我国《民法通则》第92条明确规定,无合法根据而获得利益的人应将其取得的不当利益返还给受损人,受损人也有权要求获利人返还该利益。这种因不当得利而生的债权债务关系,称为不当得利之债。

不当得利虽然无合法根据,但这种获利并不一定都是由受益人实施的违法行为造成的。它既可能是由受损方的过错行为造成的(如买方自己多付了价款给卖方),也可能是因第三人的行为造成的(如车站误将甲的货物交给了乙),还可能是因自然事件造成的(如甲养的鱼跳入乙的鱼塘),但不管是因何种原因造成的不当得利,获利人都有义务将所得不当利益返还给受损人。

四、无因管理

无因管理是指没有法定或约定的义务,为避免他人利益受损失,自愿管理他人事务或为他人提供服务的行为。依据《民法通则》第 93 条的规定,在无因管理行为发生之后,管理人有权要求受益人偿付由此而支付的必要费用。这种因无因管理行为而在管理人和受益人之间产生的费用偿付关系,性质上也属于债的关系,可称为无因管理之债。

五、其他法律事实

除上述法律事实外,民事领域中还存在其他一些也能引起债的关系的法律事实,它们虽然被分散规定在民法的不同部分,但也都属于债的发生原因。例如,因悬赏广告所生之债、因缔约过失所生之债、因遗赠所生之债等。

[案例]甲买票后登上乙公司的客车前往南昌,途中因乙公司的客车与丙的卡车相撞,导致甲头部受伤。后经交警部门鉴定,事故双方对该起事故的发生都有过错,各承担50%的责任。试分析甲与乙、丙之间的法律关系。

[解答]本案中,甲与乙公司之间形成的是客运合同关系。依据该合同,乙公司负有将甲安全送达目的地的义务(债务),本案中乙公司未能履行该义务,已构成违约。依据《合同法》的规定,乙公司应对此承担违约责任,即甲乙之间将因此成立一种违约损害赔偿之债(合同之债),此为其一。其二,乙公司因过错导致甲头部受伤的行为,同时也构成侵害甲健康权的侵权行为,依据《侵权责任法》和《道路交通安全法》的规定,乙公司应对此承担侵权责任,即甲乙之间将因此成立一种侵权损害赔偿之债(侵权之债)。其三,丙对该起事故的发生也有过错,且该过错行为与甲的头部受伤之间也有因果关系,故丙的行为也构成对甲健康权的侵害,依据《侵权责任法》和《道路交通安全法》的规定,甲丙之间也将因此成立一种侵权损害赔偿之债(侵权之债)。以上三种不同关系,性质上都属于债的关系,甲可以依法决定如何实现其债权。

第四节 债的分类

一、意定之债和法定之债

这是根据债的发生原因对债进行的分类。债的发生原因作为能引起债的发生的法律事实,包括法律行为和法律行为以外的事实。以上述两类法律事实为基础,可以将债区分为因法律行为所生之债(意定之债)和因法律规定所生之债(法定之债)。

意定之债,也称因法律行为所生之债,是指债的发生及其内容完全由当事人依其自由意志而为决定的债。意定之债的典型表现形式是合同之债,这种债由于是以当事人双方达成的合意为成立基础的,因而也可被称为合意之债。除合意之债外,意定之债还包含单方允诺之债,即因表意人自愿作出的为自己设定某种义务,使他人取得某种权利的意思表示而生的债,其典型代表是因悬赏广告所生之债。

法定之债,也称因法律行为以外的原因所生之债,它是指债的发生及其内容均由法律加以明确规定的债。引起法定之债的法律事实可以是事件,也可以是不具法律行为性质的行为,但并不是所有事件或不具法律行为性质的行为都能引起债的发生,而是需要法律的规定。法定之债主要有:侵权之债、不当得利之债、无因管理之债、缔约过失之债,以及其他因法律规定的原因所生之债。

区分意定之债和法定之债的意义主要在于:意定之债可以适用意思自治原则,法定之债的发生和效力均由法律规定。

二、单一之债和多数人之债

根据债的主体双方人数是单一的,还是多数的,可将债分为单一之债和多数人之债。单一之债是指债的主体双方(债权人、债务人)都仅为一人的债。多数人之债是指债的主体双方至少有一方为两人或两人以上的债。

区分单一之债和多数人之债的意义在于:由于单一之债的主体双方都只有一人,因而当事人之间的权利义务关系相对比较简单明了;而在多数人之债中,当事人之间的法律关系比较复杂,不仅有债权人对债务人的外部法律关系,而且还有多数债权人或多数债务人之间的内部法律关系。因此,正确地区分单一之债和多数人之债,有利于准确地确定债的各方当事人之间的权利和义务关系。

三、按份之债和连带之债

在多数人之债中,根据多数人的一方当事人之间的权利义务关系的不同状态,可将多数人之债分为按份之债和连带之债。

(一)按份之债

按份之债是指债的一方主体为多数人,各自按照确定的份额享有权利或承担义务的多数人之债。按份之债,包括按份债权和按份债务。其中,债权主体一方为多数人,各债权人按确定份额分享权利的,为按份债权;债务主体一方为多数人,各债务人按确定份额分担义务的,为按份债务。《民法通则》第86条规定:"债权人为二人以上的,按照确定的份额分享权利。债务人为二人以上的,按照确定的份额分担义务。"该条规定的就是按份之债。

在按份之债中,各债权人的债权或各债务人的债务各自独立,相互之间没有连带关系,对某一债权人或某一债务人发生效力的事项,对其他债权人或债务人原则上不生效力。按份之债的对内效力主要在于:主体为多数的债权人或债务人一方总是按确定的份额分享债权或分担债务。按份之债的对外效力主要在于:(1)按份债权的各个债权人只能就自己享有的份额请求和接受债务人的履行,无权请求和接受债务人的全部履行。按份债务的各债务人只对自己分担的债务份额负清偿责任,对其他债务人负担的债务份额不负清偿责任。(2)某一债权人接受超过自己债权份额给付的,除可认定为代其他债权人接受履行的外,将构成不当得利,其他债权人享有的债权并不因此消灭;某一债务人履行超过自己债务份额的,除可认定为代其他债务人履行的外,该债务人只能向接受该履行的债权人请求返还不当得利,其他债务人所负的债务并不因此消灭。(3)因某一债权人或债务人所为而发生的事项,如不履行债务、免除债务、抵销、提存等,其效力仅及于该人,对其他债权人或债务人不发生影响。因此,按份之债可以被看成是多个独立的债的关系的联合。

（二）连带之债

1. 连带之债的概念

连带之债是指多数债权人中的任何一人都有权请求对方履行全部债务,或者多数债务人中的任何一人都有义务向债权人履行全部债务的多数人之债。与按份之债相比,连带之债的特殊性主要在于主体为多数的一方当事人之间相互有连带关系,这种连带关系主要是指对于多数人一方中的一人发生效力的事项,对于本方其他人同样也会发生效力。债权人一方为多数人且有连带关系的,为连带债权;债务人一方为多数人且有连带关系的,为连带债务。

《民法通则》第87条规定:"债权人或者债务人一方人数为二人以上的,依照法律的规定或者当事人的约定,享有连带权利的每个债权人,都有权要求债务人履行义务;负有连带义务的每个债务人,都负有清偿全部债务的义务,履行了义务的人,有权要求其他负有连带义务的人偿付他应当承担的份额。"按照这一规定,连带之债既可因法律的规定而产生,也可因当事人的约定而产生。在我国民法上,常见的连带之债主要有:(1)个人合伙中的合伙人对合伙债务所负的连带债务;(2)代理关系中存在的连带债务;(3)共同侵权行为人对受害人所负的连带债务;(4)连带保证中的连带保证债务。

连带之债分为连带债权和连带债务。连带债权的每个债权人都有权要求债务人履行义务,债务人可向任一债权人清偿全部债务;债务人向任一债权人的履行都将对其他债权人发生同样的效力,其他债权人只能向已受清偿的债权人要求返还。因此,连带债权对于债权人来说并不有利,在实际生活中很少发生。连带债务的各个债务人都负有清偿全部债务的义务,只要债务没有全部清偿,任何一个债务人都不能免除清偿的责任。因此,连带债务实际上以各债务人的总和财产作为债的担保,有利于确保债权的实现。连带债务在现实生活中比较常见并有重要意义。

2. 连带之债的效力

连带之债不管是基于何种原因发生,都会产生对外和对内两种效力。

(1)连带之债的对外效力

连带之债的对外效力是指连带之债在有连带关系的一方当事人与对方当事人之间发生的效力。连带之债的对外效力主要体现在以下几个方面:

第一,在连带债务中,各债务人均负有清偿全部债务的义务。债权人可以同时或者先后请求全部或部分债务人履行全部或部分债务。只要债务没有全部清偿完毕,每个连带债务人都对没有清偿的债务部分负有清偿义务,不管其是否已经向债权人履行过债务。若连带债务已被全部清偿,则不管该债务是由债务人中的一人还是数人或全体清偿的,各债务人对债权人所负债务均归于消灭。在连带债权中,各债权人均有权请求和接受债务人的全部给付,债务人也得向任一债权人履行债务。任一债权人接受债务人的全部履行之后,其他债权人的债权也同时消灭。

第二,在连带债务中,下列对某一债务人生效的事项,对其他连带债务人也发生效力:①债务的消灭。连带债务人中的一人因清偿、提存、混同、免除、抵销、时效完成等原因使债务消灭的,该部分债务对其他连带债务人也同时归于消灭。②确定判决。连带债务人中的一人就连带债务受到确定判决的,该判决对其他连带债务人也发生效力。③受领迟延。债权人对连带债务人中的一人有受领迟延的,其受领迟延的效果及于其他债务人。

在连带债权中,下列对某一债权人生效的事项,对其他连带债权人也发生效力:①债权的消灭。连带债权人中的一人因受领清偿、提存、混同、免除、抵销等原因而使债权消灭的,该部分债权对其他连带债权人也同时归于消灭。②确定判决。连带债权人中的一人就连带债权受到确定判决的,该判决对其他连带债权人也发生效力。③时效利益。一个债权人向债务人请求给付,对诉讼时效的中断、履行迟延的开始等利益,其他债权人也可主张。④受领迟延。连带债权人中的一人有受领迟延的,其迟延效果也及于其他债权人。

(2)连带之债的对内效力

连带之债的对内效力是指连带之债在有连带关系的多数一方的当事人之间所生的效力,包括对连带债务人的内部效力和对连带债权人的内部效力。

连带债务人或连带债权人虽然对外具有连带关系,但在连带债务人或债权人的内部关系上,各债务人或债权人都是按照一定份额负担债务或享有权利的。因此,清偿了超过自己应负担的债务份额的债务人,有权就该超出部分向其他债务人追偿,受领了超过自己得享有的债权份额的债权人,应将该超出部分按比例返还给其他债权人。

3. 区分按份之债和连带之债的意义

区分按份之债和连带之债的意义主要在于:按份之债的各债权人的权利或者各债务人的义务都是各自独立的,相互间没有连带关系;任一债权人接受了其应享受的份额的履行或者任一债务人履行了自己应负担份额的义务,其债务即已了结,并与其他债权人或者债务人不发生任何权利义务关系。而连带之债的债权人的权利或者债务人的义务是连带的,任一连带债权人接受了全部义务的履行,或者任一连带债务人清偿了全部债务,原债即归于消灭,并同时又在连带债权人或者连带债务人内部之间产生了按份之债。

[案例]甲乙二人因琐事发生矛盾,于是甲约上丙,在乙下班路上拦住乙,丙上前抱住乙,甲则对乙拳脚相加,导致乙肋骨骨折,住院治疗。乙出院后,甲已经因另案出逃,下落不明,于是乙便向法院起诉了丙,要求丙赔偿自己所受全部损失,共计5000元。丙在法庭上以自己是受甲之邀且未殴打乙为由,主张乙不应该要自己赔偿,而应该向甲要赔偿。请问:丙的抗辩是否成立?

[解答]根据《侵权责任法》第8条的规定,本案中,丙受甲之邀,在乙下班路上对乙实施殴打的行为已经构成共同侵权行为(依据《刑法》,二人的行为也可能构成共同犯罪)。虽然丙在本案中并没有直接殴打乙,但他客观上还是实施了帮助甲对乙的健康权实施侵害的行为,主观上对乙的受伤也具有故意,因此,丙和甲已构成共同故意侵权,应对乙所受全部损害承担连带赔偿责任。既然是连带责任,乙作为权利人自然可以要求全部责任人(甲和丙)承担全部责任,也可以仅要求部分责任人(甲或丙)承担全部责任,因而丙在法庭上所提抗辩不能成立。

四、简单之债和选择之债

根据债的标的是否可由当事人选择,债可分为简单之债和选择之债。

简单之债是指债的标的只有一种,当事人只能以该种标的履行的债,所以又称不可选择之债。选择之债是指债的标的有数种,当事人可以从中选择一种来履行的债。例如,在出售的"三包"商品质量不合格时,买受人与出卖人之间就会发生选择之债,或修理,或更换,或退货,当事人须从中选择一种履行。

选择之债选择权的归属,决定于法律的规定或当事人的约定。法律没有规定,当事人又没有约定的,选择权属于债务人一方。有选择权的当事人一方只能在可供选择的标的中选择一种标的,并应以意思表示的方式为之,且一经选定,当事人就应按选定的标的履行。可见,选择之债的选择权一经行使,选择之债也就成为简单之债。

区分简单之债和选择之债的意义主要在于:第一,简单之债的标的只有一种,不存在债的标的选择问题;而选择之债的标的是两种以上,因而选择之债只有在有选择权的一方选定标的之后,才能履行。第二,简单之债的标的无法履行时,将发生债的履行不能;而选择之债的某种可选择的标的无法履行时,不发生债的履行不能,当事人可以在其余标的中选择其一履行,只有在诸标的都无法履行时,才发生债的履行不能。

五、财物之债和劳务之债

根据给付的标的不同,可将债分为财物之债和劳务之债。财物之债是指以给付财物为标的的债。例如,以交付实物(如房屋、汽车、货物)为标的的实物之债和以支付一定数额的金钱为标的的货币(金钱)之债,就都属于财物之债。在实物之债履行不能时,该债可转化为货币之债。劳务之债是指以给付劳务为标的的债。例如,在雇佣、演出、修理、保管等合同中,就会产生劳务之债。

区分财产之债和劳务之债的意义主要在于:财物之债一般可由第三人代为履行;在债务人不履行债务时,债权人可以请求法院强制债务人履行。劳务之债一般不能由第三人代为履行,除非法律另有规定或当事人另有约定。在债务人不履行劳务之债时,债权人也不得请求法院强制债务人履行,而是只能请求损害赔偿。

六、特定物之债和种类物之债

根据债的标的物是特定物还是种类物,可将实物之债分为特定物之债和种类物之债。特定物之债是指以特定物为给付标的的物的债。特定物具有特定化的特点,因此,特定物之债的标的物在债成立时就必须确定、存在,且不能为其他物代替。种类物之债是指以种类物为给付标的物的债。种类物是以度量衡加以确定的,可以用同种类物替代的物。因此,种类物之债的标的物在债成立时,并不具有特定性,甚至可能不存在。种类物之债只有在标的物特定化之后,才能被履行。这种特定化可以依交付特定,也可以是依当事人合意特定。

区分特定之债和种类之债的意义主要在于:第一,特定物之债的债务人只能以交付规定的特定物履行债务,在债的标的物毁损、灭失时,则发生债的履行不能;而种类物之债的标的物是可以代替的,若债务人的部分种类物毁损灭失而非该种类物全部毁损灭失,则不发生债的履行不能问题,债务人仍应继续实际履行。第二,转移所有权的特定物之债,除法律规定外,当事人也可以约定标的物的所有权自债成立之时起转移;而在种类物之债中,标的物的所有权在特定化之前不能发生转移。

七、主债和从债

根据两个并存的具有牵连关系的债相互之间的效力,可将债分为主债和从债。主债是指两个并存的债中能独立存在的债。从债是指不能独立存在,在效力上居于从属地位的债。主债与从债是相互对应的两个债,没有主债不发生从债,没有从债也无所谓主债。例如,在保证担保中,被担保的债和保证之债就是主债和从债的关系。

区分主债和从债的意义在于:从债对主债具有从属性,这种从属性主要表现为,从债须以主债的存在作为其存在的前提,没有主债,也就不会发生从债,主债消灭,从债也随之消灭。

【思考题】

1. 简述债的概念和特征。
2. 试析债权与物权的区别和联系。
3. 简述债的要素。
4. 简述债的发生原因。
5. 试析按份之债与连带之债的联系与区别。
6. 试析选择之债的特点。
7. 简述特定物之债与种类物之债的联系与区别。

【司法考试真题链接】

1. 甲手机专卖店门口立有一块木板,上书"假一罚十"四个醒目大字。乙从该店购买了一部手机,后经有关部门鉴定,该手机属于假冒产品,乙遂要求甲履行其"假一罚十"的承诺。关于本案,下列哪一选项是正确的?(2008年)

A."假一罚十"过分加重了甲的负担,属于无效的格式条款
B."假一罚十"没有被订入到合同之中,故对甲没有约束力
C."假一罚十"显失公平,甲有权请求法院予以变更或者撤销
D."假一罚十"是甲自愿作出的真实意思表示,应当认定为有效

2. 婷婷满一周岁,其父母将某影楼摄影师请到家中为其拍摄纪念照,并要求影楼不得保留底片用作他途。相片洗出后,影楼违反约定将婷婷相片制成挂历出售,获利颇丰。本案中存在哪些债的关系?(2008年)

A. 承揽合同之债 B. 委托合同之债
C. 侵权行为之债 D. 不当得利之债

3. 甲对乙说,如果你在三年内考上公务员,我愿意将自己的一套住房或一辆宝马轿车相赠。乙同意,两年后,乙考上某国家机关职位。关于甲乙之间的约定,下列哪一说法是正确的?(2009年)

A. 属于种类之债 B. 属于选择之债
C. 属于连带之债 D. 属于劳务之债

第十章 债的履行

【引例】

　　王某有一批散装的瓷碗、瓷盘存放在朋友刘某仓库中,后王某与外地的孙某达成协议,约定将该批瓷器全部卖给孙某,由王某负责3天内送货上门,孙某于7天内付清全部货款。后来,王某由于忙于其他事情,就委托刘某将该批瓷器包装捆扎好,租辆车将货送给孙某,刘某应允,并按王某的指示将货送到。孙某在收货后,发现部分瓷器严重破损。经查,瓷器破损的原因主要是因为捆扎不牢,且捆与捆之间没有稻草等软物隔离。于是,孙某就找到王某,要求减少价款。王某则认为,孙某对瓷器的包装并没有要求,更何况瓷器的破损是由刘某未将瓷器捆扎好造成的,错不在自己,因而不同意减少价款。请问,王某的做法对吗?

　　本案涉及合同的履行问题,核心问题是王某是否应对瓷器的破损负责。对此,我们可以从两个方面进行分析:一方面,王某和孙某虽然没有约定瓷器的包装方式,但依据债的适当履行原则和诚信原则,这种包装至少应符合货物自身性能和运输的要求。在实践中,运输散装瓷器,一般须捆扎牢固并在瓷器间塞上隔离物,是通行的做法。本案中刘某在包装瓷器时,没有做到这一点,应被认为是不适当的。另一方面,债务人可以使用履行辅助人或通过代理人履行债务,原则上是为法律所允许的。在通过履行辅助人或代理人履行债务时,依法理,债务的履行主体依然是债务人本人,在履行辅助人或代理人的履行不符合约定时,对债权人承担责任的也应是债务人本人。本案中,刘某并非债务人,而是受王某之托替王某履行送货义务,因此,对于刘某所交瓷器存在的部分严重破损的质量问题,理应由王某对孙某承担违约责任。考虑到严重破损的瓷碗、瓷盘已基本失去用途,减少价款应为本案适当的补救方式。若王某坚决不同意,孙某也可向法院起诉,要求王某承担更换或赔偿损失等责任。

第一节 债的履行概述

一、债的履行的概念

　　债的履行,是指债务人按债的要求,所实施的以消灭债务或满足债权为目的的给付行为。如果债务人所实施的给付行为不符合债的要求,原则上不构成债的履行行为,但当事人双方同意对债的内容作相应变更的情况除外。债的履行作为实现债的目的的一种手段,应以消灭债务或为实现债权为目的,非以此为目的而实施的给付行为,也不构成债的履行。例如,以酬谢无因管理人为目的而给与管理人以财产的行为,就不属于履行无因管理之债的行为,本人(受益人)对无因管理人所负的偿付必要费用的债务并不因此消灭。

二、债的履行的特征

在债的关系中,债的履行作为债的关系发展中的重要一环,具有如下特点:

第一,债的履行是实现债的目的的手段。债是法律为了保障当事人特定利益的实现而提供的一种法律工具。不管债的产生原因如何,债的成立都有其目的。例如,在因买卖合同所生意定之债中,买方建立债的关系的目的是为了取得标的物所有权,卖方的目的则是为了取得价款;而在侵权之债这种法定之债中,法律赋予侵权行为以债的效果的目的是为了保障受害人的合法权益,制裁侵权行为人或抑制侵权行为的发生。因此,债的成立的目的并不在其自身,而在于其拟追求的特定利益,而要使这种利益得以实现,尚需依赖债的履行,如果已成立之债得不到履行,债的目的就得不到实现,即债的履行是保障债的目的得以实现的必要手段。

第二,债的履行是债的法律效力的表现。债一旦有效成立,债务人和债权人即受债的约束,债权人负有依债的要求履行债务的义务,债权人则有权请求债务人履行其债务。若债务人无履行债务的义务或债权人无请求债务人履行债务的权利,债的存在将失去意义,债的目的也无法实现。因此,赋予债以约束力,并要求当事人全面、正确地履行自己所负义务,乃是债的法律效力的表现和必然要求。

第三,债的履行可以产生消灭债的关系的效果。在债的关系发展过程中,已成立之债一旦得到了履行,债的目的也就得以实现,已经没有再存在的必要。因此,赋予债的履行以消灭债的效果是符合债的存在目的的,即债的履行应可产生消灭债的效果。在这种履行属于部分履行时,该履行可产生消灭部分债权债务的效果,在这种履行属于完全履行时,该履行可产生消灭全面债权债务的效果。

第二节 债的履行原则

债的履行除应贯彻民法的基本原则外,还应贯彻以下原则:

一、实际履行原则

实际履行原则,是指当事人应严格按照约定或法律规定的标的履行债务的原则。简单之债按照确定的标的履行;选择之债按照选定的标的履行。这一原则对合同之债的履行具有重要意义。该原则的基本要求主要包含以下两个方面:

1. 合同当事人须严格按照约定或法定的标的履行,不能以其他标的代替。例如,买卖合同的出卖人应交付合同规定的商品,而不能以其他货物或金钱代替。如果允许债务人任意以其他标的代替原来的标的来履行债务,不仅会使合同或法律失去严肃性,而且会影响当事人的利益需要,难以达到成立债的关系的目的。

2. 合同当事人一方不履行债务时,他方可以要求继续实际履行,但法律规定可不再履行或没有履行可能的情况除外;在他人要求债务人继续实际履行时,债务人应当继续履行,而不能以金钱赔偿来代替实际履行。债务人不继续履行的,债权人可请求人民法院强制债务人继续履行。

依据《合同法》第110条的规定,当发生以下情形时,债权人不能要求债务人实际履行:(1)法律上或者事实上不能履行;(2)债务的标的不适于强制履行或者履行费用过高;(3)债权人在合理期限内未要求履行。

二、适当履行原则

适当履行原则,是指当事人应按照合同的约定或法律的规定,全面、正确地履行债务的原则,故又称全面履行原则或正确履行原则。

适当履行不仅要求债务人严格按照债的标的实际履行,而且还要求由适当的主体在适当的履行期限、履行地点,以适当的履行方式,全面、正确地履行债务。

(一)履行主体

履行主体是指履行债的义务和接受债的履行的人。一般来说,债务人和债权人作为债的关系的主体,是当然的履行主体。至于债务人和债权人在履行或接受履行时,是否必须具有相应行为能力的问题,则应视给付的性质而定。在给付为事实行为时,不要求当事人有相应的行为能力;反之,若给付具有法律行为的性质,则要求当事人有相应的行为能力。否则,债务人的履行将不能发生清偿的效果,被履行的债也不能消灭。但是,在学理上,关于哪些给付是法律行为,哪些给付不是法律行为,经常会发生争议。

债务人可使用履行辅助人履行债务,是为近现代法的通例。在给付为法律行为的场合,也可以由代理人作出,[①]但债务依其性质只能由债务人本人亲自履行或当事人约定禁止的除外。同理,债权人原则上也可通过履行辅助人或代理人受领履行。在通过履行辅助人或代理人履行债务或受领履行时,因该履行或受领履行而发生的法律效果仍因归属于债务人或债权人本人。合同约定由第三人向债权人履行债务的,依据《合同法》第65条的规定进行,在第三人不履行债务或者履行债务不符合约定时,债务人(而不是第三人)应当向债权人承担违约责任。合同约定由债务人向第三人履行债务的,按照《合同法》第64条的规定进行,在债务人未向第三人履行债务或者履行债务不符合约定时,债务人应当向债权人(而不是第三人)承担违约责任。

须注意的是,约定由第三人履行或向第三人履行的合同与为第三人利益订立的合同是不同的。在前一合同中,第三人并非合同的主体,也不享有合同上的权利,而在后一合同中,该第三人本身就享有合同上的权利,债务人向该人的履行并不属于向第三人履行合同,而是向合同权利人履行合同。例如,在本编第一章所述的[引例]中,刘女士与医院订立的医疗服务合同就具有为第三人利益订立的合同的性质,依据该合同,医院不仅有为刘女士本人提供医疗服务的义务,而且有为其所产婴儿提供医疗服务的义务。

(二)履行的标的

履行的标的是指债务人应为履行的内容,即给付。履行的标的因债的关系的不同而

---

① 韩世远:《合同法总论》,法律出版社2011年第3版,第236页。

有所不同,如交付财物、移转权利、提供劳务、完成工作等。履行的标的应根据债的内容加以确定,但按照实际履行原则,当事人原则上应严格按照债的标的来履行其义务。只有在法律规定或者合同约定允许以其他标的代替履行时,债务人才可经债权人同意后以其他标的履行。

债务人以给付实物履行债务的,交付的标的物数量、质量须符合法律规定和合同的约定。标的物数量应按法定或约定的计量方法确定。凡是规定有合理的磅差、尾差的,交付的标的物在合理的磅差、尾差幅度以内的,其履行便是适当的。在标的物需要包装时,货物的包装须符合合同的约定。当事人没有具体规定包装要求的,应按照货物性能的要求予以包装。

依据《合同法》第61条至第63条的规定,在合同当事人就标的物质量、支付的价款或报酬未作约定或约定不明确时,当事人可以协议补充;不能达成补充协议的,按照合同有关条款或者交易习惯确定。若仍不能确定,适用下列规定:(1)质量要求不明确的,按照国家标准、行业标准履行;没有国家标准、行业标准的,按照通常标准或者符合合同目的的特定标准履行。(2)价款或者报酬不明确的,按照订立合同时履行地的市场价格履行;依法应当执行政府定价或者政府指导价的,按照规定履行。执行政府定价或者政府指导价的,在合同约定的交付期限内政府价格调整时,按照交付时的价格计价。逾期交付标的物的,遇价格上涨时,按照原价格执行;价格下降时,按照新价格执行。逾期提取标的物或者逾期付款的,遇价格上涨时,按照新价格执行;价格下降时,按照原价格执行。

(三)履行地点

履行地点,是指债务人应为履行行为的地点。当事人应当在法定或约定的履行地点履行。在履行地点不明确时,依据《合同法》第61条和第62条的规定,当事人可以协议补充;不能达成补充协议的,按照合同有关条款或者交易习惯确定。若仍不能确定,适用以下规定:"给付货币的,在接受给付一方的所在地履行,其他标的在履行义务一方的所在地履行。"凡符合上述规定的履行地点的履行,为适当履行;否则,债务人的履行为不适当履行,应改在履行地点履行并承担相应的费用。

(四)履行期限

履行期限是指债务人向债权人履行义务和债权人接受债务人履行的时间。履行期限可以是具体的某一期日,也可以是某一期间。履行期限在债的履行中有重要意义,它关系到能否及时满足当事人的需要,因此,当事人必须严格按照合同约定或法律规定的履行期限履行合同。

在合同未对履行期限作明确约定时,应当依据《合同法》第61条的规定确定,若仍不能确定,则适用第62条第4项的规定:履行期限不明确的,债务人可以随时履行,债权人也可以随时要求履行,但应当给对方必要的准备时间。

债务人提前履行债务时,债权人可以拒绝接受该履行,但提前履行不损害债权人利益的除外。债务人提前履行债务给债权人增加的费用,由债务人负担(《合同法》第71条)。债务人逾期履行或迟延履行的,构成债务违反,债权人可依法追究其责任。

(五) 履行方式

履行方式是指债务人履行义务的方法。例如,标的物的交付方法,价款或报酬的支付方法等。履行方法由法律规定或合同约定,债的性质和内容不同,其履行方法也不同。有的债应一次性全部履行(如一次性交货的买卖合同);有的债应分次分部分履行(如分批交货的买卖合同);有的债应定期履行(如按月交租的房屋租赁合同)等等。在履行方式不明确时,应按照有利于实现债的目的的方式履行(《合同法》第62条第5项)。

债的履行方法对当事人双方有直接的利害关系。因此,债务人不按法律规定或合同约定的方法履行的,同样为不适当履行,应承担相应的民事责任。例如,应分期交货的供方一次发货的,需方有权拒收,供方应承担因此造成的损失。

(六) 履行费用

履行费用是指为履行债务支出的必要费用。例如,运送货物的费用,汇款的费用,登记的费用等。关于履行费用的负担,当事人有约定的从约定;如无约定或约定不明确,可依据《合同法》第61条确定,若仍不能确定的,由履行义务一方负担。

[案例] 甲大学生与乙签订了一份家教合同,约定自2007年9月1日起的1年内,甲每周为乙的儿子辅导英语2次,每次2小时、每次40块钱。2007年1月份,甲因为要准备考研究生和找工作,于是就请同学丙帮忙,替自己为乙的儿子辅导,但遭到乙的拒绝。于是,甲便提出解除合同,但乙不同意,双方因此产生争议。请问:乙可以请求法院强制甲继续履行合同吗?

[解答] 本案中,甲乙之间签订的家教合同性质上属于一方为另一方提供劳务的合同,在履行此类合同时,须注意以下特殊性:第一,此类合同的成立一般都是建立在接受劳务的一方对提供劳务的一方的能力、人格等因素的人身信赖关系之上。因而,此类合同中的劳务之债原则上只能由债务人本人履行,不能由第三人代为履行,除非债权人同意。本案中,乙拒绝由丙代替乙履行合同是合法、正当的。第二,出于是否提供劳务事关人身自由的考虑,解释上一般都将劳务之债归入《合同法》第110条所规定的"债务的标的不适于强制履行"的范畴。在提供劳务的一方不愿意或不能继续履行合同时,法律一般都不会支持债权人所提出的强制履行要求。本案的情况就属于这种情况,因而,乙不能请求法院强制甲继续履行合同,而是只能请求赔偿损失或双方协议解决。

三、协作履行原则

协作履行原则,是指当事人在债的履行过程中,应基于诚实信用原则的要求,为对方履行债务提供必要的协助。《合同法》第60条第2款规定:"当事人应当遵循诚实信用原则,根据合同的性质、目的和交易习惯履行通知、协助、保密等义务。"该规定就体现了协作履行原则。

债的履行是当事人的相互行为,缺少任何一方的合作,债的目的和内容都难以得到有效实现。尤其是对于债权人来说,债务的履行并不完全是债务人一方的事情,没有债权人的协助和配合,往往会导致债务人难以顺利履行其债务。

协作履行原则作为诚实信用原则在债的履行中的具体体现,其基本要求主要包括:第一,当事人应当本着诚信、合理的原则,尽量为对方履行义务创造必要的条件和提供方便。例如,债权人住所改变的,应及时通知债务人。第二,在债的履行过程中,遇有不能按原规定履行的情况或其他重大情况的变化时,应及时通知对方,并依据法律的规定或合同的约定采取必要的应对措施。例如,因突发水灾不能按时送达货物的,应将该情况通知对方。第三,当事人发生纠纷时,应及时协商解决,并应采取必要的减损措施,以避免损失的扩大。

第三节 双务合同履行中的抗辩权

一、双务合同履行中的抗辩权概述

双务合同履行中的抗辩权,是指双务合同当事人的一方依法享有的对抗对方当事人的履行请求权,暂时拒绝履行其债务的权利,包括同时履行抗辩权、先履行抗辩权和不安抗辩权。

双务合同履行中的抗辩权,是双务合同的一种特殊效力。它们的行使,只是在一定期间内可使抗辩权人暂时不履行自己的合同义务,并不导致履行义务的消灭。在产生抗辩的原因消失后,抗辩权人仍应履行其债务。因此,双务合同履行中的抗辩权属于一时的、延缓的抗辩权。

二、同时履行抗辩权

(一)同时履行抗辩权概述

同时履行抗辩权,是指双务合同的一方当事人在对方未做出对待给付之前,可拒绝对方的履行请求的权利。《合同法》第66条就规定了这一抗辩权,该条规定:"当事人互负债务,没有先后履行顺序的,应当同时履行。一方在对方履行之前有权拒绝其履行要求。一方在对方履行债务不符合约定时,有权拒绝其相应的履行要求。"

在学理上,同时履行抗辩权的存在基础被认为系在于双务合同的牵连性。所谓双务合同的牵连性,是指给付与对待给付有不可分离的关系,分为发生上的牵连性,存续上的牵连性和履行上的牵连性。所谓发生上的牵连性,是指给付与对待给付在发生上的牵连性,一方的给付义务不发生时,对方的对待给付义务也不发生。所谓存续上的牵连性,是指双务合同的一方当事人的债务应不可归责于双方当事人的事由致履行不能时,债务人的给付义务免除,债权人的对待给付义务也随之免除。所谓履行上的牵连性,又称功能上的牵连性,是指双务合同的当事人一方所负给付与对方当事人所负对待给付互为前提,一方不履行其义务,对方原则上亦有权不履行。[1] 只有如此,才能维持双方当事人之间的利

---

[1] 韩世远:《合同法总论》,法律出版社2011年第3版,第280~281页。

益平衡。同时履行抗辩权正是这种履行上的牵连性的表现。

(二) 同时履行抗辩权的成立要件

依据《合同法》第66条的规定，同时履行抗辩权应具有以下成立要件：

1. 双方当事人因同一双务合同互负债务

同时履行抗辩权的发生根据在于双务合同履行上的牵连性，因而对于《合同法》第66条所规定的"当事人互负债务"，应解释为当事人因同一双务合同互负债务，如因买卖、租赁、承揽、建设工程承包、有偿委托及保险合同等双务合同互负债务。如果当事人之间成立的是单务合同，而非双务合同，不发生同时履行抗辩权，此为其一。其二，当事人互负的债务必须是基于同一双务合同产生的。如果当事人互负的债务并不是基于同一双务合同产生的，即使两个债务事实上有密切关系，也不能产生同时履行抗辩权。其三，当事人基于同一双务合同所负的债务必须具有对待给付的性质或具有对价性。在双务合同中，原则上，可成立对价关系的双方债务应限于双方的主给付义务之间，主给付义务与从给付义务、附随义务之间通常不存在对价关系，[1]但在从给付义务的履行与合同目的的实现有密切关系时，应认为它与主给付义务之间有履行牵连关系，可产生同时履行抗辩权。[2]

2. 双方互负的债务无先后履行顺序

在合同已约定履行先后顺序时，自当依约定履行。在合同未约定履行先后履行顺序时，依照法律的规定，当事人应同时履行。只有在双方互负的债务属于须同时履行的债务时，才有可能发生同时履行抗辩权问题。这里的"同时"不应作绝对化的理解，"凡当事人认同的双方俱为给付的同一时间段，皆为同时"[3]。例如，同一期间、同一期日或同一时间点。

3. 双方互负的债务均已届清偿期

在债务未届清偿期时，对于一方向另一方提出的履行请求，受请求方本就可以以债务尚未届期，自己无须履行为抗辩，不发生同时履行抗辩权问题。只有在双方互负的债权均已同时届期时，才可能发生同时履行抗辩权。

4. 对方未为对待给付或给付不符合约定

在双方应同时履行对待给付时，若一方在自己未为对待给付或给付不符合约定的情况下，仍得请求对方履行其义务，则对方在履行其义务之后，将面临自己可能无法得到对待给付的风险。正是为了避免这种结果的发生，所以法律才在一方未为对待给付或给付不符合约定时，赋予对方以同时履行抗辩权，以暂时中止自己的履行。如果一方当事人已为完全给付，对方当事人自然不享有同时履行抗辩权。

5. 对方的对待给付是可能的

同时履行抗辩权的目的是使双方当事人同时履行其债务。在对方当事人已不可能为

---

[1] 韩世远：《合同法总论》，法律出版社2011年第3版，第285页。
[2] 韩世远：《合同法总论》，法律出版社2011年第3版，第305页。
[3] 江平：《民法学》，中国政法大学出版社2007年版，第661页。

对待给付时,同时履行的目的已经不可能实现,因而不发生同时履行抗辩权问题。当事人只能通过其他途径寻求救济。

最后,需说明的是,虽然同时履行抗辩权主要适用于双务合同中双方互负对待给付义务的情况,但在对待给付义务并非基于双务合同产生,而又具有实质牵连关系时,同时履行抗辩权仍有类推适用的余地。例如,在已履行的买卖合同被撤销时,对于双方互负的对待给付义务(返还标的物的义务和返还价款的义务),也可适用同时履行抗辩权。①

三、先履行抗辩权

(一)先履行抗辩权的概念

《合同法》第67条规定:"当事人互负债务,有先后履行顺序,先履行一方未履行的,后履行一方有权拒绝其履行要求。先履行一方履行债务不符合约定的,后履行一方有权拒绝其相应的履行要求。"该条规定的就是先履行抗辩权,也有学者将其称作顺序履行抗辩权或后履行抗辩权。

在当事人互负的对待给付义务有先后履行顺序时,后履行的一方在先履行一方未完全履行其债务时,可拒绝履行自己所负债务,本属理所当然,故各国法上大多没有像我国《合同法》第67条那样,独立规定先履行抗辩权。

(二)先履行抗辩权的成立要件

依据《合同法》第67条的规定,先履行抗辩权应具有以下成立要件:(1)双方当事人因同一双务合同互负债务,该条件的要求与同时履行抗辩权的要求一致;(2)双方互负债务有先后履行顺序;(3)先履行一方未履行或履行不符合约定。

(三)先履行抗辩权的行使和效力

后履行一方在行使先履行抗辩权时,应以明示的方式为之。先履行抗辩权的行使,可产生使后履行一方暂时中止履行自己债务的效力,因此导致后履行一方履行迟延的,后履行一方不承担履行迟延的责任。先履行抗辩权的行使也不影响后履行一方向对方主张违约责任。

四、不安抗辩权

(一)不安抗辩权的概念

不安抗辩权,是指在非同时履行的合同中,应当先履行的一方在有确切证据证明对方在履行期限到来后将不能或不会履行债务时,得于对方履行债务或提供担保之前,暂时中止履行债务的权利。

《合同法》第68条规定:"应当先履行债务的当事人,有确切证据证明对方有下列情形

---

① 韩世远:《合同法总论》,法律出版社2011年第3版,第302页。

之一的,可以中止履行:(一)经营状况严重恶化;(二)转移财产、抽逃资金,以逃避债务;(三)丧失商业信誉;(四)有丧失或者可能丧失履行债务能力的其他情形。当事人没有确切证据中止履行的,应当承担违约责任。"该条规定的就是不安抗辩权。

(二)不安抗辩权的成立要件

依据《合同法》第67条的规定,先履行抗辩权应具有以下成立要件:

1. 双方当事人因同一双务合同互负债务。该条件的要求与前述两个抗辩权的要求一致。

2. 双方互负债务有先后履行顺序。

3. 先履行一方的债务已届清偿期。如果先履行一方的债务的履行期尚未届至,先履行方本就不必履行债务,自然无赋予其抗辩权的必要,也无从中止履行。

4. 先履行方有确切证据证明后履行一方有丧失或可能丧失履行债务能力的情形。

根据《合同法》第67条的规定,这种丧失或可能丧失履行债务能力的情形主要包括以下情形:(1)经营状况严重恶化。例如,财产明显减少,将来有难为对待给付的危险;或者濒临破产。(2)转移财产、抽逃资金以逃避债务。这些行为表明债务人有极大的违约危险,可能到期不会履行合同。(3)丧失商业信誉。例如,债务人经常拖欠债务,信用极差。(4)有丧失或者可能丧失履行债务能力的其他情形。例如,某演员因患病卧床不起,将来难以履行演出合同;或者,特定物买卖中的特定物在交付之前已经意外灭失。

5. 不安事由危及先履行一方债权的实现。

不安事由的出现,须使先履行一方的债权(全部债权或部分债权)的实现受到威胁,始能发生不安抗辩权。如果对方已经提供担保,则先履行一方的债权的实现已有相当的保障,不发生不安抗辩权。[1]

(三)不安抗辩权的行使和效力

在符合以上条件时,先履行方即取得不安抗辩权。先履行一方在行使不安抗辩权时,应依《合同法》第69条的规定和诚信原则,将其中止履行债务的情况及其原因及时通知对方,并应给对方一个合理的期限,使其恢复履行能力或提供适当的担保。若双方因此产生纠纷,先履行一方应对不安抗辩权的成立承担举证责任。

依据《合同法》第68条和第69条的规定,不安抗辩权的成立和行使,可产生以下效力:(1)在后履行一方履行债务或提供担保之前,先履行一方可以中止履行自己的义务。(2)在后履行一方恢复履行能力或提供担保之前,若后履行一方要求先履行一方履行的,先履行一方可以拒绝履行。(3)如果后履行一方在合理期限内恢复了履行能力或提供了适当的担保,不安抗辩权即归于消灭,先履行一方应当恢复履行。(4)如果后履行一方未在合理期限内提供适当担保或恢复履行能力的,先履行一方可以解除合同并要求损害赔偿。

---

[1] 韩世远:《合同法总论》,法律出版社2011年第3版,第313页。

[案例] 宜宾市某矿物公司与成都某机电公司于1999年8月28日签订了《工矿产品购销合同》，合同约定：由矿物公司向机电公司购买价值215750元的电线，交货时间为1999年8月31日，交货地点为宜宾县需方仓库；需方在提货时向供方预付2万元，并承担运费；货到验收后3日内结清余款；违约责任为违约方赔付对方总金额10%的损失。合同还就电线的规格型号、数量单价、验收标准、异议期限等作出了规定。8月29日，机电公司从成都市送一车货到宜宾市，矿物公司预付了货款2万元。8月31日，机电公司按合同的约定将电线全部运到宜宾县柏溪镇，矿物公司领取200米电线样品进行验收。货到后，机电公司考察发现矿物公司无自有仓库，也没有电线电缆的经营权，对矿物公司的履约能力及诚意表示怀疑，拒绝先交货后收款，要求双方钱货两清。矿物公司不同意，认为应按合同在交货后3日内再付货款，双方发生争议。9月3日，矿物公司未备齐货款，也未提供担保。机电公司将电线运回成都。矿物公司作为原告向宜宾县人民法院起诉，请求判令被告机电公司退还预付款2万元并赔偿损失4万元。被告机电公司依法提起反诉，请求由反诉被告有限公司支付违约金及损失费21000元。请问：本案中，机电公司的做法是否合法？

[解答] 本案中，机电公司在8月31日交货时，拒绝先交货后付款，要求双方钱货两清的做法属于依法行使不安抗辩权的行为。在确定机电公司是否享有不安抗辩权时，关键的问题在于，作为后履行的一方的矿物公司是否存在丧失或可能丧失履行债务能力的情形。依据本案的事实，如果机电公司能证明，"矿物公司既无自有仓库，又无电线电缆经营权"的事实，法院可据此认定，矿物公司事实上是在无相应资历的情况下非法从事电线电缆的经营，已构成《合同法》第68条所规定的"丧失商业信誉"的情形，机电公司可据此取得不安抗辩权。因此，机电公司提出中止履行合同约定的验收3日内结清余款的条款，而要求钱货两清的做法，属于依法行使不安抗辩权的行为。到9月3日，矿物公司仍不能付清货款，机电公司将货运回成都，属在合理期限内，相对方未恢复履行能力也未提供履行担保，故机电公司终止履行合同合法。

【思考题】

1. 简述债的实际履行原则。
2. 简述债的适当履行原则。
3. 简述同时履行抗辩权的成立要件。
4. 简述先履行抗辩权的成立要件。
5. 简述不安抗辩权的成立要件。

【司法考试真题链接】

某市 A 乡农户甲于 2006 年 3 月 1 日与乙公司订立合同,出售自己饲养的活鸡 1 万只,乙公司应在 3 月 21 日前支付 5 万元的首期价款,甲从 4 月 1 日起分批交付,交付完毕后乙公司付清余款。3 月 20 日,乙公司得知该市的 B 乡发现了鸡瘟,即致电向甲询问。甲称,尽管 B 乡临近 A 乡,但是应当不会传播过来。乙公司表示等到事情比较明朗后再付款,甲坚持要求其按时付款,否则将不交货并追究责任。3 月 25 日,因邻居家失火导致甲的鸡棚倒塌,致甲所饲养的大部分鸡毁于一旦,甲当即将此事通知了乙。2006 年 3 月 10 日,甲向丙公司订购了一批饲料,约定 4 月 10 日至 20 日期间送货上门,甲验收后 10 日内付款。甲在 3 月 26 日把鸡死亡情况通知了丙公司,要求取消交易。丙公司称:货物已经备好,不同意解约,除非甲赔偿其损失。请回答:(2007 年)

1. 关于甲与乙公司之间的关系,表述正确的是:
A. 乙公司虽在 3 月 21 日没有付款,但不应承担违约责任
B. 甲 3 月 20 日电话中关于将不交货的表示构成违约
C. 甲不需承担不能交付标的物的违约责任
D. 乙公司有权解除合同

2. 关于甲与丙公司之间的关系,表述正确的是:
A. 由于甲所养殖的鸡于 3 月 25 日已经大部灭失,合同自动解除
B. 甲取消交易构成违约,应对丙承担违约责任
C. 甲有权单方解除合同,但是应赔偿丙公司的损失
D. 丙有权要求甲继续履行合同

3. 假设甲所养的鸡并未因失火导致鸡棚倒塌所灭,但当地政府为防止疫情爆发,自 3 月 21 日起对甲的养殖场实行管制,禁止鸡鸭外运,一旦发现疫情即全部扑杀,乙知情后没有支付首期价款,关于甲、乙之间的关系,表述正确的是:
A. 虽然乙公司在 3 月 21 日前没有付款,也不应承担违约责任
B. 甲有权以乙未付首期价款为由拒绝履行相应的交货义务
C. 如果双方协商解除合同,甲应当适当赔偿乙公司的损失
D. 如果双方协商解除合同,乙公司应当适当赔偿甲的损失

第十一章 债的保全和担保

【引例】

　　同升公司以一套价值 100 万元的设备作为抵押,向甲借款 10 万元,未办理抵押登记手续。同升公司又向乙借款 80 万元,以该套设备作为抵押,并办理了抵押登记手续。同升公司欠丙货款 20 万元,将该套设备出质给丙。丙不小心损坏了该套设备送丁修理,因欠丁 5 万元修理费,该套设备被丁留置。请问,关于甲、乙、丙、丁对该套设备享有的担保物权的清偿顺序应该如何确定?

　　本案中,甲、乙、丙、丁对该套设备享有的担保物权的清偿顺序为:丁、乙、丙、甲。根据《物权法》第 239 条规定,同一动产上已设立抵押权或者质权,该动产又被留置的,留置权人优先受偿。据此可知,本题中丁享有的留置权最先受偿。《担保法解释》第 79 条第 1 款规定,同一财产法定登记的抵押权与质权并存时,抵押权人优先于质权人受偿。据此可知,本题中乙享有的已登记的抵押权优先于丙享有的质权受偿,丙享有的质权优先于甲享有的未登记的抵押权受偿。因此,本案中的清偿顺序为:丁、乙、丙、甲。

第一节 债的保全

一、债的保全概述

　　债的保全,是指债权人为保障其债权的实现而有权采取的防止债务人总财产的不当减少的法律手段。债务人的总财产是债权人的债权得以实现的基本保障,债务人总财产的增减与债权人的利益息息相关,为保护债权人的利益,法律便赋予债权人采取适当的措施防止债务人总财产的不当减少,以此保障债权的实现。

　　债务人总财产的不当减少包括两种情况:一为总财产的积极减少,即债务人采取积极的措施减少自己的总财产;二为总财产的消极减少,即债务人消极地放任其财产减少。对这两种情况,法律分别赋予债权人不同的应对权利:一为撤销权,债权人在债务人积极地减少其总财产时,可以请求法院撤销债务人和第三人的法律行为,以恢复债务人的总财产;二为代位权,债权人在债务人消极地放任其总财产的减少时,可以代债务人之位向第三人行使债权人的权利,以维持债务人的总财产。[①]

　　因此,债的保全包括债权人的代位权和债权人的撤销权。代位权和撤销权的行使对

---

① 崔建远、韩世远、于敏:《债法》,清华大学出版社 2010 年版,第 65 页。

债的关系之外的第三人产生直接效力,突破了债的相对性,是债的对外效力的典型体现,因此在学理上也被称为债的对外效力。

二、代位权

(一)代位权的概念

代位权,是指为防止债务人消极地放任其总财产的减少而给债权造成损害,债权人有权向人民法院请求以自己的名义行使债务人对第三人的权利。该第三人为次债务人。

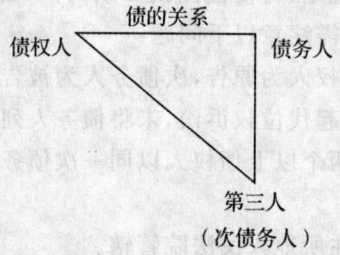

(二)债权人代位权的构成要件

1. 债权人对债务人享有有效的到期债权

具体而言,应注意以下几点:

第一,债权人对债务人享有的债权必须是有效的。如果债权债务不成立,或相关合同被撤销、宣告无效、解除或该债权过了诉讼时效,则债权人不享有代位权。

第二,债务人对第三人(即次债务人)的债权有效,且已经到期。如果该债权尚未到期,则无法确定债务人是否会怠于行使其权利而侵害债权人的债权。

2. 债务人怠于行使其到期债权

怠于是指应行使且能行使但不行使其债权。具体而言:应行使是指如果债务人不及时行使,则其债权将有可能丧失;能行使是指债务人在客观上能够行使其债权。

根据《合同法解释(一)》第13条第1款的规定,怠于行使是指债务人能够通过诉讼或仲裁的方式向其债务人主张其享有的具有金钱给付内容的到期债权,但一直未向其主张权利,致使债权人的到期债权未能实现。

3. 债务人怠于行使权利的行为已经对债权人造成了损害

这里所说的造成损害是指债务人因怠于行使自己对次债务人的权利,造成自己无力清偿对债权人的到期债务。怠于行使和无力清偿之间是因果关系。

4. 债务人的债权适合代位行使

适合代为行使主要是指:

(1)债务人的债权必须是以金钱给付为内容的债权,如果是不作为之债、提供劳务之债或基于人身信任关系之债,债权人不得代位行使[《合同法解释(一)》第13条第1款]。

(2)债务人的债权不能是专属于债务人自身的债权(《合同法》第73条)。专属于债务人自身的债权,即基于扶养关系、抚养关系、赡养关系、继承关系产生的给付请求权和劳动报酬、退休金、养老金、抚恤金、安置费、人寿保险、人身伤害赔偿请求权等权利[《合同法解释(一)》第 12 条的规定],不得代位行使。

(三)代位权的行使

1. 行使的主体

债务人所有的债权人都有代位权。各债权人必须以自己的名义单独行使或共同行使,但不可以债务人的名义行使对此债务人的权力。

2. 行使的方法

(1)代位权的行使,由各债权人以自己的名义为之。

(2)根据我国《合同法》的规定,行使代位权必须向人民法院请求,即债权人应以自己的名义提起代位权诉讼。此处需注意以下问题:

第一,在代位权诉讼中,债权人为原告,次债务人为被告,债务人为第三人。债权人以次债务人为被告向人民法院提起代位权诉讼,未将债务人列为第三人的,人民法院可以追加债务人为第三人;两个或者两个以上债权人以同一次债务人为被告提起代位权诉讼的,人民法院可以合并审理。

第二,代位权诉讼由被告住所地人民法院管辖。

第三,在实务中,围绕着代位权,可能发生三个诉讼:诉讼 A,债权人与债务人之间的诉讼;诉讼 B,债权人与次债务人之间的代位权诉讼;诉讼 C,债务人与次债务人之间的诉讼,即债务人对超过债权人代位请求数额的债权部分另行起诉次债务人。法院应当依次处理诉讼 A、诉讼 B、诉讼 C,在前一个诉讼的裁决生效之前,后一个诉讼应依法中止[《合同法解释(一)》第 15 条第 2 款、第 22 条]。

第四,债权人在代位权诉讼中胜诉的,诉讼费由次债务人负担,从实现的债权中优先支付。

3. 代位权行使的范围

债权人行使代位权,以保全债权的必要范围为限,既不得超过债权人的债权数额,也不得超过债务人对次债务人的债权数额。

(四)代位权行使的效力

1. 对债权人的效力

《合同法解释(一)》第 20 条规定:"债权人向次债务人提起的代位权诉讼经人民法院审理后认定代位权成立的,由次债务人向债权人履行清偿义务,债权人与债务人、债务人与次债务人之间相应的债权债务关系即予消灭。"因此,债权人行使代位权后,可直接从次债务人处获得清偿。债权人与债务人的债权债务关系、债务人和次债务人之间与代位权金额相当的部分的债权债务关系即告消灭。①

2. 对债务人的效力

(1)债务人处分权的限制

债权人行使代位权后,对债权人代位请求数额范围内的债权部分,债务人不得处分,

---

① 陈华彬:《债法总论》,中国法制出版社 2012 年版,第 188 页。

否则可能会使债权人代位权制度落空。①

(2)债权人行使代位权的必要费用由债务人承担,这里的必要费用包括律师代理费、差旅费用等[《合同法》第73条]。

(3)对于超过债权人代位请求数额的债权部分,债务人仍有处分权。只是,债务人须另行提起诉讼,但在代位权诉讼裁判发生法律效力之前,债务人提起的诉讼应依法中止。

3. 对次债务人的效力

(1)在代位权诉讼中,次债务人可对债务人主张的抗辩,均可向债权人主张。

(2)在代位权诉讼中,债权人胜诉的,由次债务人向债权人履行清偿义务;诉讼费用由次债务人负担,从实现的债权中优先支付[《合同法解释(一)》第19条、第20条]。

(3)对于超过债权人代位请求数额的债权部分,次债务人仍对债务人负清偿义务。

三、撤销权

(一)撤销权的概念

撤销权,指对于债务人采取积极的措施减少自己的总财产而有害债权的行为,债权人可请求法院予以撤销的权利。

由于撤销权的行使必须依法定的诉讼程序进行,所以又被称为撤销诉权或废罢诉权。

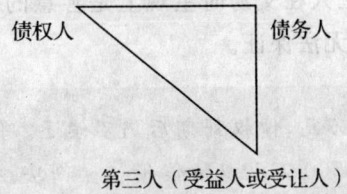

(二)撤销权的构成要件

1. 须有债务人减少其财产或增加其财产负担的法律行为或准法律行为。事实行为、身份行为等,不得被撤销。根据《合同法》第74条和《合同法解释(二)》第18条、第19条的规定,可被撤销的债务人的行为包括:

(1)债务人放弃到期债权的行为。

(2)债务人无偿转让财产的行为。

(3)债务人以明显不合理的低价转让财产,并且受让人知道该情形。

(4)债务人放弃未到期债权或债权担保。

(5)债务人恶意延长到期债权的履行期。

(6)债务人以明显不合理的高价收购他人财产。

上述情形中,对于"明显不合理的低价"和"明显不合理的高价"的判断,应当以交易当地一般经营者的判断,并参考交易当时交易地的物价部门指导价或者市场交易价,结合其他相关因素综合考虑予以确认。一般而言,转让价格达不到交易时交易地的指导价或者

---

① 杨立新:《债法总论》,法律出版社2011年版,第272页。

市场交易价70%的,可以视为明显不合理的低价;对转让价格高于当地指导价或者市场交易价30%的,可以视为明显不合理的高价[《合同法解释(二)》第19条第2款]。

2. 须债务人的行为危害债权。所谓危害债权,是指债务人的行为导致其财产的减少或负担的增加,会减弱债务人的清偿能力,使债权人的债权无法得到满足。如果债务人处分其财产后仍然有足够的清偿债权人债权的能力,就不能认为该行为有害债权,债权人无权行使撤销权。

3. 须债务人的行为是在债权成立后所为。债务人在债权成立前作出的行为,不能作为撤销权的标的。

4. 须债务人的行为以财产为标的。债务人的行为如不是以财产为标的的,比如结婚、收养、继承的抛弃或承认、以不作为为标的法律行为等,不得作为撤销权的标的。[1]

5. 至于主观状态是否是撤销权的成立要件,则因债务人处分行为的类型不同而不同。

(1)如果债务人和第三人之间的行为是无偿的,如放弃债权或债权担保、无偿转让财产的行为,就无须考虑当事人的主观状态,只要符合上述四个条件,债权人就可行使撤销权。

(2)如果债务人和第三人之间的行为是有偿的,为了保护善意第三人的利益,债权人撤销权的行使不仅要有客观要件,而且要求有债务人和第三人都有主观上的恶意。如果与债务人发生有偿交易的第三人在交易时主观上是善意的,则其信赖利益在法律上就应受保护,否则交易安全和秩序无法保证。

[案例]无名欠傲雪500万元,债权到期后仍不偿还。傲雪向法院起诉,法院判决无名应在某一期限内支付傲雪500万元以清偿债权。判决生效后,无名将自己所有的市场价值为400万元的一栋别墅和100万元的一栋两居室商品房,分别以200万元和60万元的价格低价转让给自己的成年子女,并办理了相关的过户登记手续。此后,无名无力清偿对傲雪所负的债务。傲雪向法院起诉,要求撤销无名和子女之间的房屋转让行为。请问:傲雪的要求能否得到法院的支持?

[解答]无名在其债务被法院判决执行的情况下,将自己的财产以不合理的低价转让给自己的子女以规避债务,使债权人傲雪的债权受到侵害,因此,作为债权人的傲雪可以向法院起诉,行使撤销权。

(三)撤销权的行使

1. 行使的主体

和代位权一样,债务人所有的债权人都有撤销权。各债权人必须以自己的名义单独行使或共同行使。

2. 行使的方法

---

[1] 刘凯湘:《债法总论》,北京大学出版社2011年版,第104页。

(1)撤销权的行使,由各债权人以自己的名义为之。

(2)根据我国《合同法》的规定,行使撤销权必须向人民法院请求,即债权人应以自己的名义提起撤销权诉讼。此处需注意以下问题:

第一,撤销权诉讼的原告是债权人,被告为债务人,受益人或者受让人为第三人。债权人以债务人为被告向人民法院提起撤销权诉讼未将受益人或者受让人列为第三人的,人民法院可以追加该受益人或者受让人为第三人。两个或者两个以上债权人以同一次债务人为被告提起撤销权诉讼的,人民法院可以合并审理。

第二,撤销权诉讼,由被告住所地人民法院管辖。

第三,债权人行使撤销权所支付的律师代理费、差旅费等必要费用,由债务人负担;第三人有过错的,应当适当分担。

3. 行使的范围

(1)各债权人以自身的债权为基础行使撤销权,不能以未行使撤销权的全体债权人的债权为保全范围。

(2)债权人在行使撤销权时,其请求撤销的数额应与其债权数额一致。

4. 行使的期间

根据《合同法》第75条的规定,撤销权自债权人知道或应当知道撤销事由之日起1年内行使。自债务人的行为发生之日起5年内没有行使撤销权的,该撤销权消灭。因此,该期间为除斥期间。①

(四)撤销权的效力

1. 对债务人的效力

债务人的行为在被撤销之前并非当然无效,但一旦被撤销后,该行为自始无效。债务人尚未给付的,无须再为给付。

2. 对受益人的效力

债务人的行为被撤销后,受益人已受领债务人财产的,应负返还的义务;原物不能返还的,应折价赔偿。如果受益人已支付对价,则对债务人享有不当得利返还请求权。

3. 对撤销权行使人的效力

(1)有权请求受益人向债务人返还所受领的利益;

(2)债权人有权请求受益人将所受利益返还给债务人,也有权请求受益人将所受利益直接交付给债权人自己,但债权人对该财产无优先受偿权,该财产应作为全体债权人的共同担保;

(3)债权人行使撤销权所支付的律师费、差旅费等必要费用,由债务人负担,第三人有过错的,应当适当分担。

4. 对其他债权人的效力

通过撤销权的行使而取回的财产应作为全体债权人的共同担保,由各债权人按债权数额的比例受偿。

---

① 孙森焱:《民法债权编总论》,法律出版社2006年版,第554页。

第二节 债的担保

一、债的担保概述

(一)债的担保的概念和特征

债的担保,是指为保障债权得以实现而设置的法律制度。

根据我国《担保法》和《物权法》的规定,法定的担保种类主要有五种:保证、抵押、质押、留置、定金。但在这五种法定担保种类中,银行一般只接受保证、抵押、质押三种担保方式作为银行贷款的担保。

债的担保具有如下特征:

1. 从属性

债的担保的从属性,又称债的担保的附随性,是指债的担保依附于债权而成立、转移和消灭。由担保的性质决定,债的关系不成立、转移或因无效等原因而消灭时,担保归于消灭;债的关系范围缩小时,担保也随之消灭或缩小。

2. 补充性

债的担保的补充性,是指债的担保对于债权人的债权的实现具有补充作用。[①] 一方面,仅在所担保的债务不履行或者不能履行时,债权人才能行使担保权,执行担保财产;另一方面,担保的存在增加了债务人履行债务的压力,增强了债权人的债权得到实现的可能性。

3. 相对独立性

债的担保的相对独立性,是指因担保的成立而发生的担保法律关系是和所担保的债权债务关系有区别的法律关系。具体而言:

(1)债的担保的成立须有当事人设立担保的合意,或法律的直接规定,与被担保的债权的成立或发生分属不同的法律关系,适用不同的法律;

(2)债的担保的成立和消灭,有不同于被担保的债权的特别之处,且债的担保的无效或消灭,不影响所担保的债权;

(3)债的担保的效力,按法律规定或当事人约定,可以不依附于被担保的债权而单独发生效力,被担保的债权的无效或失效,对已成立的债的担保不发生影响。[②]

(二)债的担保的分类

1. 人的担保、物的担保和金钱担保

以担保标的的性质为标准,可将担保分为人的担保、物的担保和金钱担保。

(1)人的担保,又称信用担保,是指由债务人以外的第三人以其总财产为债务人的债

---

① 王全弟:《债法》,复旦大学出版社2010年版,第71页。
② 王全弟:《债法》,复旦大学出版社2010年版,第71页。

权人所提供的担保。需要注意的是,人的担保不是指以人身为担保,而是以债务人之外的第三人的总财产为担保。[①] 保证是人的担保的典型形式。

(2)物的担保,又称担保物权,是指在债务人或第三人提供的特定财产上所设立的担保,在债务人不履行债务时,债权人可从该担保财产的变卖价款中优先受偿以保障债权实现。抵押、质押、留置是物的担保的典型形式。

(3)金钱担保,是指以金钱为标的物的担保。就其本质而言,金钱担保也属于物的担保。但金钱毕竟不是一般的物,而是具有高度流通性和可替代性的一般等价物,因此,以金钱为标的的担保和以其他物为标的的担保有着重要的区别。所以,法律将定金作为一种不同于物的担保的独立的担保方式。金钱担保的主要形式为定金和押金,但我国《担保法》仅将定金明文规定为担保方式。

由于本书"物权法"部分已对物的担保进行阐述,因此,本节仅讨论人的担保与金钱担保。

2. 本担保、反担保和再担保

以担保设定的目的为标准,可将担保分为本担保、反担保和再担保。

(1)本担保,是指为保障主债权的实现而设立的担保。各国民商事立法一般是从本担保的角度来规范担保制度的。

(2)反担保,又称求偿担保,是指第三人为债务人向债权人提供担保后,为保障自己对债务人的追偿权得以实现而设立的担保。

就其实质来说,反担保是和本担保相对而言的,与本担保并没有实质差异,在担保的成立条件、担保的形式、担保的效力等方面基本适用关于本担保的规定。《物权法》第171条第2款规定:"第三人为债务人向债权人提供担保的,可以要求债务人提供反担保。反担保适用本法和其他法律的规定。"

(3)再担保,又称复担保,是指为已设定的债权担保(主担保)而设定的担保,当主担保人不能独立承担担保责任时,由再担保人向债权人在合同约定的范围内继续剩余的清偿,以保障债权的实现。

再担保是社会信用体系建设的一种法律制度设计,是用再担保这一法律工具来完善担保体系和防范金融风险的探索创新,其主要原理在于通过再担保机构的信誉和能力为担保机构提供信用增级和担保业务风险分担的行为,扩大担保机构的担保放大倍数,促进融资担保的进一步发展。

再担保和反担保的区别在于:

第一,担保人不同。根据再担保的定义,再担保人只能是主担保人和债务人之外的人,而在反担保中,充当反担保人的可以是债务人,也可以是债务人和本担保人之外的第三人。

第二,担保的对象不同。再担保担保的对象是已设定的债权的主担保,而反担保担保的对象则是担保人承担担保责任后对债务人的追偿权。

第三,承担担保责任的条件不同。再担保人承担责任的条件是主担保人不能独立承

[①] 杨立新:《债法总论》,法律出版社2011年版,第289页。

担担保责任,而反担保人承担责任的条件是本担保人承担了担保责任。

(三)债的担保的竞存

债的担保的竞存,是指同一个债权同时有多种担保方式为之担保的情形。包括人的担保和物的担保的竞存以及物的担保之间的竞存。

1. 人的担保和物的担保的竞存

保证和担保物权的竞存,是指同一债权同时享有担保物权和保证担保,且保证和担保物权担保的范围相同或重合。① 根据《物权法》第176条的规定,对该情形的处理规则如下:

(1)尊重了当事人的意思自治,在当事人对物的担保和人的担保的关系有约定的情况下,按约定的顺序实现。

(2)在没有约定或者约定不明确时,在债务人自己提供物的担保时,应当先就物的担保实现担保权。债权人放弃担保物权或者债权人怠于行使担保物权致使担保物的价值减少或者毁损灭失的,保证人在债权人丧失优先受偿权益的范围内免除担保责任。因此,保证人承担的是补充担保责任,仅对物的担保之外的债权承担保证责任。

(3)在没有约定或者约定不明确时,如债权享有的物的担保是由第三人提供,且又有保证担保时,允许债权人自由选择,既可请求实现物的担保,又可请求保证人履行保证责任。

2. 物的担保之间的竞存

物的担保的竞存,又称担保物权的竞合,是指同一财产之上同时存在数个不同种类的物的担保的现象,也可称为物的担保的冲突。② 对于该问题的处理,规则如下:

(1)同一标的物上法定担保物权与约定担保物权竞合时,实行法定担保物权优先原则。《物权法》第239条规定:"同一动产上已设立抵押权或者质权,该动产又被留置的,留置权人优先受偿。"

(2)同一动产上抵押权与质权竞合时,根据《担保法解释》第79条第1款的规定,登记的动产抵押权优先于动产质权;未登记的动产抵押权不得对抗善意的动产质权人。

(3)同一标的物上抵押权之间竞合时,按《物权法》第199条的规定处理,登记的抵押权优于未登记的抵押权;先登记的优于后登记的抵押权,都没有登记的,按照债权比例受偿。

因此,对于本章的引例而言,丁享有的留置权最先得到受偿。乙享有的已登记的抵押权优先于丙享有的质权受偿,丙享有的质权优先于甲享有的未登记的抵押权受偿。所以,本案中甲、乙、丙、丁对该套设备享有的担保物权的清偿顺序是丁、乙、丙、甲。

二、保证

(一)保证的概念和方式

保证,是指由第三人和债权人约定,当主债务人不履行债务时,由该第三人按照约定

---

① 杨红:《中华人民共和国物权法担保物权研究》,中国社会科学出版社2007年版,第73页。
② 郭明瑞:《担保法》,法律出版社2010年版,第261页。

履行债务或承担连带责任的担保方式。

在保证担保关系中,承担担保责任的第三人为保证人;被担保的债权人,既是主合同主债权的债权人,又是保证合同中的债权人;"按照约定履行债务或者承担责任"被称为保证债务或保证责任。

根据《担保法》的规定,保证有两种方式:

1. 一般保证,是指当事人在保证合同中约定,只有在债务人不能履行债务时,才由保证人代为履行的保证方式。

2. 连带责任保证,是指当事人在保证合同中约定,债务人在债务履行期届满时未履行债务的,债权人既可请求债务人履行债务,也可请求保证人履行保证债务的保证方式。

这两种保证最大的区别就在于保证人是否享有先诉抗辩权。先诉抗辩权亦称检索抗辩权,是指主合同纠纷未经审判或仲裁,并就债务人财产依法强制执行用于清偿债务前,一般保证人对债权人可拒绝承担保证责任。

在一般保证中,保证人除享有基于主债务合同的一般抗辩权外,还享有先诉抗辩权;而在连带责任保证中的保证人有基于主债务合同的一般抗辩权,但不享有先诉抗辩权,即只要债务人在主合同规定的债务履行期届满没有履行债务,债权人就可以要求债务人履行债务,也可直接要求保证人承担保证责任。因此,一般保证中保证人承担的是补充责任,责任较轻,而连带责任保证中保证人承担的是连带责任,责任较重。① 但根据《担保法》第 17 条第 3 款的规定,在下列情形下不得行使先诉抗辩权:(1)债务人住所变更,致使债权人要求其履行债务发生重大困难的;(2)人民法院受理债务人破产案件,中止执行程序的;(3)保证人以书面形式放弃先诉抗辩权的。

根据《担保法》第 19 条的规定,当事人对保证方式没有约定或者约定不明确的,按照连带责任保证承担保证责任。

(二)保证的设立

保证的设立须由保证人与债权人订立保证合同。但作为一种担保方式,保证的设立除须具备合同成立和生效的一般要件之外,还应满足如下条件:

1. 须主债务的有效存在。保证是为担保主债务的履行而设立的从债,因此,除非当事人另有约定,保证须以主债务的有效存在为前提条件。

2. 须有有效保证合同的存在。

(1)保证合同的当事人是主债权人与保证人,主债务人不是保证合同的当事人。

①保证合同的债权人即为被担保的主债的债权人,在保证法律关系中是纯受利益的人,因此,法律没有必要对其资格加以限制,不具有完全民事行为能力的人可以成为保证合同的债权人。

②保证人须具有相应的民事行为能力。保证人是保证合同的债务人,是担保主债务得到履行的担保人,其资格和能力关系到保证合同能否得以履行,因而必须严格界定。我国《担保法》第 7 条规定:"具有代为清偿债务能力的法人、其他组织或者公民,可以作为保

---

① 刘凯湘:《债法总论》,北京大学出版社 2011 年版,第 79 页。

证人。"《担保法解释》第 14 条又规定:"不具有完全代偿能力的法人、其他组织或者自然人,以保证人身份订立保证合同后,又以自己没有代偿能力要求免除保证责任的,人民法院不予支持。"换言之,保证人是否具有代偿能力并不影响保证合同的有效性。

此外,需要注意的是:第一,国家机关不得担任保证人,但经国务院批准为使用外国政府或者国际经济组织贷款进行转贷的除外;第二,学校、幼儿园、医院等以公益为目的的事业单位、社会团体不得为保证人;第三,不具有法人资格的企业法人的分支机构、职能部门不得为保证人,除非有法人的书面授权的。

(2)保证合同是要式合同、从合同、单务合同、无偿合同。

《担保法》第 13 条规定:"保证人与债权人应当以书面形式订立保证合同。"因此,保证合同是要式合同。《担保法解释》第 22 条进一步规定:"第三人单方以书面形式向债权人出具担保书,债权人接受且未提出异议的,保证合同成立。主合同中虽然没有保证条款,但是,保证人在主合同上以保证人的身份签字或者盖章的,保证合同成立。"

保证是为担保主债务的履行而设立的担保,具有从属性,因此,保证是主债务的从债,保证合同是主债合同的从合同。

在保证法律关系中,主债权人享有根据保证合同的约定要求保证人履行保证责任的权利,但对保证人不承担相应的义务,反之亦然,因此,保证合同是单务合同。

由于保证合同是单务合同,主债权人无须提供对价即可享有对保证人的相应权利,因此,保证合同是无偿合同。至于主债务人是否需要向保证人支付报酬,对合同的无偿性没有任何影响,因为主债务人不是保证合同的当事人。

(3)保证合同的内容。

《担保法》第 15 条第 1 款规定:"保证合同应当包括以下内容:(一)被保证的主债权种类、数额;(二)债务人履行债务的期限;(三)保证的方式;(四)保证担保的范围;(五)保证的期间;(六)双方认为需要约定的其他事项。"但该条第 2 款又规定:"保证合同不完全具备前款规定内容的,可以补正。"由此可见,该条第 1 款规定的保证合同应具备的内容只是示范性条款。

(三)保证期间

保证期间,即保证人承担保证责任的期间。根据《担保法》第 25 条、第 26 条和《担保法解释》第 32 条的规定,保证期间适用下列规则:

1. 保证期间的性质。

保证期间为除斥期间,且不因任何事由发生中断、中止、延长的法律后果。[①] 因此,如果因保证人疏忽而在保证期间经过后仍履行了保证责任,可依不当得利请求债权人返还。

2. 保证期间的起算。

无论是一般保证,还是连带责任保证,都从主债务履行期届满之日起算。

3. 保证期间的长短,按下列规则确定:

(1)当事人可自由约定。若如约定,推定为主债务履行期限届满之日起 6 个月;

---

① 《最高人民法院关于适用〈中华人民共和国担保法〉若干问题的解释》第 31 条。

(2)当事人约定的保证期间早于或等于主债务履行期限的,视为无约定,推定为主债务履行期限届满之日起6个月;

(3)当事人约定保证责任直至主债务本息还清时为止或类似内容的,视为约定不明,推定为债务履行期限届满之日起2年。

4. 保证期间的经过及其效果。

保证期间的经过及其效果,因保证方式的不同而不同:

(1)一般保证的保证期间的经过及其效果。

根据《担保法》第25条第2款的规定,债权人未在一般保证的保证期间内对债务人提起诉讼或仲裁的,即为保证期间经过,保证人免责。换言之,只要债权人在一般保证的保证期间内对债务人提起诉讼或仲裁的,保证人就不能免责。

(2)连带责任保证期间的经过及其效果。

根据《担保法》第26条第2款的规定,债权人未在连带保证之保证期间内请求保证人承担保证责任的,即为保证期间经过,保证人免责。

5. 保证期间和保证债务的诉讼时效的关系。

两者的关系如下:

(1)一旦保证期间经过,就不可能启动保证债务的诉讼时效。

(2)只有在保证期间之内,才有可能启动保证债务的诉讼时效。但保证债务的诉讼时效启动因保证方式的不同而不同:

在一般保证中,根据《担保法解释》第34条的规定,债权人在保证期间内,对于债务人提起诉讼或者申请仲裁的,从判决或者仲裁裁决生效之日起,开始计算保证债务的诉讼时效。

在连带保证中,保证期间内只要债权人向保证人提出了承担保证责任请求,就立即开始起算保证债务的诉讼时效。

[案例](1)青龙欠白虎1万元,约定2010年5月1日前偿还,玄武为一般保证人。如果白虎在2010年10月5日诉青龙并胜诉,判决11月15日生效。请问:从什么时候开始,玄武无须承担保证责任?

(2)青龙欠白虎1万元,约定2010年5月1日前偿还,玄武为连带保证人。如果白虎在2010年11月1日诉青龙和玄武。请问:白虎至迟应在什么时候请求玄武承担责任,否则玄武无须承担保证责任?

[解答](1)2012年11月16日。本案中,白虎至迟应在2010年11月1日前诉玄武,而白虎的实际起诉日期为2010年10月5日,此时保证债务的诉讼时效启动,启动后适用2年的普通诉讼时效的规定,从判决生效日11月15日开始起算,2年后即2012年的11月15日是保护的最后期限。因此,玄武从次日起,即16日起,无须承担保证责任。

(2)2012年11月1日。本案是连带责任保证,要启动保证债务诉讼时效则必须在保证期间之内向保证人提出请求。本案中,白虎在保证期间的最后一天向法院起诉青龙和玄武,因此,保证债务的诉讼时效启动,启动后适用2年的普通诉讼时效的规定,从起诉之日即2010年11月1日开始起算保证债务的诉讼时效,2年后,即2012年的11月1日,是最后受保护的期限。

6. 保证债务诉讼时效期间与主债务诉讼时效期间的关系。

根据《担保法解释》第36条的规定,两者的关系如下:

(1)在一般保证中,主债务诉讼时效中断,保证债务诉讼时效中断;在连带责任保证中,主债务诉讼时效中断,保证债务诉讼时效不中断。

(2)在一般保证和连带责任保证中,主债务诉讼时效中止的,保证债务的诉讼时效同时中止。

(四)保证的效力

1. 保证责任的范围。

对于保证责任的范围,当事人可在保证合同中加以约定;未约定或约定不明确时,推定保证范围及于主债权及其利息、违约金、损害赔偿金和实现债权的费用。

在保证期限内,保证债务随主债务的减少而减少,当主债务增加时,非经保证人同意,保证的范围不随之扩大。

2. 保证在债权人和保证人之间的效力。

(1)保证在债权人和保证人之间发生债的一般效力。债权人在主债务未得到清偿时,享有请求保证人履行保证债务的权利。

(2)保证人应按合同规定履行保证债务,同时,享有如下抗辩权:其一,保证人享有主债务人可对债权人主张的一切抗辩权;其二,保证人享有自身特有的抗辩权,一般保证的保证人享有先诉抗辩权。《担保法》第17条第2款规定:"一般保证的保证人在主合同纠纷未经审判或者仲裁,并就债务人财产依法强制执行仍不能履行债务前,对债权人可以拒绝承担保证责任。"

(3)同一债权既有保证又有物的担保的,保证人对物的担保以外的债权承担保证责任。债权人放弃物的担保的,保证人在债权人放弃权利的范围内免除保证责任。

但根据《物权法》第176条的规定,被担保的债权既有物的担保又有人的担保的,债务人不履行到期债务或者发生当事人约定的实现担保物权的情形,债权人应当按照约定实现债权;没有约定或者约定不明确,债务人自己提供物的担保的,债权人应当就该物的担保实现债权;第三人提供物的担保的,债权人可以就物的担保实现债权,也可以要求保证人承担保证责任。提供担保的第三人承担担保责任后,有权向债务人追偿。将物的担保和人的担保置于同等的地位。同时,根据《担保法解释》的规定,只有在债权人放弃属于债务人自己的抵押权的情况下才能适用保证人免除保证责任的规定。其理由是在第三人提供担保物的情况下,债权人有选择行使担保物权还是保证债权的权利,当事人没有特别约定的,两者都有清偿的责任。债权人放弃担保物权对保证人并无实际影响。而当担保物权为债务人所提供时,情况则有所不同,保证人只对物的担保以外的债权承担保证责任,如果债权人放弃物的担保,使债务人本来就用来清偿债务的财产不用于清偿,势必加大了保证人的责任,因此,保证人应当在其放弃权利的范围内免除保证责任。

3. 保证在保证人和债务人之间的效力。

(1)保证人向债权人承担保证责任后,对债务人享有追偿权。《物权法》第31条规定:"保证人承担保证责任后,有权向债务人追偿。"

(2)保证人向债权人承担保证责任后,有权取代原债权人的地位,并行使其对主债务人的权利。

(3)连带责任保证的保证人在债权人对保证人提起诉讼时,可要求主债务人负连带责任。

(4)保证人或主债务人履行债务后,都负有通知对方的义务。

三、定金

(一)定金的概念和特征

定金,是指为担保合同债权的实现,合同当事人一方依约定或法律规定在合同订立时或履行前,按照合同标的额的一定比例,预付给对方一定数量的金钱的一种担保方式。

作为一种债权的担保方式,定金具有如下特点:

1. 定金是一种债的担保,具有从属性。定金合同是主合同的从合同,其成立以主合同的成立为前提。若无特别约定,主合同无效时,定金合同也无效;主合同解除或因其他原因消灭时,定金合同也消灭。①

2. 定金为金钱担保。定金既不是一般的物的担保,也不是人的担保,只能以金钱为标的物。

3. 定金合同为实践合同。定金合同的成立,仅有当事人的合意还不够,还必须有定金的实际交付。

4. 定金合同为要式合同。根据《担保法》第90条的规定,定金应当以书面形式订立。

5. 定金担保是合同当事人之间的一种双向担保。定金担保设定后,双方当事人都受到定金罚则的约束:交付定金的一方不履行合同时,无权收回定金;接受定金的一方不履行合同时,必须双倍返还定金。这就使合同双方当事人都承担担保主债履行的义务,是一种双向的担保。

(二)定金的种类

1. 立约定金,又称订约定金,是指以保证订立合同为目的而在合同订立前交付的定金。《担保法解释》第115条规定:"当事人约定以交付定金作为订立主合同担保的,给付定金的一方拒绝订立主合同的,无权要求返还定金;收受定金的一方拒绝订立合同的,应当双倍返还定金。"

2. 成约定金,是指作为合同的成立要件的定金。定金成立,主合同成立或生效;定金不成立,主合同不成立或生效。不过,《担保法解释》第116条规定:"当事人约定以交付定金作为主合同成立或者生效要件的,给付定金的一方未支付定金但主合同已经履行或者已经履行主要部分的,不影响主合同的成立或者生效。"

3. 违约定金,是指作为违反主合同的责任形式的定金,是实务中最常见的定金形式。根据《担保法》第89条和《合同法》第115条的规定,债务人履行债务后,定金应当抵作价

---

① 赵廉慧:《债法总论要义》,中国法制出版社2009年版,第193页。

款或者收回。给付定金的一方不履行约定的债务的,无权要求返还定金;收受定金的一方不履行约定的债务的,应当双倍返还定金。

4. 解约定金,是指作为解除合同的代价的定金。即交付定金的当事人解除合同必须以放弃收回定金为代价,而接受定金的当事人解除合同则必须双倍返还定金给对方当事人。《担保法解释》第117条规定:"定金交付后,交付定金的一方可以按照合同的约定以丧失定金为代价而解除主合同,收受定金的一方可以双倍返还定金为代价而解除主合同。对解除主合同后责任的处理,适用《中华人民共和国合同法》的规定。"

(三)定金的成立

定金由当事人订立定金合同时成立。除了必须具备合同成立的一般要件之外,定金合同还必须满足如下要件:

1. 定金所担保的主合同必须有效。定金以确保债权的实现为其根本目的,具有从属性,定金的有效成立以主合同的有效成立为前提。

2. 定金合同为实践合同、要式合同。即,一方面,定金合同必须以书面形式缔结,可以是单独订立的书面合同,包括当事人之间的担保性质的信函、传真等,也可以是主合同中的担保条款;另一方面,定金实际交付后,定金合同才告成立。

3. 定金合同的当事人为主合同中的债权人与债务人。主合同当事人以外的人不能成为定金合同的当事人。因此,定金不能是由合同当事人以外的第三人提供的。

4. 定金合同的内容。

一般而言,定金合同应包括下列内容:

(1)定金的数额。当事人可以协商确定定金的数额,但该数额不得超过主合同标的额的20%。否则,超过部分无效。

(2)定金的交付期限。定金的交付期限可以是主合同履行期限前的任一时间,但不能迟于主合同的履行期限。

(3)定金罚则的适用。当事人应在定金合同中明确约定定金罚则的适用。如当事人在合同中未写明定金罚则的,也必须注明一方当事人所预交的款项为定金。如果当事人在合同中未注明为定金,又没有写明适用定金罚则,而仅写明一方应交付一定款项,或者写为"订金",则一般不能认定其约定的为定金。《担保法解释》第118条规定:"当事人交付留置金、担保金、保证金、订约金、押金或者订金等,但没有约定定金性质的,当事人主张定金权利的,人民法院不予支持。"

(四)定金的效力

1. 证约的效力

定金是为担保主合同的履行而设立的,因此,定金的存在,是当事人之间主合同关系存在的证据。尤其是当事人对口头合同是否存在发生争议时,定金存在的事实可以证明主合同关系的存在。

2. 担保的效力

作为一种债的担保,定金的根本效力是担保效力,具体表现为定金罚则的适用:交付定金的一方不履行合同时,丧失定金;收受定金的一方不履行合同时,应当双倍返还定金。但不履行合同的一方能够证明其不履行合同约定是由不可抗力、意外事件造成的,则该方无须承担丧失定金或者双倍返还定金的法律后果。

3. 冲抵价款或返还的效力

主合同履行后,收受定金一方应将定金返还给对方当事人,或者将其冲抵价款。

【思考题】

1. 什么是债权人的代位权？其构成要件是什么？
2. 什么是债权人的撤销权？其构成要件是什么？
3. 简述债的担保的分类。
4. 简述债的担保的竞存。
5. 简述保证担保的设立。
6. 试析保证期间。
7. 试析定金担保的成立和效力。

【司法考试真题链接】

1. 甲对乙享有2006年8月10日到期的6万元债权,到期后乙无力清偿。乙对丙享有5万元债权,清偿期已届满7个月,但乙未对丙采取法律措施。乙对丁还享有5万元人身损害赔偿请求权。后乙去世,无其他遗产,遗嘱中将上述10万元的债权赠与戊。对此,下列哪些选项是正确的？（2010年）

 A. 甲可向法院请求撤销乙的遗赠
 B. 在乙去世前,甲可直接向法院请求丙向自己清偿
 C. 在乙去世前,甲可直接向法院请求丁向自己清偿
 D. 如甲行使代位权胜诉,行使代位权的诉讼费用和其他费用都应该从乙财产中支付

2. 甲公司欠乙公司货款20万元已有10个月,其资产已不足偿债。乙公司在追债过程中发现,甲公司在一年半之前作为保证人向某银行清偿了丙公司的贷款后一直没有向其追偿,同时还将自己对丁公司享有的30%的股权无偿转让给了丙公司。下列哪些选项是错误的？（2007年）

 A. 乙公司可以对丙公司行使代位权
 B. 若乙公司对丙公司提起代位权诉讼,法院应当追加甲公司为第三人
 C. 乙公司可以请求法院确认甲、丙之间无偿转让股权的合同无效
 D. 乙公司有权请求法院撤销甲、丙之间无偿转让股权的合同

3. 甲向乙借款5万元,乙要求甲提供担保,甲分别找到友人丙、丁、戊、己,他们各自作出以下表示。其中哪些构成保证？（2008年）

A. 丙在甲向乙出具的借据上签署"保证人丙"
B. 丁向乙出具的字据称"如甲到期不向乙还款,本人愿代还3万元"
C. 戊向乙出具的字据称"如甲到期不向乙还款,由本人负责"
D. 己向乙出具的字据称"如甲到期不向乙还款,由本人以某处私房抵债"

4. 甲乙双方拟订的借款合同约定:甲向乙借款11万元,借款期限为1年。乙在签字之前,要求甲为借款合同提供担保。丙应甲要求同意担保,并在借款合同保证人一栏签字,保证期间为1年。甲将有担保签字的借款合同交给乙。乙要求从11万元中预先扣除1万元利息,同时将借款期限和保证期间均延长为2年。甲应允,双方签字,乙依约将10万元交付给甲。下列哪一表述是正确的?(2010年)

A. 丙的保证期间为1年
B. 丙无须承担保证责任
C. 丙应承担连带保证责任
D. 丙应对10万元本息承担保证责任

5. 甲、乙约定:甲将100吨汽油卖给乙,合同签订后3天交货,交货后10天内付货款。还约定,合同签订后乙应向甲支付10万元定金,合同在支付定金时生效。合同订立后,乙未交付定金;甲按期向乙交付了货物,乙到期未付款。对此,下列哪一表述是正确的?(2010年)

A. 甲可请求乙支付定金
B. 乙未支付定金不影响买卖合同的效力
C. 甲交付汽油使得定金合同生效
D. 甲无权请求乙支付价款

6. 陈某向贺某借款20万元,借期2年。张某为该借款合同提供保证担保,担保条款约定,张某在陈某不能履行债务时承担保证责任,但未约定保证期间。陈某同时以自己的房屋提供抵押担保并办理了登记。请回答问题:(2008年)

(1)抵押期间,谢某向陈某表示愿意以50万元购买陈某的房屋。下列选项正确的是:
A. 陈某将该房屋卖给谢某应得到贺某的同意
B. 如陈某将该房屋卖给了谢某,则应将转让所得价款提前清偿债务或者提存
C. 如陈某另行提供担保,则陈某的转让行为无须得到贺某同意
D. 如谢某代为偿还20万元借款,则陈某的转让行为无须得到贺某同意

(2)如果贺某打算放弃对陈某的抵押权,并将这一情况通知了张某,张某表示反对,下列选项正确的是:
A. 贺某不得放弃抵押权,因为张某不同意
B. 若贺某放弃抵押权,张某仍应对全部债务承担保证责任
C. 若贺某放弃抵押权,则张某对全部债务免除保证责任
D. 若贺某放弃抵押权,则张某在贺某放弃权利的范围内免除保证责任

(3)关于贺某的抵押权存续期间及张某的保证期间的说法,下列选项正确的是:
A. 贺某应当在主债权诉讼时效期间行使抵押权
B. 贺某在主债权诉讼时效结束后的2年内仍可行使抵押权

C. 张某的保证期间为主债务履行期届满之日起6个月

D. 张某的保证期间为主债务履行期届满之日起2年

7. 甲公司与乙公司签订10万元建材买卖合同后，乙交付建材，甲公司未付建材款。甲公司将该建材用于丙公司办公楼装修，丙公司需向甲公司支付15万元装修款，其中5万元已经支付完毕。丙公司给乙公司出具《担保函》："本公司同意以欠甲公司的10万元装修款担保甲公司欠乙公司的10万元建材款。"乙公司对此并无异议。后，甲公司对乙公司的债务、丙公司对甲公司的债务均届期未偿，且甲公司怠于向丙公司主张债权。下列哪些表述是正确的？（2011年）

A. 乙公司对丙公司享有应收账款质权

B. 丙公司应对乙公司承担保证责任

C. 乙公司可以对丙公司提起代位权诉讼

D. 乙公司可以要求并存债务承担人丙公司清偿债务

第十二章 债的移转和消灭

【引例】

　　2010年5月1日,张三向李四借款10万元,两人约定借款期限为1年,利息为1万元。2010年10月1日,李四、王五签署债权让与协议,约定李四将其对张三的债权(包括本金和利息)全部转让给王五。协议签署后,李四打电话通知张三,但无人接听。2011年1月1日,张三通过银行汇款向李四支付了5万元。那么,

　　(1)李四、王五之间的债权让与协议是否有效?
　　(2)2011年1月1日张三汇款后,1万元利息之债是否已经消灭?
　　(3)2011年1月1日张三汇款后,王五是否有权要求李四返还这5万元汇款?
　　(1)有效;(2)1万元利息之债已经消灭;(3)王五有权要求李四返还5万元。

第一节 债的移转

一、债的移转概述

　　债的移转是指在债的内容保持同一性的前提下,债的主体发生变更,即由新的债权人、债务人代替原债权人、债务人的一种法律制度。

　　债的变更有广义和狭义之分。广义的债的变更,包括债的主体、客体和内容的变更。狭义的债的变更,仅指债的内容和客体的变更。现代民法上所说的债的变更一般是指狭义的债的变更,债的主体的变更被称为债的转移而独立出来。①

　　债的移转主要有三种方式:债权让与、债务承担和债权债务的概括承受。

二、债权让与

(一)债权让与的概念

　　债权让与,是指在不改变债的内容的前提下,债权人将其债权移转于第三人的法律行为。其中的债权人为转让人,第三人为受让人。

(二)债权让与的要件

　　《合同法》第80条规定:"债权人转让权利的,应当通知债务人。未经通知,该转让对

---

① 刘凯湘:《债法总论》,北京大学出版社2011年版,第105页。

债务人不发生效力。"

由此可见,债权的让与须满足以下要件:

1. 须存在合法的债权债务关系,这是债权让与的前提。

2. 让与人与受让人须就债权的转让达成协议,且不得变更债的内容,即不能随意增加也不能随意减少债务人的负担。

3. 被让与的债权须具有可让与性。根据《合同法》第 79 条的规定,下列债权不具有可让与性:

(1)根据债权性质不得转让的债权,如基于个人信任关系而发生的债权、专为特定债权人利益而存在的债权、不作为债权以及属于从权利的债权等。

(2)根据当事人的约定不得转让的债权。

(3)根据法律规定不得转让的债权,如精神损害抚慰金的请求权等。

4. 债权的让与须通知债务人。未经通知,该转让对债务人不发生效力,即债务人向原债权人清偿后其债务即归消灭,但该让与在债权人和受让人之间仍为有效。

(三)债权让与的效力

债权让与的效力,是指债权让所发生的法律效力,可分为对内效力和对外效力。

1. 对内效力

债权让与的对内效力,是指债权让与在让与人(原债权人)与受让人(新债权人)之间产生的法律效力。体现为:

(1)债权由让与人转移至受让人。对于从权利,当事人之间有约定的,从约定;无约定的,债权的从权利随之移转,但专属于让与人的除外。

(2)让与人应将债权证明文件全部交付受让人,并告知受让人行使合同权利所必需的一切情况。

(3)让与人对其让与的债权应负瑕疵担保责任。[①]

2. 对外效力

债权让与的对外效力,是指债权让与对债务人和第三人发生的法律效力。《合同法》第 80 条规定:"债权人转让权利的,应当通知债务人。未经通知,该转让对债务人不发生效力。债权人转让权利的通知不得撤销,但经受让人同意的除外。"

(1)如果债权让与已经通知了债务人,债务人不得向原债权人履行债务,而应向受让人履行债务。如果债务人仍向原债权人履行债务,则不构成债的清偿。未经通知,该转让对债务人不发生效力,即债务人向原债权人清偿后其债务即归消灭,此时让与人构成不当得利,应当返还给受让人。但在让与人和受让人之间仍为有效。

(2)债务人对让与人的抗辩权均可以向受让人主张。《合同法》第 82 条规定:"债务人接到债权转让通知后,债务人对让与人的抗辩,可以向受让人主张。"

(3)债务人对让与人享有债权的,债务人可以依法向受让人主张抵销。《合同法》第 83 条规定:"债务人接到债权转让通知时,债务人对让与人享有债权,并且债务人的债权

[①] 杨立新:《债法总论》,法律出版社 2011 年版,第 198 页。

先于转让的债权到期或者同时到期的,债务人可以向受让人主张抵销。"

为保护受让人(新的债权人)的利益,债务人的此项抵销权须具备两个要件:第一,债务人对让与人的债权产生于接到债权转让通知之前。如果债务人对让与人的债权是在接到债权通知后发生的,则不得主张抵销。第二,债务人的债权先于转让的债权到期或者同时到期。如果债务人的债权后于转让的债权到期,则债务人不得主张抵销。

> [案例]方方欠圆圆5万元,圆圆欠扁扁8万元。扁扁将对圆圆的8万元债权中的5万元转让给了好友方方,并通知了圆圆。方方据此要求与圆圆进行抵销。圆圆则认为,方方与扁扁之间的债权转让没有征得其同意,且方方与扁扁之间根本就不存在着债权债务关系。因此,该债权转让无效。请问,本案中圆圆的主张是否能得到法院的支持?
>
> [解答]不能。此处不赘述,参见上文分析。

三、债务承担

(一)债务承担的概念

债务承担,是指在不改变债的内容的前提下,债务人将其债务全部或部分转让给第三人。该第三人称为债务承担人。

(二)债务承担的要件

《合同法》第84条规定:"债务人将合同的义务全部或者部分转移给第三人的,应当经债权人同意。"由此可见,债权的让与须满足以下要件:

1. 必须有有效债务的存在。有效债务的存在是债务承担的前提。如债务并不存在或无效或已消灭,则债务承担合同不能有效。

2. 第三人须与债权人或者债务人就债务的移转达成合意,形成有效合同。

3. 被让与的债权须具有可让与性。

下列债权不具有可让与性:

(1)性质上不得转让的债务。不过,性质上不得转让的债务,如特定人提供劳务的债务等,经债权人同意后一般都是可以转让的。

(2)根据当事人的约定不得转让的债务。

(3)根据法律规定不得转让的债务。

4. 第三人与债务人订立债务承担合同的债务承担须经债权人同意。《合同法》第84条规定:"债务人将合同的义务全部或者部分转移给第三人的,应当经债权人同意。"

(三)债务承担的效力

债务承担生效后,产生如下法律效力:

1. 债务全部移转的,原债务人脱离债的关系,不再负担债务,债务承担人取代原债务人直接向债权人承担义务。债务部分转移给第三人的,第三人加入债的关系,与原债务人共同承担债务。

2. 从属于主债务的从债务,如利息或违约金等,一并转给债务承担人承担。《合同法》第86条规定:"债务人转移义务的,新债务人应当承担与主债务有关的从债务,但该从债务专属于原债务人自身的除外。"但担保债务不随主债务的移转而移转,第三人为原债务人提供担保的,在债务承担时除担保人同意继续担保者外,债务移转时,担保随之消灭。同时,在担保的债权数额确定前,部分债权转让的,最高额担保不随之转让,除非当事人另有约定。

3. 债务承担人取得原债务人基于债权债务关系对债权人所享有的抗辩权。《合同法》第85条规定:"债务人转移义务的,新债务人可以主张原债务人对债权人的抗辩。"不过,由于债务承担为无因行为,新债务人基于债务承担合同对原债务人享有的抗辩事由,不得以之对抗债权人。

四、债权债务的概括承受

(一)债权债务的概括承受

债权债务的概括承受,是指债的一方主体将其债权债务一并移转于第三人,主要有意定概括承受和法定概括承受两种情形。

(二)债权债务的概括承受的种类

1. 意定概括承受

(1)意定概括承受的概念

意定概括承受,又称合同承受,是指合同当事人一方与第三人订立合同,将其合同权利义务全部或部分移转给该第三人,经对方当事人同意后,由该第三人承受合同地位,全部或部分地享受合同权利、承担合同义务。

(2)意定概括承受的构成要件

第一,必须有有效合同的存在。

第二,意定概括承受限于双务合同。合同承受既转让合同的权利,又转让合同义务,只有双务合同才有权利、义务并存,因此,被移转的合同只能是双务合同。[1]

第三,合同承受必须经对方当事人同意。合同承受不仅发生合同权利的移转,而且还发生合同义务的移转,所以,《合同法》第84条规定:"债务人将合同的义务全部或者部分转移给第三人的,应当经债权人同意。"

2. 法定概括承受

法定概括承受,是指根据法律的直接规定也可以发生债的概括承受。这种债的概括承受主要包括企业合并与分立和"买卖不破租赁"两种情形。[2]

---

[1] 刘凯湘:《债法总论》,北京大学出版社2011年版,第113页。
[2] 王全弟:《债法》,复旦大学出版社2010年版,第121页。

(1)企业合并与分立

企业合并是指两个以上的企业合并为一个企业。企业分立是指一个企业分为两个以上的企业。《民法通则》第44条第2款规定:"企业法人分立、合并,它的权利和义务由变更后的法人享有和承担。"《合同法》第90条规定:"当事人订立合同后合并的,由合并后的法人或者其他组织行使合同权利,履行合同义务。当事人订立合同后分立的,除债权人和债务人另有约定的以外,由分立的法人或者其他组织对合同的权利和义务享有连带债权,承担连带债务。"企业合并后,原企业的债权债务的移转属于法定移转,无须征得相对人的同意,依合并后企业的通知或公告而发生效力。

(2)"买卖不破租赁"

《合同法》第229条规定:"租赁物在租赁期间发生所有权变动的,不影响租赁合同的效力。"这就是所谓的"买卖不破租赁"的原则。根据该原则,在租赁物买卖的场合,买受人可取得物的所有权,但要承受该租赁物上本已存在的租赁合同关系中出租人的权利和义务。该租赁合同的权利和义务的概括承受并非基于当事人的自由意志,而是基于法律的直接规定,因而也属于法定概括承受。

(三)债权债务的概括承受的效力

根据《合同法》第89条规定,权利和义务一并转让的,其成立条件和效力,适用第79条、第81条至第83条、第85条至第87条的关于债权让与和债务承担的规定。

第二节 债的消灭

一、债的消灭概述

(一)债的消灭的概念和原因

债的消灭,又称债的终止,是指基于某些法律事实的出现,债权债务关系在客观上不复存在。

债的消灭的原因,是指引起债的关系消灭的法律事实。作为当事人之间的一种权利义务关系,债基于一定的法律事实而产生,也基于一定的法律事实而消灭。通常认为,引起债消灭的原因主要有:清偿、抵销、提存、免除、混同。在合同之债中,解除也是合同之债消灭的原因之一。

(二)债的消灭的效力

依债的消灭原因的不同,债的消灭的效力有所不同。但概括而言,各种消灭原因导致的债的消灭都会产生如下一般效力:

1. 原债权债务关系归于消灭。债消灭之后,债权债务关系在客观上不复存在,债权人不再享有请求债务人履行债务的请求权,债务人也因债的消灭而不再负担履行债务的义务。

2. 原债权债务关系的从权利和从义务随原债权债务关系的消灭而消灭，如抵押权、质权等担保权和违约金、利息等债务等。

3. 有负债字据的，债务人在债的消灭时有权请求债权人返还或涂销负债的字据。如字据因灭失而不可返还时，债务人有权请求债权人另行出具债务消灭的书面证据。

4. 如为意定之债，则根据《合同法》第98条的规定，合同中的结算和清理条款仍然有效；且当事人之间可能发生后合同义务，原债的当事人仍应按照诚实信用原则的要求对方当事人负担照顾、通知和注意等义务。①

二、清偿

债的清偿，又称债的履行，是指债务人依照法律规定或合同约定履行合同义务从而消灭债权债务关系的行为。债务人清偿了债务，债权人的权利实现，债的目的达到，债当然消灭，因此，清偿是债的消灭的最常见的、最主要的原因。

三、抵销

（一）抵销的概念和分类

1. 抵销的概念

债法上的抵销，是指当事人双方互负同种类的债务时，在对等的数额内使各自的债权债务相互消灭的制度。

2. 抵销的分类

依抵销产生的根据不同，可将抵销分为法定抵销和合意抵销。

（1）法定抵销

法定抵销是指具备法律所规定的条件时，依当事人一方的意思表示即可发生效力的抵销（《合同法》第99条）。由此形成的权利称为法定抵销权。一般所说的抵销即指法定抵销。

行使法定抵销权，应具备如下条件：

第一，双方互享债权，互负债务。

第二，双方债务的内容属于同一种类，品质相同，如金钱与金钱的抵销，实物与实物的抵销。

第三，双方的债务的履行期都已届满。但是，双方债权清偿期不同，谁的债权到期，谁有权主张抵销，另一方没有权利主张抵销；破产时债权人享有破产抵销权，均无须届清偿期。

第四，双方的给付义务能够抵消。依法律规定、债务的性质或当事人的约定不得抵销的债务，不得抵销。

根据《合同法》第99条第2款的规定，当事人主张抵销的，应当通知对方。通知自到达对方时生效。抵销不得附条件或者附期限。

（2）合意抵销

---

① 王全弟：《债法》，复旦大学出版社2010年版，第125页。

《合同法》第 100 条规定:"当事人互负债务,标的物种类、品质不相同的,经双方协商一致,也可以抵销。"这里规定的就是合意抵销,又称为契约上的抵销或协议抵销,是指依当事人双方的合意所为的抵销。合意抵销的效力,自抵押协议达成时发生抵销的一般效力。

(二)抵销的效力

抵销的效力主要表现为:

1. 双方的债权债务在抵销数额范围内绝对消灭,除法律另有规定外,任何人不得主张撤回抵销。已抵销的债务再为清偿时,发生不当得利,抵销后一方的债权仍有余额的,该部分债权仍然存在,债务人对其负清偿责任。

2. 抵销具有回溯力,即债的关系溯及双方的债务适于抵销时,即为抵销权发生之时。在双方的债务清偿期不一致时,以主张抵销的一方当事人发生抵销权的时间为适于抵销的时间。①

四、提存

(一)提存的概念

提存,是指由于债权人的原因致使债务人于债务履行期届满无法履行债务时,债务人将给付的标的物交提存机关保存以消灭债务的行为。

(二)提存的要件

提存必须具备如下要件:

1. 必须有可以提存的合法原因。因债权人的原因致使债务人于债务履行期届满无法履行债务时,债务人即可将给付的标的物交提存机关提存。因此,致使债务人无法履行债务的债权人方面的原因,就是提存的合法原因。根据《合同法》第 101 条的规定,提存的合法原因有:(1)债权人无正当理由拒绝受领;(2)债权人下落不明;(3)债权人死亡未确定继承人;(4)债权人丧失民事行为能力未确定监护人;(5)其他基于债权人的原因无法履行的情形。

2. 必须由法定的提存主体进行提存。

提存涉及的主体包括:(1)提存人,即向提存机关申请提存的人,为债务人或其代理人;(2)提存受领人,即受领提存之债的人,为债权人或其代理人;(3)提存机关,即国家设立的有权接受提存物并保管的机关,我国法定的提存机关是各地的公证处。

3. 标的物必须适合提存:(1)提存的标的物,必须是适于保管的标的物,不适于提存或者提存费用过高的,债务人可以依法拍卖或者变卖标的物,将所得的价款进行提存;(2)提存的标的物,必须是债务人依合同约定应当交付的标的物。

---

① 王利明:《法学教室第四讲——债的移转和消灭》,http://www.civillaw.com.cn,下载日期:2012 年 8 月 15 日。

4. 必须符合提存的法定程序。

提存必须遵守法定程序：首先，须由提存人提出申请，申请书中应载明提存的原因、标的物和提存受领人（受领人不明的，应说明不明的理由）；其次，提存机关收到提存申请后应予以审查，以决定是否同意提存，如同意提存的，指定提存人向提存所交付提存物；再次，提存机关制作提存证书并交给提存人，提存证书具有和受领证书同等的法律效力；最后，提存人应将提存的事实及时通知提存受领人，受领人不明时，可用公告方式通知。

（三）提存的效力

1. 自提存之日起，债权人与债务人之间的债权债务关系归于消灭。

2. 标的物的所有权自提存之日起转归提存受领人，风险也随之一并转移。提存受领人对提存机关享有提取标的物的请求权，但必须支付保管和拍卖费用等提存费用。提存受领人的请求权自提存之日起5年内不行使而消灭，提存物扣除提存费用后收归国库所有。

3. 提存成立之后，提存机关有保管提存物的义务。对于提存人是否有权取回提存物的问题，《提存公证规则》第26条规定："提存人可以凭人民法院生效的判决、裁定，或提存之债已经清偿的公证证明取回提存物。提存受领人以书面形式向公证处表示抛弃提存受领权的，提存人得取回提存物。提存人取回提存物的，视为未提存。因此产生的费用由提存人承担。提存人未支付提存费用前，公证处有权留置价值相当的提存标的。"

[案例]甲与乙签订销售空调100台的合同，但当甲向乙交付时，乙以空调市场疲软为由，拒绝受领，要求甲返还货款。下列说法哪些是正确的？
A. 甲可以向有关部门提存这批空调
B. 空调在向当地公证机关提存后，因遇火灾，烧毁5台，其损失应由甲承担
C. 提存费用应由乙支付
D. 若自提存之日起5年内乙不领取空调，则归甲所有？
[解答]AC

五、债的免除

（一）免除的概念和成立要件

免除，是债权人以消灭债权为目的而抛弃债权的单方民事法律行为。

免除是一种法律行为，必须具备如下成立要件：

1. 免除是根据债权人的意思表示使债的关系归于消灭的一种法律行为。因此，债权人必须对债权具有处分权和处分能力，若债权人对债权没有处分权或没有相应的民事行为能力，其免除是无效的。

2. 免除是有相对人的一种单方行为。一方面，债权人仅凭自己一方的意思表示，即可使免除发生效力，无须得到他人的同意；另一方面，债权人应向债务人或其代理人作出

免除的意思表示,该意思表示到达债务人或其代理人时,免除发生效力。债权人向债务人之外的第三人作出的免除的意思表示,不发生免除的效力。例如,张三、李四、王五三人是好友。张三曾向李四借了 5 万元一直未归还。一天李四和王五二人聊天时,李四对王五说:"我不要张三还他借我的钱了。"此时李四的行为不构成免除。

3. 免除债务人的债务虽然是债权人的权利,但债权人行使该权利时不得损害第三人的利益。例如,债权人对已经出质的债权,不得免除债务人的债务而对抗质权人。①

需要注意的是,免除虽为单方行为,但可以附条件或附期限。

(二) 免除的效力

免除产生以下法律效力:

1. 免除的意思表示一经生效即不得撤销,主债务绝对消灭。债务全部免除的,债即全部消灭;债务部分免除的,债即于免除的部分消灭。《合同法》第 105 条规定:"债权人免除债务人部分或者全部债务的,合同的权利义务部分或者全部终止。"

2. 保证债务、利息债务等从债务随主债务的免除而一概消灭。但保证债务的免除不影响被担保的主债务的存在,如果债权人仅免除了保证债务,主债务仍然存在。

3. 关于连带债权或连带债务的免除:(1)债权人仅免除部分连带债务人的债务的,其余债务人的债务份额不消灭。(2)部分连带债权人免除债务人所负债务时,除被免除的该部分债权人的债权份额外,其余债权人的债权不消灭。

4. 不可分债权债务的免除必须针对全部债权和债务为之。如债权人仅免除部分不可分债务人的债务,或部分不可分债权人免除债务人的部分不可分债务时,不发生免除的效力。②

由于免除债务实质上是对债权的抛弃,因此,免除法律禁止抛弃的债权的,免除无效,不发生债消灭的效果。

六、债的混同

(一) 混同的概念

混同,是指债权与债务同归一人所有,从而使债的关系归于消灭的法律事实。混同因债权与债务同归一人而成立,和人的意志无关,因而属于法律事实中的事件。

(二) 债的混同的原因

发生混同的原因可分为两种:

1. 概括承受。即债的关系的一方当事人概括承受他人权利与义务,是发生混同的最主要原因。例如,债务人继承被继承人对其享有的债权或者债权人继承被继承人对其负担的债务、企业合并等。

---

① 杨立新:《债法总论》,法律出版社 2011 年版,第 241 页。
② 张俊浩:《民法学原理》,中国政法大学出版社 2000 年版,第 720 页。

2. 特定承受。即因债权让与或债务承担而承受权利和义务。例如,债务人自债权人处受让债权、债权人承担债务人的债务等。

(三)混同的效力

《合同法》第106条规定:"债权和债务同归于一人的,合同的权利义务终止,但涉及第三人利益的除外。"因此,混同原则上导致债权债务消灭的绝对消灭,消灭的效力不仅及于主债,而且及于从债和从权利,如利息债权、担保权以及违约金债权等也随主债而消灭。

但是,下列两种情形为例外情形:

1. 混同之后如果损害到第三人的利益,那么双方债权债务不消灭。例如,在债权出质时,债权不因混同而消灭。

2. 法律规定混同不发生消灭的债的情形。如票据的债权人与债务人混同时,债也不当然消灭。票据债权未到期,债权债务同归一人,那么双方的债权债务不消灭。[①]

概括而言,混同导致债的消灭的原因在于,债的关系在混同之后已经没有存在的意义。如果混同之后债的关系的存在仍有法律意义时,债的关系不消灭。[②]

【思考题】

1. 简述债权让与的要件和法律效力。
2. 简述债务承担的要件和法律效力。
3. 简述债权债务概括转移的种类。
4. 案例分析

甲于2008年4月1日向乙借款5万元,约定1年之后偿还,利息参照同期银行利率。1年之后,借款期限已届满,甲没有足够的钱还款。甲的好朋友丙得知后,自愿代替甲偿还该笔欠款,甲欣然同意,双方签订代偿协议。此时,乙已经出外打工,下落不明,于是甲没有将自己与丙之间的协议告知乙。丙于是将5万元款项向当地公证部门提存。乙回乡后,得知该情况,那么:

(1)丙可否以债务人的身份代替甲向乙偿款?
(2)如果丙答应替甲还3万元,甲只将这一协议通知乙,而未取得乙同意,是否发生法律效力?
(3)如果乙已同意甲、丙之间的协议,那么丙的提存行为是否符合法律规定?
(4)乙最晚应于何时领取该笔钱,提存利息归属如何?
(5)如果,乙尚欠丙2万元,丙能否主张抵销,主张抵销应具备什么条件?

[①] 王全弟:《债法》,复旦大学出版社2010年版,第136页。
[②] 史尚宽:《债法总论》,中国政法大学出版社2000年版,第879~880页。

【司法考试真题链接】

1. 甲向乙借款300万元于2008年12月30日到期,丁提供保证担保,丁仅对乙承担保证责任。后乙从甲处购买价值50万元的货物,双方约定2009年1月1日付款。2008年10月1日,乙将债权让与丙,并于同月15日通知甲,但未告知丁。对此,下列哪些选项是正确的?(2010年)

   A. 2008年10月1日债权让与在乙、丙之间生效
   B. 2008年10月15日债权让与对甲生效
   C. 2008年10月15日甲可向丙主张抵销50万元
   D. 2008年10月15日后丁的保证债务继续有效

2. 甲公司对乙公司享有10万元债权,乙公司对丙公司享有20万元债权。甲公司将其债权转让给丁公司并通知了乙公司,丙公司未经乙公司同意,将其债务转移给戊公司。如丁公司对戊公司提起代位权诉讼,戊公司下列哪一抗辩理由能成立?(2011年)

   A. 甲公司转让债权未获乙公司同意
   B. 丙公司转移债务未经乙公司同意
   C. 乙公司已经要求戊公司偿还债务
   D. 乙公司、丙公司之间的债务纠纷有仲裁条款约束

3. 甲公司分立为乙、丙两公司,约定由乙公司承担甲公司的全部债务的清偿责任,丙公司继受甲公司的全部债权。关于该协议的效力,下列哪一选项正确?(2009年)

   A. 该协议仅对乙、丙两公司具有约束力,对甲公司的债权人并非当然有效
   B. 该协议无效,应当由乙、丙两公司对甲公司的债务承担连带清偿责任
   C. 该协议有效,甲公司的债权人只能请求乙公司对甲公司的债务承担清偿责任
   D. 该协议效力待定,应当由甲公司的债权人选择分立后的公司清偿债务

4. 甲和乙之间有借贷关系,后二人结婚。此时,甲、乙之间的债权债务可以因下列哪一情形消灭?(2008年)

   A. 因混同而消灭　　　　　B. 因混合而消灭
   C. 因结婚而消灭　　　　　D. 因免除而消灭

5. 乙公司欠甲公司30万元,同时甲公司须在2000年9月20日清偿对乙公司的20万元货款。甲公司在同年9月18日与丙公司签订书面协议,转让其对乙公司的30万元债权。同年9月24日,乙公司接到甲公司关于转让债权的通知后,便主张20万元的抵销权。下列说法哪些是正确的?(2004年)

   A. 甲公司与丙公司之间的债权转让合同于9月24日生效
   B. 乙公司接到债权转让通知后,即负有向丙公司清偿30万元的义务
   C. 乙公司于9月24日取得20万元的抵销权
   D. 丙公司可以就30万元债务的清偿,要求甲公司和乙公司承担连带责任

第十三章 合同法

【引例】

　　2004年1月,甲、乙公司签订了一项房屋买卖合同,合同约定甲公司于当年9月1日向乙公司交付房屋100套,并办理登记手续,乙公司则向甲公司分三次付款:第一期支付2000万元,第二期支付3000万元,第三期则在2004年9月1日甲公司向乙公司交付房屋时支付5000万元。在签订合同后,乙公司按期支付了第一、第二期款项共5000万元。2004年9月1日,甲公司将房屋的钥匙移交给乙公司,但并未立即办理房产所有权移转登记手续。因此,乙公司表示剩余款项在登记手续办理完毕后再付。在合同约定付款日期(2004年9月1日)7日后,乙公司仍然没有付款,甲公司遂以乙公司违约为由诉至法院,请求乙公司承担违约责任。乙公司则以甲公司未按期办理房产所有权移转登记手续为由抗辩。

　　办理登记是房屋买卖合同的主给付义务。本案中,由于甲公司的行为有可能导致乙公司的合同目的不能实现,根据《合同法》第66条的规定,乙公司有权拒绝支付剩余款项。

第一节 合同法概述

一、合同概述

（一）合同的定义

　　合同也称为契约。根据一些学者的考证,在我国,合同一词早在2000年前即已存在,但一直未被广泛采用。① 自上世纪50年代初期至今,除我国台湾地区之外,我国的民事立法和司法实践主要采用合同而不是契约的概念。

　　合同的含义十分广泛,但究竟应该如何为合同下定义,大陆法系和英美法系中一直存在着不同的看法,大陆法系对合同的定义继承了罗马法的传统,将合同定义为"一种协议"。但是,由于立法体例、法律传统和法律用语本身的差异,作为大陆法系两大分支的德国法系和法国法系对合同又有不同的定义和解释。德国法系国家是以法律行为为概念定义合同的,即合同是发生、变更债的关系的法律行为,合同的本质仍然是一种意思表示的合意,因此,德国法系国家的合同特征可以归纳为:合同是一种发生法律效果的法律行为;

---

① 周林彬:《比较合同法》,兰州大学出版社1989年版,第99页。

是依照两个以上的意思表示所成立的法律行为;是相互对立的两个以上的意思表示达成一致所成立的法律行为。法国民法上的合同首先是一种合意,即双方当事人意思表示一致的协议;合同是产生债务的根据之一;合同所产生的债务的内容是"负担给付、作为或不作为"。英美法系中认为合同是由两个以上当事人之间的具有法律约束力的协议(binding agreement),或者由一个以上的当事人对于他方当事人负有作为或者不作为的义务。承担这项义务的人即为"允诺人"(promisor),享受这项权利的人为"受允诺人"(promisee)。英美法系实质上将合同定义为一种协议,合同必须通过双方的协议才能成立,而协议的内容则是双方当事人一致的意思表示。我国《合同法》第2条规定:"本法所称合同是平等主体的自然人、法人、其他组织之间设立、变更、终止民事权利义务的协议。"根据这一规定可以看出,我国合同法对合同的定义基本沿袭了大陆法系的定义内容,也就是说合同是一种意思表示的合意。

(二)合同的特征

1. 合同是双方或多方的法律行为。法律行为,根据其意思表示的多寡可以分为:单方行为、双方行为及多方行为。所谓单方行为,指仅由一个意思表示所构成的民事法律行为。所谓双方行为,指由两个方向相反的意思表示所构成的民事行为。所谓多方行为,指由两个以上方向一致的意思表示所构成的民事行为,或称共同行为。合同是基于双方或多方的意思表示而成立的,双方间成立的合同为双方行为,即双方合同,多方间成立的合同为多方行为,即多方合同。

2. 合同是意思表示一致的法律行为。法律行为以意思表示为要素,合同是双方或多方的民事行为,意味着合同是在双方或多方都有意思表示,而且各方意思表示一致的条件下成立的。合同是两个以上的意思表示一致的协议,或者说,合同是当事人协商一致的产物。真实的意思产生于当事人的自由和自愿,因此当事人必须在平等自愿的基础上进行协商,才能使其意思表示达成一致,如果不存在平等自愿,也就没有真正的一致。因而因欺诈、胁迫、乘人之危、重大误解、显失公平等意思表示不真实而成立的合同,在法律上都属于无效或可撤销的合同。

3. 合同以设立、变更或终止民事权利义务关系为内容。合同以产生、变更、终止民事权利义务关系为目的。当事人订立合同都有一定的目的,即产生、变更或者终止一定的民事权利义务关系。所谓产生民事权利义务关系,指当事人订立合同以形成某种法律关系,设定某种民事权利和民事义务。所谓变更民事权利义务关系,是指当事人通过订立合同使原有的合同关系在内容、当事人上发生变化。所谓终止民事权利义务关系,是指当事人通过订立合同消灭原法律关系。合同法上的合同所涉及的权利、义务都是民事性质的,非民事性质的行政关系中的权利、义务不属民事合同的内容。同时,有关身份关系的协议,如婚姻、收养、监护等,也不由合同法调整,民事合同的内容实际上就是民事财产关系中的债权债务关系。

二、合同的分类

合同作为商品交换的法律形式,其类型因交易方式的多样化而各不相同。一般来说

依据不同的分类标准对合同作如下分类:

(一)有名合同与无名合同

根据合同法或者其他法律是否对合同规定有确定的名称与调整规则为标准,可将合同分为有名合同与无名合同。有名合同是立法上规定有确定名称与规则的合同。又称典型合同。如《合同法》在分则中规定的买卖合同、赠与合同、借款合同、租赁合同等各类合同。无名合同是立法上尚未规定有确定名称与规则的合同,又称非典型合同。区分两者的法律意义在于法律适用的不同。有名合同可直接适用《合同法》分则中关于该种合同的具体规定。对无名合同则只能在适用《合同法》总则中规定的一般规则的同时,参照该法分则或者其他法律中最相类似的规定执行。

(二)单务合同与双务合同

根据合同当事人是否相互负有对价义务为标准,可将合同分为单务合同与双务合同。此处的对价义务并不要求双方的给付价值相等,而只是要求双方的给付具有相互依存、相互牵连的关系即可。单务合同是指仅有一方当事人承担义务的合同,如赠与合同。双务合同是指双方当事人互负对价义务的合同,如买卖合同、承揽合同、租赁合同等。区分两者的法律意义在于,因为双务合同中当事人之间的给付义务具有依存和牵连关系,因此双务合同中存在同时履行抗辩权和风险负担的问题,而这些情形并不存在于单务合同中。

(三)有偿合同与无偿合同

根据合同当事人是否因给付取得对价为标准,可将合同分为有偿合同与无偿合同。有偿合同是指合同当事人为从合同中得到利益要支付相应对价给付(此给付并不局限于财产的给付,也包含劳务、事务等)的合同。买卖、租赁、雇佣、承揽、行纪等都是有偿合同。无偿合同是指只有一方当事人作出给付,或者虽然是双方作出给付但双方的给付间不具有对价意义的合同。赠与合同是典型的无偿合同,另外,委托、保管合同如果没有约定利息和报酬的,也属于无偿合同。

(四)诺成合同与实践合同

根据合同成立除当事人的意思表示以外,是否还要其他现实给付为标准,可以将合同分为诺成合同与实践合同。诺成合同是指当事人意思表示一致即可认定合同成立的合同。实践合同是指在当事人意思表示一致以外,尚须有实际交付标的物或者有其他现实给付行为才能成立的合同。确认某种合同属于实践合同必须法律有规定或者当事人之间有约定。常见的实践合同有保管合同、自然人之间的借贷合同、定金合同等。但赠与合同、质押合同不再是实践合同。区分两者的法律意义在于:除了两种合同的成立要件不同以外,实践合同中作为合同成立要件的给付义务的违反不产生违约责任,而只是一种缔约过失责任。

(五)要式合同与不要式合同

根据合同的成立是否必须符合一定的形式为标准,可将合同分为要式合同与不要式合同。要式合同是按照法律规定或者当事人约定必须采用特定形式订立方能成立的合同。不要式合同是对合同成立的形式没有特别要求的合同。确认某种合同属于要式合同必须法律有规定或者当事人之间有约定。

(六)主合同与从合同

根据两个或者多个合同相互间的主从关系为标准,可将合同分为主合同与从合同。主合同是无须以其他合同存在为前提即可独立存在的合同。这种合同具有独立性。从合同,又称附属合同,是以其他合同的存在为其存在前提的合同。保证合同、定金合同、质押合同等相对于提供担保的借款合同即为从合同。从合同的存在是以主合同的存在为前提的,故主合同的成立与效力直接影响到从合同的成立与效力。但是从合同的成立与效力不影响主合同的成立与效力。

三、合同法的基本原则

(一)平等、自愿原则

合同法的平等原则指当事人的民事法律地位平等,一方不得将自己的意志强加给另一方。平等原则是民事法律的基本原则,是区别行政法律、刑事法律的重要特征,也是合同法其他原则赖以存在的基础。合同法的自愿原则,既表现在当事人之间,因一方欺诈、胁迫订立的合同无效或者可以撤销,也表现在合同当事人与其他人之间,任何单位和个人不得非法干预。自愿原则是法律赋予的,同时也受到其他法律规定的限制,是在法律规定范围内的"自愿"。法律的限制主要有两个方面。一是实体法的规定,有的法律规定某些物品不得买卖,比如毒品;合同法明确规定损害社会公共利益的合同无效,对此当事人不能"自愿"认为有效;国家根据需要下达指令性任务或者国家订货任务的,有关法人、其他组织之间应当依照有关法律、行政法规规定的权利和义务订立合同,不能"自愿"不订立。二是程序法的规定。有的法律规定当事人订立某类合同,需经批准;转移某类财产,主要是不动产,应当办理登记手续。那么,当事人依照有关法律规定,应当办理批准、登记等手续,不能"自愿"地不去办理。

(二)公平、诚实信用原则

《合同法》第5条规定,当事人应当遵循公平原则确定各方的权利和义务。这里讲的公平,既表现在订立合同时的公平,显失公平的合同可以撤销;也表现在发生合同纠纷时的公平处理,既要切实保护守约方的合法利益,也不能使违约方因较小的过失承担过重的责任;还表现在极个别的情况下,因客观情势发生异常变化,履行合同使当事人之间的利益重大失衡,公平地调整当事人之间的利益。诚实信用,主要包括三层含义:一是诚实,要表里如一,因欺诈订立的合同无效或者可以撤销。二是守信,要言行一致,不能反复无常,也不能口惠而实不至。三是从当事人协商合同条款时起,就处于特殊的合作关系中,当事人应当恪守商业道德,履行相互协助、通知、保密等义务。

(三)合同具有法律约束力的原则

《合同法》第 8 条规定,依法成立的合同,对当事人具有法律约束力。当事人应当按照约定履行自己的义务,不得擅自变更或者解除合同。合同具有法律约束力,首先是对当事人说的。当事人订立合同后,应当履行自己的义务,如果违反约定,应当承担违约责任。合同具有法律约束力,也是对行政机关说的。行政机关不得干涉当事人依法订立的合同,不得违法变更甚至撕毁当事人订立的合同。合同具有法律约束力,也是对审判机关说的。审判机关应当像遵守法律一样保护当事人依法订立的合同。

第二节 合同的订立

合同的订立,又称缔约,是当事人为设立、变更、终止财产权利义务关系而进行协商、达成协议的过程。一般包括要约、承诺、成立和生效四个步骤。

一、要约

(一)要约的概念和要件

要约又称为发盘、出盘、发价或报价等。根据《合同法》第 14 条的规定:"要约是希望和他人订立合同的意思表示。"可见要约是一方当事人以缔结合同为目的,向对方当事人所作的意思表示。发出要约的人称为要约人,接受要约的人则称为受要约人、相对人和承诺人。依据《合同法》第 13 条的规定,要约是订立合同的必经阶段,不经过要约的阶段,合同是不可能成立的,要约作为一种订约的意思表示,它能够对要约人和受要约人产生一种拘束力。尤其是要约人在要约的有效期限内,必须受要约的内容拘束。根据《合同法》第 14 条的规定,要约的意思表示必须"表明经受要约人承诺,要约人即受该意思表示约束"。要约发出后,非依法律规定或受要约人的同意,不得变更、撤销要约的内容,据此表明要约与不能产生行为预期的法律效果的事实行为是不同的。由于要约人要受到要约的拘束,因此要约与要约邀请也是不同的。不过,要约尽管是一种意思表示,但并不是民事法律行为。一方面,要约必须经过受要约人的承诺,才能产生要约人预期的法律效果(即成立合同),而民事法律行为都可以产生行为人所预期的法律效果。另一方面,要约人所作出的意思表示可以是合法的,也可以是非法的,但依据我国民法通则关于民事法律行为的规定,民事法律行为都是合法的。一项要约发生法律效力,则必须具有特定的有效条件,不具备这些条件,要约在法律上不能成立,也不能产生法律效力。

要约的主要构成要件如下:

第一,要约是由具有订约能力的特定人作出的意思表示。要约的提出旨在与他人订立合同,并唤起相对人的承诺,所以要约人必须是订立合同的一方当事人。例如,对订立买卖合同来说,他既可以是买受人也可以是出卖人,但必须是准备订立买卖合同的当事人。如果是代理人,需要有本人的授权。由于要约人欲以订立某种合同为目的而发出某项要约,因此他应当具有订立合同的行为能力。我国《合同法》第 9 条规定:"当事人订立合同,应当具有相应的民事权利能力和民事行为能力。"因此,要约人应当具有缔约能力,无行为能力人或依法不能独立实施某种行为的限制行为能力人发出欲订立合同的要约,不应产生行为人预期的效果。

第二,要约必须具有订立合同的意图。根据《合同法》第 14 条的规定,要约是希望和他人订立合同的意思表示,要约中必须表明要约经受要约人承诺,要约人即受该意思表示约束。例如,甲对乙声称"我正在考虑卖掉家中祖传的一套家具,价值 10 万元",显然甲并没有决定订立合同,但是如甲向乙提出"我愿意卖掉家中祖传的一套家具,价值 10 万元",则表明甲已经决定订立合同,且在该意思表示中已表明如果乙同意购买,则甲要受到此承诺的拘束。再如,一方向另一方传达了有关商业上的信息,或者发布了有关的价目表或商品目录或销售广告,但并没有明确地表明要与对方订约,也不是要约。由于要约具有订约意图,则意味着要约人愿意接受承诺人的后果,因此要约一经承诺,就可以产生合同,要约人要受到拘束。

第三,要约必须向要约人希望与其缔结合同的受要约人发出。要约人向谁发出要约也就是希望与谁订立合同,要约只有向要约人希望与其缔结合同的受要约人发出才能够唤起受要约人的承诺。

第四,要约的内容必须具体确定。根据我国《合同法》第 14 条的规定,要约的内容必须具体确定。所谓"具体",是指要约的内容必须具有足以使合同成立的主要条款,如果不能包含合同的主要条款,承诺人即难以作出承诺,即使作了承诺,也会因为这种合意不具备合同的主要条款而使合同不能成立。当然,合同的主要条款应当根据合同的性质和内容来加以判断。合同的性质不同,它所要求的主要条款是不同的。所谓"确定",是指要约的内容必须明确,而不能含糊不清,使受要约人不能理解要约人的真实意图,否则无法承诺。只有具备上述四个要件,才能构成一个有效的要约。

(二)要约的法律效力

要约的法律效力又称要约的约束力。一个要约如果符合一定的构成要件,就会对要约人和受要约人产生一定的效力。关于要约的法律效力,有以下几点需要注意:

1. 要约的开始生效时间

要约的生效时间首先涉及要约从什么时间开始生效,这既关系到要约从什么时间对要约人产生约束力,也涉及承诺期限的问题。我国《合同法》第 16 条规定:"要约到达受要约人时生效。"可见我国法律采纳了到达主义。

2. 要约的存续期间

要约的生效时间还包括要约的存续期间,也就是指要约可在多长时间内发生法律效力。要约的期限由要约人决定,如果要约人没有明确规定,则只能以要约的具体情况来确定合理的期限。

3. 要约法律效力的内容

要约的法律效力表现在对要约人的约束力和对受要约人的约束力两方面。

首先,要约对要约人的约束力。此种约束力又称为要约的形式约束力,是指要约一经生效,要约人即受到要约的拘束,不得随意撤销或对受要约人随意加以限制、变更和扩张。

这对于保护受要约人的利益，维护正常的交易安全是十分必要的。

其次，要约对受要约人的约束力。此种约束力又称为要约的实质约束力，在民法中也称为承诺适格，即受要约人在要约生效时即取得依其承诺而成立合同的法律地位。具体表现在：

(1)要约生效以后，只有受要约人才享有对要约人作出承诺的权利。当然，该项权利由于受要约人的特定性而具有人身性质，它不能转让。

(2)承诺权是受要约人享有的权利，是否行使这项权利应由受要约人自己决定，也就是说受要约人可以行使也可以放弃该项权利。他在收到要约以后并不负有必须承诺的义务。

(3)一旦受要约人作出承诺的意思表示，合同即告成立，在要约人和承诺人之间形成合同权利义务关系。

4. 要约的撤回和撤销

(1)要约的撤回

要约的撤回是指要约人在发出要约以后，未达到受要约人之前，宣告取消要约。

如甲于某日给乙去函要求购买某种机器，但甲于此日与丙达成了购买该机器的协议，就立即给乙发去传真要求撤回要约，这种撤回是有效的。根据要约的形式约束力，任何一项要约都是可以撤回的，只要撤回的通知先于或同时与要约到达受要约人，便能产生撤回的效力，视为要约人未发出要约。允许要约人撤回要约，是尊重要约人的意志和利益的体现。由于撤回是在要约到达受要约人之前作出的，因此在撤回时要约并没有生效，撤回要约也不会影响到受要约人的利益。我国《合同法》第17条规定："要约可以撤回。撤回要约的通知应当在要约到达受要约人之前或者与要约同时到达受要约人。"

(2)要约的撤销

要约的撤销是指要约人在要约到达受要约人并生效以后，将该项要约取消，从而使要约的效力归于消灭。

撤销与撤回都旨在使要约作废，或取消要约，并且都只能在承诺作出之前实施。但两者存在一定的区别，表现在：撤回要约发生在要约生效之前，而撤销要约则发生在要约已经生效但受要约人尚未作出承诺的期限内。由于撤销要约时要约已经生效，因此对要约的撤销必须有严格的限定，如果因为撤销要约而给受要约人造成损害的，要约人应负赔偿责任。而对要约的撤回并没有这些限制。所以《合同法》第18条规定："要约可以撤销。撤销要约的通知应当在受要约人发出承诺通知之前到达受要约人。"同时，该法第19条规定，如果要约中规定了承诺期限或者以其他形式表明要约是不可撤销的，或者尽管没有明示要约不可撤销，但受要约人有理由信赖要约是不可撤销的，并且已经为履行合同作了准备工作，则不可撤销要约。如果受要约人在收到要约以后，基于对要约的信赖，已为准备承诺支付了一定的费用，在要约撤销以后有权要求要约人给予适当补偿。

二、承诺

(一)承诺的概念和构成要件

根据《合同法》第21条的规定，所谓承诺，是指受要约人同意要约的意思表示。换言之,承诺是指受要约人同意接受要约的条件以缔结合同的意思表示。承诺的法律效力在于一经承诺并送达于要约人,合同便告成立。然而受要约人必须完全同意要约人提出的主要条件,如果对要约人提出的主要条件并没有表示接受,则意味着拒绝了要约人的要约,并形成了一项反要约或新的要约。由于承诺一旦生效,将导致合同的成立,因此承诺必须符合一定的条件。在法律上,承诺必须具备如下条件,才能产生法律效力。

1. 承诺必须由受要约人向要约人作出

由于要约原则上是向特定人发出的,因此只有接受要约的特定人即受要约人才有权作出承诺,第三人因不是受要约人,当然无资格向要约人作出承诺,否则视为发出要约。承诺之所以必须由受要约人作出,是因为受要约人是要约人选择的,要约人选定受要约人意味着要约人只是想与受要约人订立合同,而并不愿意与其他人订约,因此只有受要约人才有资格作出承诺。如果允许第三人作出承诺,则完全违背了要约人的意思。当然,在某些意外情况下,基于法律规定和要约人发出的要约规定,任何第三人可以对要约人作出承诺,则要约人应当受到承诺的拘束。承诺必须向要约人作出。既然承诺是对要约人发出的要约所作的答复,因此只有向要约人作出承诺,才能导致合同成立。如果向要约人以外的其他人作出承诺,则只能视为对他人发出要约,不能产生承诺效力。

2. 承诺必须在规定的期限内到达要约人。

承诺只有到达要约人时才能生效,而到达也必须具有一定的期限限制。我国《合同法》第23条规定:"承诺应当在要约确定的期限内到达要约人。"只有在规定的期限内到达的承诺才是有效的。承诺的期限通常都是在要约人发出的要约中规定的,如果要约规定了承诺期限,则应当在规定的承诺期限内到达;在没有规定期限时,根据《合同法》第23条的规定,如果要约是以对话方式作出的,承诺人应当即时作出承诺;如果要约是以非对话方式作出的,应当在合理的期限内作出并到达要约人。合理的期限的长短应当根据具体情况来确定,一般应当包括,根据一般的交易惯例,受要约人在收到要约以后需要考虑和作出决定的时间,以及发出承诺并到达要约人的时间。未能在合理期限内作出承诺并到达要约人的,不能成为有效承诺。如果要约已经失效,承诺人也不能作出承诺。对失效的要约作出承诺,视为向要约人发出要约,不能产生承诺效力。如果承诺超过了规定的期限作出承诺,则视为承诺迟到,或称为逾期承诺。一般而言,逾期的承诺在民法上被视为一项新的要约,而不是承诺。

3. 承诺的内容必须与要约的内容一致

根据《合同法》第30条的规定:"承诺的内容应当与要约的内容一致。"这就是说,在承诺中受要约人必须表明其愿意按照要约的全部内容与要约人订立合同。也就是说,承诺对要约的同意,其同意内容须与要约的内容一致,才构成意思表示的一致即合意,从而使合同成立。承诺的内容与要约的内容一致,意味着承诺不得限制、扩张或者变更要约的内容。当然,我们说承诺的内容必须与要约的内容一致,并不是说承诺的内容对要约的内容不得作丝毫的更改。随着交易的发展,要求承诺与要约内容绝对一致,确实不利于很多合同的成立,不利于鼓励交易。因此,两大法系都允许承诺可以更改要约的非实质性内容,如要约人未及时表示反对,则承诺有效。我国合同法也借鉴了这一立法经验,认为承诺的内容与要约的内容一致是指受要约人必须同意要约的实质内容,而不得对要约的内容作出实质性更改,否则,不构成承诺,应视为对原要约的拒绝并作出一项新的要约,或称为反要约。

4. 承诺的方式符合要约的要求

根据我国《合同法》第22条的规定,承诺应当以通知的方式作出。这就是说,受要约人必须将承诺的内容通知要约人,但受要约人应采取何种通知方式,应根据要约的要求确定。如果要约规定承诺必须以一定的方式作出,否则承诺无效,那么承诺人作出承诺时,必须符合要约人规定的承诺方式,在此情况下,承诺的方式成为承诺生效的特殊要件。例如要约要求承诺应以发电报的方式作出,则不应采取邮寄的方式。如果要约没有特别规定承诺的方式,则不能将承诺的方式作为有效承诺的特殊要求。根据《合同法》第22条的规定,承诺原则上应采取通知的方式,但根据交易习惯或者要约表明可以通过行为作出承诺的除外。这就是说,如果根据交易习惯或者要约的内容并不禁止以行为承诺,则受要约人可通过一定的行为作出承诺。例如某体委向某自行车厂去函,要求订购50辆某种型号的自行车,信中要求在一个月内给予明确答复。自行车厂没有回函,但却于10天后向某体委发送了该型号的自行车。体委认为"明确答复"是指回函,而发送车辆不是明确答复。我们认为,如果交易惯例可以以发送车辆作出答复,或者从要约中不能看出要约禁止以行为作出承诺,则自行车厂通过发货的方式作出承诺,应该是有效的。这种承诺就是一种以行为方式作出的承诺。以行为作出承诺,绝不同于单纯的缄默或不行动。缄默或不行动都是指受要约人没有作任何意思表示,也不能确定其具有承诺的意思,因此不属于承诺。例如甲向乙、丙同时兜售某块手表,价值100元,甲问乙、丙是否愿意购买,乙沉默不语,未作任何表示,而丙则点头表示同意。乙的行为属于缄默或不行动,而丙的行为则属于以行为作出承诺。所以,乙的行为不属于承诺。

(二)承诺的生效

《合同法》规定,承诺应当在要约确定的期限内到达要约人。承诺不需要通知的,根据交易习惯或者要约的要求作出承诺的行为时生效。

采用数据电文形势订立合同的,收件人指定特定系统接收数据电文的,该数据电文进入该特定系统的时间,视为到达时间;未指定特定系统的,该数据电文进入收件人的任何系统的首次时间,视为到达时间。

(三)承诺的撤回

承诺的撤回是指承诺人在承诺发出之后,承诺生效之前,通知要约人收回承诺,以消灭承诺的行为。根据《合同法》第27条的规定,承诺可以撤回。撤回承诺的通知应当在承诺通知到达要约人之前或者与承诺通知同时到达要约人。

三、合同的成立与生效

(一)合同成立的概念和要件

合同的成立,是指订约当事人就合同的主要条款达成合意,是当事人意思表达一致的结果。我国《民法通则》第85条规定:"合同是当事人之间设定、变更、终止民事关系的协议。"《合同法》第 2 条规定:"本法所称合同是平等主体的自然人、法人、其他组织之间设立、变更终止民事权利义务关系的协议。"由此可见,合同本质上是一种合意,合同的成立意味着各方当事人的意思表示一致。

一般而言,合同的成立要件主要有:

1. 订约主体存在双方或多方当事人。所谓订约主体是指实际订立合同的人,他们既可以是未来的合同当事人,也可以是合同当事人的代理人,订约主体与合同主体是不同的,合同主体是合同关系的当事人,他们是实际享受合同权利并承担合同义务的人。

2. 双方当事人订立合同必须是"依法"进行的。所谓"依法"签订合同,是指订立合同要符合法律、行政法规的要求,由于合同约定的是当事人双方之间的权利和义务关系,而权利和义务是依照法律规定所享有和承担的,所以订立合同必须符合法律、行政法规的规定。如果当事人订立的合同违反法律、行政法规的要求,法律就不予承认和保护,这样,当事人达成协议的目的就不能实现,订立合同也就失去了意义。

3. 当事人必须就合同的主要条款协商一致。即合同必须是经过双方当事人协商一致的。所谓协商一致,就是指经过谈判、讨价还价后达成的相同的、没有分歧的看法。

4. 合同的成立应具备要约和承诺阶段。要约、承诺是合同成立的基本规则,也是合同成立必须经过的两个阶段。如果合同没有经过承诺,而只是停留在要约阶段,则合同未成立。合同是从合同当事人之间的交涉开始,由合同要约和对此的承诺达成一致而成立。

以上只是合同的一般成立条件。实际上由于合同的性质和内容不同,许多合同都具有其特定的成立要件。

[案例] 甲企业(本题下称甲)向乙企业(本题下称乙)发出传真订货,该传真列明了货物的种类、数量、质量、供货时间、交货方式等,并要求乙在 10 日内报价。乙接受甲发出传真列明的条件并按期报价,亦要求甲在 10 日内回复;甲按期复电同意其价格,并要求签订书面合同。乙在未签订书面合同的情况下按甲提出的条件发货,甲收货后未提出异议,亦未付货款。后因市场发生变化,该货物价格下降。甲遂向乙提出,由于双方未签订书面合同,买卖关系不能成立,故乙应尽快取回货物。乙不同意甲的意见,要求其偿付货款。随后,乙发现甲放弃其对关联企业的到期债权,并向其关联企业无偿转让财产,可能使自己的货款无法得到清偿,遂向人民法院提起诉讼。

要求:根据上述情况,分析回答下列问题:

(1) 试述甲传真订货、乙报价、甲回复报价行为的法律性质。

(2) 买卖合同是否成立?并说明理由。(2002 年司法考试真题)

[解析] (1) 甲传真订货行为的性质属于要约邀请。因该传真欠缺价格条款,邀请乙报价,故不具有要约性质。乙报价行为的性质属于要约。乙的报价因同意甲方传真中的其他条件,并通过报价使合同条款内容具体确定,约定回复日期则表明其将受报价的约束,已具备要约的全部要件。甲回复报价行为的性质属于承诺。

(2) 买卖合同成立。当事人未采用书面形式但一方已经履行主要义务,对方接受的,该合同成立。

(二)合同生效的概念和要件

1. 合同生效的概念

合同的生效,是指已经依法成立的合同在当事人之间产生一定的法律约束力,亦即法律效力。合同生效意味着双方当事人享有合同中约定的权利和承担合同中约定的应当履行的义务;任何一方不得擅自变更和解除合同;一旦当事人一方不履行合同规定的义务,另一方当事人可寻求法律保护;合同生效后,对合同当事人之外的第三人也具有法律约束力,第三人(包括单位、个人)均不得对合同当事人进行非法干涉,合同当事人对妨碍合同履行的第三人可以请求法院排除妨害;合同生效后,合同条款成为处理合同纠纷的重要依据。

2. 合同生效的要件

合同是否生效,取决于是否符合法律规定的有效条件。合同的生效条件有一般生效要件和特殊生效要件。

合同生效的一般要件,是指合同发生法律效力普遍应具备的条件。合同是双方或多方的民事行为,有效合同是合法的民事行为即民事法律行为,因此民事法律行为应具备的条件,也就是合同生效的一般条件。《民法通则》第55条规定:"民事法律行为应当具备下列条件:(1)行为人具有相应的民事行为能力;(2)意思表示真实;(3)不违反法律或社会公共利益。"

合同生效的特殊要件,是指有些合同则需要具备特殊的条件方能生效。主要分为以下几种情形:

(1)按照法律、行政法规的规定,应当办理批准或登记的合同。对此,《合同法解释》第9条规定:"依照合同法第44条第2款的规定,法律、行政法规规定合同应当办理批准手续,或者办理批准、登记等手续才生效,在一审法庭辩论终结前当事人仍未办理批准手续的,或者仍未办理批准、登记手续的,人民法院应当认定合同无效;法律、行政法规规定合同应当办理登记手续,但未规定登记后生效的,当事人未办理登记手续不影响合同的效力,合同标的物所有权及其他物权不能转移。"

(2)根据《合同法》第45条、第46条之规定,当事人对合同的效力可以约定附条件或附期限,则合同自条件成就或期限届满时生效。

(3)实践性合同以标的物的交付为其特别生效要件。例如,定金合同必须是在定金交付之后才能使合同生效。

3. 合同生效和合同成立的联系与区别

合同成立是合同生效的前提条件,合同生效是当事人双方订立合同实现预期目标必然要追求的结果。我国《合同法》第44条规定:"依法成立的合同,自成立时生效。"两者的区别有:

(1)构成条件不同。合同成立的条件包括:订约主体存在双方或多方当事人,订约当事人就合同的主要条款达成合意。至于当事人意思表示是否真实,则在所不问,它着重强调合同的外在形式所表现。而合同生效的条件主要有:行为人具有相应的民事行为能力;意思表示真实;不违反法律或者社会公共利益以及符合法定形式。

(2) 法律意义不同。合同成立与否基本上取决于当事人双方的意志,体现的是合同自由原则,合同成立的意义在于表明当事人双方已就特定的权利义务关系取得共识。而合同能否生效则要取决于是否符合国家法律的要求,体现的是合同守法原则,合同生效的意义在于表明当事人的意志已与国家意志和社会利益实现了统一,合同内容有了法律的强制保障。

(3) 作用阶段不同。合同成立标志着当事人双方经过协商一致达成协议,合同内容所反映的当事人双方的权利义务关系已经明确。而合同生效表明合同已获得国家法律的确认和保障,当事人应全面履行合同,以实现缔约目的。简单地说,合同的成立标志着合同订立阶段的结束,合同的生效则表明合同履行阶段即将开始,它是合同履行的前提,又是合同履行的依据。

(4) 责任形式不同。合同的成立,如果当事人要承担的责任就是缔约过失责任,所谓缔约过失责任是指在合同订立过程中,一方因违背其依据诚实信用原则所应尽的义务,而致另一方的信赖利益损失,则应承担民事责任。而合同的生效,如果当事人要承担的责任就是违约责任,所谓违约责任,也称为违反合同的民事责任,是指合同当事人因不履行合同义务或者履行合同义务不符合约定,而向对方承担的民事责任。包括继续履行、赔偿损失、支付违约金及适用定金罚则等。

(5) 赔偿范围不同。合同的成立,当事人承担的赔偿范围只限于信赖利益损失,所谓信赖利益损失主要是指一方实施某种行为后,足以使另一方对其产生信赖(如相信其会订立合同),并因此而支付了一定的费用,后因对方违反诚信原则使该费用不能得到补偿。且仅限于直接损失,而不包括间接损失。而合同的生效,意味着合同具有法律效力,当事人不履行合同约定的义务,造成违约,给相对方造成损失的,承担实际遭受的全部损失。不仅包括现有财产直接损失,而且包括可得利益的损失。

四、缔约过失责任

(一) 缔约过失责任的概念及构成要件

缔约过失责任又叫做先合同责任或先契约责任,是指在缔约过程中,缔约当事人一方违反依诚实信用原则所应承担的先合同义务(当事人在缔约过程中负有的诚实信用义务叫做先合同义务或先契约义务),而造成对方信赖利益损失时所应当承担的民事责任。如甲、乙双方在谈判过程中,甲向乙允诺如果乙不与丙订约,则甲将与乙正式签订合作合同,后乙信赖甲的允诺而未与丙订约,但甲最终拒绝与乙订约从而使乙遭受损失。缔约过失责任的概念是由德国法学家耶林于1861年在其《缔约上过失,契约无效与未臻完全时的损害赔偿》一文中提出来的,现已被各国合同立法或判例所接受,我国《合同法》第42条也正式规定了缔约过失责任。关于缔约过失责任的构成要件,学者的观点不一,通说认为:

1. 缔约过失责任只能发生在缔约阶段。缔约过失责任是违反先合同义务的责任,因此,它只能发生在合同的缔结阶段,而不能发生在合同成立后。《合同法》第42条规定:"当事人在订立合同过程中给对方造成损失的,应当承担损害赔偿责任。"由于合同的订立应采用要约、承诺方式,因此缔约过失责任的起始点应当以要约生效时为准;在要约未生效前,当事人还谈不上就缔约进行磋商,因此也就没有先合同义务的存在。

2. 一方违反依诚实信用原则所应负的义务。由于缔约过失责任发生在缔约阶段,当事人之间并没有合同义务,因此,它不是违反合同义务的后果,而是违反先合同义务的后果。先合同义务既不是由当事人约定的,也不是当事人可以排除的,它是法律为维护交易安全和保护缔约当事人各方的利益,基于诚实信用原则而赋予当事人的法定注意义务,它的内容依不同情形而定,主要是告知、说明、协作、照顾、忠实、保密、保护等。

3. 一方受有损失。缔约过失责任属于以赔偿损失为内容的责任,因此,一方受有损失是缔约过失责任的构成要件。虽有一方违反先合同义务的行为,但另一方未受有损失的,也不发生缔约过失责任。不过,缔约过失责任中的损失主要是指另一方当事人因信赖合同的成立和有效而遭受的信赖利益损失,如订立合同的费用、准备履行的费用等,而不包括履行利益的损失。

4. 一方故意或过失违反先合同义务与另一方的损失之间有因果关系。如果另一方虽受有损失,但此损失并非因一方故意或过失违反缔约中的先合同义务造成的,也不能发生缔约过失责任。

(二)缔约过失责任的类型

根据《合同法》第42条、第43条的规定,缔约过失责任主要有以下几种类型:

1. 假借订立合同,恶意进行磋商。简称恶意缔约,是滥用缔约自由的典型形式,是指当事人根本没有订约的目的,仅仅是借订立合同而损害相对人的利益。这种缔约过失责任的构成要件是:(1)恶意缔约人一方具有主观上损害对方或他人的利益的故意。而恶意缔约人主观上是否具备故意要件,应由相对人承担举证责任。(2)恶意缔约人一方实施了恶意缔约行为。因为恶意缔约行为本身并没有缔约的意思和目的,所以这种意思表示属于虚伪意思表示。(3)因恶意缔约行为给相对人造成了信赖利益损失。(4)损失与恶意缔约行为之间具备相当的因果关系。

2. 故意隐瞒与订立合同有关的重要事实或者提供虚假情况。是指当事人违反如实告知义务,实施欺诈行为而使相对人受到损失。这种缔约过失责任的构成要件是:(1)一方实施了欺诈行为,即故意隐瞒了与订立合同有关的重要事实,或者提供虚假情况;(2)因一方的欺诈致使合同无效或不成立;(3)另一方因此而受到损失。

3. 泄露或者不正当使用在订立合同中知悉的商业秘密,给对方造成损失。当事人在谈判过程中,一方可能会接触、了解另一方的商业秘密,包括产品的性能、销售对象、市场营销情况等,对此应依据诚实信用原则负保密义务,不能向外泄露或作不正当使用(如将商业秘密转让给他人)。这条规定与我国《反不正当竞争法》对侵害商业秘密的专门规定有重合之处。这种缔约过失责任的构成要件是:(1)获悉商业秘密;(2)泄露或者不正当使用对方的商业秘密;(3)对方因此而受到损失。

4. 其他违背诚实信用原则的行为。如甲在与乙协商订约时,明确向乙许诺,如果乙完成了某项工作,那么甲就会与乙订约,但在乙信赖甲的许诺而完成某项工作后,甲却拒绝与乙订约。再如擅自撤销或变更要约,应通知承诺迟到的情形而未通知,一方实施胁迫行为,一方违反保护义务、保密义务等,都可发生缔约过失责任。

(三)缔约过失责任的赔偿范围

不论属于哪种类型的缔约过失责任,责任人都应当向对方负赔偿责任,并且赔偿的损失主要是信赖利益损失而不是履行利益。信赖利益损失是指另一方因信赖合同的成立和有效,但由于合同不成立和无效的结果所蒙受的不利益。一般情况下,信赖利益损失主要表现为为缔结合同而支出的各种费用不能得到补偿,这叫做直接损失或积极损失。它不包括因合同的成立和生效所获得的各种利益未能获得(如利润损失),因为这种损失属于违约损害赔偿的范围,而不属于缔约过失责任的范围。

但在某些情况下,信赖利益损失除包括所受损失外,还包括所失利益,即因缔约过失而导致的缔约(交易)机会的损失,又叫做间接损失或消极损失。如果对这一损失不予赔偿,不仅违背了民法上的全面赔偿原则或恢复原状原则,而且不利于形成良好的交易秩序。但对于信赖利益中所失利益的赔偿,必须限定在该利益是在可预见的范围内,且该损失与缔约过失之间有相当的因果关系。此外,对于信赖利益的赔偿应以不超过履行利益为限。

第三节 合同的内容与形式

一、合同条款概述

(一)合同条款的概念和特征

合同条款是合同条件的表现和固定化,是确定合同当事人权利和义务的根据。即从法律文书而言,合同的内容是指合同的各项条款。因此,合同条款应当明确、肯定、完整,而且条款之间不能相互矛盾,否则将影响合同成立、生效和履行以及不利于实现订立合同的目的,所以准确理解条款含义有重要作用。

正文与附件作为合同文本的整体结构内容时,它们共同表现出了以下三个特征:

(1)结构均衡。结构均衡特征是指不论合同文本使用于何种交易,它的整体结构应是相互衔接,并且是相互补充的。相互衔接是指正文与附件之间存在的依据是有机相连,不是无故而生的。其内容是互补性的,而不是重复的。通过互补对交易的权利与义务进行完善与明确。

(2)适从交易。适从交易特征是指合同结构的简繁不是依形式而定,而是依交易实际特征而定的。换句话说,合同结构服从交易的需要。交易要求复杂时,合同结构就复杂;反之,则简单。

(3)贯通全文。贯通全文特征是指合同正文与附件的文字用词要语意一致,绝无丝毫异议。同时描述的当事人权利与义务在正文与附件中具有严格的一致性。该特征决定了撰稿人或多个撰稿人的工作规范,尤其多个撰稿人存在时,对总审校人提出了明确的要求。该项特征提出的问题若不能保证,谈判就会失去目标或完成不了谈判任务。即便表面上完成了谈判,执行中也会重燃战火。

(二) 合同条款的种类

根据合同条款的地位和作用，合同条款主要有以下几类：

1. 必备条款和非必备条款。所谓必备条款又称主要条款，是指根据合同的性质和当事人的特别约定所必须具备的条款，缺少这些条款将影响合同的成立。所谓非必备条款又称普通条款，是指合同的性质在合同中不是必须具备的条款，即使合同不具备这些条款也不应当影响合同的成立，如有关履行期限、数量、质量等条款，在缺少这些条款的情况下，完全可以根据《合同法》第61条、第62条的规定填补漏洞。《合同法》第12条规定，合同一般包括当事人的名称和住所、标的、数量、质量等8项条款，有的学者称这是合同的提示条款，这些条款中有的是合同必备条款，有的是非必备条款。

2. 格式条款和非格式条款。格式条款是指由一方为了反复使用而预先制订的，在订立合同时不能与对方协商的条款。非格式条款是指当事人在订立合同时可以与对方协商的条款。

实体条款和程序条款。凡是规定当事人在合同中所享有的实体权利义务内容的条款都是实体条款。如有关合同标的、数量、质量的规定等都是实体条款。而程序条款主要是指当事人在合同中规定的履行合同义务的程序及解决合同争议的条款。

我国《合同法》从维护公平、保护弱者出发，对格式条款从三个方面予以限制：第一，提供格式条款一方有提示、说明的义务，应当提请对方注意免除或者限制其责任的条款，并按照对方的要求予以说明；第二，免除提供格式条款一方当事人主要义务、排除对方当事人主要权利的格式条款无效；第三，对格式条款的理解发生争议的，应当作出不利于提供格式条款一方的解释。

3. 有责条款和免责条款。有责条款是指当事人在合同约定的当事人违反合同应承担的责任条款，即违约条款。免责条款指当事人在合同中约定的，免除排除或限制其未来责任的条款。

[案例]2005年3月16日，郭某到洁净干洗店干洗大衣。其大衣为乳白色，郭某对店员嘱咐不仅要洗干净，且最好不要与其他深色衣服混洗。店员答应后并给郭某一张取衣单。当月20日，郭某去取衣服时，发现衣袖被污染了大块红渍。经洗衣店重洗后，大衣上仍有红色污渍。郭某要求干洗店赔偿其大衣价款1880元。干洗店承认因自己过失造成大衣污损，但声称本店取衣单背面印有"顾客须知"其中第三条说明，衣物如有污损，赔偿价格最高为1000元。郭某不同意遂向法院起诉，请求判决干洗店"顾客须知"第三条内容无效，干洗店赔偿自己大衣款1880元。

[解析]干洗店的"顾客须知"属格式合同，该"顾客须知"第三条属格式条款，该条款单方减轻洗衣店的责任，造成不公平、不合理的结果，依照《合同法》第39条、第40条的规定，该条款无效，干洗店应赔偿郭某1880元。

本案涉及的问题主要是格式条款的法律效力问题。我国《合同法》第39条规定："采用格式条款订立合同的，提供格式条款的一方应当遵循公平原则确定当事人之间的权利和义务,并采取合理的方式提请对方注意免除或者限制其责任的条款,按照对方的要求,对该条款予以说明。"如果格式条款有不公平、不合理的规定,减轻、免除制定方的责任,则该条款应当无效。本案中,洁净干洗店取衣单背面的"顾客须知"属格式合同,第三条属格式条款。干洗店在交付取衣单时并没有提请郭某注意该条款,该格式条款并未由双方达成一致意见,并且该条款减轻洁净干洗店的责任,造成不公平结果,因此该条款无效,法院的判决是正确的。

二、合同的内容

合同的内容可以从两方面理解:一方面,如果将合同理解为一种法律关系,则合同的内容是指依据法律规定和合同的约定所产生的权利义务关系,简称合同权利和合同义务。另一方面,如果将合同理解为法律文书,则合同的内容是指由当事人约定的合同条款。本书是从民事法律关系的角度来理解合同内容的,即合同的内容包括权利和义务。

(一)合同权利

合同权利是指债权人依据法律或合同规定而享有的请求债务人为一定行为的权利。合同债权作为一种财产权利,主要有如下几项权能:

1. 请求履行的权利。债权人有权请求债务人依据法律和合同的规定,为一定行为或不为一定行为。

2. 保全债权的权利。所谓合同的保全,是指法律为防止因债务人的财产不当减少而给债权人的债权带来危害,允许债权人对于债务人或第三人的行为行使撤销权或代位权,以保护其债权。合同保全是债的对外效力的体现,是由法律直接规定的,其效力已经超出了请求权的范畴,是债权人所享有的一种法定权能。

3. 请求保护债权的权利。当债务人不履行或不适当履行债务时,债权人有权请求国家机关予以保护,强制债务人改造债务或承担违约责任。

4. 处分权能。债权人享有处分债权的权利,如债权人有权将债权转让给他人,有权通过免除债务人的债务而放弃债权,有权通过抵销而处分债权等。

(二)合同义务

合同义务也就是合同债务,属于民事义务的一种。合同义务是相对于合同权利而言的,是合同当事人依据法律和合同的约定而产生的义务。合同义务在合同中具有重要意义,其重要性表现在:一方面,合同义务的确定直接决定债务人的改造内容,合同义务一旦确定,债务人必须全面、适当地履行;另一方面,合同义务的确定有利于维护债权人的订约目的。因为合同义务从根本上说是为了满足债权人的债权,而由债务人负担的且必须改造的义务。合同义务的确定直接关系到当事人是否应当承担违约责任,以及责任范围的问题。由于违约责任从性质上说就是当事人违反合同义务所产生的后果,所以合同义务也是违约责任的基础,只有在违反合同义务的情况下才能产生违约责任。但是,违约责任本身并不是债务,而是债务人违反债务所应承担的后果。我国《民法通则》第106条第1款规定:"公民、法人违反合同或者不改造其他义务的,应当承担民事责任。"可见,责任与债务具有不同的性质。

三、合同的形式

合同的形式,是指合同当事人意思表示一致的外在表现形式。我国《合同法》规定:当事人订立合同可以采用口头形式、书面形式和其他形式。

1. 口头形式。口头形式的合同,简称口头合同,是指当事人只以口头意思表示达成协议的合同。口头合同简便易行,在日常生活中广泛运用。但是,口头合同在发生纠纷时难以取证,不易分清责任。对于不及时结清的和较重要的合同,不宜采用口头形式。

2. 书面形式。书面形式是指合同书、信件以及数据电文(包括电报、电传、传真、电子数据交换和电子邮件)等可以有形地表现所载内容的形式。当事人协商同意的有关修改合同的文书、电报和图表,也是合同的组成部分。书面合同较口头合同复杂,在当事人发生纠纷时举证方便,容易分清责任,也便于主管机关和合同管理机关监督、检查。法律、行政法规规定采用书面形式的,应当采用书面形式。当事人约定采用书面形式的,应当采用书面形式。在实践中,书面形式是当事人最为普遍采用的一种合同约定形式。

3. 公证形式。公证形式是当事人约定或者依照法律规定,以国家公证机关对合同内容加以审查公证的方式,订立合同时所采取的一种合同形式。公证机关一般均以合同的书面形式为基础,对合同内容的真实性和合法性进行审查确认后,在合同书上加盖公证印鉴,以资证明。经过公证的合同具有最可靠的证据力,当事人除有相反的证据外,不能推翻。我国法律对合同的公证采取自愿原则。合同是否须经公证,一般由当事人自行约定。当事人要求必须公证的合同就须公证,不经公证不生效。但对一些重要的合同种类,法律也可以规定必须进行公证。当事人和法律都可以赋予合同的公证形式以证据效力或者成立生效的效力。

4. 鉴证形式。鉴证形式是当事人约定或依照法律规定,以国家合同管理机关对合同内容的真实性和合法性进行审查的方式订立合同的一种合同形式。鉴证是国家对合同进行管理和监督的行政措施,只能由国家行政主管机关进行。鉴证的作用在于加强合同的证明,提高合同的可靠性。鉴证也采取自愿原则。除国家规定必须鉴证的合同外,鉴证机关根据当事人的申请进行鉴证。对于地方性法规规定必须予以鉴证的合同,在作出鉴证规定的行政区域内签订时应从其规定。

5. 批准形式。批准形式是指法律规定某些类别的合同须采取经国家有关主管机关审查批准的一种合同形式。这类合同,除应由当事人达成意思表示一致而成立外,还应将合同书及有关文件提交国家有关主管机关审查批准才能生效。这类合同的生效,除应具备一般合同的生效要件外,在合同形式上还须同时具备书面形式和批准形式这两个特殊要件。合同的批准形式是国家对某些特殊类别合同的特殊要求。法律不要求合同批准形式的,当事人不能约定或要求国家进行批准。须经批准而未经批准的合同,自始就无法律效力。即使当事人之间意思表示一致,也不能认为他们之间成立了合同。这是合同的批准形式与其他几种法定形式的重要区别。

6. 登记形式。登记形式是指当事人约定或依照法律规定,采取将合同提交国家登记主管机关登记的方式订立合同的一种合同形式。登记形式一般常用于不动产的买卖合同。某些特殊的动产,如船舶等,在法律上视为不动产,其转让也采取登记形式。合同的登记形式可由当事人自行约定,也可以由法律加以规定。

第四节 合同的变更和解除

一、合同变更概述

（一）合同变更的概念

合同的变更有广义、狭义之分。广义指合同主体和内容的变更,前者指合同债权或债务的转让,即由新的债权人或债务人替代原债权人或债务人,而合同内容并无变化;后者指合同当事人权利义务的变化。狭义的合同变更指合同内容的变更。从我国《合同法》第五章的有关规定看,合同的变更仅指合同内容的变更,合同主体的变更称为合同的转让。合同变更是合同关系的局部变化（如标的数量的增减,价款的变化,履行时间、地点、方式的变化）,而不是合同性质的变化（如买卖变为赠与,合同关系失去了同一性,此为合同的更新或更改）。合同标的的变更是否属于合同变更,理论界有不同看法（关键在于变更协议是否以原合同的主要权利义务为基础）。

（二）合同变更的特征

1. 合同的变更仅是合同的内容发生变化。合同变更能因某一法律事实而发生变化,但此处的合同变更仅指合同内容的变化,合同主体的变动属合同转让的范畴。合同内容的变化,可表现为合同标的物的数量或质量、规格、价金数额或计算方法、履行时间、履行地点、履行方式等合同内容的某一项或数项发生变化（如标的物数量变化,价款也随之变化）。

2. 合同的变更是合同内容的局部变更,是合同的非根本性变化。合同变更只是对原合同关系的内容作某些修改和补充,而不是对合同内容的全部变更。如果合同内容已全部发生变化,则实际上已导致原合同关系的消灭,一个新合同的产生,并且对原合同关系所作出修改和补充的内容仅限于非要素内容,例如标的数量的增减、履行地点、履行时间、价款及结算方式的变更等等。在非根本性变更的情况下,变更后的合同关系与原有的合同关系在性质上不变,属于同一法律关系,学说上称为具有"同一性"。如果合同的要素内容发生变化,即给付发生重要部分的变化,导致合同关系失去同一性,则构成合同的根本性变更,称为合同的更新。何为重要部分,应依当事人的意思和一般交易观念加以确定,如合同标的的改变,履行数量或价款的巨大变化,合同性质的变化等,都是合同的更新而非合同的变更。

3. 合同的变更通常依据双方当事人的约定,也可以是基于法律的直接规定。合同的变更有两种：一是根据当事人之间的约定对合同进行变更,即约定的变更;二是当事人依据法律规定请求人民法院或仲裁机构进行变更,即法定的变更。我国《合同法》第五章所规定的合同变更实际上就是约定的变更。

4. 合同的变更只能发生在合同成立后,尚未履行或尚未完全履行之前合同未成立,当事人之间根本不存在合同关系,也就谈不上合同的变更。合同履行完毕后,当事人之间的合同关系已经消灭,也不存在变更的问题。

(三)合同变更的要件

1. 原已存在有效的合同关系。合同的变更,是改变原合同关系,无原合同关系便无变更的对象,所以,合同变更以原已存在合同关系为前提。同时,原合同关系若非合法有效,如合同无效、合同被撤销、追认权人拒绝追认效力未定的合同,也无合同变更的余地。

2. 合同内容发生变化。合同内容的变化包括:标的物数量的增减,标的物品质的改变,价款或者酬金的增减,履行期限的变更,履行地点的改变,履行方式的改变,结算方式的改变,所附条件的增添或除去,单纯债权变为选择债权,担保的设定或取消,违约金的变更,利息的变化。

3. 经当事人协商一致,或依法律规定。《合同法》第77条第1款规定:"当事人协商一致,可以变更合同。"合同变更通常是当事人合意的结果。此外,合同也可能基于法律规定或法院裁决而变更,如《合同法》第54条规定:一方当事人可以请求人民法院或者仲裁机关对重大误解或显失公平的合同予以变更。

4. 法律、行政法规规定变更合同应当办理批准、登记等手续的,应遵守其规定。

二、合同解除概述

(一)合同解除的概念和特征

合同的解除,是指合同有效成立后,在一定条件下通过当事人的单方行为或者双方合意终止合同效力或者溯及地消灭合同关系的行为。在适用情事变更原则时,合同解除是指履行合同实在困难,若履行即显失公平,法院裁决合同消灭的现象。这种解除与一般意义上的解除相比,有一个重要的特点,就是法院直接基于情事变更原则加以认定,而不是通过当事人的解除行为。在对比以上两种解除的过程中,不难发现合同解除具有如下特征:

1. 合同解除以有效成立的合同为标的。我国合同法设置解除制度的目的,是为了解决这样的矛盾:合同有效成立之后,由于主客观情况的变化,使合同履行成为不必要或者不可能,如果再让合同继续发生法律效力,约束当事人双方,不但对其中一方甚至双方有害无益,有时还会有碍于市场经济的顺利发展;只有允许有关当事人解除合同,或者赋予法院适用情事变更原则的权力,才会使局面改观。

2. 合同解除必须具备解除的条件。合同一经有效成立,就具有法律效力,当事人双方都必须严格遵守,适当履行,不得擅自变更或解除,这是我国法律所规定的重要原则。只是在主客观情况发生变化使合同履行成为不必要或不可能的情况下,合同继续存在已失去积极意义,将造成不适当的结果,才允许解除合同。这不仅是解除制度存在的依据,也表明合同解除必须具备一定的条件。否则,便是违约,不发生解除的法律效果,而产生违约责任。我国法律对合同解除的条件作了比较详尽的规定,表明了对合同解除的允许与限制。《合同法》第94条规定了适用一切合同的解除条件,学说称为一般法定解除条件。该法第148条和第219条规定了仅仅适用于特别合同(如买卖、租赁诸合同)的解除条件,学说称为特别的法定解除条件。合同法使解除的条件更科学,如已承认违约造成合同不能履行为一般的法定解除条件,已全面承认约定解除等。

3. 原则上必须有解除行为。解除的条件不过是合同解除的前提,由于中国法律并未采取当然解除主义,因此当解除的条件具备时,合同并不必然解除,欲使它解除,一般还需要有解除行为。解除行为是当事人的行为,当事人是解除行为的主体。虽然上级主管部门的行政命令对于合同的解除有时会起重要作用,但是该行政命令并不是解除行为,仅有行政命令不能发生合同解除的效果,只有行政命令被当事人接受时,才会发生解除的效果。这也正说明解除行为是当事人的行为。不过,适用情事变更原则时的解除则是由法院根据具体情况而裁决的,不需要解除行为。解除行为有两种类型:一是当事人双方协商同意,一是解除权人一方发出解除的意思表示。

4. 合同解除使合同关系消灭。合同解除的法律效果是使合同关系消灭,但其消灭是溯及既往,还是仅向将来发生,各国的立法不尽相同。一类是使合同关系自始消灭,即溯及合同成立之时消灭,发生与合同从未订立相同的后果,承认合同解除有溯及力;另一类是使合同关系自解除时消灭,解除以前的债权债务关系依然存在,不承认解除有溯及力。在我国,解除的效力如何,法律尚无直接规定,人们认为,研究这个问题固然不能忽视解除有溯及力较好,但也有些合同的解除无溯及力更适当。如果这种观点是正确的话,解除就与无效、撤销不同,因为无效、撤销一律有溯及力。

(二) 合同解除的类型

1. 单方解除和协议解除

单方解除,是指解除权人行使解除权将合同解除的行为。它不必经过对方当事人的同意,只要解除权人将解除合同的意思表示直接通知对方,或经过人民法院或仲裁机构向对方主张,即可发生合同解除的效果。协议解除,是指当事人双方通过协商同意将合同解除的行为(《合同法》第93条第1款)它不以解除权的存在为必要,解除行为也不是解除权的行使。

2. 法定解除与约定解除

合同解除的条件由法律直接加以规定者,其解除为法定解除。在法定解除中,有的以适用于所有合同的条件为解除条件,有的则仅以适用于特定合同的条件为解除条件。前者为一般法定解除,后者称为特别法定解除。我国法律普遍承认法定解除,不但有关于一般法定解除的规定,而且有关于特别法定解除的规定。约定解除,是指当事人以合同形式,约定为一方或双方保留解除权的解除。其中,保留解除权的合意,称为解约条款。解除权可以保留给当事人一方,也可以保留给当事人双方。保留解除权,可以在当事人订立合同时约定,也可以在以后另订立保留解除权的合同。合同法承认了约定解除(《合同法》第93条第2款),值得肯定。因为约定解除是根据当事人的意思表示产生的,其本身具有较大的灵活性,在复杂的事物面前,它可以更确切地适应当事人的需要。当事人采取约定解除的目的虽然有所不同,但主要是考虑到当主客观上的各种障碍出现时,可以从合同的拘束下解脱出来,给废除合同留有余地,以维护自己的合法权益。作为一个市场主体,为了适应复杂多变的市场情况,当事人有必要把合同条款规定得更细致、更灵活、更有策略性,其中应包括保留解除权的条款,使自己处于主动而有利的地位。

三、合同解除的条件

(一)合同的法定解除条件

《合同法》第94条规定,有下列情形之一的,当事人可以解除合同:(1)因不可抗力致使不能实现合同目的。不可抗力致使合同目的不能实现,该合同失去意义,应归于消灭。在此情况下,我国合同法允许当事人通过行使解除权的方式消灭合同关系。(2)在履行期限届满之前,当事人一方明确表示或者以自己的行为表明不履行主要债务。此即债务人拒绝履行,也称毁约,包括明示毁约和默示毁约。作为合同解除条件,它一是要求债务人有过错,二是拒绝行为违法(无合法理由),三是有履行能力。(3)当事人一方迟延履行主要债务,经催告后在合理期限内仍未履行。此即债务人迟延履行。根据合同的性质和当事人的意思表示,履行期限在合同的内容中非属特别重要时,即使债务人在履行期届满后履行,也不致使合同目的落空。在此情况下,原则上不允许当事人立即解除合同,而应由债权人向债务人发出履行催告,给予一定的履行宽限期。债务人在该履行宽限期届满时仍未履行的,债权人有权解除合同。(4)当事人一方迟延履行债务或者有其他违约行为致使不能实现合同目的。对某些合同而言,履行期限至为重要,如债务人不按期履行,合同目的即不能实现,于此情形,债权人有权解除合同。其他违约行为致使合同目的不能实现时,也应如此。(5)法律规定的其他情形。法律针对某些具体合同规定了特别法定解除条件的,从其规定。

(二)合同协议解除的条件

合同协议解除的条件,是双方当事人协商一致解除原合同关系。其实质是在原合同当事人之间重新成立了一个合同,其主要内容为废弃双方原合同关系,使双方基于原合同发生的债权债务归于消灭。协议解除采取合同(即解除协议)方式,因此应具备合同的有效要件,即:当事人具有相应的行为能力,意思表示真实,内容不违反强行法规范和社会公共利益,采取适当的形式。

四、合同解除的效力

(一)一般规定

《合同法》第97条规定:合同解除后,尚未履行的,终止履行;已经履行的,根据履行情况和合同性质,当事人可以请求恢复原状或者采取其他补救措施,并有权要求赔偿损失。该条规定,确立了合同解除的两方面效力:一是向将来发生效力,即终止履行;二是合同解除可以产生溯及力（即引起恢复原状的法律后果）。学者认为，非继续性合同的解除原则上有溯及力，继续性合同的解除原则上无溯及力。

（二）合同解除与损害赔偿

《民法通则》第115条和《合同法》第97条均规定，合同解除与损害赔偿可以并存。但对于损害赔偿的范围，有不同观点。其一认为，无过错一方所遭受的一切损害均可请求赔偿，既包括债务不履行的损害赔偿，也包括因恢复原状所发生的损害赔偿；其二认为，对损害赔偿范围的确定应具体分析，在许多情况下，损害赔偿与合同解除是相互排斥的，选择了其一便足以使当事人利益得到充分的保护，没有必要同时采取两种方式，例如协议解除、因不可抗力而解除。

[案例]兴达公司与山川厂于某年12月30日签订了一份财产租赁合同。合同规定兴达公司租用山川厂5台翻斗车拉运土方，租赁期为1年，租金必须按月付清，逾期未付的，承租人承担滞纳金；超过30天仍不付清租金的，出租方有权解除合同。次年2月1日兴达公司接车后，未付租金。山川厂两次书面通知兴达公司按约付租金，并言明逾期将依约解除合同。但兴达公司仍未付。同年6月10日，山川厂单方通知解除与兴达公司的合同，并向兴达公司提起诉讼，要求赔偿其损失12000元。问：(1)山川厂是否有权解除合同？(2)山川厂的损失应由谁承担？

[解析](1)山川厂有权解除合同。《合同法》第93条规定，当事人协商一致，可以解除合同。当事人可以约定一方解除合同的条件。解除合同的条件成就时，解除权人可以解除合同。本案中兴达公司未按合同约定履约，合同约定的解除条件已成就，故山川厂有权单方解除合同。根据《合同法》第96条的规定，当事人一方依照本法第93条第2款、第94条的规定主张解除合同的，应当通知对方。山川厂通知兴达公司解除合同的做法也是合理的。

(2)山川厂的损失应由兴达公司承担赔偿责任。《合同法》第97条规定：合同解除后，尚未履行的，终止履行；已经履行的，根据履行情况和合同性质，当事人可以要求恢复原状，采取其他补救措施，并有权要求赔偿损失。据此，山川厂有权要求兴达公司赔偿损失。兴达公司应承担山川厂损失的赔偿责任。

【思考题】

1. 试述合同的概念与特征。
2. 如何区分双务合同与单务合同。
3. 试述合同原成立条件。
4. 试述要约与承诺的构成要件。
5. 试述合同的形式。

6. 试述合同解除的概念及其条件。
7. 比较约定解除与法定解除。
8. 试述合同解除的法律效力。

【司法考试真题链接】

1. 下列合同中,既可以是有偿合同也可以是无偿合同的有哪些?(2002年)
   A. 保管合同　　B. 委托合同　　C. 借款合同　　D. 互易合同

2. 乙公司向甲公司发出要约,旋又发出一份"要约作废"的函件。甲公司的董事长助理收到乙公司"要约作废"的函件后,忘了交给董事长。第三天甲公司董事长发函给乙公司,提出只要将交货日期推迟两个星期,其他条件都可接受。后甲、乙公司未能缔约,双方缔约没能成功的原因是什么?(2002年)
   A. 要约已被撤回　　　　　　　　　　B. 要约已被撤销
   C. 甲公司对要约作了实质性改变　　　D. 甲公司承诺超过了有效期间

3. 教授甲举办学术讲座时,在礼堂外的张贴栏中公告其一部新著的书名及价格,告知有意购买者在门口的签字簿上签名。学生乙未留意该公告,以为签字簿是为签到而设,遂在上面签名。对乙的行为应如何认定?(2005年)
   A. 乙的行为可推定为购买甲新著的意思表示
   B. 乙的行为构成重大误解,在此基础上成立的买卖合同可撤销
   C. 甲的行为属于要约,乙的行为属于附条件承诺,二者之间成立买卖合同,但需乙最后确认
   D. 乙的行为并非意思表示,在甲、乙之间并未成立买卖合同

4. 乙买甲一套房屋,已经支付1/3价款,双方约定余款待过户手续办理完毕后付清。后甲反悔,要求解除合同,乙不同意,起诉要求甲继续履行合同,转移房屋所有权。下列哪一选项是正确的?(2007年)
   A. 合同尚未生效,甲应返还所受领的价款并承担缔约过失责任
   B. 合同无效,甲应返还所受领的价款
   C. 合同有效,甲应继续履行合同
   D. 合同有效,法院应当判决解除合同、甲赔偿乙的损失

5. 合同规定甲公司应当在8月30日向乙公司交付一批货物。8月中旬,甲公司把货物运送到乙公司。此时乙公司有权应当如何处理?(2003年)
   A. 拒绝接收货物
   B. 不接收货物并要求对方承担违约责任
   C. 接收货物并要求对方承担违约责任
   D. 接收货物并要求对方支付增加的费用

6. 甲、乙双方约定,由丙每月代乙向甲偿还债务500元,期限2年。丙履行5个月后,以自己并不对甲负有债务为由拒绝继续履行。甲遂向法院起诉,要求乙、丙承担违约

责任。法院应如何处理？（2004年）

A. 判决乙承担违约责任

B. 判决丙承担违约责任

C. 判决乙、丙连带承担违约责任

D. 判决乙、丙分担违约责任

7. 合同当事人一方违约后，守约方要求其承担继续履行的违约责任，在下列哪些情况下人民法院对守约方的请求不予支持？（2004年）

A. 违约方所负债务为非金钱债务

B. 债务的标的不适于强制履行

C. 继续履行费用过高

D. 违约方已支付违约金或赔偿损失

8. 甲将其电脑借给乙使用，乙却将该电脑卖给丙。依据我国《合同法》的规定，下列关于乙、丙之间买卖电脑的合同效力的表述哪一个是正确的？（2002年）

A. 无效　　　B. 有效　　　C. 效力待定　　　D. 得变更或撤销

9. 甲向首饰店购买钻石戒指两枚，标签标明该钻石为天然钻石，买回后即被人告知实为人造钻石。甲遂多次与首饰店交涉，历时一年零六个月，未果。现甲欲以欺诈为由诉请法院撤销该买卖关系，其主张能否得到支持？（2002年）

A. 不可以，因已超过行使撤销权的一年除斥期间

B. 可以，因首饰店主观上存在欺诈故意

C. 可以，因未过两年诉讼时效

D. 可以，因双方系因重大误解订立合同

10. 张某是某企业的销售人员，随身携带盖有该企业公章的空白合同书，便于对外签约。后张某因收取回扣被企业除名，但空白合同书未被该企业收回。张某以此合同书与他人签订购销协议，该购销协议的性质应如何认定？（2002年）

A. 不成立　　　B. 无效　　　C. 可撤销　　　D. 成立并生效

11. 甲因出国留学，将自家一幅名人字画委托好友乙保管。在此期间乙一直将该字画挂在自己家中欣赏，来他家的人也以为这幅字画是乙的，后来乙因做生意急需钱，便将该幅字画以3万元价格卖给丙。甲回国后，发现自己的字画在丙家中，询问情况后，向法院起诉。下列有关该纠纷的表述中哪些是正确的？（2002年）

A. 乙与丙之间的买卖合同属于无效合同

B. 乙与丙之间的买卖合同属于效力未定的合同

C. 甲对该幅字画享有所有权

D. 丙对该幅字画享有所有权

第十四章 不当得利之债

【引例】

2003年5月20日,原告攀枝花市明天有限责任公司(以下简称明天公司)因企业之间借款纠纷将被告四川省远大劳保代理有限责任公司(以下简称远大公司)诉至法院。原告明天公司诉称,2002年10月,被告远大公司因资金紧张,向原告借款10万元,以解燃眉之急。原告虽知企业之间不能借款,但在被告承诺最迟在一个月内还款后,遂以货款的名义于2002年10月31日向被告电汇了10万元。但时至起诉之日,被告都未还款。

法庭经过开庭审理,认为原告的诉讼请求理由不充分,履行告知义务后,原告遂变更诉讼请求,将案由变更为"不当得利纠纷",请求被告返还不当得利10万元。经过第二次开庭审理,根据《民法通则》第92条规定:"没有合法根据,取得不当利益,造成他人损失的,应当将取得的不当利益返还受损失的人。"法院认定原告的诉讼请求成立,判决被告远大公司返还原告明天公司不当得利10万元。

第一节 不当得利概述

一、不当得利的概念

不当得利是指没有法律上的依据,使他人受损而取得利益。不当得利之债,是指因不当得利而形成的债的关系。在不当得利之债中,一方当事人无法律上的依据而取得利益,并使他人的利益遭受损害,因此遭受损害的人享有对得利人的利益返还请求权,得利人则负有返还的义务。即在当事人之间形成债权、债务关系。

不当得利制度起源于罗马法的请求返还之诉,在当时是一种债权清偿的特殊诉权。在罗马法,物权行为与原因债权已独立发生效力。[①] 因给付原因不存在,给付者不得基于物的所有权而请求利益返还。同时,相对人不具有给付原因却受到利益,又有悖于公平原则。为达到利益平衡,规定给付者享有不当得利的诉权。[②] 在《德国民法》中,不当得利成为独立的制度。《德国民法》第812条第1款规定:"无法律上的原因而受领他人给付,或以其他方式由他人负担费用而受到利益者。有返还受到利益的义务。"我国《民法通则》第92条规定,没有合法依据,取得不当利益,造成他人损失的,应当将取得的不当利益返还

[①] 史尚宽:《债法总论》,中国政法大学出版社2000年版,第71页。
[②] 史尚宽:《债法总论》,中国政法大学出版社2000年版,第71页。

受损失的人。不当得利是债发生的原因之一。

而在英美法上,不当得利制度经历了很长时间才获得承认。1937年,美国《恢复原状法重述》第1条开宗明义地规定:"无正当理由而受利益,致他人受损害者,负恢复之责任。"该法的公布可以说是英美法上不当得利制度的里程碑。现在,不当得利制度在美国已得到广泛承认。英国上议院于1991年才明白无误地承认不当得利原则。尽管仍有人对不当得利怀有疑问,但不当得利在英美法上的作用越来越大,适用范围不断扩大。①

二、不当得利的性质

不当得利的事实是引起债的原因之一。那么,不当得利这一法律事实的性质是属于行为还是事件呢?对此,学说上有一定争论。有学者认为,不当得利主要是人的行为引起的,是由于与人的主观意志有关的不公正行为引起的,所以认为不当得利的性质属于行为。也有学者认为,引起不当得利的原因很多,不以人的行为为限,也有因事件引起的,所以不当得利应当属于事件。后一种观点为通说。尽管发生不当得利的原因有事件,也有行为,但不当得利都是与人的意志无关的,不是由受益人的意志决定取得的,也就是说不论受益人取得不当得利的主观状态如何,并不影响不当得利事实的成立。

三、不当得利的构成要件

不当得利具有以下四个基本构成要件。

(一)一方受有财产上的利益

不当得利中的财产受益是指受益人财产事实上的增加或应减少而未减少的情况,通常又称财产上积极的增加或消极的增加。财产上积极的增加是指财产权利的增强或者财产义务的消灭。这既包括所有权、他物权、债权以及知识产权等财产权利的取得,也包括财产权的扩张、权利限制的消灭,如物上抵押权的消灭、债权人放弃债权使债务人的财产得到增加等。财产的消极增加是指财产本应减少却未减少而产生的利益上的增加。②其既包括本应支出的费用没有支出,也包括本应承担的债务而未承担以及所有权上应设定负担的而未设定等。

(二)致他人受有损失

所谓他人受有损失,是指一方因一定事实的发生而使得其财产总额减少。该损失的表现形式是多种多样的,既可以是财产的积极减少,即现存财产的减少(又称直接损失);也可以是财产的消极减少,即财产本应该增加却未增加(又称间接损失)。在受损失的形态上,与利益相对应。这里的应得利益是指在正常情形下可以得到的利益,并非指必然得到的利益。

(三)受益和受损之间存在因果关系

受益和受损之间的因果关系指一方受损是另一方受益带来的,即一方的受益是另一

---

① 马继军:《论不当得利》,载《民商法论丛》(第12卷),法律出版社1999年版。
② 史尚宽:《债法总论》,中国政法大学出版社2000年版,第73页。

方受损的原因。法律上的因果关系有直接因果关系和间接因果关系,受益和受损是基于同一原因事实而产生,为直接因果关系,例如拾得他人走失的耕牛等;间接因果关系不必然基于同一事实而发生,即一方受益不是由另一方受损必然带来的,例如拾得物用于清偿第三人的债务。通常,不当得利中的因果关系以直接因果关系为必要,即一方受损是由对方受益直接造成的。

（四）受益无法律上的原因

受益无法律上的原因即没有合法根据,是不当得利构成的实质性条件。在社会交易中,任何利益的取得都必须有合法的依据,或是直接依据法律,或是依据民事法律行为。换言之,不是直接依据法律或者根据民事法律行为取得利益的,其取得利益就是没有合法根据的,即没有法律上的原因,该得利就没有法律上的正当性。

> [案例]甲公司和乙公司签订了小麦买卖合同,甲公司在入库后发现乙公司多交付了10吨小麦,甲公司多收的10吨小麦在法律上被称为?
> [解答]甲公司没有法律或者合同依据取得了乙公司多发的10吨小麦,应当属于不当得利。

四、不当得利的基本类型

不当得利最基本的划分是依据不当得利是否基于给付行为而发生,将其分为给付不当得利与非给付不当得利。

（一）给付不当得利

给付不当得利,指受益人受领他人基于给付行为而移转的财产或利益,因欠缺给付目的而发生的不当得利。这种欠缺给付目的既可以自始欠缺给付目的,也可以是给付目的嗣后不存在,还可以是给付目的的不达。这里的给付目的,亦即给付的原因。

1. 自始欠缺给付目的。指给付之时即不具有给付原因,最典型的为非债清偿。非债清偿是指没有任何法律上的债务而以清偿目的为一定给付行为。通说主张,此种情形下成立受益人的不当得利,发生不当得利请求权与所有权返还请求权的竞合,受损人可以择一行使。

在以下情形中,虽没有给付原因,仍排除不当得利的成立:(1)履行道德义务而为给付。(2)为履行未到期债务而清偿。(3)明知无债务而为清偿。(4)因不法原因而为给付(如为清偿赌债而为的给付)。

2. 给付目的的嗣后不存在。是指给付时虽有法律上的原因,但其后该原因不存在了,因一方的给付而发生不当得利。属于这种不当得利的主要有:附解除条件或终止的法律行为,条件成就或期限届满,当事人一方因该民事法律行为受有另一方的给付;依双务合同交付财产后,应不可归责于双方当事人的事由致一方不能为对待给付,另一方所受的给付;合同解除后因先前生效合同而受有给付的一方。

3. 给付目的不达。指为实现将来某种目的而为的给付,但因种种障碍,给付目的不能按照给付意图实现的,受领给付欠缺正当性,构成不当得利。如预期条件的成就而为附条件债务的履行,结果条件不成就,因而不达给付目的。

给付不当得利在这几种情况下可得以排除:第一,履行道德义务的给付。例如,养子女对生父母并无赡养义务而赡养,不得以不当得利请求返还给付之费用。第二,清偿期前的给付。债务人对未届清偿期的债务而为给付的,债务人不得请求返还,但债务因给付消灭,期限利益视为自愿抛弃。第三,明知无债务的给付。债务人明知无债务存在,而欲清偿债务为给付的,视为赠与,不得请求返还。第四,不法原因的给付。例如收受贿赂。为保护利益所有人,法律也同时规定,不法原因仅仅存在于受领人一方时,不排除适用此规定,例如,服务员向顾客强要消费。

(二)非给付不当得利

非给付不当得利,是基于给付以外的事由而发生的不当得利,包括人的行为、自然事件以及法律规定。人的行为,又可分为受益人的行为、受损人的行为和第三人的行为。

1. 基于受益者的行为。基于受益者的行为而发生的不当得利,主要指侵害他人权益而发生的不当得利。受益者的行为可以是事实行为,也可以是法律行为。前者如侵夺他人所有物或擅自占有、使用、消费他人之物;后者如无权处分人将他人之物处分,对于第三人为有效处分。主要有:(1)无权处分他人之物(这又因无权处分是有偿处分与无偿处分,受让人是善意与恶意而有不同的效力,此处略)。(2)无权处分或消费他人之物。(3)擅自出租或转租他人之物。(4)侵害他人知识产权或人格权。

受益者的这些行为在有故意或过失时通常也构成侵权行为,受损者也由此获得了对受益人的损害赔偿请求权,产生了不当得利请求权与侵权损害赔偿请求权的竞合。

2. 基于受损者的行为。这种不当得利以受损人为他人之物支出费用最为典型,如误将他人的家畜为自己的家畜饲养,误以他人事务为自己的事务而管理。

3. 基于第三人的行为。基于第三人行为的不当得利主要有:债务人对债权的准占有人(债权凭证持有人)清偿,使债权消灭,致真正的债权人受有损失;债权的让与人在让与通知前,债务人对让与人清偿,致债权的受让人有损害;第三人将甲的肥料施于乙的田地中等。

4. 基于法律规定。如在因附合、混合、加工而获得被添附物所有权时,允许被添附物原所有人向受益者依据不当得利请求权主张与被添附物价值相当的利益返还。

5. 基于事件。如甲池塘的鱼因天降暴雨冲入乙的池塘,甲饲养的家禽吃掉乙的饲料等等,都是基于事件发生的不当得利。

第二节 不当得利的效力

一、不当得利的效力

不当得利一经成立,即在受益人与受损人之间发生不当得利返还的债权债务关系,受损人同时取得不当得利返还请求权。不当得利返还请求权以使受益人返还其所得利益为目的,而非以填补受损人损失为目的,因此跟损害赔偿请求权有所不同。

(一)不当得利返还的客体

不当得利之债的客体是返还所受利益的给付。不当得利以返还原物为原则,以偿还价格为例外。

1. 返还原物。原物是指受益人所受领的物或者权利。返还方式是多种多样的,一般的返还方法为:可移转的权利返还时应为移转权利的行为,已经在物上设定的权利应当废止,已成立的债权应当消灭,物上已消灭的负担应当恢复,已经转移的占有应当返还。且原物在受益人占有期间所产生的孳息也应一并返还。

2. 偿还价格。受益人所受领的利益,在返还时,依其性质或者其他原因不能返还的,受益人应当偿还其价格。

(二)不当得利返还的范围

对于受领人应负担的利益返还责任,法律视受领人的主观状况及其与第三人的关系,而分别确定不同的利益返还范围。

善意受领人的返还范围。善意受领人是指在受领利益的时候不知道其受领利益没有法律上原因的人。善意受领人对其不当得利的返还范围,以现存利益为限。所谓现存利益,是指受益人受到返还请求时享有的利益,并不以原物的固有形态为限。虽然原物的形态发生改变但其价值仍存或者可以代偿的,仍然可以是现存利益。但如果受领返还请求时利益已经不复存在,无论出于什么原因,受益人均不负返还义务。法律之所以如此规定,是因为不当得利制度是使受益人返还其所取得的不当利益为目的,并不是以补偿受损人的损失为目的,因而给予善意受益人一定的保护。

恶意受益人的返还范围。恶意受益人是指在受领利益时明知或者应当知道其受益没有法律上原因的人。基于过失而不知的情形不属于明知,因而不构成恶意。

恶意受益人的返还责任要比善意受益人重,具体表现形式为:(1)其所应返还的不当得利不仅包括受领时所应得的利益,还包括该利益所能够产生的利益;(2)对于其受领的利益,应当附加利息;(3)如果其返还仍不能填补受损人的损失,受益人应当赔偿受损人的损失;(4)即使受领人受领的利益在返还的时候已经减少或者已经不存在了,但无论利益的减少或者消灭的原因是什么,恶意受益人也不能免除其返还责任;(5)对于因受领利益所支出的费用等,恶意受领人不能主张扣除。

上述受益人在取得利益一开始便明知没有法律上的原因,为自始恶意。受益人在刚取得利益时不知道其收益没有合法依据,而在以后知道的,从其知道之时起,成为恶意受益人(嗣后恶意)。受益人于成立恶意之前,仍然适用关于善意受益人返还责任的规定;但从成立恶意之时起,就适用关于恶意受益人返还责任的规定。

总之,对于善意受益人,仅要求其返还现存的利益,如果现存利益已经不复存在,则免除其返还原物的义务或者仅适当补偿。对于善意的第三人可不要求其返还。对于恶意受益人,不仅可以要求其返还原物和孳息,还可以要求其赔偿由此造成的损失。

> [案例]甲与乙长期签订有供货协议,一日乙错将发给丙的货物发给甲,甲照交易习惯接受了货物,当晚由于地震,甲的仓库倒塌,该批货物全部损坏。后来,乙发现了发错货物的情况,急忙致电甲,要求甲退还货物。问甲的行为是否属于不当得利?甲是否要赔偿损失?
>
> [解答]本案中,甲没有法律或者合同依据取得了乙发错的货物,应当属于不当得利。根据我国法律的规定,不当得利受益人为善意时,即在受益人取得利益时不知道没有合法根据,其返还利益范围以利益存在的部分为准,如利益已不存在,则不负返还义务。甲、乙之间订有常年的供货合同,因此甲在收到乙的货物时接受,应该视为善意而非恶意,因此,甲只需返还现存利益即可。现在该批货物已经因为地震而灭失,因此甲不用返还该批货物或者赔偿损失。

二、不当得利请求权与其他相关请求权

(一)不当得利返还请求权与所有物返还请求权的关系

在一方侵占他人的财物,或者一方基于无效行为给付他人财物,标的物的所有权不发生转移时,成立所有物返还请求权。同时因一方取得他人财物的占有,占有也是一种利益。在这种情况下,发生所有物返还请求权与不当得利返还请求权竞合。因不当得利返还请求权性质上为债的请求权,所有物返还请求权为物上请求权,所以,权利人应当首先适用物上请求权的相关规定。但也不禁止权利人得依据不当得利返还请求权请求返还不当得利。

(二)不当得利返还请求权与侵权行为的损害赔偿请求权

不当得利返还请求权以使受益人返还其所得利益为目的,而非以填补受损人损失为目的,因此跟损害赔偿请求权有所不同。

【思考题】

1. 简述不当得利的构成要件。
2. 简述不当得利的分类。
3. 善意受益人与恶意受益人在不当得利的返还范围上有何不同?

【司法考试真题链接】

1. 张某发现自己的工资卡上多出 2 万元,便将其中 1 万元借给郭某,约定利息为 500

元;另外1万元投入股市。张某单位查账发现此事,原因在于财务人员工作失误,遂要求张某返还。经查,张某借给郭某的1万元到期未还,投入股市的1万元已经获利2000元。下列哪一选项是正确的?(2007年)

  A. 张某应返还给单位2万元 B. 张某应返还给单位2.2万元
  C. 张某应返还给单位2.25万元 D. 张某应返还给单位2万元及其孳息

2. 在下列何种情形中,乙构成不当得利?(2005年)
  A. 甲欠乙500元,丙在甲不知情的情况下自愿代为偿还
  B. 甲大学新建校区,当地居民乙的房屋大幅升值
  C. 甲以拾得的100元还了欠乙的债务
  D. 甲雇人耕田,雇工误耕了乙的数亩待耕之田

3. 下列哪一情形不产生不当得利之债?(2011年)
  A. 甲向乙借款10万元,1年后根据约定偿还本息15万元
  B. 甲不知诉讼时效已过,向债权人乙清偿债务
  C. 甲久别归家,误把乙的鸡当成自家的吃掉
  D. 甲雇用的装修工人,误把邻居乙的装修材料用于甲的房屋装修

第十五章 无因管理之债

【引例】

两被告周燕、李文斌原系夫妻关系。2006年3月,被告周燕在原告黄桂英介绍帮助下,在丰城市剑南信用社贷款20000元做生意。同年4月,被告周燕、李文斌离婚。之后被告周燕离开借款所在地江西丰城市。原告黄桂英于2006年7月、8月两次代被告周燕付还该笔借款及利息共计20266元。原告黄桂英多次向两被告周燕、李文斌索讨,李文斌均以同被告周燕离婚,债务与他无关为由拒付,故原告黄桂英诉至法院,要求两被告偿还借款及利息共计20266元。

法院审理认为,被告周燕与丰城市剑南信用社为借贷合同关系。原告黄桂英在被告周燕离开借贷所在地后,为了被告周燕的利益,代其偿还了该笔借款及利息,被告周燕与丰城市剑南信用社的合同之债因他人的代为履行归于消灭。被告周燕由此取得利益,两者之间形成无因管理之债。法院遂依照我国相关法律,判决如下:被告周燕向原告黄桂英支付20266元,限本判决生效之日起五日内付清,被告李文斌承担连带清偿责任。

第一节 无因管理概述

一、无因管理的概念

无因管理,是指没有法定的或约定的义务,为避免他人利益受到损失,自愿管理他人事务或者为他人提供服务的行为。管理他人事务的人称为管理人,其事务受管理的人称为本人。因事务的管理而在管理人与本人之间发生的权利义务关系,便是无因管理之债。

无因管理在罗马法时期就已经存在,被视为准契约之一。无因管理作为独立的制度形成于《德国民法典》中,但该法在编排体例上,作为未受委任而管理事务,故将其放在委任一章之后。在《日本民法典》中,明确将无因管理、不当得利、契约和侵权行为作为债发生的原因。

大陆法系民法上的无因管理制度,目的在于权衡个人事务应由个人自由决定的个体利益和在一定条件下干涉他人事务所体现的社会共同利益两者的关系,以便将此两种利益达到最大限度的契合。因此,一方面,法律对无因管理规定了严格的构成要件,以防止对他人事务滥加干涉;另一方面,法律又规定对于符合无因管理要件的情形,在当事人之间发生债权债务关系,使被他人管理事务的本人,负担补偿费用、清偿债务或者赔偿损失的义务,而不得以管理人的管理行为未经自己同意而为抗辩,从而弘扬社会道德,鞭挞受惠不报,甚至恩将仇报的行为。① 法律确立无因管理制度的直接目的,就是赋予无因管理行为以合法性,而对于不合无因管理要件的对他人事务的干涉行为则不承认其合法性。所以,无因管理实质上是法律赋予没有根据管理他人事务的合法性,以阻却违法性。

我国《民法通则》第 93 条规定:"没有法定或约定义务,为避免他人利益受损进行管理或服务的,有权要求受益人偿付由此而支付的必要费用。"据此,无因管理人在管理活动中支付的必要费用,有权请求被管理人补偿,被管理人即本人也有义务给付,管理人和本人之间这种权利义务关系称为因无因管理而生之债。并且,我国《民法通则》将无因管理列于债权一节之后,作为债发生的原因之一。

二、无因管理的性质

无因管理从行为性质上看,不同于法律行为,通说认为属于事实行为。法律行为以意思表示为要件之一,无因管理,无须管理人作出意思表示,而以管理人事实上实施管理他人事务的事实为条件。基于这一事实,法律使该行为发生效力。对于该行为的效力,管理人所持的态度如何,无论管理人有无发生民事法律后果的意思表示,法律上并不作要求。无因管理只以事实行为作为产生法律效力的条件,至于管理人对此行为的意思表示在所不问,即该意思表示状态不作为认定该行为的条件。

由于无因管理的事实行为性质,决定了管理人的行为能力法律上不作要求,只要有无因管理的事实行为即可,而不问管理人的民事行为能力如何。因此,即使无因管理人为无民事行为能力人或限制行为能力人,只要有无因管理的事实,就能够形成无因管理之债。

第二节　无因管理的构成要件

一、管理他人事务

管理他人事务是无因管理成立的前提条件,没有对他人事务的管理,当然不会成立无因管理。

（一）管理事务

事务,是指一切能满足人们生活需要而又适于为债的客体的事项,但不包括单纯的不作为,其可以是有关财产的,也可以是非财产性的;可以是事实行为,也可以是民事行为;可以是一次性行为,也可以是继续性行为。管理的事务虽然范围非常广泛,但要注意对所管理的事务的要求:第一,所管理的事务应该是能够产生债权债务关系的事务。关于宗教、道德、友谊的事务,不是无因管理中的事务。第二,违法的或者违反社会公德的行为不属于无因管理的事务。第三,依照法律规定必须由本人实施或者必须经本人授权才能实施的行为不属于无因管理的事务。第四,单纯的不作为行为也不属于无因管理的事务。

管理,是指对事务进行处理,实现事务内容的行为。管理人的行为不限于单纯的一般

---

① 王全弟:《债法概论》,复旦大学出版社 2001 年版,第 163 页。

意义的管理(保存、改良以及利用),也包括处分行为,生活当中常常提起的见义勇为也是无因管理的一种。至于管理的目的是否达成,不影响无因管理的成立。

(二)他人的事务

管理人所管理的事务须为他人的事务。但该事务是否为他人的事务,应该依照该事务的性质和管理人的证明来予以确定。事务的性质从外部形式上即可断定为管理他人事务的,无须管理人证明。而事务在外部形式上属于中性,但可依管理人的主观意思判断是否为他人管理事务,如果有为他人管理的意思的,则为他人的事务。

二、管理人须有为他人管理的意思

为他人管理的意思,是无因管理成立的主观要件。为他人管理的意思,是指管理人于管理事务时所具有的为他人谋利益的意思。这也是区别无因管理与侵权行为的标准之一。

值得注意的是,由于无因管理是事实行为,不是法律行为。所以,这里的管理意思为事实上的意思,而非法律行为的效果意思,所以不要求管理人像法律行为那样,把产生某种权利义务后果的目的表示出来,管理人的行为一旦做出,意思就已经体现在事实当中。比如,暴雨来临之前,为防止邻居房屋倒塌,替邻人修缮房屋;送交通事故中的伤者去医院等,这些行为已经体现了管理人的意思。只要有为他人谋利益而管理事务的事实,法律就使得这一事实产生权利义务效果,至于这一效力是否是管理人想要达到的效果,都不予以考虑。由于无因管理的效力来源于法律的直接规定,而非基于管理人的主观意思表示,因此管理人只要具有一般的意思能力即可。只要管理人的管理在客观上确实避免了他人利益的损失,即使其未有明确的为他人利益管理的目的,而又不单纯是为自己利益管理事务的"利己"行为,就可以构成无因管理。甚至管理人主观上同时既有为他人的目的又有为自己的动机,客观上自己也同时受益的,仍可成立无因管理。但如果管理人误将他人的事务作为自己的事务进行管理的,如符合不当得利的要件,可成立不当得利;如构成对他人事务的不法干涉和侵权,则会构成侵权行为。

[案例]王某承包村里的鱼塘,经过精心饲养,收成看好。就在鱼出塘上市之际,王某不幸溺水而死,而其两个儿子都在外地工作,无力照管鱼塘。王某的同村好友李某便主动担负起照管鱼塘的任务,并组织人员将鱼打捞上市出卖,获得收益4万元。其中,应向村里上缴1万元,李某组织人员打捞出卖鱼所花费劳务费及其他必要费用共计2000元。现李某要求王某的继承人支付2000元费用,并要求平分所剩2.8万元款项。问李某行为的性质?李某提出王某的继承人支付2000元费用并要求平分所剩2.8万元款项的要求能否得到支持?

[解答]李某的行为属于无因管理。根据《民法通则》第93条的规定:"没有法定或约定的义务,为避免他人利益受损失进行管理或者服务的,有权要求受益人偿付由此而支付的必要费用。"在本案中,在王某死后其鱼塘无人照管的情况下,李某为了王某的利益,主动为其管理,应认定为无因管理。李某提出支付2000元费用的要求应予支持,

平分 2.8 万元余款的要求不予支持。《民法通则》第 93 条规定:"没有法定或约定的义务,为避免他人利益受损失进行管理或者服务的,有权要求受益人偿付由此而支付的必要费用。"可见,2000 元费用属于无因管理的必要费用,应得到偿付;而李某要求平分 2.8 万元余款的要求无法律依据,不予支持。

三、无法律上的义务

无因管理的"无因"是指无法律上的原因,也就是无法律上的依据。无法律上的义务,指无法定或者约定的义务。所谓法定义务,是指法律直接规定的义务。这里的法律不限于民法,也包括其他法律。如父母、子女之间的管理与被管理关系,继承人和遗产管理人的关系等,均有专门的法律、法规来规定。对于虽有约定的义务,但超越其范围而为的事务,属于无因管理。所谓约定的义务,是指当事人双方约定的义务,也就是基于双方当事人的合同所产生的义务。如买卖合同赋予买方与卖方的义务。

确定当事人之间有无法定或者约定的义务,应当以管理事务之初为时间界限,而不能以管理人主观的判断为标准。如最初无义务,而后订立契约发生契约效力的,订约前的管理是无因管理;起先有义务,但中途成为无义务的,自无义务之后的管理构成无因管理。

第三节　无因管理的类型

一、适法的无因管理

(一)适法的无因管理类型

适法的无因管理是指符合法律规定与立法宗旨相符合的无因管理。依照管理事务是否符合本人(被管理人)的意思,分为以下两类:

主观适法的无因管理指的是管理事务利于本人且又不违反本人明示或可推知的意思。此类无因管理的特征是主观上完全与本人的意思吻合。所谓明示的意思,是指本人事实上已经表示的意思。而所谓可推知的意思,指的是管理事务需要通过客观来推断本人的意思。

客观适法的无因管理指的是管理事务违反本人的意思,但管理系尽到公益上的义务或履行法定义务,符合立法精神。

(二)适法的无因管理的效力

1. 阻却违法。适法的无因管理行为成立后,首先就是具有阻却违法的效力。无因管理行为虽然表面上看似干涉了他人事务,但因为无因管理是以为他人谋利益为目的,管理并不违反本人的意思,或者说是虽然违反本人意思,但是为维护社会公益,故法律使无因管理成为阻却违法性的理由。

2. 适法的无因管理成立，在管理人与本人之间发生法定债权债务关系。管理人自管理开始，即应负担一定的义务，主要有：

(1) 通知义务。管理人在开始管理时，应尽可能及时通知本人。等待本人的指示，本人指示继续管理的，可以认为其承认管理行为，本人指示停止管理的，如管理人继续管理，应认为其管理违反本人的意思。管理人未履行通知义务的，对因其不通知所造成的损失应负赔偿责任。

(2) 适当管理的义务。管理人的主要义务是为避免他人利益受损失进行管理或者服务。管理人履行此项义务时，法律并没有明确其应负担何种注意义务。一般认为应负善良管理人的注意义务，如未尽此义务致本人损害的，应依债务不履行的规定，负损害赔偿责任。

(3) 继续管理义务。在管理事务时，管理人一般不负继续管理的义务，但管理人于管理开始后，如果其中途停止管理行为较之不开始管理对被管理人更为不利时，管理人有继续管理的义务。但是，如果被管理人或者其继承人、代理人可以进行管理或者继续管理对被管理人不利时，管理人即可以停止或者应当停止管理。

(4) 报告及计算义务。管理人于管理时，应向被管理人报告事务管理的进行情况及其管理结果。因管理所收取的物品、金钱及利息都应交付被管理人。因管理所取得的权益，应当转移于被管理人。

本人应负担的义务，也是管理人的权利。本人对管理人所负的义务，从管理人的角度来看，即表现为管理人的请求权。

(1) 偿还必要费用。管理人为管理本人事务而支出的必要费用，本人应当予以偿还，并应同时偿还自支出时起的利息。本人向管理人偿还的范围不以其所受利益为限，即使事务管理的结果对本人无利益，本人也应偿还管理人支出的必要费用。

(2) 清偿必要债务。管理人为了管理事务而以自己的名义向第三人负担的必要债务，本人应当予以清偿。比如，为了修缮邻人快倒塌的房屋而向第三人借钱。注意在这种场合本人并不直接向第三人负担债务，债务人仍然是管理人。

[案例]张某在一风景区旅游，爬到山顶后，见一女子孤身站在山顶悬崖边上，目光异样，即心生疑惑。该女子见有人来，便向崖下跳去，张某情急中拉住女子衣服，将女子救上来。张某救人过程中，随身携带的价值2000元的照相机被碰坏，手臂被擦伤；女子的头也被碰伤，衣服被撕破。张某将女子送到山下医院，为其支付各种费用500元，并为包扎自己的伤口用去20元。当晚，张某住在医院招待所，但已身无分文，只好向服务员借了100元，用以支付食宿费。次日，轻生女子家人赶到医院，向张某表示感谢。问：(1) 张某与轻生女子之间存在何种民事法律关系？(2) 张某的照相机被损坏以及治疗自己伤口的费用女子应否偿付？(3) 张某能否请求女子给付一定的报酬？(4) 张某应否赔偿女子衣服损失？

[解答] (1) 张某与轻生女子之间存在无因管理之债。所谓无因管理之债，是指没有法定的或者约定的义务，为避免他人利益受损失，自愿管理他人事务或为他人提供服务的行为。张某与该女子之间没有法定和约定的义务，张某为了挽救该女子的生命而对

其进行救助,应该认定张某与该女子之间存在无因管理之债的关系。(2)该女子应当赔偿。根据上题的分析,张某与该女子之间形成无因管理关系。《民法通则意见》第132条规定:"民法通则第九十三条规定的管理人或者服务人可以要求受益人偿付的必要费用,包括在管理或者服务活动中直接支出的费用,以及在该活动中受到的实际损失。"张某照相机的损坏以及治疗自己伤口的费用属于在活动中实际遭受的损失,可以要求被管理人赔偿。(3)不能。无因管理人没有向被管理人请求支付报酬的权利,只得向被管理人请求返还或赔偿为执行无因管理而支出的必要费用,且赔偿损失。(4)不应。该女子的衣服破损是自己行为造成的,张某作为无因管理人只对自己故意或重大过失造成的对方当事人的损失承担赔偿责任,该女子的衣服破损并非由于张某的故意或者重大过失造成的,因此,张某无须承担赔偿责任。

(3)赔偿损失的义务。管理人为管理事务而受到损失时,本人应当予以赔偿。本人对于该损失的发生有无过失在所不问。

二、不适法的无因管理

不适法的无因管理是指违反本人的意思且又无客观适法事由的无因管理。不适法的无因管理要符合以下构成要件:

1. 成立无因管理。这种管理在形式上也符合无因管理的构成要件,即无法定或者约定的条件而为他人管理事务。

2. 管理人管理事务的行为违反了本人明示或者可推知的意思。所以这种管理属于对他人事务的过分干涉,此时是否肯定其无因管理的效力,应视情形而定。

不适法的无因管理具有以下法律效力:

1. 不阻却违法。这种行为因为违反了本人明示或者可以推知的意思,已经构成对他人事物的干涉,因此不具有违法阻却性,适用侵权行为的规定。

2. 本人可以享有因管理产生的利益。无论所管理的事务对于本人有利或者无利,本人都可以主张无因管理所得的利益。

3. 本人不主张利益时,产生不当得利之债。如果管理人不将因管理产生的利益交与本人时,本人与管理人之间产生不当得利关系,本人可以按照返还不当得利请求权请求管理人返还不当得利,并可要求管理人赔偿实际损失。

[案例]养马专业户邓某发现路边有一匹无人看管的马,把马带回家。回家后到处打听都没有发现附近有谁丢了马,于是就将该马与自己的马一起饲养,没过几天,马配了种,怀上了小马驹。不久,邻村的何某找到邓某,说明是自己丢了马,经确认丢失的母马确实为何某所有。何某要求把马领走,但邓某认为母马可以领走,但母马产下的马驹应归自己所有,因为是由于自己的精心饲养和照料才使母马怀上马驹,但何某认为自己的母马生下的马驹理所当然属于自己所有,双方争执不下。问:(1)邓某照料马的行为法律上属于什么行为?请说明理由。(2)邓某要求日后产的马驹归自己所有的主张能否

成立？请说明理由。(3)假如在邓某照料马时，马突然发狂，踢伤邓某，邓某为此支付医疗费200元，应如何处理？(4)假如在邓某照料马期间，马突然遭雷击死亡，几天后何某找到邓某要求赔偿，如何处理？

[解答](1)邓某照料马的行为构成无因管理。根据法律的规定，没有法定或者约定的义务，为避免他人利益受损进行管理或者服务的，构成无因管理。因此邓某照料丢失的马的行为属无因管理。作为无因管理人，其有权要求受益人偿付因此而支付的必要费用。(2)邓某要求日后产下的马驹归自己所有的主张不能成立。因为马驹在性质上属于天然孳息，天然孳息在与原物分离之前是原物的一部分，与原物分离之后它的所有权也应当与原物的所有权归属一致，所以邓某的主张不能成立。但何某必须向邓某支付照料马所支出的饲料费用和其他管理费用。(3)邓某有权要求何某支付其为此支付的200元医疗费。因为在无因管理之债中，本人应当偿付管理人在管理事务中所受的损失。(4)邓某不用向何某进行赔偿。根据民法原理，在无因管理之债中，如果管理人给进行管理的标物造成损害的，在管理人有故意或重大过失的，应负赔偿责任。在本案中，动物死亡是由不可抗力造成的，管理人没有过错，故不承担赔偿责任。

三、不真正的无因管理

(一)不真正的无因管理的概念

不真正的无因管理指的是具备无因管理的客观要件，而不具备主观要件的管理。①不真正的无因管理，区别于前两种无因管理，其并不符合无因管理的要件，不成立无因管理，所以不是无因管理。

(二)不真正无因管理的类型

1. 误信管理。误信管理，指的是误信他人的事务是自己的事务而为的管理。对于误信管理一般按照不当得利处理。

2. 幻想管理。幻想管理，指的是误信自己的事务是他人的事务而为的管理。这种情况下，自然不成立无因管理。

3. 不法管理。不法管理，指的是明知是他人的事务，而将其作为自己的事务管理。对于此种不法的无因管理，与前两种一样，因欠缺为他人管理事务的意思，不成立无因管理，其实质上是侵权行为。

无因管理经本人承认，适用委托的规定。但在费用的偿还上，不同于委托中就必要费用或债务偿还。在无因管理中，无因管理不仅就必要费用或债务请求本人偿还，还可以就使本人受益的费用请求受益人支付，以防止管理人在为他人管理事务后，因不被本人承认而处于不利的地位，使双方利益得以平衡。

---

① 郑玉波：《民法债编总论》，中国政法大学出版社2004年版，第86页。

【思考题】

1. 无因管理的概念及性质。
2. 试述无因管理的构成要件。
3. 简述无因管理的效力。

【司法考试真题链接】

1. 张某外出,台风将至。邻居李某担心张某年久失修的房子被风刮倒,祸及自家,就雇人用几根木料支撑住张某的房子,但张某的房子仍然不敌台风,倒塌之际压死了李某养的数只鸡。下列哪一说法是正确的?(2009年)

   A. 李某初衷是为自己,故不构成无因管理
   B. 房屋最终倒塌,未达到管理效果,故无因管理不成立
   C. 李某的行为构成无因管理
   D. 张某不需支付李某固房费用,但应赔偿房屋倒塌给李某造成的损失

2. 下列行为中,哪些构成无因管理?(2008年)

   A. 甲错把他人的牛当成自家的而饲养
   B. 乙见邻居家中失火恐殃及自己家,遂用自备的灭火器救火
   C. 丙(15岁)租车将在体育课上昏倒的同学送到医院救治
   D. 丁见门前马路下水道井盖被盗致路人跌伤,遂自购一井盖铺上

3. 甲正在市场卖鱼,突闻其父病危,急忙离去,邻摊菜贩乙见状遂自作主张代为叫卖,以比甲原每斤10元高出5元的价格卖出鲜鱼200斤,并将多卖的1000元收入自己囊中,后乙因急赴喜宴将余下的100斤鱼以每斤3元卖出。下列哪些选项是正确的?(2007年)

   A. 乙的行为构成无因管理
   B. 乙收取多卖1000元构成不当得利
   C. 乙低价销售100斤鱼构成不当管理,应承担赔偿责任
   D. 乙可以要求甲支付一定报酬

4. 陈某外出期间家中失火,邻居家10岁的女儿刘某呼叫邻居救火,并取自家衣物参与扑火。在救火过程中,刘某手部烧伤,花去医疗费200元,衣物损失100元。下列哪种说法是正确的?(2006年)

   A. 陈某应赔偿刘某100元
   B. 陈某应赔偿刘某200元
   C. 陈某应赔偿刘某300元
   D. 陈某无须补偿刘某

第三编
人身权

第十六章 人身权的基础理论

第十七章 物质性人格权

第十八章 精神性人格权

第十九章 身份权

第十六章　人身权的基础理论

【引例】

　　王佳俊和罗彩霞均为湖南邵东县一中2004届文科班毕业生,同时参加高考。2004年9月,王佳俊的父亲王峥嵘,为了让女儿王佳俊读大学,伪造了罗彩霞的身份证、户口迁移证等证件,由王佳俊冒用"罗彩霞"之名就读贵州师范大学。罗彩霞复读一年后,也于2005年被天津师范大学录取。2008年,王佳俊以罗彩霞之名办理了毕业证、学位证、教师资格证等相关证件。2009年3月,罗彩霞在申办开通网上银行业务时发现身份证号被人冒用,王佳俊冒名顶替上大学事件浮出水面。2009年5月,罗彩霞以姓名权、受教育权受到侵害为由,将王佳俊、王峥嵘等八被告上法庭。

　　2010年8月,天津市西青区人民法院在湖南省长沙市异地公开开庭审理"罗彩霞案"。在法官的调解下,罗彩霞撤回对王佳俊的诉讼请求,被告王峥嵘给付原告赔偿金4.5万元,罗彩霞放弃其他诉讼请求。此案中,原告罗彩霞的姓名权属于民法保护的人身权范畴;但受教育权是宪法规定的公民基本权利,不属于民法保护的人身权范畴。可是,由于被告是以侵犯原告姓名权的方式侵犯原告受教育权,且多年来一直冒用原告的姓名进行学习、工作和生活的,同样应予以相应的民事保护。

第一节　人身权概述

一、人身权的概念

　　民法作为调整平等主体间的财产关系和人身关系的法律规范,其对人身关系的调整形成人身权,对财产关系的调整形成财产权,共同构成民事权利体系。民事主体可能因某种原因而丧失财产权利或者政治权利,却不能丧失基本的人身权,否则就难以生存或有违尊严。

　　人身权,作为人格权和身份权的合称,是民事主体基于其人格和身份依法享有的,与其自身不可分离、不可转让,且没有直接财产内容的法定民事权利。它是民事主体享有的最基本的民事权利,也是民事主体实施民事行为,取得相应财产权的前提。

二、人身权的特征

　　与财产权利相比,人身权具有如下法律特征:

　　1. 非财产性

　　人身权以人格利益和特定身份利益为客体。而人格利益和身份本身并不具有直接的经济内容,体现的是人们的道德情感、社会评价等,不能用金钱直接衡量其价值,具有非财产性。但需要注意的是,人身权虽无直接的财产内容,却与财产有直接或间接的联系,可以成为某些财产权取得的前提。如亲权、亲属权,它们本身是身份权,无直接经济内容,但父母、子女间的这种身份却是彼此拥有继承权利、相互继承遗产的前提;再如名誉权,名誉本身无财产价值,却可以极大地影响民事主体的经济利益。对人身权的侵害,不仅损害了人身利益本身,还会引起受害人的财产损失;人身权受到损害后,也可得到相应的财产性赔偿。如自然人的名誉受损后,加害人除了进行赔礼道歉等精神赔偿外,名誉受损人还可得到相应的财产补偿。另外,人身权益还可以直接转化为财产利益,如信誉良好的法人名称可以有偿转让,为法人组织带来相应的财产利益。

2. 专属性

人身权是以人身为基础的权利,其与民事主体密不可分,不能继承、转让、剥夺或放弃,具有专属性、不可转让性。一般情况下,人身权不得以任何形式买卖、赠与和继承(如名誉权)。但在法律另有规定的情况下,也有例外,如法人名称权可以转让和继受,人体器官可以捐赠。人身权的不可转让性,也决定了人身权行使方式的局限性,通常由权利人自己使用,排除他人干涉、使用。

3. 不可放弃性

人身权作为以人身本身为基础的民事权利,会因为人身本身的特定性、唯一性而具有不可放弃性,如生命权不可放弃。禁止通过订立生死契约等方式,约定免除造成人身伤害的民事责任。

4. 法定性

人身权利的权利内容源于法律的直接规定,如自然人自出生时起即享有名誉权、肖像权等权利,非依当事人间的约定而确定。尽管某些人身权利取得须民事主体作出一定的行为才能获取,如配偶权的取得依赖于双方当事人的结婚登记行为,但该行为所能产生的权利是法律预先设定的,民事主体不能通过特别约定的或单方的行为自行创设人身权。

5. 绝对性和支配性

根据民事权利的效力是否可以对抗不特定的一切人,可以将民事权利分为绝对权和相对权。人身权的专属性、不可分离性决定了权利人可以向任何人主张人身权,并排斥了任何人的非法干涉,属绝对权。同时,根据民事权利的功能,又将民事权利分为支配权和请求权。民事主体可以基于人身权直接支配其人格利益或身份利益,而无须对方当事人为特定行为,是一种支配权。

三、人身权法律制度确立的意义

(一)人身权法律制度的确立,为人类生存与繁衍的需要提供了法律保障

人身权制度的确立,使民事主体的人格利益和身份利益不受侵犯,人与人之间不致相互残害,人的生命权、身体权和健康权的维护得以法律保障。这为人类生物物种的生存与繁衍、可持续的健康发展提供了前提条件,顺应了人类生命延展的需求。

(二)人身权法律制度的确立,为人格尊严和基本人权的维护提供了法律保障

人的生物属性和社会属性,使民法意义上的人,不仅有生物属性上的生存需求,更有着社会属性上的人格尊严和基本人权的维护需要。人身权法律制度的确立本身,是对《宪法》第38条"人格尊严不受侵犯"、《民法通则》第101条"人格尊严受法律保护"的落实。它不仅保护了人的生命健康等权利,顺应了人类生存和发展的需要,还赋予了人格尊严的法律维护,保障人的社会属性上的各种利益,实现姓名、肖像、名誉、隐私、自由等各项人格利益。所以,人格权法律制度的确立,特别是一般人格权和具体人格权法律制度的确立,为民事主体的人格尊严和基本人权的维护提供了充分的法律保护。

(三)人身权法律制度的确立,为正常有序的社会关系的建立和维持提供了法律保障

人与人之间的平等、独立与尊重是社会正常、有序、和谐发展的前提。人身权法律制度的确立,对姓名权、名称权、名誉权、肖像权、隐私权、自由权等人格权的保护,使人与人在社会中得以区分与尊重,个人自由权的行使得以体现。同时,家庭是社会的基本细胞,婚姻家庭中身份权的确立,使家庭成员之间互享身份权,对婚姻家庭的稳定起到了极大的促进和保障作用。人身权法律制度的确立,不仅利于人格权和身份权的法律维护,更有利于社会关系的有序建立、有效维持及受到破坏后的及时恢复,保证了社会基本细胞的正常运行。

第二节 人身权的分类

人身权包括人格权和身份权两大类。人格权是民事主体与生俱来的人格利益的体现,随着民事主体资格的拥有而当然享有。身份权则是民事主体因某种行为实施或者某种身份拥有而后天获取的资格、地位。根据不同的分类标准,人格权和身份权又有着各自的法律特征和权利类型。

一、人格权

(一)人格权的概念

人格(personality)一词来源于拉丁语的persona(人格),传说是罗马一名演员为了遮挡其斜眼而使用的假面具,被称之为persona。所以,人格原指戏剧中的假面具,后引申指一个人在生命舞台上所扮演的各种角色,或者面具之后的真实自我。[1] 罗马法学家则赋予人格以"声望和尊严"、"自由民"、"享有法律地位的任何人"等多种含义,将人格意寓为

---

[1] 朱道俊:《人格心理学》,台湾商务印书馆1947年版,第1页。转引自王利明:《人格权法研究》,中国人民大学出版社2005年版,第3页。

一种抽象而平等的法律地位,权利获取的资格,把人格看得和头颅一样重要。① 民法学意义上的人格,则是从法律利益维护的角度设定的,是指民事主体依法固有为维护自身独立人格所必备的、以人格利益为客体的权利,②是民事主体为维护自己的生存和尊严而必须具备的人身权利,以保障人格及与人格不能分离的法益。

(二)人格权的特征

1. 人格权是民事主体依法所固有的权利。人格权是民事主体依法享有的与生俱来的权利。自然人自出生时起,非自然人自成立时起,就享有人格权,无须民事主体的积极行为或意思表示,也不需要法律的特别程序来赋予,只要其成为法律所认可的"人",就自然享有人格权。所以,人格权的取得无须民事主体的积极作为行为而获取,而是由法律规定直接赋予的,不考虑行为人年龄、性别、职业、智力或财富的差异,是民事主体依法所固有的。

2. 人格权是民事主体维护人格独立所必需的权利。人格权,是自然人人格独立的重要保障,也是人区别于普通动物而成为"人"的根本标志。没有人格权的保障,自然人民事主体将面临随意攻击、恐吓的生存危机,生活也恐无安宁之日;法人等民事主体的独立自主经营权也难以实现。所以,人格权是民事主体维护人格独立所必需的权利,是享有其他一切权利的前提和基础。

3. 人格权以人格利益为客体。人格利益是人之所以成为法律关系主体的基本要素,涵盖了各种类型的利益因素,如物质性人格利益和精神性人格利益、一般人格利益和具体人格利益等。物质性人格利益包括人的生命、身体、健康等,精神性人格利益包括人的自由、尊严、姓名(名称)、肖像、名誉、信用、荣誉、隐私等。一般人格利益是民事主体享有但法律未作特别规定的人格利益,如人格尊严、人格独立、人格平等、人格自由等;具体人格利益是民事主体享有并由法律明确作出具体规定的人格利益,如生命、名誉、肖像等,利益类型具有法定性。

4. 人格权具有绝对性。不管是自然人还是法人,任何民事主体的人格权都是一种绝对权,除民事主体之外的任何人都构成其人格权的义务主体,都得尊重该人格权益,不得干涉、侵害人格权利的行使,即人格权具有绝对性。

[案例]1998年7月,上海某大学女生宗某在上海屈臣氏超市四川北路店闲逛时,因出口的警报器鸣叫不停,被商场女保安带至办公室进行强行脱裤搜身检查,却未发现商场物品。面对屈辱,宗某表示严重抗议并要求对方赔礼道歉、赔偿精神损失,并在向上海市虹口区消费者协会投诉无果后,向虹口区法院起诉。虹口区法院判决被告对原告构成名誉侵权,责令其在《新民晚报》上向原告赔礼道歉,并赔偿原告精神损失费人民币25万元。一审判决后被告不服并提起上诉,上海市中级人民法院对此案进行二审,判决屈臣氏公司侵权成立,但将精神赔偿费从25万元降到了1万元。

---

① 曲炜:《人格之谜》,中国人民大学出版社1991年版,第7页。
② 王利明:《民法》,中国人民大学出版社2010年版,第508页。

[解析]本案中法院关于被告屈臣氏超市侵犯了原告名誉权的认定有失偏颇。本案原告在超市被怀疑盗窃并被搜身的情形,除具体当事人,并不为公众所知,而且很快被认定为无辜,所以并未影响他人对于宗某的社会评价,侵犯的并非是宗某的名誉权。宗某在超市被怀疑偷窃并被搜身,使其产生严重的屈辱感,被侵犯的是其人格尊严,即一般人格权。而一、二审法院判决赔偿数额的悬殊差距,除了在客观上说明精神损害赔偿的数额是司法实务中的难题外,也说明法官自由裁量权实践运用的巨大差距。

(三)人格权的分类

1. 根据人格权权利主体范围的不同,人格权可分为自然人的人格权、法人的人格权及个体工商户、个人合伙的人格权。自然人的人格权,是自然人享有的人身自由、人格尊严以及姓名、肖像、名誉、隐私等人格权;法人的人格权,则是法人对其名称、名誉、信用等享有的人格权。依照《民法通则》第99条第2款的规定,个体工商户、个人合伙也享有名称权等人格权,对外从事经济活动时也享有名誉权、信用权。

2. 根据人格权权利客体范围的不同,人格权可以分为一般人格权和具体人格权。一般人格权是有关人格尊严、人格自由和人格平等的抽象的、一般的、概括的人格权利;具体人格权是有关姓名、肖像、名誉、隐私等各种具体的人格权利。一般人格权具有普遍性、权利客体高度概括性、权利内容广泛性的特点,人格利益超越具体的人格利益,任何具体人格权益都可概括在一般人格利益之中。一般人格权是具体人格权的兜底条款,但在法律有关于具体人格权的具体规定时,优先适用具体人格权。

3. 根据人格权权利客体性质的不同,人格权可分为物质性人格权和精神性人格权。物质性人格权是自然人对其生命、身体、健康等物质性人格要素的不可转让的支配权,[①]包括身体权、生命权和健康权三种,也有学者认为还包括声音权。[②]而精神性人格权,是不以具体的物质性实体为标的,而以抽象的精神价值为标的的不可转让的人格权,[③]如姓名权(名称权)、肖像权、名誉权、荣誉权、信用权、隐私权、性自主权、婚姻自主权等。

4. 根据精神性人格权权利内容侧重点的不同,人格权可分为自由型精神人格权、尊严型精神人格权与标表型精神人格权。自由型精神人格权,是人身自由、言论自由、私生活自由、信仰自由、创造自由等以个人的人身自由与精神自由为内容的人格权。尊严型精神人格权,是以名誉、信用、荣誉等对权利人的特定评价为内容的人格权,如名誉权、信用权、隐私权等[④]。标表型精神人格权,则是以姓名、肖像、名称等主体的外在标志和表征为内容的人格权,如姓名权、肖像权、名称权等。

5. 根据人格权商业利用价值的不同,人格权可分为商品化的人格权和非商品化的人格权。商品化的人格权,是指该人格权具有较强的商业利用价值,不具有严格的专属性,

---

① 张俊浩:《民法学原理》,中国政法大学出版社1991年版,第135页。
② 李锡鹤:《民法基本理论若干问题》,人民出版社2007年版,第378页。
③ 王利明著:《人格权法》,中国人民大学出版社2009年版,第31页。
④ 张俊浩:《民法学原理》,中国政法大学出版社1991年版,第140页。

且与财产权关系密切,如名称权、肖像权等。非商品化的人格权,不具有较强的商业利用价值,往往不包含财产利益,如人身自由权等。①

6. 根据人格利益的保护对象是生者还是死者的不同,可分为对生者人格权的保护和对死者人格利益的保护。对生者人格权的保护,是要维护生者的人格权利,不管生者自身的个体差异状态如何。对死者人格利益的保护,所要维护的则是死者的法益。② 因为自然人一旦死亡,则丧失权利主体资格,不再享有人格权和私的人格利益。但自然人死亡后,死者的近亲属对其仍怀有情感、哀思和回忆,死者的姓名、肖像、名誉、隐私、遗体等人格要素,对其近亲属仍有一定的影响,侵害死者人格的行为往往会造成近亲属的精神痛苦。对死者人格利益的保护,实是以对死者法益保护的形式,维护死者近亲属的人格利益。2001 年,最高人民法院《关于确定民事侵权精神损害赔偿责任若干问题的解释》第 3 条规定,对死者人格遭遇侵害的情形,赋予了近亲属请求精神损害赔偿的权利:(1)以侮辱、诽谤、贬损、丑化或者违反社会公共利益、社会公德的其他方式,侵害死者姓名、肖像、名誉、荣誉;(2)非法披露、利用死者隐私,或者以违反社会公共利益、社会公德的其他方式侵害死者隐私;(3)非法利用、损害遗体、遗骨,或者以违反社会公共利益、社会公德的其他方式侵害遗体、遗骨。所以,死者人格作为一种法益应受到法律保护,不受非法侵害;对侵害死者人格的行为,死者近亲属有权提起诉讼,请求停止侵害、消除影响,实现死者近亲属人格利益保护的要求,维护社会公共利益、社会公德。③

二、身份权

(一)身份权的概念

民事主体,特别是自然人,身处社会当中,担任着各种角色,具有各种身份。这些身份有些是民法所确认和保障的平等主体间的身份,有些则是某种特权的体现。本书所说的身份,是平等民事主体在特定社会关系中(主要指在特定家庭和亲属团体关系中)所享有的地位或资格。身份权是基于民事主体的特定身份而产生的人身权利,是对民事主体特定身份的确认和保护,以维护家庭和以家庭为源头的社会关系的稳定。身份是身份权的基础。

需要注意的是,身份权虽借用了"权利"的用语,但身份权实为权利义务的集合体;④民事主体不仅享有一定的权利,同时也承担一定的义务。以亲权为例,父母享有对未成年子女进行管教、保护的权利,也负有对未成年子女进行管教、保护的义务;而配偶权中,夫妻之间不仅享有同居的权利,也负有同居的义务。

(二)身份权的特征

1. 主体的单一性。民事主体在不同的民事法律关系中,虽具有各种不同的民事身

---

① 王利明:《人格权法》,中国人民大学出版社 2009 年版,第 33 页。
② 王利明:《人格权法研究》,中国人民大学出版社 2005 年版,第 360 页。
③ 王利明:《民法》,中国人民大学出版社 2010 年版,第 509 页。
④ 李志敏:《比较家庭法》,北京大学出版社 1988 年版,第 228 页。

份,但本书所说的身份权须以一定身份的存在为前提,只存在于自然人之间,发生在婚姻家庭亲属关系中,法人和非法人组织不具有人的自然属性,不能成为婚姻家庭法律关系的主体。身份权的主体限定于自然人,呈现出单一性的特点。

2. 主体的非天然性。人格权是与生俱来的人身权利,身份权则并不是任何民事主体都可享有的权利,须以一定的身份为前提;且在婚姻家庭关系中,如果缺乏对方当事人,没有对应的身份,身份权仍不能成就。如没有结婚,就不能获取身份权;没有生育子女,则无法拥有亲权;独生子女没有兄弟姐妹,也就不能基于兄弟姐妹关系而享有兄弟姐妹间的亲属权。

3. 权利义务关系的一致性。身份权不同于绝对权属性的人格权。身份权发生在亲属法中彼此相对应的双方当事人之间,权利的主张以一定的身份为前提。当事人在主张身份权利的同时,也都负有相对应的义务,权利在事实上包含着义务的内容,权利义务关系具有一致性。

4. 权利内容与财产有着更为直接的联系。虽然人身权本身不具有直接的财产内容,但身份权与财产关系的联系相较于人格权,更为密切。如夫妻间财产关系本身是配偶权权利内容的一部分;亲属权的扶养关系,也以一定财产价值的劳务的付出为代价,一定范围的亲属间还因此可相互继承遗产。

[案例]南昌市东湖区的张某与许某婚后不久就因性格的差异离婚,一周岁的婚生子随母亲许某生活。离婚后的张某每月都按时给付抚养费,但每当张某提出探望儿子,许某总是以各种理由拒绝,张某很生气,感觉其中有蹊跷。后张某想法为孩子验血,血型证明为A型。但张某和许某的血型登记均为O型,张某怀疑孩子不是自己的,并起诉至东湖区法院,要求确认自己与孩子无血缘关系,并要求解除其对孩子的抚养义务,返还抚养费用,并进行精神损害赔偿。但由于许某一直拒绝亲子鉴定,仅凭张某提供的证据不能确定孩子非张某所生,且许某自愿同意今后不再要求张某承担抚养义务,故法院判决小孩今后的抚养费由许某自行承担,驳回张某的其他诉讼请求。问:案中法院的判决是否正确?

[解答]本案涉及婚生子女的亲子关系、亲权认定问题。依照我国有关法律的精神,凡是婚姻关系存续期间所生子女,都推定为婚生子女。要否定婚生事实,需要有证据证明。法院在没有作亲子关系认定的情况下,不能支持其返还抚养费和精神损害赔偿请求,只能就今后的扶养关系依据被告的自认作出判决。

(三)身份权的分类

身份权的分类,主要根据身份领域的不同,进行了类型化的区分。

1. 婚姻家庭中的身份权,即亲属法上的身份权,包含配偶权、亲权、亲属权等。[①] 配偶权,是在合法有效的婚姻关系存续期间,夫妻双方基于夫妻身份所享有的权利。王利明老

[①] 2009年12月26日颁布的《中华人民共和国侵权责任法》还肯定了监护权也为身份权的一种。

师认为配偶权的内容包括同居权、忠诚权、协助权。① 亲权,是指父母对其未成年子女所行使的权利;亲属权,则是民事主体因血缘、收养等关系产生的特定身份而享有的民事权利。婚姻家庭中的身份权呈现出特定性特点,只发生在婚姻家庭中的特定身份的亲属之间,且亲属间权利的享有具有相互性。

2. 婚姻家庭以外的身份权。人们在婚姻家庭之外也享有各种身份权利,如知识产权中的身份权,可表明作者、设计者、发明创造者的身份等。且此类身份权的享有是相对于世界上任何人而言的,具有绝对性。也有学者认为荣誉权也属于身份权。② 但本书所讨论的身份权仅指婚姻家庭中的身份权,不讨论亲属法之外的身份权利。

【思考题】

1. 人格权与身份权的联系与区别。
2. 简析人身权的法律特征。
3. 试述人格权和身份权的权利类型。
4. 试述民法保护人身权的意义。

【司法考试真题链接】

1. 赵某系全国知名演员,张某经多次整容后外形酷似赵某,此后多次参加营利性模仿秀表演,承接并拍摄了一些商业广告。下列哪一选项是正确的?(2008年)
   A. 张某故意整容成赵某外形的行为侵害了赵某的肖像权
   B. 张某整容后参加营利性模仿秀表演侵害了赵某的肖像权
   C. 张某整容后承接并拍摄商业广告的行为侵害了赵某的名誉权
   D. 张某的行为不构成对赵某人格权的侵害

2. 周某将拍摄了其结婚仪式的彩色胶卷底片交给某彩扩店冲印,并预交了冲印费。周某于约定日期去取相片,彩扩店告知:因失火,其相片连同底片均被焚毁。周某非常痛苦,诉至法院请求彩扩店赔偿胶卷费、冲印费损失及精神损害。下列哪些选项是正确的?(2007年)
   A. 彩扩店侵害了周某的财产权和肖像权
   B. 彩扩店的行为构成违约行为和侵权行为
   C. 彩扩店应当赔偿胶卷费并返还冲洗费
   D. 周某的精神损害赔偿请求应当得到支持

3. 甲于2007年2月死亡。乙因与甲生前素来不和,遂到处散布甲系赌博欠下巨额

---

① 王利明:《民法》,中国人民大学出版社2000年版,第512页。
② 魏振瀛:《民法》,北京大学出版社、高等教育出版社2007年版,第642页。

高利贷无法偿还而自杀身亡,在社会上造成了较恶劣的影响。甲之子欲向法院起诉,要求追究乙的侵权责任。下列哪一选项是正确的?(2008年)

A. 甲已经死亡,不再具有民事主体资格,因而乙的行为不构成侵权
B. 乙的行为侵害了甲的名誉,依法应当承担侵权责任
C. 只有甲的配偶有权代表甲对乙提起诉讼
D. 只有甲的子女有权对乙提起诉讼

第十七章 物质性人格权

【引例】

1999年10月6日,某市机械厂子弟学校龚同学丢了10元钱,怎么查也没有人承认,同学之间互查也没有结果。最后在柳同学桌子的横梁底下发现了该10元钱。班主任翟老师因此认定是柳同学偷的,对他说:"你过来,我在你脸上写个字,让你'光荣光荣',永远记住这个教训。"便拿起锥子,把柳同学的头揽过来,在他脸上划了个"贼"字,面积比5分硬币稍大。柳同学的伤事后经当地公安部门法医鉴定为轻伤。柳家到某美容机构检查,检查结果是划伤已深及真皮层,如不经过美容,可能会留下疤痕。

本案中柳同学的脸部被老师强行刺字且被法医鉴定为轻伤,老师的行为不仅破坏了柳同学的身体组织的完整性,而且使得脸部生理机能不能正常运行即不经整容不能恢复原貌。因此,老师的行为已经构成侵权行为,其不仅侵害了柳同学的身体权还侵害了其健康权。

第一节 生命权

一、生命权概述

(一)生命权的概念

人格权法上的生命是指自然人的生命;自然人的生命是指人体所具有的活动能力。生命是自然人成为民事权利义务主体的前提和基础,是自然人的最高人格利益。没有生命,自然人所享有的任何其他权利均毫无意义。因此,维护人的生命安全利益是所有法律应承担的共同使命。我国《民法通则》第98条规定了生命健康权,并将其置于所有人格权之首。我国学者通常认为,生命权是自然人以其性命维持和安全利益为内容的人格权。

[案例]甲、乙、丙、丁四人系好友。某日四人聚在酒吧饮酒至深夜。丙、丁二人酒量不及甲、乙,数小时后,丙烂醉如泥,丁则胃大出血,甲、乙二人慌忙打车将丙送至其家门口,然后急匆匆送丁至医院抢救。第二天清晨发现丙死于其家门口。请问:本案甲、乙二人是否要承担责任?如需承担责任,他们侵害了丙、丁的什么权利?

[解答]甲、乙二人作为劝酒者应对丙、丁承担侵权责任。丁饮酒致胃大出血,侵害的是其健康权,丙饮酒致死,侵害的是其生命权。

(二)生命权的特征

1. 生命权的主体是自然人,法人或其他社会组织不能成为生命权的主体。
2. 生命权的客体是自然人的生命安全利益,即维护人的生命的正常活动,保障生命不受非法剥夺的人格利益。

二、生命权的内容

(一)生命安全维护权

生命是自然人的最高人格利益。权利主体有权维护生命安全。生命对任何人都只有一次,一旦失去便无法恢复。当自然人的生命受到实际的侵害或威胁时,其得以采取一切必要手段对抗侵害或威胁性行为。比如采取正当防卫或紧急避险的方法等。而且,我国法律对于生命安全受到非法侵害时权利人所采用的正当防卫或紧急避险的容忍程度要高于其他情况下的容忍程度。

(二)生命利益支配权

生命利益支配权主要体现在生命权人是否有权支配自己的生命。这一问题又包括两个方面:一是权利人主动将自己的生命置于危险境地;二是权利人主动结束自己的生命。关于生命利益支配权是否为生命权的内容,学者们认识不一。就第一点而言,人们无多大争议。为了人类和社会的进步与发展,以及人生价值和人生意义的实现,人类需要从事一些冒险活动。法律应当允许权利人在意识完全自由的情况下,可以支配和处分自己的生命利益,将自己的生命主动置于危险境地。比如为了科学进步和提高人类的认识,人们主动从事登山、潜海的科考活动等,运动员所从事的部分有生命危险的体育运动,国家和民族或他人在生死存亡的关键时刻所作出的为国捐躯、舍己救人行为等。至于权利人是否可以主动结束自己的生命,比如自杀和安乐死。这是一个异常复杂的命题。其不光涉及法律问题,而且还涉及道德、伦理、宗教、医学、哲学、文化等诸多领域。以安乐死为例,安乐死在国内外都存在较大争议。本书认为,人们对安乐死的关注焦点并不是病人是否有权支配和处分自己的生命而是医生是否有权应他人的请求结束病人的生命。人们最担心的不是病人是否有权选择结束自己的生命而是在无法忍受精神和肉体巨大痛苦的情况下病人的意思表示是否真实以及医生是否会滥用权利。

因此,生命利益支配权的问题主要不是一个法律问题。即使否认生命权人具有生命利益支配权,但权利人支配或处分了其生命利益也基本不会带来什么不利的法律后果。

第二节　身体权

一、身体权的概念

身体，即自然人的躯体，包括四肢、器官及毛发、指甲等。与人的身体不可分离的假肢、假牙等也属于身体，但可以自由装卸者不属于身体。身体是人的生命和健康得以依托的物质载体，没有身体则无所谓生命和健康。

身体权是自然人对肢体、器官和其他组织依法享有保持完整和支配的人格权。身体权的主体只是自然人，法人和其他社会组织不是身体权的主体。

《民法通则》和《侵权责任法》都没有规定身体权，但《精神损害赔偿解释》和《人身损害赔偿解释》均将身体权确认为独立的人格权，学者通说一般也认为应当将身体权确立为独立的人格权。尽管生命权和身体权、健康权有很多重合和类似的地方，但三者各自所体现的人格利益并不相同。生命权重在维护人的生命的正常延续，保障生命不受非法剥夺和终止，健康权重在维护人的生理机能的安全舒适，而身体权则重在保持完整和支配自然人的身体及身体组成部分。侵犯身体权并不一定会侵犯生命权和健康权，比如，未经同意非法剪掉他人毛发或指甲等就只侵犯了身体权并不侵犯生命权和健康权。又如未经允许在他人皮肤表面强行文身、刺绣等未造成严重后果的也只是侵犯了身体权。

> [案例]甲明知自己患有艾滋病，仍然强奸孕妇乙，导致胎儿丙也受到感染，请问甲侵害了乙什么权利，侵害了丙什么权利？
> [解答]甲强奸妇女乙传染恶疾既侵害了其身体权也侵害了健康权，同时违背乙的意志强行发生性关系，又侵害了其贞操权。至于未出生的胎儿也受到感染，可由其母亲作为法定代理人以身体和健康受到侵害为由向甲主张损害赔偿。

二、身体权的内容

（一）身体完整性保持权

完整的身体是自然人正常生活、延续生命的基础。没有身体，生命、健康就没有依存，赋予权利主体其他任何权利均毫无意义。所以，在身体权中，保持身体的完整性最为重要，任何破坏自然人身体完整的行为都是对身体权的侵犯。

（二）对身体或身体组成部分的肢体、器官和其他组织的支配权

自然人对自己的身体或身体组成部分是否可以自由支配，在理论上尚存在一定的争议。但现实中人们对自己的身体或身体组成部分进行支配的现象是客观存在的，如理发、美容、文身等。随着科学技术的发展及法律伦理的进化，尽管绝大多数国家禁止人体器官或其他组织的买卖，但自然人应当有权决定将自己身体的器官、血液、脊髓等捐献给医疗

教学单位、科研单位或者他人等。

第三节 健康权

一、健康权概述

(一)健康权的概念

健康,是指人体各种生理机能的正常运转,没有任何身心障碍。健康不限于器质健康、功能健康、还包括生理健康和心理健康。健康权是指自然人维护其机体生理机能正常运行和功能正常发挥,从而维持人体生命活动的人格权。[①] 身心健康不仅是公民个人享受高质量的生活的基础,而且也是国家提升整个国民素质和建设社会主义现代化建设的必要前提。因此,健康权是自然人重要的人格权。

(二)健康权的特征

1. 健康权的主体是自然人。根据权利主体的自然属性,法人或其他社会组织不能作为健康权的主体。

2. 健康权的内容包括身体机能健康和心理机能健康两方面。心理健康相较于身体健康往往容易被人忽视,拥有强健的体魄不等于就具备乐观、向上的健康心理。没有健康的心理就不能正确对待生活中的失败和挫折等,因此,心理健康和身体健康同等重要。

二、健康权的内容

(一)身体机能健康的维护权

保持身体机能健康是权利主体从事一切社会活动的基础,权利主体有权通过锻炼等方式维护自己的身体健康,并有权排除和对抗一切非法损害或威胁其身体健康的人或行为。

(二)心理机能健康的维护权

心理机能健康同样也是权利主体从事一切社会活动的基础,权利主体有权采取必要措施维护自己的心理机能健康。

(三)健康利益的支配权

同生命权中对生命利益的支配、身体权中对身体利益的支配一样,权利人对自己健康利益的支配不仅仅涉及法律问题,还涉及道德、伦理、哲学、宗教、文化、医学等诸多领域。权利人是否有权自主支配自己的健康利益,包括放弃健康甚至自损健康等在学者间存在很大的争议。然而,权利人按自己的意愿支配自己的健康利益的现象是客观存在,比如运

---

① 马俊驹、余延满:《民法原论》,法律出版社 2007 年版,第 105 页。

动员从事的有危险性的体育竞技运动、病人放弃治疗等。但如果权利人放弃健康或自损健康威胁社会公共利益时则有必要限制其健康利益的支配,比如可以对其采取强制治疗或强制戒毒等措施。

三、生命权、身体权与健康权

生命权、身体权与健康权三者之间既有联系又有区别。生命权、身体权与健康权都是自然人重要的人格权,三者彼此独立,分别体现了自然人不同的人格利益。生命是身体、健康的前提,没有生命则无所谓身体和健康;身体是生命和健康得以存在的物质载体;健康则是自然人享有生命权和身体权的重要保障,健康受到损害则可能危害身体甚至生命。然而,三权之间又存在一定的差别。生命权只因人的性命的丧失而受到侵害,身体权因自然人的外在躯体的完整性被破坏而受到侵害。侵犯自然人的身体权不一定会侵犯其健康权,比如擅自剪人指甲、毛发等,侵犯健康权也不一定会侵犯其身体权,比如致人精神错乱。侵害生命权则一定侵害了身体权和健康权,在要求赔偿和处罚时,根据从重吸收原则只能对侵害生命权的行为进行赔偿和处罚而不得同时对身体权和健康权的侵害要求赔偿和处罚。

【思考题】

1. 生命权、身体权、健康权三者的权利客体有何区别?
2. 自然人对自己的身体是否享有绝对的支配权?

【司法考试真题链接】

1. 某媒体未征得艾滋病孤儿小兰的同意,发表了一篇关于小兰的报道,将其真实姓名、照片和患病经历公之于众。报道发表后,隐去真实身份开始正常生活的小兰再次受到歧视和排斥。下列哪一选项是正确的?(2007年)

    A. 该媒体的行为不构成侵权
    B. 该媒体侵犯了小兰的健康权
    C. 该媒体侵犯了小兰的姓名权
    D. 该媒体侵犯了小兰的隐私权

2. 张某因病住院,医生手术时误将一肾脏摘除。张某向法院起诉,要求医院赔偿治疗费用和精神损害抚慰金。法院审理期间,张某术后感染医治无效死亡。关于此案,下列哪些说法是正确的?(2010年)

    A. 医院侵犯了张某的健康权和生命权
    B. 张某继承人有权继承张某的医疗费赔偿请求权
    C. 张某继承人有权继承张某的精神损害抚慰金请求权
    D. 张某死后其配偶、父母和子女有权另行起诉,请求医院赔偿自己的精神损害

第十八章　精神性人格权

【引例】

某市的 A 公司与 B 公司,两家公司都生产啤酒,双方竞争十分厉害。本来两家公司实力相当,后 B 公司因不断进行技术改造及革新生产工艺,使啤酒质量逐渐强于 A 公司,销售额也与日俱增。A 公司领导心急如焚,便到处放风说 B 公司的啤酒含农药成分高,喝多了容易中毒。同时又通过关系招来当地报纸的记者,称 B 公司的啤酒有问题,有关方面正在检查此事。报社记者闻之,未经核实,便发文见报。顿时,B 公司的啤酒在全市大量积压,各进啤酒的商店纷纷要求退货,已生产的又都卖不出去,不得不暂时停产。20 多天后,B 公司好不容易才澄清事实,恢复生产,但销售量却一直上不去,为此一下损失了 20 余万元的利润。

本案 A 公司捏造事实的行为,对 B 公司生产啤酒的行为进行恶意中伤,诋毁 B 公司的名誉,使 B 公司的社会评价降低,生产的啤酒卖不出去,构成对 B 公司名誉权的侵害,应承担侵权损害赔偿责任。

第一节　姓名权和名称权

一、姓名权

（一）姓名权的概念

姓名,是自然人特定化的文字符号标志,以在社会中区别于他人。在法律上,姓名是区别于他人的主体标志,是标志权利、义务主体的符号。姓名不仅与个人人格有特殊的联系,而且姓名本身也代表一种人格利益。姓名权,是自然人对其姓名所享有的权利,即依法享有的决定、使用和改变自己的姓名,并排除他人干涉和侵害的权利。

（二）姓名权的特征

1. 姓名权的主体是自然人。姓名权所保障的是权利主体的姓名以及与姓名相关的精神利益,姓名权具有极强的专属性,与生存自然人的人身不可分离。自然人一旦死亡,他就不能决定、使用和依照规定改变自己的姓名,不能对其姓名享有法律上的利益。但自然人姓名权的专属性,并不意味着不可重名,并不意味着自然人对与其姓名相同的文字符号享有专有权。但基于不正当目的故意使用与他人相同姓名的,可构成对他人姓名权的侵犯。

2. 姓名权的客体是姓名。姓名作为自然人区别于他人的特定化的文字符号标志,必须以文字符号的形式表现出来。姓名权的客体不仅指自然人在户籍和居民身份证上显示出来的本名,还包括曾用名、别名、笔名、艺名、乳名等。一般来说,本名需要登记,更改本名需要遵守严格的法律程序。若某人使用笔名、艺名、别名等,只有在这些笔名、艺名等能够使他人识别为代表本人、成为本人独特标志时,才能使该名称作为姓名权客体受到保护。

3. 姓名权包括姓名决定权、使用权和变更权等内容。《民法通则》第99条第1款规定:"公民享有姓名权,有权决定、使用和依照规定改变自己的姓名,禁止他人干涉、盗用、假冒。"

(1)姓名决定权。姓名决定权又称姓名命名权,是指自然人有权决定自己的姓氏,有权决定自己的名字,有权选择从父姓、从母姓,也有权采用其他姓氏。有权决定自己的艺名、笔名、化名和别名,他人无权干涉。自然人在出生时,由于不具备行为能力,一般由监护人代为命名。自然人具备相应行为能力后,可通过行使变更权来决定自己的姓名,亲自行使姓名权。

(2)姓名使用权。姓名使用权是指自然人有权使用自己的姓名从事各种社会活动,以明确自己的身份,满足自己物质和精神方面的需要。它包括积极行使和消极行使两方面。积极行使是自然人在实施民事行为时,积极地以自己的名义行使姓名权,如在自己的作品上署上自己的姓名或笔名、在特定的场合下表明自己的身份以区别于其他社会成员。消极行使则是自然人在实施民事行为时,消极地不以自己的名义行使姓名权,如在自己创作的作品上不署名、在见义勇为后拒绝透露自己的姓名等。姓名使用权在多数情况下,为自然人的权利体现,但在有些情形下,姓名的使用也表现为自然人的义务,如在户口登记本、居民身份证、护照上必须使用正式姓名。在进行重要法律行为时,自然人有义务使用正式姓名。

(3)姓名变更权。姓名变更权又称姓名改动权,是指自然人依法享有的改变自己姓名的权利,是自然人姓名决定权的延伸。自然人无论出于何种原因需要改名,都应当允许。但自然人作为社会成员之一,在其成长历程中已介入各种复杂的社会关系,姓名权的修改必然会涉及他人、社会的各种利益。因此,自然人经依法登记的姓名,变更时须按一定程序办理,否则不发生变更的法律效力,也不能对抗第三人。但自然人对自己的艺名、笔名和化名的改变,不需要办理法定的变更手续。

4. 姓名权具有一定的特殊性。姓名权作为自然人人格的外在表现,在法律属性上是人格权,又具有一定的特殊性。如姓名权无有形标的,仅在某种特定情形下具有经济价值,可以带来经济利益,是一种无形财产权,可以对其进行处分。[①] 同时,姓名权的发生多源于亲属关系,在一定意义上反映了亲属与血缘脉络,成为父母行使亲权的内容,父母可令子女从父姓或从母姓。一个具体的姓名就是一个具体的身份,因此有学者认为姓名权是一种身份权。[②] 但是,姓名作为自然人表示自身的符号,是以与他人相区别为目的的;姓名权的行使是维持一个人的个性所必不可少的标志,直接表现为与自然人人身不可分离的权利,体现出人格权的专属性、非财产性等特点,是一项重要而特殊的人格权。

[①] Stobbe, Handbuch des Deutschen Privatrechts, Bd II, S. 51ff.
[②] 袁雪石:《姓名权本质变革论》,载《法律科学》2005年第2期。

自然人的姓名权依法受到法律保护,但自然人必须正当地、合法地行使其姓名权,不得滥用姓名权损害他人利益和社会利益,否则将承担相应的侵权责任。

> [案例]某医院护士李某与该医院药剂师赵某因工作发生矛盾,李某对赵某怀恨在心,伺机报复。2007年5月21日,李某发现有一患儿王某由其父母带领来到医院看病,这天药房正是赵某值班。李某晚上回到家中,便以患儿父母的名义给医院院长办公室写了一封信,信中说药剂师赵某对待病人态度恶劣,工作漫不经心,以致发错药,致使患儿王某服后发生呕吐、腹泻等不良症状,要求医院给予处分。写好后,李某怕被人发现,又用左手抄写一遍,然后寄出。医院接信后,检查了处方,认定患儿王某服用的药物确系赵某所发,因此对赵某作了通报批评,赵某迫于压力,写了检查,且影响了职称晋升。同年7月,赵某几经周折找到患儿及其父母王甲和董某,说明匿名信一事,王甲和董某均感意外,表明自己根本没写过任何信给医院。赵某回去后向医院说明此事,要求医院调查。院方几经查找才知是李某所为。赵某起诉到法院要求追究李某侵害她的名誉权的民事责任;王甲和董某也起诉到法院,要追究李某侵害他们姓名权的责任。问:王甲和董某的要求能否满足?为什么?
>
> [解答]本案中,李某虽未直接以患儿王某父母王甲、董某的落款进行"举报",但他是以患儿父母名义写的举报信。根据姓名权的专属属性,虽然其举报信的落款未出现"王甲、董某"的字样,仍可理解为假冒了"王甲、董某"的姓名进行举报,应构成对王甲、董某姓名权的侵犯。王甲和董某的要求能够满足。

二、名称权

(一)名称权的概念

名称,是自然人以外的特定团体,如法人、个体工商户、个人合伙等组织用以确定自己、区别于他人的符号和标记。依照《企业名称登记管理规定》第7条的规定,企业名称应当由以下部分依次组成:行政区划、字号或商号、行业或者经营特点、组织形式等。其中,行政区划、行业或者经营特点、组织形式属于公用部分,不具备识别主体的作用。在企业名称中起到识别主体作用的是字号。字号又称商号,是识别不同生产者和经营者的符号,是企业名称的组成部分,是生产者和经营者人格的直接体现。

名称权是指法人、个体工商户和个人合伙等组织使用自己的名称并不受他人侵害的权利。名称权是法人或非法人团体具有法律人格的标志,不享有名称权,民事主体资格就不能成立。我国《民法通则》第99条第2款将名称权定位为人格权,适用人格权的法律保护。

(二)名称权的特征

1. 名称权的主体是非自然人以外的特定主体。名称权的主体是除自然人以外的法人、个体工商户、合伙组织等民事主体。不具备独立主体资格的法人分支机构不能独立地决定、使用或者转让自己的名称,不享有完整的名称权。其对外使用的名称,如"××分厂"、"××分公司"受到法律保护;但不得冒用、盗用这些名称,否则将承担相应的侵权责任。

2. 名称权的客体具有明显的财产属性。名称本身蕴涵着一定的财产内容、商业价值,能够为权利人带来较大的经济利益。老字号的企业、知名企业的名称具有更高的商业利润,可通过其取得更大的经济效益。同时,企业名称还可以作为财产出售,转让方可通过转让名称而获取相应的转让费用。这也是名称权与姓名权相区别的表现之一。

3. 名称权必须依法定程序取得。人格权作为民事主体与生俱来的一项民事权利,其权利的获取一般依主体的产生而自然产生,不需要通过一定的程序而取得。但名称权作为自然人之外的民事主体的人格标志,其取得须依法定程序而取得。即法律对名称的选定、使用有着明确的法律规定;在设立法人或其他组织的过程中,应依法对其名称进行审批或核准,法人或其他组织不能擅自命名。

4. 名称权具有较强的专有属性。名称权属于法人等社会组织专有,非经转让等合法移转方式,其他组织不得使用。对于自然人的姓名权来说,在同一地区内,法律不禁止"同名同姓"现象,可取与他人相同的姓名。但对于法人等社会组织而言,为不使社会公众发生混淆、误解,一般在同一地区,法律不允许社会组织选用相同的名称。所以,名称权相对于姓名权而言,更强调其独占性和排他性,体现出专有性的法律特点。

5. 名称权包括名称的选择权、使用权、变更权和转让权等多项内容。我国《民法通则》第99条第2款规定:"法人、个体工商户、个人合伙享有名称权。企业法人、个体工商户、个人合伙有权使用、依法转让自己的名称。"由此决定名称权的内容包括:

(1)名称设定权。法人和其他组织依法通过设定行为取得其名称的权利,他人无权干涉。名称权的设定较之自然人姓名权有诸多限制,如企业只准使用一个名称,名称不得使用欺骗或使人误解的文字等。法人特别是企业法人以及非法人团体,必须设定名称并依法将名称予以登记,非经依法登记,不发生效力,不享有名称权。

(2)名称使用权。名称权人对其名称在一定范围内享有独占的使用权,名称权人有权自己使用,也有权许可他人使用。① 在登记主管辖区内,同行业经营者不得登记或使用相同的名称,否则构成侵权。

(3)名称变更权。法人和其他组织设定名称后,在使用其名称的过程中可以依照法定程序变更自己的名称。

(4)名称转让权。名称权主体可将其名称连同其营业或营业的一部分有偿或无偿地转让给他人。但名称的转让,必须全部转让给同一个人,而不得转让给多人。② 私人性质的企业,企业主死亡后,继承人对其企业的继承是连同企业名称一并继承的,也构成名称权的转让。

---

① 杨立新等:《〈中国民法典·人格权编〉草案建议稿的说明》,载王利明:《中国民法典草案建议稿及说明》,中国法制出版社2004年版,第334页。

② 王利明:《人格权法》,中国人民大学出版社2009年版,第201页。

三、侵害姓名权、名称权的行为

1. 妨碍、干涉自然人及法人行使姓名权、名称权。如户籍部门无正当理由拒绝自然人登记或更改姓名的要求;父母离婚或再婚后强行要求更改子女姓名;主管部门对企业名称的设定、使用和转让予以干涉;在名称权转让后,不正当地限制新权利人对名称的使用等。

2. 盗用、假冒或仿冒他人姓名或名称。如盗用某知名人士或企业的名称、姓名进行商业活动,冒名顶替他人入学,擅自使用他人名称从事违法行为;或将与他人名称相类似或易混文字作为自己的名称以及用于其他非法用途等。

3. 不使用或不正确使用他人姓名或名称,如发表他人作品漏掉作者署名、错误署名或名字书写有误等。

4. 企业转让名称后继续使用原名称。在整体转让企业名称后,转让企业继续使用原企业名称,构成对受让企业名称权的侵害。

第二节 肖像权

一、肖像权概述

（一）肖像权的概念

肖像权是以肖像所体现的人格及财产利益为内容的民事权利,是自然人对自己的肖像所拥有的精神利益的权利,是自然人对自己的肖像享有的再现、使用并排斥他人侵害的权利。法律对自然人肖像权的保护,主要是为了维护自然人的人格尊严和精神利益的完整。

（二）肖像权的特征

1. 肖像权的主体是自然人。由于只有自然人才具有反映其生理属性的肖像特征,肖像权是专属于自然人的专有权利,法人及非法人团体都不具有肖像权。肖像权作为一种标识性的权利,永远为自然人所享有;且每个人所具有的肖像都是特定的、独一无二的,肖像权具有绝对的专属性,不存在共有、共享或者权属模糊的问题。同时,肖像权作为一个整体是不能转让的,但肖像权中的某项权能却会因肖像的使用而转让。

2. 肖像权的客体是自然人的肖像。肖像是指通过绘画、照相、雕刻、录像、电影等各种艺术形式,使自然人的面部特征在物质载体上再现的视觉形象,①是个人与他人相区别的重要标志。肖像反映的个人形象以自然人的面部五官外部特征为主要表现;但若不是五官,而是能够反映主体形象的其他部位,如某名人特有的动作、声音、姿态等,可直接反映该名人的形象特征,也可考虑为肖像权的客体范围。

3. 肖像权的人格利益将为肖像权人带来物质财富。自然人的肖像不仅是自然人区别于他人的标志,其所蕴涵的人格属性也能够转化为财产利益,可以与权利人相分离。但

---

① 彭万林:《民法学》,中国政法大学出版社2007年版,第152页。

肖像权中的财产利益是从属于人格利益的,对肖像权财产价值上的利用并不能够改变肖像权本质上的人格权属性。

4. 肖像权的内容包括肖像享有权、肖像再现权、肖像使用权和利益维护权等四项权能。

(1)肖像享有权。肖像权是一种绝对权,权利人对肖像的归属享有专有权,享有由此产生的各种肖像利益,同时享有排除肖像权人以外的任何其他人非法毁损、非法使用和丑化自己肖像的权利。

(2)肖像再现权。肖像权人可以根据自己的合法需要,有权借助一定的物质载体,由自己或许可他人通过一定的造型艺术或其他形式再现自己的肖像。如通过将自画像、自拍摄影的方式再现,或委托他人画肖像、拍照等方式由他人再现。自然人的形象只有通过制作转化为肖像,才能脱离人体而为人们传播和利用。① 如果未经许可擅自制作他人肖像,即使未予以公布,同样构成对肖像再现权的侵害。

(3)肖像使用权。肖像权人有权使用自己的肖像以获得精神上的满足和取得财产利益,也有权同意他人使用自己的肖像以获得适当的报酬。如肖像权人通过照相、录像、雕塑、绘画等形式,再现自己的形象,并将肖像运用于生活、经济或者艺术领域,获得相应的物质回报。再如以肖像做广告或以肖像作为注册商标的标识等,不仅会给企业带来经济效益,也会给个人带来利益回报。法律允许肖像权人自己使用或许可他人使用其肖像并获取报酬,当然也可以授权他人无偿使用肖像,任何人不得非法干涉。

(4)肖像利益维护权。肖像权是绝对权、对世权,任何主体都负有不得侵害的义务。肖像权受到侵害时,肖像权人有权维护自己的肖像利益,救济所受到的损害。对肖像权侵权所受到的损害包括精神损害和物质利益的损害,对于任一损害,权利人都有权要求赔偿。

> [案例]某公司职工王某于1997年3月15日死亡,其子王甲将其父安葬在某公墓,并于同年4月委托该公墓服务部为其父王某制作一幅6寸的瓷照镶在其父的墓碑上,该服务部同意并收取王甲50元人民币作为制作瓷照的价款。5月上旬,服务部正式将瓷照制作完毕交给王甲,王甲于6月上旬将瓷照镶在其父墓碑上。1998年清明节王甲去该公墓扫墓经过该服务部时,意外发现服务部的橱窗内陈列着其父王某的瓷照作为广告,王甲便找到该服务部的负责人进行交涉,要求取回瓷照,并要求服务部赔偿损失。服务部负责人认为,他们已按合同交付了王甲所定做的瓷照,陈列的瓷照乃是他们另行加工的艺术品,因此不承认是侵权行为,拒绝王甲取回瓷照的要求。为此,王甲起诉到法院,要求保护其父王某的肖像权。问:王甲的主张能否成立?死者的肖像是否受法律保护?
>
> [解答]死者没有肖像权,但是对死者肖像应当以公序良俗原则和死者肖像利益为基础予以法律保护。且公民肖像权中的物质利益不但没有随权利主体的死亡而消失,且因为其具有财产权的性质得以在公民死后物化为一种实体产权并被死者继承人继承。本案中,王甲父亲的肖像利益应得到法律的保护。

---

① 杨立新等:《〈中国民法典·人格权编〉草案建议稿的说明》,载王利明:《中国民法典草案建议稿及说明》,中国法制出版社2004年版,第336页。

二、侵害肖像权的行为

我国《民法通则》第 100 条规定:"公民享有肖像权,未经本人同意,不得以营利为目的使用公民的肖像。"该条规定肖像侵权须具备以营利为目的的前提。但 2001 年最高人民法院关于《精神损害赔偿司法解释》第 1 条的规定,修改了《民法通则》中对"以营利为目的"的要求。这意味着即使不以营利为目的,在未经本人同意的情况下,非法利用他人肖像的行为,均可构成对肖像权的侵害。据此,侵害肖像权的行为主要包括两个要件:

(一)未经本人同意

肖像权作为权利人与生俱来的人格权益,任何人使用他人的肖像,都应当得到肖像权人本人的同意;肖像权人是未成年人的,还须得到其监护人的明确同意。肖像权人可通过单方授权或签订肖像使用合同的方式,授权他人使用自己的肖像。他人在使用自己肖像时,如超出使用范围、使用方式和期限,或未经权利人许可再次转让肖像使用权,都可理解为未经本人同意的侵害肖像权的行为。

(二)非法利用他人的肖像

非法利用他人的肖像,是指在未取得他人同意而非法再现他人肖像的行为,包括营利性和非营利性利用,具体包括如下侵害情形:

1. 未经本人许可制作、再现他人肖像。这里侵害的是肖像权的再现权。但如果仅有再现行为,没有使用,则难有损害结果,亦难构成侵害肖像权的侵权行为。未经本人许可制作、再现他人肖像,破坏他人的生活安宁,可按隐私权侵权追究侵权人的民事责任。

2. 未经本人许可使用他人肖像。这里侵害的是肖像权的使用权。未经许可的"使用",既包括以营利为目的的商业性使用,如将他人的照片放置在橱窗内进行广告宣传;也包括非以营利为目的而将制作的肖像予以公布、陈列、复制等使用行为。但一般善意的鉴赏和收藏肖像作品的行为,不构成非法使用的状态。

3. 恶意毁损、歪曲、丑化他人肖像。肖像承载了肖像权人的人格尊严和精神利益。在再现和使用他人肖像时,应尊重肖像权人的形象。任何歪曲、损毁和丑化他人肖像的行为,都构成对肖像权的侵害。

[案例]贺某夫妇带着 4 岁的儿子贺某某到华美照相馆照周岁纪念相,摄影师于某见贺某某活泼可爱,便私自多拍摄放大了几张并保留下来。后来于某的朋友洪某见到该照片,称其所在的印刷厂正在准备制作儿童挂历,就要求于某给他一张。后因该印刷厂制作挂历未成,洪某又将该照片以 700 元的价格卖给某饮料厂做儿童营养奶粉包装盒广告。后饮料厂的产品投放市场,贺某在买这种奶粉时发现儿子的照片非常生气,即以该饮料厂为被告起诉到法院,控告其侵犯了儿子的肖像权,并要求饮料厂赔偿损失。问:贺某某的肖像权到底有没有受到侵犯?谁是侵权行为人?应否承担责任?为什么?

[解答]贺某某的肖像权受到侵犯。摄影师于某在未经得贺某夫妇同意的情况下,私自多拍摄照片并保留下来,侵犯了贺某某的肖像再现权。洪某、饮料厂未经得贺某夫妇

同意的情况下,用贺某某的肖像做奶粉包装盒的广告,侵犯了贺某某的肖像使用权。于某、洪某和饮料厂均是侵权人,应承担侵权责任。

三、合理使用肖像权的行为

侵害肖像权的行为,应承担相应的法律责任,这是肖像权法律保护的体现。在特殊情形下,出于对公共利益维护的需要,法律可对肖像权的内容作出限制,允许在未经权利人同意的情况下,合理使用其肖像。肖像权的合理使用主要包括如下情形:

1. 基于科研和文化教育的需要,在一定范围内使用他人肖像。如在法医教学中,向学生展示病人或受害人、致害人的肖像,以让学生明白其中的学理知识。在医学学术论文中,为强调此种医疗方法的医疗效果,运用患者治疗前后的肖像作比对,其目的是医学研究、医疗经验总结,且该科研行为并未对肖像权人造成不良的后果。

2. 在新闻报道等舆论监督中,使用相关人物的肖像。新闻媒体等舆论监督活动经常需要使用与报道相关的当事人的肖像,以帮助群众全面、真实地了解事实,如报道先进人物的先进事迹,或批评曝光某违法行为、不道德行为,而使用相关人物的肖像,构成肖像权的合理使用。

3. 国家机关为执行公务或为国家利益而举办的特定活动中,使用自然人的肖像。前者如公安机关在通缉追捕罪犯中使用犯罪嫌疑人的肖像;后者如在新中国成立60周年、建军90周年成就展中使用留有他人肖像的照片等。

4. 为记载或宣传某公众活动而使用参与者的肖像。自然人参与某公众活动,进行游行、庆典、观看比赛、演出等,就意味着他在一定程度上放弃了肖像权,应允许媒体记者基于记载或宣传的需要而对其进行拍照、摄像并公开展示。

5. 某历史性事件的描述中使用相关人物的肖像。在某历史性事件、某历史资料的客观描述中,因其涉及某个人物,对该人物肖像的使用构成合理使用,个人的肖像权受到的一定限制。

6. 媒体传播时使用公众人物的肖像。公众人物因其特殊才能、成就和经历等成为公众熟知的重要人物。媒体传播时使用公众人物的肖像,即使未经得本人同意,也不构成对肖像权的侵害。

7. 为肖像权人的自身利益而使用其肖像。如某人下落不明,在寻人启事中使用失踪人的肖像;或为某人利益所作的广告宣传中,未经肖像权人同意使用其肖像。

第三节 名誉权

一、名誉权概述

(一)名誉权的概念

名誉权是指自然人、法人等民事主体就其名誉所享有的获得社会客观评价,并不受他人侵害的权利。法律所以对名誉权进行保护,在于维护受害人在社会生活中获得客观的社会评价,使之不因他人的非法行为而降低,维持其良好的声望和地位,维系人格尊严。

（二）名誉权的特征

1. 名誉权的主体包括自然人和非自然人。名誉权不是专属于自然人的人格权,非自然人的法人、个体工商户、农村承包经营户、合伙等非法人的社会团体,都享有名誉权。自然人的名誉权,是自然人依法享有的个人名誉不受侵害的权利。法人及非法人团体的名誉权,则是法人及其他组织对其全部活动所产生的社会评价受有利益并排除他人侵害的权利。

2. 名誉权的客体是名誉。名誉,也称名声,是对民事主体人格价值的一种客观社会评价,展示了民事主体的人格利益和精神利益。名誉权的客体,不包括名誉感。名誉感,是自然人对自己的思想、素质、品行、信用等内在价值所具有的感情,是一种主观的名誉感受。相比较而言,名誉感较名誉更易受到损害。但名誉感所受的伤害,却不一定使其社会评价降低,不一定会造成受害人的人格侮辱。民法所保护的名誉权,是对民事主体客观社会评价降低的法律维护。所以,名誉权的客体限定于名誉本身,不包括名誉感。

3. 名誉权不具有财产性,却与财产联系密切。名誉权不具有直接的财产内容,却与财产利益有着密切联系。良好的名誉,可以帮助自然人就业、晋升、加薪,更能为企业等社会团体带来更大的经济活动平台,赢取更多的利润。

4. 名誉权法律关系的内容是权利人就其名誉受有利益并排除他人干涉。具体表现为名誉保有权、名誉利益支配权、名誉维护权等权利内容。名誉保有权是指每个民事主体有权保有自己的名誉不降低、不丧失,可就自己的名誉获得客观公正的社会评价,获取精神上的满足。名誉利益支配权,是民事主体利用自己良好的名誉,与他人进行广泛的政治、经济活动,取得相应的社会利益和财产利益。名誉维护权,则是权利主体禁止他人以侮辱、诽谤等方式损害其名誉;对任何侵害权利主体名誉权的行为,有权要求停止侵害,以获得法律救济。

[案例]甲在给乙的信件中,采用侮辱性言辞对乙进行了侮辱,让乙内心一阵难受。但当时并没有第三人在场,乙也没有将对其进行侮辱的信件向第三人公开。问:甲是否侵害了乙的名誉权？

[解答]甲的言辞侮辱行为,让乙内心难受。但这种难受只是乙内心的感受,并没有向第三人公示,他人并不知情,没有造成乙的社会评价的降低。所以,甲的行为只是损害了乙的名誉感,而并没有侵犯乙的名誉权,不能承担恢复名誉的侵权责任。

二、侵害名誉权的行为

1. 侮辱行为。侮辱行为是指故意以文字、语言、动作及其他方式贬低他人人格,毁损他人名誉。如用肮脏、下流的语言辱骂他人;书写和张贴丑化他人、侮辱他人人格的大字报、小字报、标语等;用往他人脸上吐痰、往他人身上泼粪等暴力动作,侮辱他人人格、贬损他人名誉。

2. 诽谤行为。诽谤是指因过错（故意或过失），而以口头或文字方式散布某些虚假事实，损害他人名誉的行为。如以虚构事实、粘贴照片等图文解释的方式，在网络上发布他人的桃色新闻，诋毁他人名誉，致其社会评价降低。

[案例]被告刘×为报私恨而在其创作的长篇历史纪实小说《××演义》中，采用形象同名相近，体型外貌等突出特征相似的方法，把作品中的某个人物与原告联系起来加以丑化，使熟悉原告的读者一看便知这个反面人物是影射原告的。且被告在事前曾扬言要以铅印的文字报复原告，并公开对他人说明将原告写进演义中是有原因的。由于该纪实小说在当地晚报上连载，给原告造成了一定的负面影响。原告多次交涉未果，后起诉被告侵犯其名誉权。

[解析]被告刘××采用形象同名相近，体型外貌等突出特征相似的方法，影射、丑化原告，使熟悉的人一看便知，致原告名誉受损。且被告数次公开声明其报复之心，有着侮辱的故意，应承担侵权的民事责任。

3. 新闻报道、批评文章内容失实。1993年，最高人民法院在《关于审理名誉权案件若干问题的解答》第7条、第8条规定，将新闻报道严重失实，发表的批评文章内容基本失实，致使他人名誉权受到损害的行为，认定为侵害他人名誉权的行为。但若文章反映的问题基本真实，没有侮辱他人人格的内容，或仅是作品中的情节与生活中某人的情况相似，不应认定为侵害他人名誉权。编辑出版单位在作品已被认定为侵害他人名誉权或被告知明显属于侵害他人名誉权后，应刊登声明消除影响或采取其他补救措施；拒不刊登声明，不采取其他补救措施，或继续刊登、出版侵权作品的，应认定为侵权。

网络也是现代社会媒体交流的重要平台。利用网络，实施名誉权侵害行为，应承担相应的侵权责任。我国《侵权责任法》第36条规定："网络用户、网络服务提供者利用网络侵害他人民事权益的，应当承担侵权责任。"

[案例]原告刘某，网名"素颜"，女，22岁，主持管理某网站社区站点里的一个文学版块。被告段某，网名"奋斗"，男，27岁。一天晚上，原、被告和几名网友在当地一家酒店聚会，后又到一家茶社打牌娱乐，中途两人有些口角、拌嘴。深夜刘某回家后打开电脑，突然发现刚刚还在一起玩的段某竟然以"奋斗"的网名在公开版块上发出帖子，称"素颜"是网上的"交际花"，还有一些不堪入目的言语，内容极为低下。刘某当即回帖表示抗议。在此后的几个月时间里，段某毫无收敛之心，又在相关网站的公开版块发表了大量帖子侮辱"素颜"，并声称"我和'素颜'有一腿"。同时，段某还以另一网名"替天行道"发帖子对"素颜"进行侮辱和攻击。刘某忍无可忍，遂提起诉讼。

[解答]本案名誉侵害的事实虽发生在网络这一虚拟空间，却是现代高科技社会出现的一种损害他人名誉的新形式，我国《侵权责任法》第36条、《关于维护互联网安全的决定》第4条都明确了这一侵权形式。段某应承担名誉权侵权的侵权责任。

侵害名誉权的行为,不仅使民事主体的名誉受到损害、社会评价降低,还会给受害人带来精神上的痛苦、压抑,甚至引起财产损失。如因精神压力巨大而住院治疗,产生治疗费用、误工费用的损失;或因名誉受损而导致客户流失等。需要再次强调的是,不管是侮辱、诽谤还是其他侵害名誉行为的实施,该侵权行为的认定,一定要根据"已被第三人知晓"这一事实,才能推定名誉权人的社会评价降低。

[案例]2004年5月,"人造美女"杨某报名参加了某传媒有限公司主办的选美大赛并先后进入复赛、决赛。5月21日下午,该公司通知杨某取消其参赛资格。该通知的内容为"鉴于有关证据表示,您是人造美女,故组委会决定取消您参加总决赛的资格,特此通知"。后有关"人造美女"被拒参赛的报道见诸报端。5月26日上午,该公司又通知杨某组委会恢复她参赛资格。杨某来到组委会后当面撕毁了恢复参赛的通知。双方矛盾激化。6月,杨某到法院起诉,以被告称其为"人造美女",构成对其名誉的侵害,要求被告赔礼道歉,承担侵权责任。被告则辩称"人造美女"一词只是就事实说话,并不具有歧视性;且取消参赛资格的通知也只针对杨某本人发放,并未扩及他人,不构成名誉权侵权。问:该案该如何处理?

[解答]侵害名誉权者必须实施了向第三人传播散布的行为。如果行为人并未向第三人传播散布,而是受害人自己为传播散布行为,则行为人的行为并不构成侵害名誉权。故被告并不构成对原告名誉权的侵害。如果说被告构成侵权,那么,可以考虑,被告的行为构成对原告享有的"人格平等"的权利的侵害。

三、侵害名誉权行为的抗辩事由

侵害名誉权行为的抗辩事由,又称阻却违法事由,是指虽然在客观上存在损害名誉的表象,但却有合法的抗辩事由证明侵害行为不成立或不能完全成立而免责或减轻责任。侵害名誉权行为的抗辩事由,主要包括以下内容:

(一)内容真实

内容真实,是指行为人言辞的主要内容是真实的,符合客观实际情况。这并不要求每一细节都是准确无误的,而只是要求与案件相关的关键言辞是真实的。散布内容真实的事实,利于保证民事主体的社会评价的公正性和客观性。所以,一般情况下,只要能证明自己的言辞是真实的,就不应承担侵害名誉权的责任。但散布的事实是他人隐私的,仍然构成对他人隐私权的侵害。

(二)受害人同意

名誉权属于民事权利,权利人有权作出处分。受害人事先或事后明确作出同意行为人散布有损其名誉的事实,视为对自己名誉的放弃,自愿承担该损害后果。如受害人基于某种原因考虑(为获利或报恩等),同意行为人散布某种内容不真实的言辞,刊印有损自己形象的照片等。

(三)正当行使权利

正当行使权利,是指根据法律授权或有关规定,在必要时因正当行使权利而降低他人名誉的行为。如公民依据法律规定,对国家机关工作人员提出批评和建议;各级人民代表在各种会议上的发言,即使其会议陈述会导致某人的社会评价降低,也不构成名誉权侵害。有关党政部门依职权对自己管理的干部、职工作出的涉及个人品德的评价,都属于正当行使权利范畴,即使评价有不当之处,也不能认为侵害名誉权。

(四)第三人的过错

第三人的过错,是因为第三人的原因,造成对受害人名誉的侵害。如甲自己的日记中记录了有损乙的人格的文字,这本日记被第三人丙拾得并将日记内容广为公开,对乙的名誉造成损毁。甲虽实施了撰写侮辱乙人格的文字,但乙的名誉权受损却是因第三人丙的行为所致,甲可以因此免责,而由丙承担侵权责任。①

第四节 荣誉权

一、荣誉权概述

(一)荣誉权的概念

荣誉权是指民事主体对自己的荣誉享有利益并排除他人非法侵害的权利。我国《民法通则》第102条明确规定,我国公民、法人享有荣誉权,禁止非法剥夺公民、法人的荣誉权。

(二)荣誉权的特征

1. 荣誉权的主体包括自然人、非自然人。我国法律明确赋予自然人、法人及其他组织享有荣誉权。

2. 荣誉权的客体是荣誉及其利益。荣誉也是一种社会评价,但这种评价是因特定民事主体在生产经营及其他社会活动中表现突出,而被政府、单位、团体或其他组织所给予的积极、正式的评价。如"优秀教师"、"优秀党员"、"先进生产者"、"先进集体"、"见义勇为好市民"等荣誉的赋予。荣誉评价会给民事主体带来精神上的极大满足,社会评价提高,人格利益也得以充实。所以,荣誉利益是因荣誉而获得的精神与物质利益,如受人敬仰以及自我精神上的满足感,以及因荣誉而获得的物质待遇等。

3. 荣誉权非为民事主体所固有。荣誉权虽然同名誉权一样,都是一种社会评价,都是要保护民事主体的人格尊严。但荣誉权却是基于国家或社会团体授予民事主体某种荣誉称号而取得,并非人人自出生即可享有,是后天努力取得的,在人们心目中有楷模作用,

---

① 王利明:《人格权法》,中国人民大学出版社2009年版,第248~253页。

一般人不易获取。

4. 荣誉权包含荣誉保持权、荣誉利益获得与支配权、荣誉维护权等权利内容。荣誉保持权，是民事主体对自己所获得的荣誉保持归自己享有的权利。荣誉一经获得，即为民事主体终生享有，不得继承转让，并排斥他人侵犯。荣誉利益的获得与支配权，是民事主体对自己所获得的荣誉利益，享有物质利益和精神利益的支配权利，可接受可放弃，可独占享有，也可与他人分享。荣誉维护权，强调的则是对民事主体所获得的荣誉，权利主体之外的任何人不得侵犯，非有正当理由和非依正当程序，不得剥夺荣誉。任何有损他人荣誉的行为都是侵权行为，权利主体有权请求司法救济。

二、侵害荣誉权的行为

侵害荣誉权的行为仅为"非法剥夺荣誉称号"一种。荣誉称号的拥有，是人们后天努力的结果，往往需要民事主体满足一定的条件才能赋予。荣誉称号的剥夺，也需要依照法定的事由和法定程序进行才行。否则，荣誉称号的授予和剥夺将陷入无序状态，难以体现社会积极的、肯定性评价的效用。

侵害荣誉权行为的主体，通常为授予荣誉称号的机构，或者与荣誉权人存在行政隶属关系、管理关系的机构。个人宣布剥夺他人的荣誉称号、毁坏奖章奖状等，侵害的是荣誉权人的名誉权、物权，而非侵害荣誉权。[1]

侵害荣誉权的行为主要表现为：

1. 非法否定或贬损他人荣誉，如荣誉颁发机构非经正当程序对他人获取的荣誉进行质疑、贬低。

2. 非法剥夺他人的荣誉称号，如无权剥夺他人荣誉称号的机关、团体擅自剥夺或越权限剥夺他人荣誉称号。

3. 非有正当理由和非经正当程序剥夺他人荣誉称号。

4. 荣誉颁发机构占有或故意毁损他人的荣誉证书或代表荣誉的纪念品，拒发权利人应得的物质奖励。

[案例] 2009年，某高校大一学生侯某积极参加学校组织的"创业杯"科技创新活动。他与大三的三名同学组成了一个科研团队，在带队老师的指导下，所设计的作品先后荣获校"科技创新活动"一等奖和2009年省教育厅"科技创新活动"二等奖，并获得奖杯、奖状及荣誉证书。刘某是侯某的同学，对侯某取得的成绩颇为不满，一次在与侯某争吵后，气急之下，将侯某所获奖杯打碎，并撕毁了奖状。问：刘某的行为是否构成对侯某荣誉权的侵害？

[解答] 荣誉权的侵权主体为授予荣誉称号的机构。刘某个人毁坏奖杯和奖状的行为，侵害的是侯某的物权而非荣誉权。

---

[1] 王利明：《民法》，中国人民大学出版社2010年第5版，第522页。

第五节 隐私权

一、隐私权概述

（一）隐私权的概念

隐私是个人对其生活安宁和生活秘密不受他人披露和干涉的状态。① 其中，"隐"是指私人生活和私人信息不愿为他人所知，不愿为社会公开；"私"，是指与社会公共利益或他人利益无关的私人生活和私人信息，它是既无害于社会，也无害于他人的私人生活。②

隐私权，则是自然人享有的私生活安宁与私人信息依法受到保护，不被他人非法侵扰、知悉、搜集、利用和公开的一种人格权。③ 所以，隐私权，是个人对其私生活安宁、私生活信息等享有的权利。

（二）隐私权的特征

1. 隐私权的主体限于自然人。隐私本身来源于自然人的精神活动；隐私权是一种精神性人格权，源于自然人的羞耻心理。法人作为组织体，因为其没有精神活动，所以不可能享有隐私权。法人组织的商业秘密、技术秘密，可从知识产权法的角度予以保护。

2. 隐私权的客体是私人生活安宁和私人信息秘密。私人生活安宁也称为私人生活自由，即权利主体有权按照自己的意志从事或不从事与社会公共利益无关的活动，不受他人干涉、支配，如私人日常活动、社会交往、私人住宅、夫妻性生活等。私人生活秘密，是指凡自然人不愿意对外公开且隐匿信息不违反法律和社会公共利益的私人生活信息，如有关个人生理或健康的信息、生活经历、财产状况、社会关系、婚恋家庭情况、个人爱好、宗教信仰等。

3. 隐私权的权利内容主要包括个人生活安宁权、个人生活信息保密权、个人通信秘密权和个人隐私使用权。未经权利人许可，任何人不得以任何方式向第三人披露权利人的生活信息，干涉权利人的私人活动，破坏权利人的私人生活安宁，泄露权利人的个人信件、电报、电子邮件内容。权利主体对于自己的隐私有权隐瞒，有权决定是否公开及公开的方式，有权将自己的个人隐私加以利用或许可他人利用，有权禁止任何人对其隐私进行侵犯，维护其隐私利益。④

4. 隐私权的保护范围受公共利益的限制。作为一项权利，隐私权也是有边界的，不是绝对无限制的。如自然人在行使隐私权时，常与他人的知情权发生冲突。在隐私权与他人利益、公共利益发生冲突时，隐私利益的范围须作出调整，对隐私权应有所限制。

---

① 彭万林：《民法学》，中国政法大学出版社1994年版，第161页。
② 周悦丽：《我国隐私权保护立法模式的选择与体系的构建》，载《南都学坛》2004年第9期。
③ 张新宝：《隐私权的法律保护》，群众出版社2004年第2版，第21页。
④ 王利明：《民法》，中国人民大学出版社2010年第5版，第515~516页。

二、侵害隐私权的行为

侵害隐私权的行为主要表现在非法侵害私人信息秘密和私生活安宁两个方面。具体表现为：

（一）非法侵害私人信息秘密

1. 非法收集、储存、泄露、披露以及非法偷录、偷拍他人信息资料。如故意调查刺探他人个人财产状况。
2. 非法暴露他人身体隐私。如非法披露他人的裸体照片等。
3. 非法暴露、泄露患者的隐私。如非法公布患者患有淋病、梅毒、麻风病、艾滋病等疾病的病史。
4. 非法侵害他人通信隐私。如非法私拆他人信件、窃听他人电话、擅自窃取他人的 Email 信件内容。
5. 非法披露、公开或散布他人身份资料、历史资料、家庭信息。如擅自出版他人日记，公布他人婚史，非法暴露他人的家庭住址等。

（二）非法侵害他人生活安宁

1. 非法窥视、监视、跟踪他人，骚扰他人生活。
2. 非法侵入他人私人空间。这里的私人空间指私人住宅、私人办公场所、厕所、更衣室等。如非法搜查他人住宅，未经他人许可擅自闯入他人私人办公场所，非法利用红外线扫描、望远镜、摄像头等探测他人空间等。

三、隐私权的法律保护与限制

自然人的隐私平等地受到法律保护。侵害隐私权的行为，将引起停止侵害、消除影响、赔礼道歉、损害赔偿等民事责任的承担。

法律对公众人物的隐私权设有一定的限制。公众人物，是指广为人知的社会成员，如政府公务人员和各行、各界的知名人士。法律对公众人物隐私权限制的原因在于，他们的某些个人生活已经成为政治生活、社会生活的一部分。但是，对公众人物隐私权的限制，也限于新闻价值和公众合理兴趣的需要。对公众人物核心隐私利益，如家庭住址、家庭成员病史等，不能随意公布，否则也可构成对隐私权的侵害。

当然，在国家机关合法行使职权，维护国家安全、公共利益时，也可对普通自然人隐私权予以必要的限制，如调查了解犯罪嫌疑人的家庭情况、财产状况，公布纳税人的欠税情况等。而公民在选举国家机关工作人员时，也可依法行使知情权、舆论监督权，有权了解候选人的相关活动、信息，这些信息、活动本身可能本属隐私范畴。

[案例]原告张某系某招待所职工，其家用电话号码为6808067。1996年1月，被告××电热水器公司在该市的主要街道上悬挂推销"××牌"热水器的横幅广告，印制的联系电话号码为6808067。自此以后，张某家的电话铃声不断，异常忙碌，从早上7点半

> 至晚上11点,都有电话打进,午休时更甚,严重干扰了张某一家的正常生活。据调查,该广告系被告委托该市××广告公司制作,由于其疏忽,将电话号码6808061,误制作成6808067。张某以××电热水器公司为被告起诉,要求被告停止侵害,消除影响,登报道歉,并赔偿精神损失4000元。受诉法院后追加该市××广告公司为第二被告,进行审理。问:被告行为是否构成侵权?侵犯了原告的何种权利?
>
> [解答]构成侵权。二被告的行为虽不是有意所致,但由于其疏忽,使原告的私人电话被泄露,私人生活安宁遭遇破坏,侵犯了原告的隐私权。

第六节　自由权

一、自由权概述

自由是指在法律规定的范围内,公民按照自己的意志和利益进行行动和思维,不受约束、不受控制、不受妨碍的状态。①

自由权包括公法上的自由权和私法上的自由权。公法上的自由权,是《宪法》所规定的公民基本权利中的言论、出版、集会、结社、游行、示威、宗教信仰等自由权,是公民的政治权利和自由。私法上的自由权,主要是从民法的角度来归纳的民事自由权,包括婚姻自由、契约自由、人身自由等,主要由民法予以保障。

所以,民法上的自由权,是民事主体享有的维护其行动和思想自主,并不受他人或者其他组织非法剥夺、限制的权利,②是民事主体自由参加各项社会活动、形成各种社会关系、行使相应民事权利的前提和基础。没有自由权这一基本人格权利,其他民事权利的行使也就成为空谈。

二、自由权的内容

民法上的自由权主体包括自然人和非自然人,客体为自由。自由权的内容则因主体的差异而有所不同。

(一)自然人的自由权

自然人在民法上的自由权主要包括两类:

1. 人身自由权。自然人的人身自由不受侵犯。任何公民,非经人民检察院批准或者决定或人民法院决定,并由公安机关执行,不受逮捕。禁止非法拘禁和以其他方法非法剥夺或者限制公民的人身自由,禁止非法搜查公民的身体。③ 自然人因人身自由权遭受非

---

① 姚辉:《民法教学参考书(下册)》,中国人民大学出版社2005年版,第1175页。
② 王利明:《民法》,中国人民大学出版社2010年第5版,第514页。
③ 《中华人民共和国宪法》第37条。

法侵害的,可向法院诉请精神损害赔偿。①

2. 婚姻自主权。婚姻自由权,是自然人享有结婚和离婚自由的权利。即自然人依照法律的规定,自主决定其婚姻的缔结和解除,不受其他任何人强迫或干涉。我国《宪法》第49条、《民法通则》第103条都有关于婚姻自主权的规定。婚姻自主权体现了民事主体在婚姻问题上的自由意志,决定了婚姻关系的人格利益。婚姻自主权的行使,需要权利人具有完全的婚姻能力。任何包办买卖婚姻、借婚姻索取财物、妨碍婚姻登记、干涉离婚自由、强迫婚姻的行为,都是侵犯婚姻自主权的行为。

(二)非自然人的自由权

非自然人的自由权,是法人、非法人的其他组织在生产经营过程中的自由权。对非自然人,特别是公司、企业法人而言,自由权的主要内容是经营自主权,是企业法人依法自主经营的权利。任何非法干预和侵犯企业经营自主权的行为,企业都有权向政府有关部门申述、举报,或向人民法院诉讼。

【思考题】

1. 试述姓名权和名称权的异同。
2. 试述肖像权的权利内容及其侵权类型。
3. 试述侵害名誉权的侵权行为及其抗辩事由。
4. 试述荣誉权的法律特征及其侵权表现。
5. 试述隐私权的法律保护及其限制。
6. 试述自由权的权利内容。

【司法考试真题链接】

1. 甲到乙医院做隆鼻手术效果很好。乙为了宣传,分别在美容前后对甲的鼻子进行拍照(仅见鼻子和嘴部),未经甲同意将照片发布到丙网站的广告中,介绍该照片时使用甲的真实姓名。丙网站在收到甲的异议后立即作了删除。下列哪一说法是正确的?(2011年)

　　A. 乙医院和丙网站侵犯了甲的姓名权,应承担连带赔偿责任
　　B. 乙医院和丙网站侵犯了甲的姓名权,应承担按份赔偿责任
　　C. 乙医院侵犯了甲的姓名权
　　D. 乙医院和丙网站侵犯了甲的姓名权和肖像权,但丙网站可免于承担赔偿责任

2. 甲女委托乙公司为其拍摄一套艺术照。不久,甲女发现丙网站有其多张半裸照

---

① 最高人民法院《关于确定民事侵权精神损害赔偿责任若干问题的解释》第1条。

片,受到众人嘲讽和指责。经查,乙公司未经甲女同意将其照片上传到公司网站做宣传,丁男下载后将甲女头部移植至他人半裸照片,上传到丙网站。下列哪些说法是正确的?(2011年)

A. 乙公司侵犯了甲女的肖像权
B. 丁男侵犯了乙公司的著作权
C. 丁男侵犯了甲女的名誉权
D. 甲女有权主张精神损害赔偿

3. 某"二人转"明星请某摄影爱好者为其拍摄个人写真,摄影爱好者未经该明星同意将其照片卖给崇拜该明星的广告商,广告商未经该明星、摄影爱好者同意将该明星照片刊印在广告单上。对此,下列哪一选项是正确的?(2010年)

A. 照片的著作权属于该明星,但由摄影爱好者行使
B. 广告商侵犯了该明星的肖像权
C. 广告商侵犯了该明星的名誉权
D. 摄影爱好者卖照片给广告商,不构成侵权

4. 甲、乙是同事,因工作争执甲对乙不满,写了一份丑化乙的短文发布在丙网站。乙发现后要求丙删除,丙不予理会,致使乙遭受的损害扩大。关于扩大损害部分的责任承担,下列哪一说法是正确的?(2010年)

A. 甲承担全部责任
B. 丙承担全部责任
C. 甲和丙承担连带责任
D. 甲和丙承担按份责任

5. 女青年牛某因在一档电视相亲节目中言词犀利而受到观众关注,一时应者如云。有网民对其发动"人肉搜索",在相关网站首次披露牛某的曾用名、儿时相片、家庭背景、恋爱史等信息,并有人在网站上捏造牛某曾与某明星有染的情节。关于网民的行为,下列哪些说法是正确的?(2010年)

A. 侵害牛某的姓名权
B. 侵害牛某的肖像权
C. 侵害牛某的隐私权
D. 侵害牛某的名誉权

6. 朴某系知名美容专家。某医院未经朴某同意,将其作为医院美容专家在医院网站上使用了朴某的照片和简介,且将朴某的名字和简介错误地安在了其他专家的照片旁。下列哪一说法是正确的?(2009年)

A. 医院未侵犯朴某的姓名权
B. 医院未侵犯朴某的肖像权
C. 医院侵犯了朴某的肖像权和姓名权
D. 医院侵犯了朴某的荣誉权

7. 张某旅游时抱着当地一小女孩拍摄了一张照片,并将照片放在自己的博客中,后来发现该照片被用在某杂志的封面,并配以"母女情深"的文字说明。张某并未结婚,朋友

看到杂志后纷纷询问张某，熟人对此也议论纷纷，张某深受困扰。下列哪些说法是正确的？(2008年)

  A. 杂志社侵害了张某的肖像权
  B. 杂志社侵害了张某的名誉权
  C. 杂志社侵害了张某的隐私权
  D. 张某有权向杂志社要求精神损害赔偿

8. 李某与黄某未婚同居生子，取名黄小某。后李某和黄某分手，分别建立了家庭。黄小某长大后，进入演艺界，成为一名当红歌星。星星报社专职记者吴某（工作关系在报社）探知这一消息后，撰写文章将黄小某系私生子的事实公开报道，给黄小某造成了极大的痛苦。下列哪些选项是正确的？(2008年)

  A. 该报道侵害了黄小某的隐私权
  B. 该报道侵害了黄小某的荣誉权
  C. 吴某应对黄小某承担侵权责任
  D. 星星报社应对黄小某承担侵权责任

9. 陈兴夫妇在儿子陈华周岁生日时到红星照相馆为儿子拍照纪念，摄影师刘某翻拍了陈华的底片，后将其卖给个体户张某做挂历用。张某又将该底片卖给兰星香皂厂作婴儿香皂广告之用。在本案中，侵害陈华肖像权的侵权人是谁？(1997年)

  A. 刘某和张某，不包括兰星香皂厂
  B. 张某和兰星香皂厂，不包括刘某
  C. 刘某和兰星香皂厂，不包括张某
  D. 刘某、张某和兰星香皂厂

10. 某报社在一篇新闻报道中披露未成年人甲是乙的私生子，致使甲备受同学的嘲讽与奚落，甲因精神痛苦，自残左手无名指，给甲的学习和生活造成重大影响。按照我国现有法律的规定，对该报社的行为应如何认定？(2000年)

  A. 是如实报道，不构成侵权   B. 侵害了甲的名誉权
  C. 侵害了甲的姓名权   D. 侵害了甲的身体权

第十九章 身份权

第一节 配偶权

【引例】

曾某1999年与贾某某相识并登记结婚,因双方均系再婚,为慎重起见,2000年6月,夫妻双方经协商签署"夫妻忠诚协议书",约定:夫妻婚后应互敬互爱,对家庭、配偶、子女要有道德观和责任感。协议书中还特别强调了"违约责任",若一方在婚姻关系存续期间做了背叛另一方的不道德行为(如发生婚外情),要赔偿对方名誉损失及精神损失费30万元。协议签订后不久,贾某某发现丈夫与其他异性有不正当关系。2002年5月贾某某以曾某违反"夫妻忠诚协议"为由向法院起诉,要求法院判令曾某支付违约金30万元。

本案是一起丈夫违反"夫妻忠诚协议"发生婚外情,离婚时被法院判令其依约定向妻子赔偿的案件。这是我国2001年《婚姻法》颁行后全国首例关于夫妻一方未履行互相忠诚义务(非因重婚、姘居)而依双方订立的"夫妻忠诚协议"承担不利法律后果的案例。所谓"夫妻忠诚协议",就是男女双方在婚前或婚后,自愿制定的有关在婚姻存续期间夫妻双方恪守婚姻法所倡导的夫妻之间互相忠实的义务,如果违反,过错方将在经济上对无过错方支付违约金、赔偿金,放弃部分或全部财产的协议。

一、配偶权概述

(一)配偶权的概念

配偶权,乃是由英美法系国家率先提出并使其日臻完善的。在英美法系国家看来,配偶权是指配偶之间要求对方陪伴、钟爱和帮助的权利。目前法学界对配偶权下的定义有所不同,归纳起来,大致有以下几种观点:一是身份说,"配偶权是夫对妻及妻对夫的身份权";二是陪伴说,"配偶权是指配偶之间要求对方陪伴、钟爱和帮助的权利";三是利益说,"配偶权是指夫妻之间互为配偶的基本身份权,表明夫妻之间互为配偶的身份利益,由权利人专属支配,其他任何人均负有不得侵犯的义务";四是法定说,"配偶权是法律赋予的合法婚姻关系中的夫妻享有的配偶身份权利,其他人负有不得侵犯的义务";五是性权利说,"配偶权是项民事权利,夫妻互为配偶,就有配偶权,配偶权的核心特色是性权利"。一个科学、完整的定义,不仅要充分体现出该定义所包含的内容,而且还应当充分再现该定义的性质。鉴于此,从配偶权是身份权,具有平等性、绝对性和支配性等特性来考虑,配偶权应当是指基于合法婚姻关系而在夫妻双方之间发生的、由夫妻双方平等专属享有的要求对方陪伴生活、钟爱、帮助的基本身份权利。

(二)配偶权的特征

1. 主体的对偶性。夫妻互为配偶,共同享有配偶权,双方既是权利主体,又是义务主体,这是婚姻关系的自然属性所决定的。

2. 客体的利益性。配偶权的客体是夫妻互为配偶的身份利益,不包括财产利益,且这种利益具有独占性,其他任何人都不得共享,这是我国一夫一妻的婚姻制度所决定的。

3. 内容的双重性,即权利义务的不可分割性。配偶权的核心是性权利。一是这种权利义务的实现需要双方同时履行和协调配合;二是配偶双方既是权利主体,又是义务主体,缺一不可。

4. 权利的排他性,权利的独占性必须就具有排他性,从某种意义上说配偶权也是对世权,即夫妻以外的人都是义务主体,都具有不作为的义务,不得实施干扰、妨害、侵犯配偶权的行为。

二、配偶权的内容

配偶权是基本的身份权,是基于法律规定的夫妻身份地位而产生的,但配偶权作为基本的身份权还包括诸多派生的身份权。究竟配偶权包括哪些派生的身份权利,学者们的主张颇不相同,配偶权"不独为权利人之利益,同时为受其行使之相对人之利益而存在"。这决定了配偶权从本质上讲是权利,但却以义务为中心,权利人在道德和伦理观的驱使下自愿或非自愿地受制于相对人的利益,因而权利之中包含义务。基于此,有的学者称配偶权为"合权利义务为一体的新型权利"。配偶权作为一项基本身份权,应当派生出下列权利和义务:

(一)夫妻姓名权

夫妻姓名权是指夫妻缔结婚姻关系后,妻子是否有独立姓氏的权利,配偶各自有无独立的姓名权是配偶有无独立人格的标志。各国关于夫妻姓名权的立法,有 5 种基本类型:(1)坚持妻从夫姓原则。如《瑞士民法典》第 161 条就作此规定。(2)实行从一约定,无约定时从夫姓的原则。如《德国民法典》第 1355 条第 2 款就作此规定。(3)允许双方当事人任意约定原则。如原《苏俄婚姻和家庭法典》第 18 条就作此规定。(4)妻子在姓名前冠以夫姓原则。如我国国民党统治时期的《中华民国民法》第 1000 条就作此规定。(5)保持各自姓氏原则。如我国《婚姻法》第 10 条规定,"夫妻双方都有各用自己姓名的权利。"我国法律的规定,完全贯彻了男女平等的原则。当然,法律作出这一规定,并不排除配偶之间可以就夫妻姓氏进行约定。

(二)住所决定权

住所决定权是指夫妻选定婚后共同生活住所的权利。现代各国关于住所决定权的立法,主要有 4 种:(1)丈夫权利主义。这种立法仍然规定住所决定权由丈夫单方行使,只不过行使权利的专制性质有所改变。例如《瑞士民法典》第 160 条第 2 款就作了如此规定。(2)丈夫义务主义。这种立法规定丈夫有义务为妻子提供住所,而妻子则享有在该住所居住的权利。如英国法律便作此规定。(3)协商一致主义。这种立法规定婚姻住所由配偶双方协商一致确定。如前罗马尼亚、法国即作此规定。(4)自由主义。这种立法规定夫妻各方都有选择居住地点的自由,如前苏联即作此规定。我国《婚姻法》实行的也是自由主义原则,该法第 8 条规定:"登记结婚后,根据男女双方约定,女方可以成为男方家庭的成员,男方也可以成为女方家庭的成员。"这表明在我国男女双方都有平等决定夫妻住所的权利。

(三)同居义务

同居义务是指男女双方基于配偶身份都负有同对方共同生活的义务,夫妻性生活是同居义务的重要内容。此外,还包括相互协力义务、共同寝食义务,这两种义务要求夫妻相互支持对方的意愿和活动,共同料理家事,相互扶养、扶助,当配偶一方遭遇危难,对方负有救助、救援义务。同居义务是法定义务,是夫妻双方共同的、平等的义务,非有正当理由夫妻任何一方不得拒绝履行同居义务。各国法律在规定夫妻同居义务的同时,也规定在一定条件下夫妻可以暂时或部分中止同居义务,这些条件是:(1)因处理公私事务,需要在较长时间内合理离家;(2)一方因生理原因对同居义务部分或全部地不能履行;(3)一方被依法限制人身自由而无法履行同居义务。此外,有的国家还规定,配偶一方在其健康、名誉或者经济状况因夫妻共同生活而受到严重威胁时,在威胁存续期间有权停止共同生活;提起离婚诉讼后,配偶双方在诉讼期间均有停止共同生活的权利。夫妻一方无正当理由违反同居义务时,有的国家的法律规定了相应的法律后果,如《法国民法典》第 214 条第 4 款规定:如果夫妻一方不履行其义务时,他方得依民事诉讼法规定的方式迫使其履行。就同居义务而言,主要是申请扣押收入或进行精神损害赔偿。又如,英国法律规定,配偶一方违反同居义务,他方享有恢复同居的诉讼请求权;关于恢复同居的判决虽不得强制执行,但不服从这种判决可视为遗弃行为,是构成司法别居的法定理由之一。

[案例]刘某和熊某(均是化名)结婚 14 年,关系一直很好。但从 2003 年 7 月以来,丈夫熊某开始时不时地不回家。一天晚上,丈夫熊某又一次夜不归宿,并说要支付"空床费"给妻子刘某,于是两人约定:丈夫熊某如果夜不归宿,按照每小时 100 元的标准支付"空床费"给妻子刘某,从深夜 12 时至清晨 7 时计算。2003 年 7 月 3 日,丈夫熊某因夜不归宿给妻子刘某写下了第一张欠条,半个月后丈夫熊某支付了第一次"空床费"700 元。之后,丈夫熊某继续打下欠条,妻子刘某手中至今还握着五张"空床费"欠条,共有 4000 多元。再后来,丈夫熊某不回家的时候更多了。问:本案如何处理?

[解答]本案涉及配偶权损害赔偿问题。建立侵害配偶权损害赔偿制度,既是婚姻关系中法定义务的内在要求,又是婚姻关系民法属性的直接反映,还是保护离婚当事人合法权益的需要。通过建立配偶权损害赔偿制度,受害者就可以有效地运用民事制裁手段制裁重婚、"包二奶"、家庭暴力等违法行为,并在经济上予以弥补,对受害一方给予一定的补偿,以有效保障婚姻家庭关系及妇女、儿童的合法权益。

(四)贞操忠实义务

贞操忠实义务又称配偶性生活排他专属义务,是指配偶专一性生活的义务,它要求配偶双方互负贞操忠实义务,不为婚外性生活。广义的贞操义务还包括不得恶意遗弃对方以及不得为第三人利益牺牲、损害配偶一方的利益。夫妻互负贞操忠实义务是婚姻关系的最本质的要求,婚姻关系的稳定性在很大程度上依赖于性生活上的忠贞不贰。如果性生活没有排他性,它虽然不会丧失自身的积极作用,但却扩大了消极作用。

(五)日常事务代理权

日常事务代理权亦称家事代理权,是指配偶一方在与第三人就实施日常事务为一定法律行为时,享有代理对方配偶行使权利的权利。其法律后果是配偶一方代表家庭所为的行为,对方配偶必须承担后果责任,配偶双方对其行为承担共同的连带责任。对配偶的家事代理权,我国《婚姻法》并未规定,世界上多数国家都作了规定。例如,《瑞士民法》第163条第2款规定,妻超越代理范围的行为,在不能为第三人所认识时,夫应承担责任;美国则规定妻以夫的信用与商人交易,只要夫未表示反对,法律则承认妻有代理权。

第二节 亲权

一、亲权概述

(一)亲权的概念

父母对未成年子女的哺育、监护或教育就是亲权制度的核心内容。亲权建立在父母子女血缘关系的基础上,依法律的直接规定而发生,专属于父母,被认为是父母对人类社会的一种天职。在现代社会,以教养保护未成年子女为中心的亲权,不仅为权利同时也为义务。作为父母享有的一种重要民事权利,亲权人可以自主决定实施有关保护教养子女的事项或范围,并以之对抗他人的恣意干涉。亲权又是父母的法定义务,夫妻生育以后,对其自身所孳生、无独立生活能力的儿女进行抚养、教育、保护,是人类的天性,也是夫妻双方对国家社会应尽的义务。因此,父母既不得抛弃亲权,也不得滥用亲权。基于上述分析,可以看出,所谓亲权,是父母基于其身份对未成年子女的人身进行教养、财产进行保护的权利和义务。

(二)亲权的特征

1. 亲权是基于父母身份而取得的一种身份权,父母身份丧失会带来亲权的丧失。由于亲权是对未成年子女的保护权利,因此未成年人成年以后,亲权也丧失。父母身份取得包括因生育、因收养和因婚姻产生。我国《婚姻法》规定非婚生子女与婚生子女享有同等的权利。因此对于非婚生子女,生父母也有亲权。亲权是基于身份取得的权利,因此父母子女之间因赠与、买卖产生的权利义务不属于亲权范围。

2. 亲权是为了保护未成年子女利益而设定的权利。根据我国法律的规定,18岁以下的自然人为未成年人。未成年是确定亲权有无的唯一标准,与民事行为能力无关。超过18岁的成年人虽然因为精神问题,没有行为能力,父母对其拥有监护权,并无亲权。而16岁以上18岁以下的,可以以自己的劳动生活的自然人,虽然于法律上被认为是完全民事行为能力人,但是由于不满18岁属于未成年人,因此父母仍对其享有亲权。

二、亲权的内容

亲权应包括对未成年子女身上的权利义务与对未成年子女财产的权利义务,前者又可称为身上照护权,后者又可称为财产照护权。

(一)身上照护权

身上照护是针对子女身体所享有的权利,具体包括居所指定,子女交还请求权、职业许可权以及身份行为和身上事项同意权、代理权等。

1. 居住所指定权。为了实现保护教养未成年子女的目的,各国民法均赋予亲权人指定子女居住所之权利。子女应在亲权人指定的居所或住所居住。未经父母允许,不得在他处居住。

2. 子女交还请求权。亲权人可请求不法掠夺或抑留其子女之人交还子女。各国民法多未设此权利,但学说及判例均承认其存在。为了保护未成年子女的安全,使父母尽到保护教养之责,在立法上确实有必要明确承认该项权利。唯该项权利不得滥用,父母非为管教保护子女专为加害对方或为不法目的而请求返还,构成权利滥用。

3. 惩戒权。亲权人在必要的范围内,可惩戒其子女。告诫、体罚、禁闭、减食等手段以达成保护教养目的为限均可采用。至于必要的程度,应依子女家庭环境、子女性别、年龄、健康、性格以及过失之轻重等因素加以确定。父母行使惩戒权超越必要范围,构成惩戒权滥用,可为剥夺亲权之事由。

4. 身份行为、身上事项之同意权及代理权。具体包括:第一,身份行为之代理权。身份行为具有专属性,与特定主体不可分离,原则上不得代理,但在法律有特别规定时,亲权人可代未成年子女为身份行为。第二,身份行为之同意权。限制民事行为能力之未成年人实施有关亲属身份变更方面的行为,应征得亲权人同意,如申请认领宣告、同意他人收养子女、协议终止收养等。第三,身上事项之决定权与同意权。如决定生病子女休学、同意动手术等。

(二)财产照护权

1. 财产行为代理权及同意权。具体包括:第一,财产行为代理权,无民事行为能力之未成年人,应由法定代理人代为或代受意思表示。限制行为能力之未成年人,可由法定代理人代为财产行为。具有身份色彩的财产行为,亦可由法定代理人代理,如继承之抛弃、遗产之分割。第二,财产行为同意权。限制行为能力人自为财产法律行为,应征得法定代理人同意。

2. 子女财产管理权。财产管理,是保存或增加财产价值的行为。广义的财产管理包括财产管理权、使用收益权和处分权。子女具有独立的财产是亲权人行使上述权利的前提。

(1) 财产管理权

未成年人对其取得的财产，特别是无偿取得的财产，欠缺管理能力，因此赋予亲权人以财产管理权，亲权人基于管理权得为事实行为与法律行为。关于法律行为前已有述，对于事实行为，亲权人有权占有子女之财产，他人无正当理由占有子女财产时，构成对亲权人管理权的侵害。亲权人可作为子女之法定代理人行使基于所有权之请求权，亦可以管理权受侵害为由请求返还其物，如在亲权人占有财产期间为第三人侵夺的，亲权人可以以占有权受侵害为由请求返还。亲权人为增加财产之价值，可为加工、变形等财产管理上之必要的处分行为。

父母管理子女财产，应尽到何种程度之注意，各种法律规定存在差异。瑞士、法国民法规定应尽善良管理人之注意，德国、日本、韩国民法规定应与处理自己事项为同一注意。台湾"民法"未设明文，但通说认为应尽与处理自己事项为同一之注意。我们认为，鉴于父母子女间亲密的身份关系，不必锱铢必较，父母尽与处理自己事项同一之注意即为足已。如父母未为此注意而致子女财产受到损害，应负赔偿责任。

但在下列情形中，父母对子女财产不享有管理权：第一，给予财产的第三人指定不由父母或不由父或母管理时，父母双方或一方就该项财产无管理权。第二，父母同意子女处分财产，子女就该财产享有处分权。第三，父母同意子女独立营业，子女对营业所涉财产享有管理权和处分权。

(2) 财产使用权

亲权人对子女财产享有使用权。所谓使用权是指亲权人对未成年子女的财产有依照物的习惯和用途不毁损其物或变更其性质而加以利用的权利。除使用权外，有的国家或地区还承认父母之收益权。如我国台湾地区"民法"第1088条第2款前段规定，父母对于未成年子女之特有财产，有使用、收益之权。依台湾地区学者之见解，使用子女财产所获收益第一应充财产管理费用，次充子女教育费用，次供家用，有剩余，应属于父母。依《日本民法》第828条之规定，子女达成年时，行使亲权人应从速进行管理计算。但是，子女养育及财产管理的费用，视为与子女财产的收益抵消，即收益之剩余应属于父母。然而近时立法多否认父母收益权，在德国，已修正其《民法》原第1649条收益权属于父的规定，不承认父母对子女财产之收益权，依现行《德国民法》第1649条之规定，子女财产之收益第一应充财产管理费，次充子女之给养，还有剩余，可作为自己及子女之未成年并未结婚之兄弟姐妹给养之用。《瑞士民法》第319条规定，父母应将子女财产的收益用于子女的抚养、教育及职业培训，并可在合理的限度内，用于家务费用。结余仍归入子女财产。而在日本，虽依其民法的规定收益之剩余应属父母，但现今学者主张，亲权人可以从子女财产的收益中支付养育费和管理费用，而不用于以后再详细清算，如果确有剩余，则应返还给子女。

(3) 财产处分权

此处所称处分权为财产管理上必要处分行为以外之处分。处分是处置财产并决定其命运的行为，关系未成年人利益甚大，故各国亲权法往往对父母之处分权予以限制。在德国，其民法禁止父母代理子女为赠与，并且规定对于土地或土地上之权利等行为应经家庭法院批准。依《日本民法》第 826 条之规定,对于行使亲权的父母与其子女利益相反的行为,如果子女将财产卖与亲权人、对父母债务由子女充当保证人等行为,亲权人既无代理权也无同意权,应请求家庭裁判所为其指定特别代理人,由该特别代理人行使代理权或同意权。我国台湾地区"民法"第 1088 条第 2 款但书规定,非为子女利益,不得处分之。因此,父母处分权之行使应以子女利益为条件。对于亲权人非为子女利益实施处分行为,在我国台湾地区,实务上基本上采无效说,例外的于特定类型之案例采有效说。理论上见解与此不同。大多数学者采有效说,以保护相对人之利益与交易安全。唯史尚宽先生认为,父母为不利子女之处分,除可构成表见代理外,应构成无权代理,子女成年后可予以追认。以上观点虽各有理由,但并非十分完美。在现代社会,静的安全与动的安全,均为民法追求之目标,因此应力求兼顾。对未成年人之保护与交易安全之维护,不应顾此失彼。因此,我们认为,当亲权人非为子女利益而处分其财产时,可依其处分行为之有偿性与无偿性以决定其法律效力。当处分行为为无偿时,应归于无效,以实践保护未成年子女之目的;当处分行为为有偿时,应属有效,以践行保护交易安全之目的。

第三节 亲属权

一、亲属权概述

(一)亲属权的概念

亲属权是具有一定的亲属关系(自然的亲属关系与拟制的亲属关系)的人相互之间享有的权利。亲属权是以由亲属关系而得享有的利益为内容,以具有亲属关系的人为客体的。从前称亲属权为身份权,但是现在已不再有从前法律中的各种"身份"(如贵族、商人、家长等),而父母子女间、配偶间、其他亲属间的关系也与以前的身份关系大不相同。所以不宜再用"身份权"一词。

(二)亲属权的特征

1. 亲属权仅在具有一定亲属关系的人之间存在,在亲属关系发生时发生,在亲属关系消灭时消灭。在亲属关系永不消灭时,则依法律规定而消灭(如父母对未成年子女的监护权在子女成年时消灭)。它既不像人格权那样具有对世性,也不像债权那样可以存在于任意双方之间。

2. 亲属权也具有专属性,在归属上和行使上都具有专属性,不得转让,不得处分,不得由他人代行,一般也不得抛弃(继承权可以抛弃)。国家对亲属权可以剥夺或限制。亲属权的专属性不是一律的,大体说来,纯粹的不带财产性质的亲属权的专属性强,带财产性质的亲属权的专属性弱,视具体情形而异。

3. 亲属权具有义务性。亲属权里被保护的利益不是权利人单方面的利益,不是只为权利人个人而存在的,而是为包括权利人自己在内的一定的亲属团体而存在的(如配偶间的权利是为配偶双方的利益而存在的,父母子女间的权利是为由父母子女构成的家庭的利益而存在的),因而权利人为了团体的利益有行使权利的义务,不得任意不行使甚至抛弃。这种义务性在一些国家的民法中多以明文规定,即使没有明文规定时,亲属权在性质上也具有义务性。但亲属权也不得滥用,对滥用亲权的人,国家得限制甚至剥夺其权利。

二、亲属权的内容

在世界各国的法律中,对亲属权并无专门的统一的规定,而是散见于民法、诉讼法之中,我国法律亦然。概括而言,亲属权主要有以下内容:

(一)父母与子女之间

1. 父母对精神病成年子女有抚养权。
2. 子女对父母的赡养权。
3. 父母子女间互有行为能力宣告、失踪宣告和死亡宣告申请权,以及一方失踪后的财产代管权。

(二)祖父母与孙子女、外祖父母与外孙子女之间

1. 有负担能力的祖父母、外祖父母,对于丧失亲权保护的未成年子女、孙子女、外孙子女有抚养、教育权。
2. 有负担能力的孙子女、外孙子女,对于子女已经死亡的祖父母、外祖父母有赡养权。
3. 互有继承权、行为能力宣告、失踪宣告和死亡宣告申请权,以及一方失踪后的财产管权。

(三)兄弟姐妹之间

1. 有负担能力的兄、姐对于丧失亲权保护的未成年弟、妹有抚养教育权。
2. 互有继承权、行为能力宣告、失踪宣告和死亡宣告的申请权,以及一方失踪后的财产代管权。
3. 由兄、姐抚养成人的弟、妹对于丧失劳动能力不能独立生活的兄、姐有抚养权。

三、亲属权与亲权的区别

这两种权利都是亲属法上的身份权,都是基于亲属之间身份关系的权利,但二者的区别也是很明显的,主要表现在:

1. 权利主体不同。亲权的主体只能是父母,亲属权的主体是包括父母在内的更为广泛的亲属。
2. 权利主体的相对人不同。亲权权利主体的相对人只能是未成年子女;亲属权权利主体的相对人是包括子女在内的更广泛的人。
3. 权利内容不同。亲权的内容中包含了广泛的教养权;而亲属权的主要内容是亲属间的扶养、抚养和赡养等。
4. 双方当事人的地位不同。在亲权中,强调的是父母的权利(义务),子女不享有对

等的亲权;而在亲属权中,当事人的地位对等,权利义务是相互的。

【思考题】

1. 试述亲权与亲属权的区别。
2. 试述配偶权的内容。
3. 试述亲权的内容。

第四编 侵权责任法

- 第二十章 侵权责任法概述
- 第二十一章 侵权责任的归责原则
- 第二十二章 一般侵权责任的构成要件
- 第二十三章 特殊主体的侵权责任
- 第二十四章 特殊行为的侵权责任
- 第二十五章 共同侵权
- 第二十六章 侵权损害赔偿

第二十章 侵权责任法概述

【引例】

2004年3月某日7时许，住在某宾馆18楼的李某毒瘾发作，痛不欲生，从房间窗户跳下自杀。碰巧，孙某（女士）上班路过宾馆楼下，被从楼上跳下来的李某砸中，二人头部相撞，双方当场死亡。某报记者见状遂推测写报道，声称二人系殉情自杀。孙某家属认为孙某整夜都在家，只是清晨出门去上班，何以会与人殉情，提出异议。孙某近亲属请求李某近亲属承担侵权责任，并追究记者的侵害名誉权的责任。

本案中李某跳楼之前对其自杀行为可能造成他人损害存在过错，主观上或者是能够预料而放任后果的发生，或者是应当预见而没有预见。因此，李某行为构成侵害孙某生命权的行为，应当承担侵权责任。但李某已死亡，其责任属于死者生前所欠责任，可由李某继承人在继承李某遗产范围内负赔偿责任。某报记者在情况不明的情况下杜撰事实致社会对孙李二人的综合评价降低，侵害了二死者的名誉权，应当承担停止侵害、赔礼道歉，及在损害所及范围内消除影响、恢复名誉的责任，给二死者的近亲属造成严重精神损害的，还应承担精神损害赔偿责任。

第一节 侵权行为概述

一、侵权行为的概念和特征

中文"侵权行为"是一个外来词，它是近代随着西方法律文化的引入而传入中国的。它在不同的语种里存在不同的表现形式：英语为"tort"，法语为"delict"，德语为"Delikt"，拉丁语为"delictum"。尽管表现形式不同，但它们都含有"不正当行为""不法行为""过错""侵犯他人权利"等意思。

我国《民法通则》第106条第1款、第2款规定："公民、法人由于过错侵害国家的、集体的财产，侵害他人财产、人身的，应当承担民事责任。""没有过错，但法律规定应当承担民事责任的，应当承担民事责任。"根据这一规定，所谓侵权行为，是指行为人由于过错侵害他人财产、人身依法应当承担民事责任的行为，以及虽然没有过错但依照法律的特别规定应当承担民事责任的其他致害行为。

侵权行为具有以下特征：

1. 侵权行为是侵害他人民事权益的行为。《侵权责任法》第2条第1款规定："侵害民事权益，应当依照本法承担侵权责任。"根据该款，首先，侵权行为侵害的是民事权益，民事权益以外的权利或利益不受侵权责任法调整。其次，侵权责任法明确区分权利和权益，即侵权行为侵害的对象既包括人身权、物权、知识产权等绝对权,也包括受法律保护的利益。只是侵权法对利益的保护标准要比对权利的保护标准严格,通常对民事权利的保护以侵害人有故意或过失为已足,而对利益的保护要求侵害人主观上具有故意且有悖于善良风俗。一般认为,债权受合同法的保护,只有当侵权人以故意且有悖于善良风俗的方式侵害债权时,债权也可以成为侵权的对象。

2. 侵权行为是给他人的合法民事权益造成损害的行为。侵权行为总是同损害后果相联系的,仅有行为而无损害,不构成侵权行为。对损害的理解,有狭义、广义和最广义三种情形。狭义的损害,仅指财产损失。广义的损害,除了包括财产损失还包括精神损失。最广义的损害,指行为给他人造成的所有不利后果,既包括各种现实损害,也包括可能给受害人造成的危险。① 一般而言,《侵权责任法》采用的是最广义的损害概念,采用最广义的损害概念有利于扩大受害人的保护范围,实现侵权法预防侵权行为发生的立法目的。

3. 侵权行为主要是行为人基于过错而实施的行为。我国侵权法的主要归责原则是过错责任原则,过错责任原则要求行为人存在过错,行为人的主观过错既表明行为人的应受谴责性,也体现了侵权法对侵权行为所作的否定性评价。此外,无过错责任原则也是我国侵权法的归责原则,行为人实施的行为侵害他人的合法民事权益造成了一定的损害后果,如果主观上不存在过错,除非法律有明确规定者外,不构成侵权行为。

4. 侵权行为是依法应当承担民事责任的不法事实行为。侵权行为是一种能引起民事责任法律关系产生的不法事实行为。它既不同于民事行为,也不同于合法的事实行为。由于侵权行为侵害他人民事权益并造成损害,因此,法律为求利益上的平衡,要求行为人承受某种法律上的不利后果,给受害人的损害予以补偿即要求行为人依法承担民事责任。

二、侵权行为的分类

1. 一般侵权行为与特殊侵权行为

根据侵权行为的构成要件的不同,侵权行为可分为一般侵权行为与特殊侵权行为。一般侵权行为也称为"普通侵权行为",是指行为人基于过错直接致人损害,因而适用民法上的一般责任条款的行为。一般侵权行为是最常见的侵权行为,主要适用过错责任原则。特殊侵权行为也称为"特种侵权行为",是指行为人虽然无过错,但他人的损害确系与行为人有关的行为、事件或特别原因所致,因而适用民法上的特别责任条款或民事特别法的规定应负民事责任的行为。特殊侵权行为主要适用无过错责任原则和公平责任原则。

2. 侵害财产权行为与侵害人身权行为

根据侵权行为侵害的对象不同,侵权行为可分为侵害财产权行为与侵害人身权行为。侵害财产权行为,是指行为人侵害他人物权、知识产权、股权等财产权的行为。侵害财产权,行为人主要承担财产损害赔偿责任。侵害人身权行为,是指行为人侵害他人生命权、健康权、姓名权、肖像权、名誉权、荣誉权等人身权的行为。侵害人身权,行为人应承担非财产损害赔偿责任。

---

① 王利明、周友军、高圣平:《中国侵权责任法教程》,人民法院出版社 2010 年版,第 185 页。

3. 单独侵权行为与共同侵权行为

根据实施侵权行为的人数的不同,侵权行为可分为单独侵权行为与共同侵权行为。单独侵权行为,是指侵权人只有一人的侵权行为。共同侵权行为,是指两个或两个以上的人实施的侵权行为。共同侵权行为可分为共同加害行为和共同危险行为。共同侵权行为人对于给受害人造成的损害负连带赔偿责任。

4. 积极侵权行为与消极侵权行为

根据侵权行为的性质的不同,侵权行为可分为积极侵权行为与消极侵权行为。积极侵权行为,又称作为的侵权行为,是指行为人以一定的作为致人损害的行为。消极侵权行为,又称不作为的侵权行为,是指行为人以一定的不作为致人损害的行为。消极侵权行为的构成,以行为人负有作为的义务为前提。

第二节 侵权责任概述

一、侵权责任的概念和特征

侵权责任是指行为人因实施侵权行为而依法应承担的民事法律责任。侵权责任除了具有民事责任的一般特征之外,还具有自身的一些特征:

1. 侵权责任是因违反法律规定的民事义务而应承担的不利法律后果。民事责任都是违反民事义务的结果。一般而言,违反当事人自行约定的义务则构成违约责任,而违反法律规定的义务则构成侵权责任。

2. 侵权责任的方式具有法定性。侵权责任的方式及其具体内容由法律明确规定,比如,人身损害赔偿的项目和计算方法,精神损害赔偿数额的确定应当综合考虑的因素等都有详细的规定。与侵权责任不同的是,违约责任贯彻意思自治原则,可以由当事人自行约定。

3. 侵权责任的形式具有多样性。侵权责任主要体现为财产责任,但又不限于财产责任,还包括一些非财产责任形式。多样化的责任形式有利于受害人根据自己的需求选择适合自己的救济方式。有些场合,非财产责任往往起到财产责任无法替代的作用,比如赔礼道歉、消除影响、恢复名誉等责任形式有时比财产赔偿更能抚慰受害人。

4. 侵权责任具有优先性。《侵权责任法》第4条规定:"侵权人因同一行为应当承担行政责任或者刑事责任的,不影响依法承担侵权责任。因同一行为应当承担侵权责任和行政责任、刑事责任,侵权人的财产不足以支付的,先承担侵权责任。"

二、承担侵权责任的形式

《侵权责任法》第15条规定,承担侵权责任的方式主要有:(1)停止侵害;(2)排除妨碍;(3)消除危险;(4)返还财产;(5)恢复原状;(6)赔偿损失;(7)赔礼道歉;(8)消除影响、恢复名誉。以上承担侵权责任的方式,可以单独适用,也可以合并适用。

1. 停止侵害

行为人实施的侵害行为仍在继续之中,受害人可以依法请求法院责令侵害人停止其侵害行为。此种责任形式的主要作用在于及时制止侵害,防止扩大侵害后果。因此,停止侵害的责任形式可以适用于各种侵权行为。该种责任形式的适用条件是:侵权行为正在进行或仍在延续进行中,对尚未发生的或已终止的侵权行为则不得适用。

2. 排除妨碍

侵权行为人实施的行为使受害人无法行使或不能正常行使自己的人身、财产权益,受害人有权请求排除妨碍。此种责任形式的适用条件是:存在妨碍他人行使民事权益的状态;妨碍状态具有不正当性,不正当性是指没有法律根据、没有合同约定或者是妨碍状态超过了合理的限度。

3. 消除危险

消除危险是指行为人的行为或其管领下的物件对他人的人身或财产安全造成威胁,或存在侵害他人人身或财产的可能,他人有权要求行为人采取有效措施,将具有危险因素的行为或物件予以消除。此种责任形式的适用条件是:须危险存在,确有可能造成损害的后果,对他人造成威胁,但是损害尚未实际发生,没有妨碍他人民事权利的行使。

4. 返还财产

返还财产,即返还动产或不动产。作为侵权责任形式的返还财产,是指返还原物。所谓返还原物,指权利人请求不法行为人将其非法占有的、归权利人所有或占有的原物返还。返还原物的责任的产生是因不法行为人非法占有他人财产,侵害了财产所有人或占有人的权利。返还原物时还应当返还财产被非法占有期间产生的孳息。此种责任形式的适用条件是:有非法侵占他人财产的行为;须原物依然存在,如果原物已经灭失,返还原物在客观上已经不可能,权利人只能要求赔偿损失,而不能要求返还原物。

5. 恢复原状

恢复原状是指恢复权利被侵犯前的原有的状态。此种责任形式的适用条件:一是须有恢复的可能,无法修复的不适用恢复原状责任;二是须有恢复的必要,如果恢复原状花费过巨,远远超过被损坏的物的价值,一般也不适用恢复原状责任。

6. 赔偿损失

赔偿损失是指行为人因侵权行为给他人造成损害,应以其财产赔偿受害人所受的损失。赔偿损失是最基本、适用最多的侵权责任方式。

7. 赔礼道歉

赔礼道歉是指不法行为人向受害人公开认错,表示歉意,以求得受害人的谅解。赔礼道歉对于抚慰受害人的精神伤害,增强侵权人的道德意识,化解矛盾纠纷,具有其他责任方式所无可替代的作用,因此,它主要适用于侵害人身权的情形。赔礼道歉有两种方式,一是口头道歉,二是书面道歉。口头道歉由侵权人直接向受害人表示。书面道歉是将侵权人的致歉声明或法院的判决书登载在报刊等媒体上或张贴于有关场所,其费用由侵权人承担。

8. 消除影响、恢复名誉

消除影响,是指行为人因其侵害了自然人或法人的人格权应承担的在影响所及的范围内消除不良后果。恢复名誉,是指行为人因其行为侵害了自然人或法人的名誉应在影响所及的范围内将受害人的名誉恢复至未受侵害时的状态。消除影响、恢复名誉是侵害了自然人或法人的精神性人格权时所承担的责任方式,在适用时,消除影响的适用范围较宽,可以适用于多种场合,而恢复名誉则只适用于侵害名誉权的场合。

第三节 侵权责任的抗辩事由

侵权责任的抗辩事由,是指被告针对原告要求承担侵权责任的请求而提出的证明原告的诉讼请求不成立或不完全成立的事实。由于一个有效的抗辩事由可能导致侵权责任的减免,故侵权责任的抗辩事由,又称侵权责任的免责事由。在我国台湾地区,由于学说继受德国理论,强调违法性,因此又将免责事由称为违法阻却事由。

通常认为,侵权责任的免责事由可以分为两类:正当理由和外来原因。正当理由包括依法执行职务、正当防卫、紧急避险、受害人同意、自助行为。外来原因包括不可抗力、意外事件、受害人过错、第三人过错。以下仅就五种主要的侵权责任的抗辩事由加以介绍。

一、依法执行职务

依法执行职务,是指依照法律授权及有关规定,在必要时因行使职权而损害他人财产和人身的行为。为了维护社会公共利益或公民个人的合法权益,法律允许工作人员在必要时执行自己的职务"损害"他人的财产或人身。例如:外科医生做必要的截肢手术,警察依法开枪打伤逃犯。

依法执行职务作为抗辩事由须具备以下要件:(1)须有合法的授权。执行职务的工作人员须在法定权限内行使职权并在法定的职责范围内履行职责。超越法定授权而行为,或行为所依据的法律和法规已经失效或被撤销,或行为本身不符合法律的要求,都不视为依法执行职务。(2)执行职务的程序和方式须合法。(3)执行职务的行为须必要。即只有在不造成损害就不能执行职务时,执行职务时的侵权行为才是合理的。

二、正当防卫

正当防卫,是指当公共利益、他人或本人的人身或者其他利益遭受不法侵害时,行为人所采取的防卫措施。我国《民法通则》第128条规定:"因正当防卫造成损害的,不承担民事责任。正当防卫超过必要的限度,造成不应有的损害的,应当承担适当的民事责任。"

正当防卫作为抗辩事由须具备以下要件:(1)防卫须针对正在发生的侵害行为(时间性要求)。对想象中的侵害、未发生的侵害、实施终了的侵害进行防卫则构成侵权行为。(2)防卫的是违法行为,即通过正当防卫达到保护本人、他人或社会公共利益免受损害(目的性要求)。(3)防卫须针对不法侵害者本人(对象性要求)。(4)防卫不能超过必要的限度(限度性要求)。

三、紧急避险

紧急避险,是指为了使公共利益、本人或者他人的合法权益免受正在发生的危险而不得已采取的致他人或本人损害的行为。紧急避险是在两种合法利益不能同时得到保护的情况下以牺牲较小利益而保全较大利益的合法行为。

> [案例]2011年5月2日,刘某驾驶大货车顺着国道往北出城,车辆驶至城乡接合部,刘某见行人车辆渐少,遂加快行驶速度。此时,突然发现前面有一行人王某横穿公路,眼看就要撞上王某,刘某慌乱之下猛打方向盘避开王某,但由于车辆方向急转,失去平衡,一下侧翻在地,车辆、货物均有受损。刘某遂要求王某赔偿,王某不肯。请问:司机刘某的行为是否构成紧急避险?
>
> [解答]刘某的行为构成紧急避险。王某未先确定路面安全即横穿马路,刘某为了避免撞伤王某,猛打方向盘致车辆侧翻受损,王某当属引起险情发生的人,因此其必须承担本次事故的责任。当然,刘某在险情发生前没有尽到机动车驾驶人的"高度注意"义务,对险情的发生也有一定的过错,也应承担相应的责任。

我国《民法通则》第129条规定:"因紧急避险造成损害的,由引起险情发生的人承担民事责任。如果危险是由自然原因引起的,紧急避险人不承担民事责任或者承担适当的民事责任。因紧急避险采取措施不当或者超过必要的限度,造成不应有的损害的,紧急避险人应当承担适当的民事责任。"

紧急避险作为抗辩事由须具备以下要件:(1)须是合法权益正在面临紧急危险;(2)须是在迫不得已的情况下采取的紧急避险措施;(3)须紧急避险行为不得超过必要限度。

四、受害人的同意

受害人同意,是指在不违背法律及公序良俗的情况下,受害人于损害发生前明确表示自愿承担某种不利后果的意思表示。

受害人同意作为抗辩事由须具备以下要件:(1)受害人同意须明确作出;(2)受害人自愿承担某种不利后果;(3)受害人同意应当在不利后果发生前作出;(4)受害人自愿承担某种不利后果的意思表示不违背法律及公序良俗。

五、不可抗力

不可抗力,是指不能预见、不能避免、不能克服的客观情况。

第四节 侵权责任与其他民事责任的竞合

一、民事责任竞合概述

民事责任竞合源于法律规范竞合理论。现代法律均作抽象规定,并且从各种不同的角度规范社会生活,所以,经常发生同一个事实符合几个法律规范的要件,致使这几个法律规范竞合。① 规范竞合有发生在不同法律领域的,如民事责任与行政责任、刑事责任的

---

① 王泽鉴:《民法学说与判例研究(第1册)》,中国政法大学出版社2005年版,第347页。

竞合；也有发生在同一法律领域内的，如违约责任与侵权责任的竞合。对于民事责任竞合，从民事权利的角度来看，当行为人实施的一个不法行为在法律上符合数个法律规范规定要件时，权利人（受害人）就产生多项请求权，这些请求权相互冲突。因此，民事责任竞合又称为请求权竞合。侵权民事责任竞合也称为侵权请求权的竞合，即侵权请求权与依照其他民事法律规范产生的请求权是因同一法律事实发生从而形成的侵权请求权与其他民事请求权的竞合。

民事责任竞合，是指某个违反民事义务的行为适合两个或两个以上不同法律规范规定要件而导致两种或两种以上的民事责任产生，各项民事责任相互发生冲突的现象。

民事责任竞合具有以下法律特征：

1. 民事责任竞合是由违反民事义务的行为所引起的。民事责任是违反民事义务的法律后果，行为人虽然负有某种义务但若其能正确地履行义务就不会产生责任后果，更不会产生责任竞合。

2. 违反民事义务的行为适合两个或两个以上不同法律规范规定要件。一个违反民事义务的行为产生数个民事法律责任或者使对方当事人产生数个请求权，这是民事责任竞合的前提条件。行为人虽然只实施了一种违反民事义务的行为，但该行为同时触犯了数个法律规范，并符合法律关于数个民事责任构成要件的规定，由此使行为人承担数种民事责任。

3. 一个行为导致的多种民事责任之间相互冲突。首先，一个民事违法行为产生两个或两个以上不同性质的民事法律责任，行为人承担不同的民事责任，其法律后果也不一样。其次，数种民事责任彼此间相互冲突，既不能用一种责任包容任何其他责任，也不应让行为人同时承担数种责任形式。行为人究竟应当承担一种责任还是数种责任需要由法律加以明确。

民事责任竞合不同于民事责任聚合。民事责任聚合，是指行为人由于实施了某种违反民事义务的行为，将依法承担多种形式的民事责任，受害人亦将实现多项请求权。民事责任聚合实质上是民事责任形式的并合，例如，某人侵害他人名誉权，行为人既要承担停止侵害、消除影响、恢复名誉、赔礼道歉的责任，又要承担精神损害赔偿的责任，五种侵权责任的聚合，都是为了保护受害人的不同利益所必须。我国《民法通则》第134条规定："承担民事责任的方式，可以单独适用，也可以合并适用。"这就是关于民事责任聚合的一般原则。

二、民事责任竞合的类型

民事责任竞合的类型主要有侵权责任与违约责任的竞合、侵权责任与不当得利返还责任的竞合、侵权责任与其他民事责任的竞合。在实践中，民事责任竞合最常见的是侵权责任与违约责任的竞合。因此，本书将主要阐述侵权责任与违约责任的竞合。

三、侵权责任与违约责任的竞合

（一）侵权责任与违约责任的区别——选择请求权的基本考虑

1. 归责原则不同。根据我国《合同法》的规定，违约责任归责以无过错责任原则为主,过错责任原则为辅;而侵权责任归责则采过错责任原则、无过错责任原则和公平责任原则相结合。

2. 构成要件不同。违约责任不须违约行为造成一定的实际损害后果,只要行为人违反了合同约定且又不存在有效的抗辩事由,行为人就应当承担违约责任。例如,违约金责任的成立以及定金罚则的适用;而侵权责任的成立须以造成一定的损害后果为前提,无损害事实,便无侵权责任的产生。

3. 免责条件不同。在违约责任中,除了法定的免责条件(如不可抗力)之外,合同当事人还可以事先约定不承担民事责任的情况,但当事人不得预先约定免除故意或重大过失的责任;而在侵权责任中,免责条件只能是法定的,当事人不能事先约定免责条件,也不能对不可抗力的范围事先约定。

4. 损害赔偿的范围不同。在违约责任中,损害赔偿责任的范围一般只限于财产损害,不包括人身伤害和精神损害,且当事人可以在合同中事先约定损害赔偿额,如果没有约定,赔偿额应当相当于另一方因违约受到的损失,但不得超过违约方订立合同时应当预见到的因违约可能造成的损失。而在侵权责任中,损害赔偿责任的范围不限于财产损害,还包括人身伤害和精神损害;不仅包括直接损失,还包括间接损失;且损害赔偿的范围法定,不能由当事人事先约定而改变。

5. 举证责任不同。在违约责任中,违约损害赔偿的举证责任在于债务人,只要债务人不履行债务致对方损害,就推定债务人有过错,因此,债务人应负有举证证明自己无过错的责任;而在侵权责任中,侵权损害赔偿的举证责任通常在受害人,受害人通常有义务就加害人有无过错负举证责任。

6. 诉讼时效不同。从我国现行的立法来看,违约责任的诉讼时效一般为 2 年,但在出售质量不合格的商品未声明、延付或拒付租金以及寄存财物被丢失或者损毁的情况下,则适用 1 年的诉讼时效,因国际货物买卖合同和技术进出口合同争议则适用 4 年诉讼时效;而侵权行为所产生的损害赔偿请求权根据《民法通则》的规定一般适用 2 年的诉讼时效,但因身体受到伤害而产生的损害赔偿请求权适用 1 年的诉讼时效。《产品质量法》规定的时效是 2 年,《环境保护法》规定的时效是 3 年。

7. 诉讼管辖不同。根据我国《民事诉讼法》的规定,因合同纠纷提起的诉讼,由被告住所地或者合同履行地人民法院管辖;合同双方当事人可以在书面合同中协议选择被告住所地、合同履行地、合同签订地、原告住所地、标的物所在地人民法院管辖。而因侵权行为提起的诉讼,由侵权行为地或者被告住所地人民法院管辖。

[案例]黄某在集市上以1000元的价格将一头羊卖与王老汉,但隐瞒了羊已患传染病的事实。王老汉将羊牵回家并将其和自家的3头羊关在一起圈养,不料数日后,4头羊先后死去。请问:王老汉能否要求黄某赔偿4头羊,或是只能要求赔偿1头羊?

[解答]黄某隐瞒羊已患传染病的事实将病羊交付王老汉并造成其另外3头羊也死亡,黄某的行为属于加害给付,其行为不仅违反合同而且造成对方当事人合同履行利益之外的人身的或者财产的固有利益的损害,构成侵权责任与违约责任的竞合。按照法律的规定,王老汉可以按照有利原则,或者选择违约责任或者选择侵权责任起诉。

(二)处理违约责任与侵权责任竞合的立法模式

从国外的立法例来看,对违约责任与侵权责任的竞合大致采取三种立法模式:禁止竞合模式、允许竞合模式和有限制的选择诉讼模式。

1. 禁止竞合模式

禁止竞合模式以法国民法为代表。法国民法认为,只有在没有合同关系存在时才产生侵权责任,在违约场合只能寻求合同补救方法。

2. 允许竞合模式

允许竞合模式以德国民法为代表。德国民法认为,侵权法与合同法不仅适用于典型的侵权行为与违约行为,而且共同适用于双重违法行为。受害人基于双重违法行为产生两项请求权并有权选择任一请求权行使。如果一项请求权因时效届满而被驳回时,还可以行使另外一项请求权,一项请求权实现后,另一项请求权即行消灭。

3. 有限制的选择诉讼模式

有限制的选择诉讼模式以英国法为代表。英国法承认责任竞合,但解决责任竞合的制度只是某种诉讼制度,它主要涉及诉讼形式的选择权,而不涉及实体法上的请求权的竞合问题。此外,英国法对于选择之诉原则还规定了严格的适用限制。

尽管各国对侵权责任与违约责任竞合的规定不同,但权利人只能行使一个请求权,各国的立法和司法实践的立场是一致的。① 各国在对待侵权责任竞合法律后果问题上都是采取择一方式,即两个请求权只能选择一个行使,一个请求权行使后,另一个请求权即行消灭。我国《合同法》也明文规定了违约责任与侵权责任的竞合,并允许受害人可以从有利于自己的利益的角度选择行使请求权。《合同法》第122条规定:"因当事人一方的违约行为,侵害对方人身、财产权益的,受损害方有权选择依照本法要求其承担违约责任或者依照其他法律要求其承担侵权责任。"

【思考题】

1. 简述侵权责任方式体系及其适用的规则。
2. 简述正当防卫与紧急避险的区别。
3. 简述侵权责任与违约责任竞合时请求权选择的基本考虑。

【司法考试真题链接】

1. 大学生甲在寝室复习功课,隔壁寝室的学生乙、丙到甲寝室强烈要求甲打开电视机观看足球比赛,甲只好照办。由于质量问题,电视机突然爆炸,甲、乙、丙三人均受重伤。

---

① 浦增平、翟崇林:《民事法律关系中的侵权与违约责任竞合》,载《法学》1989年第11期。

关于三人遭受的损害,下列哪一选项是正确的?(2010年)

A. 甲可要求电视机的销售者承担赔偿责任

B. 甲可要求乙、丙承担损害赔偿责任

C. 乙、丙无权要求电视机的销售者承担赔偿责任

D. 乙、丙有权要求甲承担损害赔偿责任

2. 丁某在自家后院种植了葡萄,并垒起围墙。谭某(12岁)和马某(10岁)爬上围墙攀摘葡萄,在争抢中谭某将马某挤下围墙,围墙上松动的石头将马某砸伤。下列哪些选项是正确的?(2007年)

A. 丁某应当承担赔偿责任

B. 谭某的监护人应当承担民事责任

C. 马某自己有过失,应当减轻赔偿人的赔偿责任

D. 本案应适用特殊侵权规则

第二十一章 侵权责任的归责原则

【引例】

20年前,赵某和孙某的妻子同时在某市人民医院生孩子。20年后,赵某的儿子赵甲在献血的血型检验时,发现血型与父母的血型不符,因此怀疑是在医院抱错了孩子。但医院的档案已经被一次洪水冲走,无法查找。赵某夫妇费尽周折,终于查找到当日与自己生产时邻床的孙某夫妇,发现其儿子孙乙酷似赵某,而自己的儿子赵甲则很像孙某,怀疑两家孩子有抱错的可能。随后,赵某、孙某家6人一起作亲子鉴定,结果是:孙乙是赵某夫妇的亲生子,赵甲是孙某夫妇的亲生子。事后,赵某、孙某夫妇共同向某市法院起诉,请求该医院承担因抱错孩子的侵权责任,赔偿400万元的赡养费、抚养费、寻亲费等财产损失和精神损害。

本案中,某市人民医院,因为医护人员的过错,在产后护理中弄错了产妇的孩子,以致产妇抱错孩子,并因错而错地抚养了20年,侵害了受害人的亲权。医院因其疏忽导致亲权关系被剥夺,医院存在过错,按照过错责任归责原则,理应就其过错承担侵权损害赔偿责任。而其损害赔偿的具体数额,以及是否适用精神损害赔偿,则由法院根据案情实际确定。

第一节 侵权责任归责原则概述

一、侵权责任归责原则的概念和意义

归责,是要确定责任的归属。但它并不意味着责任的成立,责任的成立还要满足责任的构成要件,归责只是为责任的成立寻找根据。归责原则,是确认和追究责任所依据的法律准则。侵权责任归责原则,则是依据一定的归责事由据以确定行为人承担侵权责任之根据和标准的法律原则,贯穿于侵权责任法的始终。

侵权责任归责原则是侵权责任法内容的核心,决定了侵权行为的分类、侵权责任的构成、举证责任的负担、免责事由、损害赔偿的原则和方法等,为司法实务工作者提供正确处理侵权案件的准则,更为当事人搜集有利于自己侵权案件的证据、提出正确的诉请提供了有效的维权思路。

二、侵权责任归责原则的体系

侵权法的发展历史,就是侵权责任归责原则由单一归责原则向多元化原则的发展历史。现代世界各国,侵权责任归责原则都呈现多元化态势。

侵权责任归责原则体系是指各归责原则所组成的具有内在逻辑联系的系统结构。①我国侵权责任法的归责原则体系,也存在一元说、二元说、三元说、四元说等多种观点。我国民法学界通说认为,侵权损害赔偿责任的归责原则体系主要包括三种归责原则:过错责任原则、无过错责任原则和公平责任。② 其中,过错责任原则是适用面最为广泛的归责原则,过错推定责任原则是过错责任原则在司法实践中具体适用的体现。无过错责任原则,又称严格责任原则,主要适用于现代化大工业生产的特殊侵权行为。公平责任原则则是体现"损失公平分担"功能的归责原则,以救助不幸的受害者。③

我国《侵权责任法》的相关规定也表明,侵权责任的归责原则,涉及过错责任原则、过错推定责任原则、无过错责任原则(严格责任原则)、公平责任原则等。《侵权责任法》第21条关于损害赔偿以外的侵权责任承担方式归责原则的一般规定,更是明确将损害赔偿责任以外的侵权责任列为严格责任归责原则范畴④。本书依循《侵权责任法》的相关规定,对过错责任原则、过错推定责任原则、无过错责任原则和公平责任原则逐一进行阐述。

第二节 过错责任原则

一、过错责任原则概述

(一)概念

过错责任原则,又称过失责任原则,它是以行为人的过错作为责任归属的根据和最终构成要件,并以过错程度确定责任范围。主观过错是加害人承担民事责任的基础,如果加害人主观上没有过错,则不承担民事责任。

过错责任原则在侵权行为的归责原则中处于主导和统帅地位,《侵权责任法》第6条第1款,就是关于过错责任原则的明确规定,此条也被称之为《侵权责任法》的兜底条款。过错责任原则成为侵权责任的一般归责原则,其他归责原则都是对过错责任归责原则的补充和例外说明。

(二)特征

1. 过错责任原则是一种主观归责原则。过错责任原则要求在确定、追究侵权人责任时,要依据行为人的主观心理状态,而不是依行为的客观方面来确定。过错总体上表现为加害人主观上的故意或过失两种心理状态。需要注意的是,这里的"过错"归责,是指加害

---

① 王利明:《侵权行为法研究(上卷)》,中国人民大学出版社2004年版,第204页。
② 王利明、杨立新:《侵权行为法》,法律出版社1996年版,第28页;彭万林:《民法学》,中国政法大学出版社1999年版,第623页;王利明:《侵权行为法研究(上卷)》,中国人民大学出版社2004年版,第208页。
③ 《侵权责任法》第24条规定:"受害人和行为人对损害的发生都没有过错的,可以根据实际情况,由双方分担损失。"
④ 王利明:《民法》,中国人民大学出版社2010年第5版,第568页。

人的过错,不包括受害人和第三人的过错;受害人、第三人的过错是加害人减免责任的理由,而不是加害人承担责任的理由。根据"谁主张、谁举证"的原则,受害人对加害人的过错承担举证责任。

2. 过错责任原则以行为人的过错作为责任承担的最终的、决定性构成要件。即只有加害人主观上具有故意或过失才可能承担侵权责任;若行为人无过错,即使行为与损害之间有因果关系,行为人也不承担民事责任。无过错即无责任。

3. 过错责任原则是以行为人的过错程度大小确定其责任范围的。行为人的主观过错程度大,如行为人有故意或重大过失,其承担的侵权损害赔偿责任就重;行为人主观过错程度轻微的,可考虑不承担或减轻其责任。同样,在侵害行为中,若受害人也有过错,或因第三人的过错导致损害,存在混合过错、共同过错情形的,则考虑过错相抵规则,减轻或免除加害人的责任。数人共同实施侵权行为的,各侵害人内部的责任范围,也以其过错程度为依据,定与其过错相适应的责任范围。同时,在我国的司法实践中,行为人侵犯他人人身权利,应否适用精神损害赔偿,也须考虑行为人的过错程度大小[①]。

二、过错责任原则的历史发展

过错责任原则萌芽于罗马法,是在否定古代法中的加害责任原则的基础上形成的。在古代法中,如《汉谟拉比法典》,加害责任原则是侵权责任的主要归责原则。加害责任原则,又称结果责任原则,它不问行为人主观过错的有无,只要其行为造成他人损害,就一概承担赔偿责任。这一原则,虽极好地对损害进行了弥补,但有悖于法律对公平正义理念的追求,更无法实现逐渐兴起的商品经济潮流下的"个人自由"与"社会安全"间的平衡,不能为人们行为确定积极的行为标准;再加上自然法思想的兴起,公元前5世纪的《十二铜表法》第8表第10条规定:"烧毁房屋或堆放在房屋附近的谷物堆的,如属故意,则捆绑而鞭打之,然后将其烧死;如为过失,则责令赔偿损失,如无力赔偿,则从轻处罚。"故意或过失的轻重程度划分,成为承担责任轻重的依据。

首次确立过错责任归责原则的是公元前287年通过的《阿奎利亚法》。它在"对财产之侵害"中,规定适用过失责任原则。罗马法在《阿奎利亚法》的基础上,并通过法学家的学术解释和裁判官的判例,对其加以诠释、补充,最终形成了较为系统和完备的主观归责体系,对后世侵权法的发展产生重大的影响。公元6世纪罗马皇帝优士丁尼主持编纂的《民法大全》不仅进一步确认了过错责任原则,而且对过错作了详细的分类,将过错分为故意和过失,过失又分为重过失与轻过失。但由于中世纪时封建地方习惯法和宗教法盛行,商品经济得不到有效发展,理性原则被压抑,过失责任原则尚未成为抽象的一般原则而得以广泛适用。

公元18、19世纪,法国资产阶级大革命的胜利,使1804年的《法国民法典》第一次在

---

① 《侵权责任法》第26条规定:"被侵权人对损害的发生也有过错的,可以减轻侵权人的责任。"最高人民法院关于"精神损害赔偿责任"的司法解释第11条规定:"受害人对损害事实和损害后果的发生有过错的,可以根据其过错程度减轻或者免除侵权人的精神损害赔偿责任。"《侵权责任法》第14条规定:"连带责任人根据各自责任大小确定相应的赔偿数额;难以确定责任大小的,平均承担赔偿责任。"

立法中将过错责任原则作为一般的归责原则。该法第 1382 条、第 1383 条分别规定了作为和不作为的过失责任,明确确定了过错责任原则。"过错责任原则"要求个人只要尽到注意义务即可免责的规定,最大限度调动了资本主义商品经济经营者的积极性和创造性,对商品经济的发展起到了重要的保障作用,以致后来的德国、日本等其他资本主义国家也纷纷效仿,在其民法典中都确立了过错责任原则。① 英美法中,过失责任原则也经历了一个演变过程,最终在法院的判例中创设出过失的概念,接受了过错责任原则。②

我国《民法通则》第 106 条第 2 款、《侵权责任法》第 6 条第 1 款,都明确规定了过错责任原则,并作为侵权责任的一般归责原则得以确立。这一归责原则的确立,为民事主体的行为确立了行为标准。它要求行为人要尽到对他人的谨慎和注意义务,充分尊重他人合法权益,努力避免损害后果,为行为人确定自由行为的范围,协调好"个人自由"和"社会安全"的利益关系。③

[案例]甲因为赶时间去上班,在行走时没有注意,将乙停放在路边的自行车撞倒并翻滚下来,自行车损坏严重,几乎不能再使用。乙要求甲赔偿自行车损坏的损失。甲对撞翻、损害乙的自行车的行为表示道歉,但强调自己不是故意撞翻的,故不同意赔偿。问:甲应否赔偿乙自行车的损失?为什么?

[解答]本案中,甲虽不是故意,但因其过失行为导致了乙的自行车损坏的事实,根据过错责任归责原则,甲应对乙自行车损坏的事实,承担侵权损害赔偿责任。

三、过错推定责任原则

(一)过错推定责任原则的概念

根据《侵权责任法》第 6 条第 2 款的规定,过错推定责任原则是指根据法律规定推定行为人有过错,行为人不能证明自己没有过错的,则应当承担侵权责任。过错推定责任原则,是过错责任原则适用的特殊方法的体现,其目的是保护相对人或受害人的合法权益。

具体而言,过错推定作为一项特殊的归责原则,主要适用于《民法通则》、《侵权责任法》规定的特殊侵权行为。它是基于法律的特别规定,在法律规定的适用情形下,推定加害人在主观上存在过错而归由加害人承担侵权责任。受害人只要能够证明所受损害是加害人的行为或者物件所致,所受损害同加害行为间存在因果关系,就可推定加害人主观上存在过错并应承担侵权责任。加害人不能通过简单地证明自己没有过错而免责;加害人只有举证证明存在法定的抗辩事由(如不可抗力、受害人或第三人过错等),才能证明自己没有过错,才能因此免责。

过错推定责任原则的适用,是过错本身认定的需要所致。在现代科技不断发展的情

---

① 魏振瀛:《民法》,北京大学出版社、高等教育出版社 2000 年版,第 680~681 页。
② 王泽鉴:《侵权行为法(第 1 册)》,中国政法大学出版社 2001 年版,第 13 页。
③ 魏振瀛:《民法》,北京大学出版社、高等教育出版社 2000 年版,第 681 页。

况下,人们由于自身知识水平、能力技术的局限,在很多时候,很难确定行为人是否存在过错。为了保护相对人的合法权益,需要借助过错推定来认定行为人具有过错。所以,"为使被害人有较多的受偿的机会,法院常采事实上推定等方法减轻原告举证责任的困难,即先推定加害人具有过失,非经反证不得免责"①。过错推定原则的适用,减轻了受害人的举证责任,加重了加害人的责任,使受害人处于有利的诉讼地位,能更好地保护受害人的合法权益。同时,法律在推定加害人有过错之前,赋予加害人举证反驳的能力,给了没有过错的加害人不承担责任的机会,便于加害人更加清楚地了解损害发生的原因,查清事实,确定责任归属。

(二)过错推定责任原则的特征

1. 过错推定责任原则的适用,首先要根据法律规定的一定的基础事实,才能推定行为人具有过错。如《侵权责任法》第58条关于推定医疗机构有过错的基础事实的规定,第85条关于建筑物、构筑物或者其他设施及其搁置物、悬挂物发生脱落、坠落造成他人损害的基础事实的规定,都是要求只有在满足法律规定的基础事实、特殊情形的前提下,才能推定行为人具有过错,才能免除受害人就所受损害承担的举证责任。

2. 过错推定责任原则在过错证明责任分配上实行举证责任倒置。受害人只需证明加害人的行为或者物件与损害事实之间存在因果关系这一基础事实即可,无须证明加害人主观上存在过错,而由加害人自己举证证明自己没有过错。当然,加害人也可通过证明自己没有过错,来推翻法律关于过错的推定,如证明存在反证事由或自己已尽到了法定的和一般的注意义务等。

3. 过错推定责任原则是一种特殊的归责形态,有其独立的适用范围。道路交通事故责任、物件致人损害责任等,都适用过错推定责任。法律对于过错推定责任的免责事由也作出了严格的限制,主要包括受害人的过错、第三人的过错、不可抗力等。

(三)过错推定责任与过错责任原则的联系和区别

过错推定责任是过错责任的特殊形态,是过错责任原则的发展,都以过错作为归责的依据和责任的基础,保持了传统的过错责任原则所具有的制裁、教育、预防和确定行为标准等的价值和职能。② 但二者仍然存在一些不同之处:

1. 在举证责任的分配上不同。过错责任原则采取"谁主张、谁举证"的举证原则,受害人要提出损害赔偿的请求,须就行为人主观上存在过错进行举证。在过错推定责任原则中,实行举证责任倒置,受害人无须就行为人的过错负举证责任,行为人若不能提出合理的抗辩事由证明自己没有过错,将被推定为有过错。

2. 过错责任的轻重对责任的影响不同。过错责任将过错区分为不同程度,以确定行为人的责任大小与轻重。在过错推定的情况下,由于行为人的过错是被推定的,过错本身有一定的或然性,因而难以确定过错的程度。所以过错推定一般不需要区分过错程度。

---

① 王泽鉴:《侵权行为法》,中国政法大学出版社2002年版,第15页。
② 王利明、周友军、高圣平:《中国侵权责任法教程》,人民法院出版社2010年版,第143页。

3. 过错责任原则严格区分了加害人过错、受害人过错等混合过错情形,要求在混合过错中适用比较过失规则,根据过错程度确定各自应承担的责任。过错推定责任原则,由于难以确定行为人的过错程度,也就无法对行为人与受害人双方的过错程度进行比较。即使能够证明受害人对损害的发生也有过错,也不能因此免除行为人的责任,除非能证明该损害完全是由受害人的故意引起的。

> [案例] 甲家住六楼。因为喜好花草,在自家的阳台上种养了好多盆栽花草,并直接将其放置在阳台的栏杆上,未采取其他防护措施。一日,甲去上班后,天气突然变化,刮起了大风。甲种养的好几盆花被大风吹落,砸坏了乙停放在一楼的摩托车。摩托车的修理费花去好几百元。乙要求甲赔偿,甲认为花盆是被风刮下去的,不是自己故意推下去的,是天灾,不应由自己赔偿。问:乙的损失甲是否应当赔偿?为什么?
>
> [解答] 本案中,乙的损失虽不是甲故意所为,但甲在种养盆栽花草时,就应采取必要的防护措施。所以,根据《侵权责任法》中关于物件致人损害的侵权责任承担的规定,本案适用过错推定责任的归责原则,由甲就自己没有过错进行举证,甲若不能举证证明自己没有过错或不能证明存在相应的抗辩事由,则应承担侵权责任,赔偿乙的损失。

第三节　无过错责任原则

一、无过错责任概述

(一)概念

无过错责任原则,也称为严格责任原则,是指基于法律的特别规定,在损害发生后,不问行为人主观上是否有过错,只要其行为和损害后果之间存在因果关系,就应当承担民事责任的归责原则,其目的在于补偿受害人所受的损失。

无过错责任原则加重了行为人的责任,将行为人置于严格的责任监督之下,也使受害人的损害赔偿请求权更容易实现,受害权利及时得以救济。

(二)特征

无过错责任原则具有以下法律特征:

1. 无过错责任原则适用于危险活动引起的损害赔偿。无过错责任原则是伴随着工业现代化大生产而形成的新型归责原则,其较过错责任原则更为严格,责任更重。之所以要求行为人承担如此重的责任,主要是基于致害行为本身固有的危险性和致害物质潜在的危险性,且这种危险性不以行为人的主观意志、主观心态为转移。无过错责任归责原则的归责基础在于风险活动或者危险物。①

---

① 王利明、周友军、高圣平:《中国侵权责任法教程》,人民法院出版社2010年版,第155页。

2. 无过错责任原则不考虑行为人的主观过错。不论行为人有无过错,都要承担侵权责任。受害人不须举证证明行为人主观上有过错,行为人也不能以自己主观上没有过错来抗辩。但这也并不意味着无过错责任原则不须考虑受害人和第三人的过错,受害人、第三人过错可以成为行为人责任减免的理由。

3. 在无过错责任归责原则的适用中,因果关系是决定行为人责任的基本要件。只要受害人能够证明所受损害是加害人的行为或物件所致,加害人的行为同损害结果之间存在因果关系,行为人就要承担侵权责任,而不问行为人主观上是否存在过错。

4. 无过错责任归责原则的法律适用和免责事由受到严格限制。无过错责任归责原则的适用以法律有明确规定为前提,主要适用于《民法通则》、《侵权责任法》规定的特殊侵权责任,如产品责任、环境污染责任和高度危险责任等。但无过错责任不是绝对责任,加害人可提出特定的抗辩或免责事由得以免责。该免责事由亦受到严格的法律限制,必须依据法律的特别规定而具体确定,如受害人的故意、不可抗力①等方可免责,并实行举证责任倒置。

5. 适用无过错责任归责原则的,原则上不得主张惩罚性赔偿,赔偿数额上可能存在限制。无过错责任的适用,主要针对社会生活中的一些危险系数相对较高的活动,如产品生产行为、危险作业活动,但这些活动本身又是现代人类社会生活所必需的。该归责原则的适用,是不问行为人主观上有无过错,均须对损害承担赔偿责任,对行为人而言,责任较重,若没有对其赔偿数额予以必要的限制,或进行惩罚性赔偿,可能更会过分加重行为人的责任负担,影响其从事此类活动的积极性,妨碍社会的进步与发展。所以,无过错责任归责原则的适用,需对其赔偿数额予以限制,并与责任保险制度结合起来,共同进行损害救济。

二、无过错责任原则的历史发展

十八、十九世纪资本主义经济高速发展。机器大工业生产在快速发展的同时,也带来了巨大的安全生产隐患,高危作业中隐藏着极大的损害风险。以致 19 世纪后,在工业生产过程中,工业事故频发,损害巨大,损害受众多。面对这些巨大的损害,如果适用过错责任归责原则,强调人的主观意志,要求受害人举证加害人主观上存在过错,对受害人而言是非常困难的;加害人却可因此免责,受害人的利益得不到有效保护,社会秩序也难以维持。为更好地实现社会公平,法律开始强调社会利益的衡平,强调对弱势群体利益的保护,要求作为既得利益者的企业应该为其经营风险带来的侵权损害承担赔偿责任,无论其主观上是否有过错。无过错责任归责原则就是在这样的大背景下应运而生的。后来各国纷纷通过立法和判例,确立了无过错责任原则。所以,无过错责任原则是伴随着社会化大生产的迅速发展,尤其是大型危险性工业的兴起而产生和发展起来的。

最早确立无过错责任原则的是普鲁士王国的《铁路企业法》(1838 年制定),德国后来又通过一系列单行立法逐渐扩大了无过错责任原则的适用。如 1839 年制定了《矿业法》,

---

① 核设施、民用航空器等的危险程度比一般的高度危险活动的危险程度要高,即便是不可抗力也不可免责。

把这一原则从铁路企业扩大到矿业方面;1884年又制定了《劳工伤害赔偿法》,规定了工业事故社会保险制度,真正确立了事故责任的无过错责任制度;1952年的《道路交通法》第7条,更是明确规定机动车的管理人必须对任何因机动车的营运而造成的人身伤害和财产损害负责。法国主要是通过扩大对《法国民法典》第1384条"管理物的责任"的解释来确立无过错责任的,并在1916年的一个案件中确立了无过错责任原则,其于1898年制定的《劳工赔偿法》,规定了工业事故的无过错责任。英美法系的无过错责任原则是通过司法判例逐步确立的。1866年,英国在赖兰德诉费莱彻一案中确立了无过错责任原则,并在1880年的《雇主责任法》、1897年的《劳工补偿法》中都引入了无过错责任理论。① 英国1866年判例法确立的无失责任很快为美国法所引用,并将其扩大解释为对一切因超常危险活动引发的伤害都可适用无过错责任。美国法主要将无过错责任适用于产品责任领域,认为商品制造者就产品瑕疵所造成的人身或财产的损害,虽无过错,也须负赔偿责任,从商品制造人责任的角度确立无过错责任原则的,具体体现在1916年麦克先生诉别克汽车公司一案中。② 1965年,美国《侵权法重述》在产品责任中正式引入了无过错责任理论。

我国《民法通则》第106条第3款、《侵权责任法》第7条,都明确规定了无过错责任原则。同时,还针对产品责任、环境污染、高度危险作业、动物致人损害等侵权行为,进行了无过错责任原则适用的类型归纳。

三、无过错责任与过错责任原则的联系与区别

（一）无过错责任与过错责任原则的联系

我国侵权责任归责原则,以过错责任原则为基础,以无过错责任原则、公平责任原则为例外和补充。无过错责任原则与过错责任原则,共同归入我国侵权责任的归责原则体系,在侵权责任认定上起着相互协调、相互补充的作用。且无过错责任原则与过错责任原则两者间可以实现一定程度的转化。如有的侵权行为的侵权责任追究,虽应适用无过错责任原则,但如果原告愿意并能够举证证明加害人的过错,则可依据原告的意愿适用过错责任归责,并可突破惩罚性赔偿、赔偿数额等的限制,给予较高赔偿。而目前有的侵权行为责任的追究虽适用过错责任原则,但随着社会经济发展的需要,也可能在将来改为适用无过错责任原则。

（二）无过错责任与过错责任原则的区别

1. 过错责任原则的适用以加害人的过错为依据;无过错责任原则的适用不问行为人有无过错,不以加害人的过错为依据。

2. 过错责任原则的适用范围广泛,无须法律的特别规定;无过错责任原则的适用须有法律的明确规定,有严格的适用范围。

3. 过错责任原则的适用实行"谁主张、谁举证",由受害人对加害人的过错进行举证

---

① 杨立新:《侵权行为法专论》,高等教育出版社2005年版,第83~84页。
② 魏振瀛:《民法》,北京大学出版社、高等教育出版社2000年版,第683页。

和证明；无过错责任原则的适用，不要求受害人对加害人的过错进行举证。

4. 过错责任原则的适用没有损害赔偿责任的限制，可主张惩罚性赔偿；无过错责任原则的适用不得主张惩罚性赔偿，一般都有最高赔偿限额的限制。

5. 过错责任原则的免责事由是加害人主张的"自己无过错"；无过错责任的免责事由则由法律加以严格规定，不得以行为人主张的无过错而免责。

> [案例]某甲驾驶进口吉普车在从厦门到福州的高速公路上行驶，时速110公里。快到福州时，汽车的前右侧挡风玻璃突然爆裂，高压气流从裂口处冲至坐在副驾驶员座位上的某乙胸口，致其昏迷。某甲立即停车，并截住其他车辆将某乙送往医院抢救。某乙因抢救无效死亡，死因为内脏爆震伤。交通管理部门勘察事故现场，未发现任何外力致挡风玻璃爆裂的原因，初步鉴定意见为挡风玻璃因自身原因爆裂。厂家代表认为没有外力原因挡风玻璃是不会爆裂的；并在经过该厂技术部门鉴定认为挡风玻璃没有质量问题后，拒绝承担赔偿责任。问：吉普车厂家应否承担侵权责任？为什么？
>
> [解答]本案是产品质量的侵权责任，适用无过错责任原则。受害人不负有证明厂家过错的举证责任。只要受害人能够证明某乙的死亡同厂家的挡风玻璃缺陷有因果关系，就可要求吉普车厂家承担产品质量的侵权责任，赔偿损失。①

第四节 公平责任原则

一、公平责任原则概述

（一）概念

公平责任原则，又称衡平责任原则，是指加害人和受害人对损害的发生均没有过错，不能根据法律适用无过错责任原则、过错责任原则时，在受害人遭受重大损失而又得不到赔偿的情况下，由法院根据公平观念，在考虑当事人的财产状况及其他情况的基础上，责令加害人对受害人的财产损害给予适当的补偿，由当事人合理分担损失的归责原则。

（二）特征

1. 公平责任原则适用于当事人双方均没有过错的情况。如果加害人有过错，则适用过错责任原则；如果仅是受害人有过错，则由其自己承担损失；如果第三人有过错，则由第三人承担责任。只有在当事人均无过错的情况下，才有公平责任原则的适用余地。

2. 公平责任原则的归责基础是社会公平观念。公平责任原则的适用，是从社会公平理念的角度出发，面对已然发生的损害，受害人难以获得赔偿、无法实现社会公平时，授权法官基于公平的考虑，判令加害人赔偿，是社会公平观念的体现。

---

① 杨立新：《民法案例分析教程》，中国人民大学出版社2008年版，第278～281页。

3. 公平责任原则主要适用于财产责任。公平责任原则的目的在于平衡当事人间的利益关系,平衡当事人之间的财产状况,将损失在当事人之间分担。所以,公平责任原则主要适用于侵犯财产权的案件,限于对直接财产损失的赔偿。其财产损失的弥补限于减轻而非补足受害人所受损失,①并最终由法官来自由裁量。

二、公平责任原则适用应考虑的因素

公平责任原则的适用,受到了受害人所受损害的程度、当事人损益状况、当事人的经济生活水平等多种因素的影响。公平责任原则在具体适用上,需要考虑损害事实、双方的财产状况、支付能力等实际情况。

1. 损害事实。损害的发生与损害的程度是适用公平责任原则的客观前提。损害不仅包括受害人的损害,也包括加害人的损害,但在一般情况下,主要指受害人的损害。损害的事实,是指侵权行为所致财产上的直接损失。

2. 当事人的经济状况、支付能力。公平责任原则是要在均无过错的当事人之间分担损失,首先需要考虑的是当事人的经济状况、支付能力。当事人的经济状况包括当事人的经济收入、必要的经济支出和对家庭、对社会承担的经济负担等。只有在当事人拥有一定的经济负担能力、承受能力的情况下,公平原则才有适用的实际可能。

> [案例]张某与李某(女)住同一小区。一日深夜,张某下夜班回来,行至小区前面的岔路口时,遇见于某正在对李某实施抢劫,李某已被于某打伤在地,鼻子流血,但还紧拽着随身携带的小包不肯松手。张某见状,大喝一声,冲了上去,与于某对打起来。于某不是张某的对手,转身就跑,张某紧追上去。在一个小弄堂口,由于天黑看不清楚,张某被弄堂口的垃圾箱绊倒,腿骨摔成骨折。于某趁机跑了。李某在抢劫过程中受了些轻微伤,但所幸的是,包中财物并未丢失。张某骨折住院,花去住院治疗费1万余元,并在家躺了整整3个月,一直未能上班,经济损失较大。为此,张某要求李某作些适当补偿,但李某不愿意,认为张某受伤是张某自己不慎所致,同自己没有关系。问:李某应否承担张某摔伤住院治疗费及误工费等的损失?为什么?
>
> [解答]本案是见义勇为后引起的损害赔偿问题,根据《侵权责任法》第23条的规定,应考虑公平责任原则的适用,由受益人李某对见义勇为者张某所受的经济损失予以适当补偿,以体现社会公平。

三、我国公平责任原则的适用

我国《民法通则》第106条第3款关于"没有过错,但法律规定应当承担民事责任的,应当承担民事责任"的规定,第132条关于"当事人对造成损害都没有过错的,可以根据实际情况,由当事人分担民事责任"的规定,被誉为公平责任原则的总纲。

《侵权责任法》第24条关于"受害人和行为人对损害的发生都没有过错的,可以根据

---

① 王利明:《民法》,中国人民大学出版社2010年第5版,第569页。

实际情况,由双方分担损失"的规定,是《侵权责任法》关于公平责任原则的一般规定。

《民法通则》第133条关于无行为能力人、限制行为能力人致人损害、第128条关于正当防卫的规定、第129条关于紧急避险的规定;《侵权责任法》第23条关于见义勇为遭受损害、受益人补偿的规定,第31条关于紧急避险的规定,第32条关于"有财产的无民事行为能力人、限制民事行为能力人造成他人损害的,从本人财产中支付赔偿费用",第33条关于"没有过错的,根据行为人的经济状况对受害人适当补偿"的规定,第87条关于从建筑物抛掷物品致人损害、难以确定具体侵权人、由可能加害人给予补偿的规定,都可以理解为公平责任原则在我国的具体适用。①

【思考题】

1. 试述侵权损害赔偿责任的归责原则体系。
2. 试述过错责任原则与过错推定责任原则、无过错责任原则异同的比较分析。
3. 试述公平责任原则的法律特征及其在我国的具体适用。

【司法考试真题链接】

1. 甲系某品牌汽车制造商,发现已投入流通的某款车型刹车系统存在技术缺陷,即通过媒体和销售商发布召回该款车进行技术处理的通知。乙购买该车,看到通知后立即驱车前往丙销售公司,途中因刹车系统失灵撞上大树,造成伤害。下列哪些说法是正确的?(   )(2011年)

    A. 乙有权请求甲承担赔偿责任
    B. 乙有权请求丙承担赔偿责任
    C. 乙有权请求惩罚性赔偿
    D. 甲的责任是无过错责任

2. 小牛在从甲小学放学回家的路上,将石块扔向路上正常行驶的出租车,致使乘客张某受伤,张某经治疗后脸上仍留下一块大伤疤。出租车为乙公司所有。下列哪些选项是错误的?(   )(2008年)

    A. 张某有权要求乙公司赔偿医药费及精神损害
    B. 甲小学和乙公司应向张某承担连带赔偿责任
    C. 张某有权要求甲小学赔偿医疗费及精神损害
    D. 张某有权要求小牛的监护人赔偿医疗费及精神损害

---

① 王利明:《民法》,中国人民大学出版社2010年第5版,第569页。

第二十二章 一般侵权责任的构成要件

【引例】

原告李某,系某小学老师。1999年3月,李某正在办公室批改作业,忽然听说班里的学生小英和小军打架,便将这两个孩子叫到办公室,对他们进行了一番批评教育后,便让他们回去了。谁知几天后,小英的父亲张某来学校找校长,说小英被李老师打成精神分裂,要求学校给孩子看病,并追究李某的责任。学校经过调查得知,李某并没有打骂小英。对学校的调查结果,家长张某很不满意,于是,他整理出一份材料,说李某教学方法不当,打骂学生,将自己的女儿打成精神分裂。然后复印数份,先后多次向有关部门寄送,要求对李某进行查处。政府接到举报后,先后多次组织人员调查,得出的结论均为张某反映的问题与事实不符,李某不应承担责任。同时告知张某可向当地法院提起民事诉讼。但张某对此置之不理,仍向有关部门邮寄材料。于是,李某将张某告到法院,请求法院判令被告停止侵害,赔偿精神损害。法院经审理查明,张某在没有证据证明李某对其女儿打骂,并且此事已经政府调查得出否定性结论的情况下,仍反复多次控告、举报,一定程度上影响了原告的正常工作和生活,其行为存在明显不妥之处,但其主观上并没有诋毁李某名誉的故意,也没有捏造事实,丑化对方人格或使用侮辱、诽谤言语等行为。

本案中,张某的行为虽存在明显的不妥之处,但其主观上并没有诋毁李某名誉的故意,且法律赋予公民"控告、检举"权,任何组织和个人都无权干涉。因此,不能认定张某的行为违法,也不能认定张某的行为是过错侵权行为,不符合一般侵权责任的构成要件。[①]

第一节 一般侵权责任构成要件概述

侵权责任构成要件,是侵权行为人承担民事责任的必备条件。行为人实施某种致人损害行为后,仅有损害事实并不足以对行为人归责,只有在符合一定条件时才应承担责任,这些条件就是侵权责任的构成要件。侵权责任的构成要件,成为判断行为人是否应承担侵权责任的标准。

我国《侵权责任法》第15条,专门规定了侵权责任的多种责任承担方式,包括停止侵害、排除妨碍、消除危险、返还财产、恢复原状、赔偿损失、赔礼道歉、消除影响、恢复名誉等9种责任承担方式。但本章之侵权责任构成要件,主要是针对侵权损害赔偿责任的构成要

[①] 张玉敏:《民法案例》,中国人民大学出版社2009年第2版,第236~240页。

件进行阐述,从侵害行为、损害事实、侵害行为与损害事实之间的因果关系、行为人有无过错等多个方面分析。所以,这里的侵权责任构成要件,又可称为侵权损害赔偿责任构成要件。

侵权责任构成要件,可分为一般侵权责任构成要件和特殊侵权责任构成要件。一般侵权责任构成要件,是就一般侵权行为,即适用过错责任归责原则的侵权行为而言,确认该侵权行为责任成立所应当满足的必要条件。特殊侵权责任构成要件,则是在特殊侵权行为中,确定适用过错推定、无过错责任、公平责任归责原则的侵权责任成立的必备条件。各类特殊侵权责任的构成要件,多由法律加以特别规定。需要注意的是,不管是一般侵权责任的构成要件,还是特殊侵权责任的构成要件,对其责任构成要件进行分析时,都需要结合具体侵权情态进行考察,需要考虑各种侵权责任认定的特殊要求,进行侵权责任构成要件的具体分析。

对一般侵权责任的构成要件,我国民法学界存在"三要件说"、"四要件说"等不同主张。持"四要件说"的观点认为,侵权民事责任构成须具备加害行为、主观过错、损害事实和违法行为与损害事实之间有因果关系这四个要件。① 我国民法学界通说认为,一般侵权责任构成要件应采"四要件说",②违法性加害行为应成为侵权责任的构成要件。

"三要件说"的观点认为,违法行为不是侵权责任的构成要件,一般侵权责任构成要件应由损害、过错和因果关系三个要件构成。③ 我国《民法通则》第106条及《侵权责任法》第2条、第6条都没有突出侵权责任的违法性,似乎违法性并非侵权责任的构成要件。王利明、孔祥俊老师等也赞成"三要件说",认为不应当将违法性作为责任的构成要件,理由是:(1)即便某种行为没有违反法律的明确规定,但由于行为人具有过错,也可能要承担侵权责任;(2)在过错责任中,即便多数行为是违法的,但违法性要件通常被过错要件所包括。不管"三要件说"、"四要件说"如何争论,加害行为、损害事实、因果关系和主观过错这四个因素,始终是大家确定侵权责任承担时需要时刻关注的因素。为使大家对侵权责任构成要件有一个详细、系统的了解,本书将围绕侵权责任构成要件中的这四个因素,逐一加以阐述。

第二节 过错

一、过错概述

(一)概念

过错是一般侵权责任的构成要件之一,是行为人主观上应受非难的故意或过失的心

---

① 中央政法干部学校民法教研室:《中华人民共和国民法基本问题》,法律出版社1958年版,第324页、第338页。
② 魏振瀛:《民法》,北京大学出版社、高等教育出版社2000年版;郭明瑞:《民法》,高等教育出版社2007年版;彭万林:《民法学》,中国政法大学出版社2007年版;刘凯湘:《民法学》,中国法制出版社2004年版;杨立新:《侵权法论》,人民法院出版社2005年第3版;张新宝:《侵权责任法》,中国人民大学出版社2006年版。
③ 王利明、周友军、高圣平:《中国侵权责任法教程》,人民法院出版社2010年版,第183页。

理状态,并通过其所实施的具体侵害行为体现出来。考察行为人主观状态之过错,责令行为人承担法律责任,是法律对行为人惩罚和教育作用的体现。一般情况下,法律只要求主观上有过错的加害人承担责任。这既体现了法律对民事主体善意、谨慎行事的心理要求,反映了法律对已经尽到必要注意义务的行为人的宽容,也是它与特殊侵权行为相区别的重要标志。

(二)特征

1. 过错是一种主观心理状态。过错就其本质而言,是一种主观心理状态,是行为人对自己行为的认识、控制、判断意识和能力的体现,具有主观性。无行为能力人因其不具备正常人的意思能力和判断能力,因而也就不存在过错。

2. 过错的心理状态通过其行为活动体现出来。过错既是一种主观心理状态,又是一种行为活动。行为人进行某种行为时的心理状态必然通过其具体行为体现出来。判断一个人有无故意或过失,总是和一定的行为联系在一起的,并以其行为为条件和前提。如果没有一定的行为,不管怎样的心理状态,都谈不上有过错。①

3. 过错具有可归责性。过错是法律、道德和其他行为准则对某特定行为的否定性评价。法律之所以要求主观上有过错的加害人承担责任,是因为过错作为可归责事由,在本质上具有不正当性或者不良性,包含了不良的、不正当的动机或目的,包含了引起他人损害的心理驱动力,不同于一个正常的人在正常情况下的正常心理反应,应受责难、应予否定,是一种可归责的心理状况。

在现代社会中,侵权行为大多为过失侵权行为。对过失的判断,可通过行为人的行为是否违反了行为标准这一客观标准进行推论。但过错毕竟是一种主观状态,是一种可归责的应受非难的心理状态。不能仅仅根据行为人的外部行为而要求行为人承担责任,一定要考虑其主观状态的过错及过错程度,否则难以体现出法律对行为人惩罚、教育和预防的功能。

二、过错的形态

过错可分为故意和过失两种基本形态。

(一)故意

故意,是行为人已经预见到自己的行为可能发生某种损害后果,仍然积极地追求或放任该不利后果发生的主观心理状态。故意的主观恶性与可非难性程度大,是一种典型的可归责的主观心理状态。在确定行为人的故意时,应从主观标准上把握两个必备条件:

1. 行为人应当认识或预见到行为的损害后果。
2. 行为人希望或放任该种后果的发生。

---

① 王利明:《人格权法新论》,吉林人民出版社1994年版,第96~97页。

(二)过失

过失,是行为人应当预见到自己的行为会引起某种不利后果,但因为疏忽、懈怠等未尽合理的注意义务而未能预见到损害后果,而致损害后果发生的主观心理状态。根据行为人注意义务的大小,可将过失分为:

1. 重大过失。重大过失是指严重违反了一般人的注意义务所表现的过失。即行为人本可仅用一般人的注意就可以预见,但却怠于注意不作相应的准备,未尽到一般人所具有的起码的谨慎和注意义务,主观上表现为极不谨慎状态,可非难性较强,这种心理状态就是重大过失。如攀越马路隔离带横穿马路被车辆撞伤,受害人的主观状态就可理解为重大过失。

2. 轻微过失。轻微过失又称具体轻过失,是指违反应与处理自己事务为同一注意的义务。即行为人未尽到对他人人身、财产的合理注意义务,处理他人事务未像处理自己事务那样谨慎、小心。如果行为人不能证明自己在主观上已尽该注意义务的,即被认为存在轻微过失。

3. 一般过失。一般过失又称抽象轻过失,是指行为人违反善良管理人的注意义务。一般过失是抽象的,不依行为人的主观意志为标准,而以客观上应不应当作为标准,注意义务要求最为严格。我国《侵权责任法》第73条规定,被侵权人对损害的发生有过失的,可以减轻经营者的责任;此处所说的过失就是一般过失。

由于侵权责任承担的目的在于补偿受害人所受的损害,侵权法中侵权责任承担一般也仅以其是否有过错而定,不因行为人的故意或过失而有所不同,故意和过失区分的意义不大。但是在一些场合,如混合过错、共同过错、受害人故意或过失、第三人过错的情况下,区分故意与过失以及过错的大小具有重要意义,过错程度直接影响到过失相抵规则的适用和共同侵权行为人的责任分担。

[案例]加害人尹某一日到开水房提两桶开水回家,准备给孩子洗澡。当提到赵某家门口通道与公共通道交叉路口时,因提不动,遂将两只装满开水的水桶放在该处路上。另去借扁担。受害人赵甲系赵某家的3岁男孩,玩耍后回家,倒退着走到水桶旁,被水桶的耳子挂着毛线裤,跌入开水桶中,使其左背部、臀部及双下肢烫伤,烫伤面积为30%,深度为II-III度,花去医疗费、护理费6000元。赵甲的父母向法院起诉,请求尹某承担侵权责任。问:本案该如何处理?为什么?

[解答]本案是一侵害身体权、健康权的侵权案件。加害人尹某因提不动装满开水的两只水桶,就将其随意放在路口,而后离开去拿扁担,主观上存在疏忽大意的过失。因加害人尹某的过失,她应对赵甲的烫伤承担一般侵权损害赔偿责任。但赵甲玩耍时倒退着走,未能看见水桶而致烫伤,赵家父母对赵甲的监护不周,亦有过失,似可主张过失相抵;但加害人尹某属重大过失,赵甲父母的监护不当属于一般过失,且从未成年人权益保护的角度来看,不应实行过失相抵。

第三节 加害行为

一、加害行为概述

加害行为,又称侵害行为,是行为人实施的侵害他人合法民事权益的不法行为。该行为的实施无法律上或道德上的根据,往往被法律非难而具有违法性。因此,加害行为在本质上具有违法性[①]。如非法侵占他人财产、未经权利人同意泄露权利人的隐私等。

加害行为不仅包括行为人自己实施的行为以及与行为人存在特定关系的人实施的行为,还包括行为人负有管理等法定义务的动物、物件等致人损害的客观事实。

二、加害行为的分类

依据不同标准可对加害行为进行不同的类型划分。

(一)故意加害行为、过失加害行为与不基于过错的加害行为

这是从行为主观方面的差异所作的划分。故意加害行为是行为人主观上故意实施的加害行为,主观恶性大;过失加害行为是行为人基于疏忽、懈怠等过失所致损害的加害行为,主观状态为过失;不基于过错的加害行为,是行为人主观上既无故意也无过失的加害行为,往往适用于无过错责任归责的特殊侵权行为。

(二)自己的加害行为与他人的加害行为

这是从加害行为主体与责任承担主体是否一致所作的划分。自己的加害行为是加害人自己实施的侵害他人民事权益,并由自己对损害承担民事责任的行为。如行为人违反法律规定实施侵害他人人格权、身份权以及财产权等行为时,由行为人自己承担责任,加害行为主体与责任承担主体一致。他人的违法行为是指根据法律规定在赔偿义务人监护、管理下的人所实施的行为。赔偿义务人对他人的违法行为承担的侵权责任为替代责任。如父母对未成年子女实施的侵权行为、雇主对雇员执行雇佣活动致人损害的行为、法人对其工作人员执行职务致人损害的行为等,均为此种行为。加害行为主体与责任承担主体不一致。

(三)直接加害行为与间接加害行为

这是从行为人加害行为与损害后果之间的远近关系所作的划分。直接加害行为是行为人以自己的行为直接作用于受害人的人身或财产等合法民事权益的行为;间接加害行为是行为人通过他人或借助某种介质,而侵害受害人的人身、财产等合法民事权益的行为。教唆无民事行为能力人实施加害他人的行为、诱使他人违约导致第三人财产遭受损

---

① 某些特殊侵权行为不以违法性为要件并不能否定一般侵权行为领域加害行为或者行为的不法性的性质。张新宝:《侵权责任法原理》,中国人民大学出版社2005年版,第51页。

害的行为,都属于间接加害行为。

(四)作为加害行为与不作为加害行为

这是从加害行为的能动性的角度所作的划分。作为加害行为,又称为积极加害行为,是指行为人以积极的方式违反了不作为义务而致人损害的侵权行为。例如侵占、损坏他人财产,对他人的名誉进行侮辱、诽谤等。不作为加害行为,又称为消极加害行为,是指违反作为义务,没有实施或没有正确实施该义务而致他人损害的行为。如在地面施工时,没有按照安全要求设置明显的标志和采取防范措施造成他人损害。不作为加害行为的成立,一般以负有某种特定的法定作为义务为前提;该法定义务则来源于法律规定、业务上或职务上的要求、行为人先前行为所产生的作为义务要求等。

(五)单个人的加害行为与多数人的加害行为

这是从行为人主体数量的角度所作的划分。单个人的加害行为,是侵权行为人单独实施的对他人合法权益的侵害行为,行为人对损害后果独立承担民事责任,加害人为单个民事主体。多数人的加害行为,是两个或两个以上的加害人共同实施的、侵害他人合法民事权益的行为,全体加害人依法对损害后果承担连带民事责任,加害人为两个以上的多数主体。

当然,以加害行为侵害的民事权益的不同为标准,还可将加害行为分为对财产权益的加害行为、对人格权益和身份权益的加害行为、对知识产权的加害行为等。

[案例]于某、张某系某住宅区楼上楼下的邻居。于某住3层,张某住4层。一日上午,于某发现自家的厕所和下水道堵塞,大便池返水。当即告诉楼上的张某,要求其停用厕所和下水道。同时到小区物业找维修工修理。但因正值"十一"长假期间,维修工均未上班。多方联系后,最早也要到晚上才能来修理。下午,张某因着急用水做饭,揣度于某家的堵塞现象应该好了,抱着侥幸的心理,在未询问于某的情况下,开始用水;而于某正在外面联系维修工的事情,未在家中,从厕所返出的水将于某家的地板淹没,墙壁、地板均遭受不同程度的损坏,共计损失700余元。后,于某以张某为被告提起损害赔偿之诉。问:本案该如何处理?为什么?

[解答]张某在得知于某家下水道堵塞后,抱着侥幸的心理,在于某家下水道未修好的情况下用水,以致某家的墙壁、地板遭受损害,违反了民法关于相邻关系的规定,其行为具有不法性,构成加害行为,应对于某遭受的损失承担赔偿责任。

第四节 损害事实

一、损害事实概述

(一)概念

损害事实,是指侵权行为给受害人造成的不利后果,即受害人因他人的加害行为或物的内在危险,而造成财产利益和非财产利益的减少或灭失的客观事实。损害事实是承担侵权民事责任的基本前提,一般包括财产损害、人身伤害和精神损害等诸多内容。

(二)特征

侵权责任法上的损害事实,具有以下法律特征:

1. 损害对象的合法性。损害事实是侵害他人合法民事权益的后果,使受害人产生人身或财产方面的不利益后果。非法权益的损害不属此列。

2. 损害后果的可补救性。损害后果的可补救性不是强调损害要能用金钱来计算,恢复名誉、赔礼道歉等责任方式也是对损害的弥补。损害后果的可补救性,主要强调的是法律是否将这一损害事实列入可以补救的范围,补救方法是否具有可能性。只有属于法律认可的补救范围,且损害达到一定"量"的要求,损害后果才具有法律上救济的必要性与可能性。对于微量损害,法律上一般不认为有可补救性。

3. 损害后果的客观真实性和确定性。损害事实应当是已经发生的、真实存在的侵害后果。在一般情况下,损害是已发生的事实,具有客观真实性,损害后果和范围在客观上能够认定。只有在极个别情形下,才承认已经发生的、真实存在的危险性为损害。难以确定的、主观臆断的损害不能作为认定侵权责任的依据。

二、损害事实的分类

损害事实作为侵权行为的后果,各种损害因行为人所侵害的对象的不同而可以分成若干种类型。

(一)财产损害

财产损害是指受害人因其财产或人身遭受侵害而产生的经济上的损失。如侵害物权、侵害知识产权中的财产权利、侵害继承权等所造成的损害。

财产损害根据侵权行为侵害对象的不同可分为三类:一是对财产权益本身造成的损害;二是因侵害他人的生命健康权而造成的财产损失;三是因侵害他人的姓名、肖像等人格权益而造成的财产损失。财产损害是可以用具体的金钱数额加以计算的实际物质财富的损失。

财产损失还可分为直接损失和间接损失。直接损失也称为积极损失、实际损失,是加害人直接作用于受害人的财产权、人身权客体所造成的既得利益的丧失或现有财产的减损。如在交通肇事中的受害人的自行车被碾坏、受害人受伤住院花费的医疗费用、护理费用等,均属于直接财产损失。间接损失又称为消极损失,是指由于受害人受到侵害,而发生的可得利益的损失,即未来财产的减少。如受害人的工资、奖金等可得收入的丧失,未来可得的经营利润的丧失等。间接财产损失虽不是现实利益的损失,但损失的利益原本是可以得到的;如果受害人不受到侵害,这一财产权益的实现是必然的或极有可能得到的,而非主观臆想、虚构的。

(二)人身损害

人身损害是指受害人的生命、健康、身体等人身权益遭受加害人不法行为侵害后,出现受害人伤、残或死亡等损害后果。人身损害包括人格利益损害和身份利益损害。人格利益损害是侵害人格权所造成的损害事实。如侵害生命权,会造成受害人死亡的损害后果;侵害健康权,会造成受害人健康水平下降和疾病产生的损害后果;侵害身体权,会造成受害人的肢体、器官等的完好性被破坏、功能降低或丧失等损害后果。身份利益损害是侵害身份权所造成的损害事实。如侵害配偶权,会造成配偶之间共同生活、相互依赖关系、相互扶助扶养关系的损害等;侵害亲权,会造成父母对子女教育管理、抚育教化及相互尊重关系的损害;侵害亲属权,会导致亲属间相互扶养、抚养、赡养关系的破坏等。需要注意的是,人身损害也会引起财产损失,但人身损害本身是针对自然人的生命健康权利的维护,不同于财产损害。

(三)精神损害

精神损害,是指受害人在遭受他人侵害后而产生的精神上的痛苦、疼痛和严重的精神反常现象的损害。行为人侵害受害人的身体权、健康权、姓名权、肖像权、名誉权、荣誉权、隐私权及具有特殊意义的纪念物品等,都可能使受害人产生恐惧、悲伤、怨恨、绝望、羞辱等精神痛苦,精神受到损害。① 所以,精神损害不仅存在于精神性人格权受到损害的情形,还存在于生命权、健康权等物质性人格权,或特殊纪念物品等财产受到损害的情形。需要注意的是,精神损害与财产损失无直接关系;精神损害只是非财产损害的一部分,外部名誉之损害是非财产损害但不属于精神损害。②

(四)纯粹经济损失

纯粹经济损失,它是指行为人的行为虽未直接侵害受害人的权利,但给受害人造成了人身伤害和有形财产损害之外的经济上的损失。如某注册会计师就公司的资产出具了虚假的验资报告,股民因为相信该报告购买该公司的股票后,股票价值大幅下跌,股民因此所遭受的损失就是纯经济损失。再如,某人因驾驶不当,与前车相撞,致使道路堵塞,后面的车主因为不能及时驾车出席演唱会,造成了财产损失。此种经济损失也是纯经济损失。由于纯经济损失常常表现为一种费用的损失,所以,纯经济损失也被认为是因对原告的人身和有形财产造成的实质损害而产生的费用损失,③是相对于直接或间接财产损害之外的一种财产损失。

> [案例]甲与乙合租一套房屋,但两人长期不和。一日,甲在租住屋的客厅里发现了乙的日记,里面记录了乙与已婚人士丙的婚外恋情。甲如获至宝,将日记复印散发,张贴于各处。于是,各种指责声、质疑声接踵而至,乙无力回应,不敢面对,闭门关在家中,后抑郁成疾,长期卧床不起。问:甲的行为是否造成了对乙的损害?该损害类型是什么?

---

① 张新宝:《侵权责任法原理》,中国人民大学出版社 2005 年版,第 57 页。
② 姚辉:《民法教学参考书(下册)》,中国人民大学出版社 2005 年版,第 1277 页。
③ 王利明、周友军、高圣平:《中国侵权责任法教程》,人民法院出版社 2010 年版,第 197 页。

> [解答]甲在捡到乙的日记后,不仅没将其返还,反而将其复印、张贴,侵害了乙的隐私权。甲侵害乙隐私权的行为,致使乙闭门关在家中、抑郁成疾,对乙的身体权、健康权均造成损害,财产损失也因此发生。同时还引起了相应的精神上的痛苦,造成精神损害。所以,甲的行为造成了乙的人身损害、精神损害和财产损害,应进行相应的损害赔偿。

第五节 因果关系

一、因果关系概述

(一)概念

因果关系是一个哲学概念,是指事物或现象之间的引起与被引起的关系。引起他现象的现象是原因,被引起的现象是结果。

侵权法上的因果关系是哲学上因果关系在侵权法上的具体体现,是加害行为或物的内在危险之实现与损害结果之间的引起与被引起的内在联系,是确定侵权责任归属的基础。行为人实施的侵害行为或物的内在危险之实现与损害后果之间是否存在因果关系,成为行为人对损害事实承担民事责任的必备条件。在实行无过错责任、公平责任原则的侵权案件中,因果关系更是确定侵权责任承担、责任范围的直接依据。

(二)特征

1. 客观性。因果关系中的原因、结果以及它们之间的因果联系,都是独立于人的意志之外,不以人的意志为转移的客观事实。侵权损害中的原因,须外化为加害人的具体行为这一客观事实,加害人内在的心理状态或受害人的猜测都不能构成原因。损害结果也须是客观真实的。

2. 顺序性。因果关系是客观现象中的前因后果的联系,原因与损害结果之间有严格的时间上的顺序性,总是表现为原因在前、损害结果在后。如受害人不能证明加害人的行为是在损害结果发生之前实施的,则说明加害人的行为与受害人的损害结果间不存在因果关系。

3. 相对性。因果关系是从客观事物的广泛联系中抽象出来加以考察的个别环节。侵权法上的因果关系也不例外,是将某特定侵害行为、某特定物的内在危险实现与某特定损害事实间的联系链条抽取出来,再进行是否存在前因后果的联系分析,关注某特定现象之间的相互关联性。

4. 多样性。侵权法上因果关系的表现形式是复杂的,既有直接原因,又有间接原因,还有一因一果、一因多果、多因一果、多因多果等表现形式。因果关系的多样性,要求我们在诸多侵害行为中确定引起损害的原因,从而正确确认行为人应承担的侵权责任。

二、因果关系的形态

在侵权法中,侵权行为与损害结果之间的因果关系表现为不同的形态,具体表现为:

(一)一因一果

一因一果关系是指原因与结果均为单数,是最常见的一种因果联系形态。在侵权法中,"一因"表现为侵权行为人的单个加害行为,"一果"表现为受害人单纯的损害后果。可能承担侵权责任的主体以及该主体可能承担的侵权责任范围,都因为这一因一果关系而相对简洁明了。

(二)一因多果

一因多果关系是指原因为一,而结果为两个或两个以上的情况,每个结果与原因间都存在因果关系。在侵权法中,具体表现为"原因"为行为人的单个加害行为,"结果"为数个受害人的损害后果或一个受害人的多个损害后果。如汽车司机甲违章逆向行驶,撞上一辆正常行驶的汽车和一名行人。汽车司机甲违章驾驶的行为是单一的原因,而另一汽车的损坏和行人的人身损害是多个损害结果。在一因多果的情况下,行为人应对多个损害结果承担侵权责任。

(三)多因一果

多因一果关系,是指造成损害结果的原因有两个或两个以上,但损害结果却只有一个。在侵权法中,具体表现为"原因"是多个行为人的多个加害行为,"结果"为受害人的单一损害后果。在这种情形下,对原因与结果间的因果联系,需要具体区分各原因作用力的大小,才能确定行为人的侵权责任。多因一果的因果关系包含以下四种情形:

1. 聚合因果关系(累积因果关系、竞合因果关系)。它是指两个以上的原因事实(侵害行为)导致损害后果的发生,但其中每单个原因事实均足以导致损害结果的发生。如甲、乙两人同时分别对丙下毒,每人的投毒分量均足以将丙毒死。甲、乙两人投毒的行为与丙死亡事实间的因果关系为聚合因果关系,每个原因都足以导致损害结果发生并共同作用使损害结果发生。

2. 共同因果关系(部分因果关系)。它是指两个以上的原因事实(侵害行为)共同作用导致损害后果的发生,其中每单个原因事实均不足以导致损害结果的发生。如甲、乙两人同时分别对丙下毒,每人的投毒分量均不足以将丙毒死,但两人共同投毒的行为将丙毒死了。甲、乙两人投毒的行为与丙死亡事实间的因果关系为共同因果关系,几个原因事实结合起来共同导致损害结果的发生。

3. 择一因果关系。它是指两个以上的原因事实(侵害行为)均足以导致损害后果的发生,但造成实际损害的只可能是其中一个原因事实,而究竟是哪一个原因事实却并不能证明。择一因果关系主要面对的是共同危险行为的情况。每一原因事实均足以导致损害结果发生,却不知是哪一个实际导致的。如甲、乙两人同时向丙开枪,只有一枪伤害了丙,但却无法证明为何人所射。择一因果关系实际上是一个事实证明问题。

4. 超越因果关系。它是指先前的某个行为人实施的行为已经对受害人造成了一定的损害,但另一行为人实施的行为或者事件最终造成了受害人的损害,从而使得先前的行为对受害人最终的损害没有发生直接的作用。如甲对乙的狗下毒,在狗的毒药发作之前,丙又用木棍将狗打死。甲与狗的死亡之间的因果关系即为超越因果关系。[①]

(四)多因多果

多因多果关系,因其原因和结果均为复数,是一种较为复杂的因果关系形态,是针对多个原因事实(侵害行为)导致多个损害后果的情形。对多因多果关系的认定,要结合具体的侵害事实加以分析、判定。

三、因果关系的认定标准

因果关系虽具有客观性,但对它的认识和确定却是人的主观活动的结果。且因果关系复杂、多样,对因果关系的确定,学者们提出了不同的学说,主要观点有:

1. 条件说。该说认为,凡是引起损害结果发生的条件,都是损害结果的原因。条件说没有区分各种不同的原因,将造成损害发生的各种原因都作为等值条件对待,忽视了客观事物之间的复杂联系,难以揭示出损害发生的真正原因。大多数大陆法系国家目前已不再坚持条件说的因果关系理论。[②]

2. 原因说。也称为必然因果关系说。该说主张严格区分原因和条件,仅承认原因与结果之间存在因果关系,"条件"非为"原因"。在可能引起损害的各种事实中,只有对损害的发生起着决定作用,与损害结果之间存在内在的、必然的联系的事实才是原因;而对损害的发生只起一定作用,和结果之间是外在的、偶然联系的事实是条件,对损害结果发生不具有原因作用。

3. 相当因果关系说。它是目前各国的通说。它认为某一事实仅于现实情形发生某种结果时,尚不能就认为有因果关系,还须依一般观念,在一般情形下进行观察;若也认为该原因于同一情形能发生同一结果时,才能认定该条件与该结果间具有因果关系。相当因果关系一般由"条件关系"及"相当性"构成,要求确认该事实是损害结果发生的不可或缺的条件,同时,该原因事实的存在,增加了损害结果发生的客观可能性。只有这样,才能确认该事实是损害结果发生的原因。[③] 我国已有不少学者主张采用相当因果关系说。

4. 推定因果关系说。法律为保护受害人的利益,在侵权责任构成中,在特殊情形下,实行因果关系推定规则,由侵害人举证证明因果关系的不存在。受害人仅需证明侵害行为与损害之间存在相当程度的因果关系的可能性即达到了其证明责任的要求,然后再由侵害人举证。如果侵害人不能证明因果关系不存在,则推定因果关系成立。我国环境污

[①] 王利明、周友军、高圣平:《中国侵权责任法教程》,人民法院出版社 2010 年版,第 249 页。
[②] 张新宝:《侵权责任法》,中国人民大学出版社 2006 年版,第 39 页。
[③] 王泽鉴:《侵权行为法·基本理论·一般侵权行为》,台湾三民书局 1998 年版,第 217 页、第 231 页、第 232 页。

染致人损害、共同危险行为致人损害、医疗行为致人损害的侵权责任承担,均采用推定因果关系理论,由侵害人举证证明因果关系的不存在。

基于因果关系的复杂性,在一般侵权责任案件的处理中,可考虑以相当因果关系为主、其他因果关系理论为辅的思路,确定侵权行为与损害事实之间的因果关系。

> [案例]原告韩某与被告李某均系某村村民。原告建房,被告及其他村民均去帮工。被告开着自己的28型大四轮拖拉机为原告拉沙子灌地基。原告及其他6人装车。由于河床通往河坝上的路较陡,拖拉机的牵引力不够,在爬坡时,原告与其他帮工共7人均上拖拉机主车上,以增加主车重量,加大牵引力。前几次均成功,爬完坡后,停车,该7人再到拖车上乘车。当拉最后一车沙子时,仍采取同样办法,原告在主车右侧脚踏板上站立,其他6人均站在主车的前部。当拖拉机驶过河滩爬上坡后,还没有到前几次停车地点时,原告韩某见车速较慢,便从主车上跳到地上,抓住拖车的保险架横梁,脚踩拖车连接架,欲跳上拖车。由于手没有抓实,脚又踩空,原告掉在地上,被拖车右前轮轧伤,造成左股骨中下段粉碎性骨折,左腹部大面积创伤,行截肢手术,造成骨髓炎后遗症,已花医疗费22300元,仍未治愈。原告诉至法院,要求被告赔偿15万。被告以原告致伤纯属自己过失为由抗辩。
>
> [解答]造成原告韩某受伤的根本原因是他在拖拉机行驶中自主决定跳车并造成伤害的,是他自己的行为导致自己受伤。被告李某违章驾驶拖拉机的行为,是造成韩某受伤的条件,而非原因,与韩某受伤间不具有因果关系,故不构成侵权损害赔偿责任。但考虑到帮工关系,被告可给原告适当补偿。①

【思考题】

1. 试述过错的法律形态。
2. 侵害行为有哪些基本类型?
3. 试比较分析财产损害、人身损害、精神损害的异同。
4. 试析因果关系的认定标准。

【司法考试真题链接】

1. 一小偷利用一楼住户甲违规安装的防盗网,进入二楼住户乙的室内,行窃过程中将乙打伤。下列哪种说法是正确的?(2005年)

A. 乙的人身损害应由小偷和甲承担连带责任

---

① 杨立新:《民法案例分析教程》,中国人民大学出版社2011年第2版,第246~248页。

B. 乙的人身损害只能由小偷承担责任

C. 乙的人身损害应由甲和小偷根据过错大小,各自承担责任

D. 乙的人身损害应先由小偷承担责任,不足部分由甲承担

2. 甲、乙在火车上相识,甲怕自己到站时未醒,请求乙在 A 站唤醒自己下车,乙欣然同意。火车到达 A 站时,甲沉睡,乙也未醒。甲未能在 A 站及时下车,为此支付了额外费用。甲要求乙赔偿损失。对此,应如何处理?(2005 年)

A. 由乙承担违约责任

B. 由乙承担侵权责任

C. 由乙承担缔约过失责任

D. 由甲自己承担责任

第二十三章 特殊主体的侵权责任

【引例】

马某受雇于李某,为其开大货车。2011年6月,马某开车在116国道上行驶。由于大货车轮胎打滑,造成路人王某当场死亡,事故最后认定机动车负完全责任。王某的亲属要求马某赔偿。马某声称是为李某开车,不应由自己赔偿。

本案中,王某系由司机马某当场撞死。但马某与李某间已形成雇佣关系,故本案属于我国《侵权责任法》规定的特殊主体侵权责任中的"用人者责任"。根据《侵权责任法》第34条第1款的规定"用人单位的工作人员因执行工作任务造成他人损害的,由用人单位承担侵权责任",马某的雇主李某,应承担相应的侵权损害赔偿责任。

第一节 监护人的责任

一、监护人责任概述

(一)概念

监护人的责任,是指无民事行为能力人、限制民事行为能力人因自己的行为致人损害的,由其父母等监护人承担侵权责任。我国《民法通则》第133条第1款、《侵权责任法》第32条第1款,均规定了监护人责任。

(二)特征

1. 监护人责任是一替代责任。监护人责任是监护人就无民事行为能力人、限制民事行为能力人等被监护人的致人损害行为,替代被监护人承担责任,加害人和责任人分离。

2. 监护人责任是一补充责任。依照我国法律的规定,监护人在承担责任时,若被监护人有财产的,先从被监护人本人的财产中支付赔偿费用;对不足部分,才由监护人予以赔偿。

3. 监护人责任可能表现为垫付责任。为更好地保护受害人的利益,最高人民法院《关于贯彻执行〈中华人民共和国民法通则〉若干问题的意见(试行)》(以下简称《民通意见》)第161条第2款规定:"行为人致人损害时年满18周岁的,应当由本人承担民事责任;没有经济收入的,由扶养人垫付,垫付有困难的,也可以判决或者调解延期给付。"因此,对年满18周岁的行为人致人损害,监护人可能要承担垫付责任。

二、监护人责任的构成条件

监护人责任适用无过错责任原则,且其责任构成须满足如下构成条件:

(一)加害主体须为被监护人

监护人责任是替代被监护人承担侵权责任,致害行为主体必须是无民事行为能力人、限制民事行为能力人。如果是监护人自己实施的加害行为,则由监护人承担自己的责任,而不是替代责任。责任人和加害人间存在监护关系。

(二)受害人须发生损害

受害人须因被监护人的加害行为发生损害。该损害包括财产损害、人身损害和精神损害等,是被监护人侵害的受害人的合法民事权益。

(三)被监护人须独立实施加害行为

被监护人的加害行为须由其自身独立实施。若被监护人的行为非为其自身的独立行为,而是受别人唆使所致,那被监护人只是唆使人的工具,其行为本身也就不构成侵权行为,监护人无须就此承担监护责任。同时,由于被监护人识别能力有限,一般不存在主观过错问题;所以,要求被监护人实施的致人损害的行为须是一种客观违法的加害行为。若该行为并不具备违法性,即使其造成损害,监护人也不应承担监护责任。

(四)被监护人的行为与损害后果间具有因果关系

因果关系存在是认定侵权责任承担的重要构成要件,监护人责任也不例外。若受害人的损害后果与被监护人的损害行为间不构成因果联系,不会引起监护人责任问题。

三、监护人责任的责任承担

被监护人致人损害的情形较为复杂,监护人责任的责任承担在不同侵权案件中会有些变化。我国相关法律及司法解释,已对不同情形的监护人责任的担当形式作出了明确的规定。

(一)被监护人有无财产情形下的监护责任承担

根据我国《民法通则》第133条、《侵权责任法》第32条的规定:
1. 在无财产的被监护人造成他人损害的情况下,完全由监护人承担赔偿责任。
2. 在有财产的被监护人致人损害的情况下,应先由被监护人本人承担赔偿费用,监护人只承担补充的赔偿责任,但单位担任监护人的除外。

(二)有几个监护人的监护责任承担

根据我国最高人民法院《民通意见》第158条的规定:
1. 被监护人有几个监护人的,应当由与被监护人共同生活的监护人承担责任。

2. 如果与被监护人共同生活的监护人独立承担责任有困难的,未与被监护人共同生活的监护人应与其他监护人共同承担责任。所以,在夫妻离婚后,未成年子女造成他人人身或财产损害的,由同该子女共同生活的一方承担民事责任,但如果该方独立承担民事责任有困难的,可以责令未与子女共同生活的一方共同承担赔偿责任。

(三)监护人是否明确时的监护责任承担

根据我国最高人民法院《民通意见》第159条的规定:
1. 被监护人造成他人损害的,有明确监护人的,由监护人承担赔偿责任。
2. 监护人不明确的,由顺序在前的有监护能力的监护人承担赔偿责任;如果顺序在前的有监护能力的监护人为数人的,由他们共同承担赔偿责任。

(四)单位担任监护人的监护责任承担

根据我国最高人民法院《民通意见》第160条的规定:
在幼儿园、学校生活、学习的无民事行为能力人或者在精神病院治疗的精神病人给他人造成损害,单位有过错的,可以责令这些单位适当给予赔偿。

(五)被监护人是否年满18岁的监护责任承担

根据我国最高人民法院《民通意见》第161条的规定:
1. 在侵权行为发生时,被监护人不满18周岁,而在诉讼时已满18周岁,并有经济能力的,应当由被监护人自己承担侵权责任;被监护人没有经济能力的,应当由原监护人承担侵权责任。
2. 行为人造成他人损害时年满18周岁的,应当由本人承担侵权责任;没有经济收入的,由扶养人垫付;垫付有困难的,可以延期给付。

(六)被监护人是否受到唆使的监护责任承担

根据我国《侵权责任法》第9条第2款的规定:
1. 教唆、帮助无民事行为能力人、限制民事行为能力人实施侵权行为的,应当承担侵权责任。
2. 该无民事行为能力人、限制民事行为能力人在监护人未尽到监护责任的,应当承担相应的责任。

(七)监护人是否为委托监护人的监护责任承担

委托监护是指监护人将监护权利全部或部分委托他人。委托监护责任是被监护人在被委托监护期间,因侵权造成他人损害时,是由监护人还是被委托监护人承担民事责任的问题。根据最高人民法院《民通意见》第22条的规定:在委托监护关系中,一般情况下仍应由监护人对被监护人致人损害承担赔偿责任。但如果监护人与被委托人对监护责任有约定时,从约定。同时,被委托人在履行监护职责时有过错的,应与监护人一并承担连带赔偿责任。当然,在对受害人进行赔偿后,监护人和被委托人之间仍应按照双方的过错大小划分责任。

监护人责任虽为替代责任,也存在一定的免责事由。如监护人尽到监护职责的,可以减轻其民事责任。

> [案例]高中生王某1990年9月7日出生。2008年6月2日,在校将同学张某打伤,使其花去医药费2000元。王某高中毕业后进入一家汽修厂工作,月工资为2500元。2009年3月,张某诉至法院,要求王某赔偿医药费等财产损失。问:王某是否应对张某承担医药费用等的侵权损害赔偿责任?为什么?
>
> [解答]本案涉及监护人责任问题。王某打人时,未满18周岁,是被监护人。其打伤张某的行为,虽是其独立实施的加害行为,侵权损害赔偿责任原则上仍由其监护人承担,但在张某诉讼时,其已年满18周岁并有经济能力,根据最高人民法院《关于贯彻执行〈中华人民共和国民法通则〉若干问题的意见(试行)》第161条的规定,由王某自己承担侵权损害赔偿责任。

第二节 用人者责任

一、用人者责任概述

(一)概念

用人者责任[①],是指用人者(雇主)对被任用者(雇员)行为所承担的侵权损害赔偿责任。但不包括用人者对被任用者自身遭受损害而承担的责任,不包括被任用者对受害人自行承担的责任,也不包括用人者对被任用者的求偿权。

我国《侵权责任法》第34条规定:用人单位的工作人员因执行工作任务造成他人损害的,由用人单位承担侵权责任。劳务派遣期间,被派遣的工作人员因执行工作任务造成他人损害的,由接受劳务派遣的用工单位承担侵权责任;劳务派遣单位有过错的,承担相应的补充责任。该法第35条规定:个人之间形成劳务关系,提供劳务一方因劳务造成他人损害的,由接受劳务一方承担侵权责任。我国《侵权责任法》第34条、第35条的规定,确立了我国的用人者责任制度。

(二)特征

依据法律的规定,用人者责任具有如下法律特征:

1.用人者和被任用者之间存在特定法律关系。我国侵权责任法上的用人者包括用人单位和接受劳务一方,其对被任用者承担责任的原因,是因为两者间存在"任用"和"被任用、被使用"的特定关系。该特定关系具体表现为:(1)特定的人身关系。被任用者在被

---

① 用人者,能够通过其任用权、指示权有计划地控制被任用、被使用者。

任用期间,其行为受到用人者意志的支配与约束。用人者可对被任用者的活动作指示、控制、监督和管理等。被任用者按照用人者意志所实施的执行职务的行为,等同于用人者自己所实施的行为。(2)特定的因果关系。用人者与被任用者在所致损害之间存在特定的因果关系。所致损害虽是被任用者的行为直接造成,但用人者对被任用者的选任不当、疏于监督、管理等,也是损害事实得以发生的主要原因。(3)特定的利益关系。用人者和被任用者之间存在特定的利益关系。被任用者在被任用期间所实施的行为,直接为用人者创造了经济利益及其他物质利益,被任用者也可据此获得报酬。①

2. 用人者责任是以损益同归为基础而产生的责任。用人者利用被任用者来进行一系列活动,从而获得利益,其与被任用者损益同归,也应当对被任用者造成他人的损害承担侵权责任。②

3. 用人者责任是对他人行为负责的替代责任。用人者责任不是对自己行为的责任,而是对他人行为的责任。所以,用人者就被任用者所致的损害,没有举证证明自己没有选任、指示过失而免责的可能,而是直接以赔偿义务人的身份替代直接加害人(被任用者)承担侵权损害赔偿责任,适用无过错责任归责原则,责任主体和行为主体相分离。

4. 用人者责任的责任主体范围明确。我国侵权责任法规定,用人者责任包括用人单位责任和劳务派遣单位、劳务用工单位责任,用人者的责任主体包括用人单位、劳务派遣单位和劳务用工单位。其中用人单位包括企业、事业单位、国家机关、社会团体,也包括个体经济组织,甚至雇佣他人劳动的个人等。用人单位的工作人员包括正式员工和临时员工。

二、用人者责任的构成要件③

(一)用人者拥有对被任用者活动的指示权、任用权

被任用者身份的确定,不是看其与用人者之间是否存在劳动合同、委托合同,也不是看被用人者的行为是否一定有偿,而是看被使用者是否依照用人者的意思行事,是否服从该用人者的指示。当用人者对被任用者的活动有指示权、任用权,被任用者须按照用人者的意志行为时,可以认为用人者和被任用者间存在任用关系。法人及其他组织与其工作人员间、被帮工人与帮工人(包含义务帮工人)间、委托人与劳务提供者间,均存在任用关系。工作人员、帮工人、劳务提供者致人损害时,可考虑用人者责任的承担。

(二)被任用者基于过错实施了侵害行为

用人者责任承担的前提,是被任用者基于过错实施了侵害行为。只有被任用者主观上具有过错,用人者责任承担才具有正当性。用人者责任要求被任用者基于主观过错,以作为或不作为的方式,实施了侵害行为。且被任用者的不作为要构成侵权,须以其负有作

---

① 张新宝:《侵权责任法原理》,中国人民大学出版社2005年版,第294页。
② 王利明、周友军、高圣平:《中国侵权责任法教程》,中国人民大学出版社2010年版,第481页。
③ 以下内容主要参见王利明、周友军、高圣平:《中国侵权责任法教程》,中国人民大学出版社2010年版,第491~500页。

为义务为前提。如饭店工作人员因为疏忽,未及时将地面的油渍打扫干净,以致地面打滑,顾客滑倒摔成骨折。该饭店工作人员实施的就是不作为方式的过错侵害行为。被任用者的行为若不构成过错基础上的侵害行为,即使其在执行职务活动中造成了他人合法权益的客观损害,用人者也无须承担赔偿责任。

(三)被任用者的侵害行为属于执行职务行为

用人者仅对被任用者因执行职务所致的损害负责。被任用者在从事用人者授权或其指示范围内的生产经营活动及其他劳务活动;或其行为虽然超出授权范围,但行为的表现形式是在履行职务或与履行职务有内在联系时,如完成职责范围内事务的辅助行为等,都可理解为被任用者执行职务的行为。若被任用者在非执行职务活动中,或超越职责、违反禁令及借用职务便利所实施的侵害他人的人身和财产权利,其民事责任自行承担。

(四)受害人受有损害

被任用者执行职务的侵害行为,导致受害人的财产、人身和精神利益受到损害,或使他人遭受纯经济损失,用人者都要承担赔偿责任。但该利益须为法律所维护的合法权益。同时,根据"微小损害不予赔偿"的规则,被使用者造成他人的微小损害,用人者也不应承担赔偿责任。

(五)被任用者的行为与损害之间存在因果关系

根据我国《侵权责任法》第34条、第35条的规定,用人者责任的承担,须以被任用者的行为与损害之间存在因果关系为前提。如果受害人不能证明因果关系的存在,也就无法请求用人者承担侵权责任。

另外,在用人者向受害人进行损害赔偿后,用人者可依照法律规定或其与被任用者的约定,行使向被任用者追偿的权利。

三、用人者责任与法人机关责任的区别

法人只能通过其机关来行为,法人机关的行为就是法人自己的行为。法人的法定代表人的自身人格被法人吸收,法定代表人的行为就成为法人机关的行为。法人机关责任,是法人的法定代表人、负责人,以法人的名义,在执行职务过程中致人损害,由该法人承担的民事责任。而用人者责任,是法人对其机关以外的其他工作人员的行为承担的责任,是对他人行为的责任。所以,法人机关责任,不同于用人者责任,是法人对自己行为的责任。

[案例]某钢铁厂司机郭某受工厂指派,为客户运送货物,途中不慎撞倒在路边行走的村民李某。李受伤后经抢救而脱险,但卧床不起。李妻要求工厂赔偿,遭到厂长的拒绝。李妻遂以李某的名义向法院起诉,要求工厂赔偿。问:李妻的要求能否得到满足?为什么?

[解答]本案中某钢铁厂与郭某存在雇佣、任用关系,郭某的行为受钢铁厂的指示。郭某受钢铁厂指派运送货物,在运送货物的职务行为中因不慎致李某身体受到伤害,系

> 在执行职务活动中所致的损害,符合用人者责任的构成要件,李妻在得到李某同意、授权后,可以以李某的名义向法院起诉,要求工厂损害赔偿,工厂应承担赔偿责任。

第三节 网络用户、网络服务提供者的责任

一、网络用户、网络服务提供者责任的概念

网络用户、网络服务提供者责任,也称为网络侵权责任,是网络用户、网络服务提供者利用互联网络侵害他人民事权益。

网络用户,是指使用网络的人,包括自然人、法人等。网络服务提供者,则包括网络技术服务和网络内容服务的提供者,如提供接入、缓存、信息存储空间、搜索以及链接等技术服务类型的网络主体,或主动向网络用户提供网络内容的网络主体。网络服务提供者应及时避免网络用户利用网络实施侵权行为,否则因此可能承担侵权责任。

我国《侵权责任法》第36条就此作了明确的规定。

二、网络用户、网络服务提供者责任的特征

网络通信系统的特性,决定了网络用户、网络服务提供者责任,与传统的民事侵权相比,有自己独有的法律特征。

(一)侵害场所限定于互联网空间

网络用户、网络服务提供者的侵害行为须发生在互联网空间。只有发生在互联网空间,利用网络技术、网络传播特性实施的侵害行为,才能称得上网络侵权。如网络用户通过远程程序控制他人电脑、窃取电脑中的数据资料;或利用网络服务,故意传播计算机病毒;或窃取他人游戏装备;或提供服务器,在网络上刊发侵害他人名誉、隐私、肖像、商誉、著作权等的信息资料等,都是在互联网空间实施的网络侵害行为。

(二)侵权的对象主要表现为受害人的非物质形态的民事权益

网络空间的虚拟性,决定了网络侵权行为所针对的往往是名誉权、隐私权、姓名权、肖像权等精神性人格权利或网络虚拟财产。一般不涉及生命权、身体权、健康权等物质性人格权,也不直接涉及现实生活中实际的物质财富。但网络侵权行为,对非物质形态民事权益的损害,往往会给受害人带来不同程度的精神损害和经济利益的损失。

(三)侵权损害传播范围的不确定性

由于网络传播的飞速性、广泛性等特点,使网络侵权难以确定访问网上侵权信息的人数,难以判断传播范围、损害程度,无法确定具体的侵害状态,侵害损害后果呈现不确定状态。

（四）侵权责任主体表现为网络用户、网络服务者

网络环境下发生的侵权，都是网络用户、网络服务者在利用网络过程中，没有履行相应的注意义务，或在利益驱使下的故意行为所致的损害。根据过错责任和自己责任原则，网络用户、网络服务者须对他人造成的损害承担过错责任、自己责任。另外，网络服务提供者除了对自己实施的侵权行为承担法律责任外，对网络用户利用网络服务提供者提供的网络进行侵权，网络服务提供者没有履行相应的注意义务、采取必要措施的，也应与侵权的网络用户一起承担连带责任，是一种不作为侵权责任的表现。

（五）侵权责任归责原则为过错责任归责

网络用户、网络服务商利用网络侵害他人合法权益的侵权行为，均采取过错责任原则，加害人须有过错才承担法律责任。网络服务提供者侵权责任的归责原则，早先采用了无过错责任原则。但随着网络技术的发展，网络服务提供者不能对自己传输的每一条信息都确知其详细内容，对自己传输的信息也没有审查的义务，无过错责任原则的适用显得过于严格。为保护网络服务提供者的利益，避免网络服务提供者承担过重的法律责任，大部分国家和地区的法律，对网络用户、网络服务提供者责任均采取过错责任原则。

由于网站网页的不断更新，相关信息的不断滚动更换，发表在网上的侵权信息将可能在短时间内被其他信息所替代，这使得网络侵权受害人的证据收集难度较大，即使他对网络侵权信息网页进行了备份，也可能被责任人主张该备份网页系仿制而否认该侵权行为的存在，这给受害人维权和侵权人法律责任的追究带来了困难。

三、网络用户、网络服务提供者的侵权责任类型

根据网络侵权主体和责任性质的不同，网络用户、网络服务提供者的侵权责任类型主要包括以下类型：

1. 网络用户利用网络服务提供者提供的服务，以作为或不作为的方式，实施侵害受害人的合法权益的行为。如网络用户利用网络服务传送垃圾邮件等，由网络用户自己独自承担法律责任。

2. 网络服务提供者自己实施的侵害受害人合法权益、造成受害人损害的行为。如网络服务商利用网络技术服务，窃取、破坏网络用户的信息数据等，由网络服务提供者自己单独承担民事责任。

3. 网络用户利用网络服务实施侵权行为的，被侵权人发现后要求网络服务提供者采取删除、屏蔽、断开链接等必要措施，网络服务提供者未及时采取上述措施的，对损害的扩大部分与网络用户承担连带责任。(《侵权责任法》第36条第2款的规定）

4. 网络服务提供者知道网络用户利用其网络服务侵害他人民事利益而未采取必要措施的，网络服务提供者与该网络用户承担连带责任。(《侵权责任法》第36条第3款的规定）

网络服务提供者作为终局责任人进行全部损害赔偿后，可向网络用户进行追偿，以预防侵权行为的再度发生。

[案例]李某与康某在某医院同一科室工作,两人都爱玩游戏,游戏的武器装备都很好。一日,李某运用自己所掌握的电脑技术,进入康某的游戏账户,将康某的高端游戏装备窃为己有。后被康某发现,康某要求李某赔偿,李某不以为然,认为只是网络游戏中的装备而已。问:李某的行为是否构成侵权?为什么?

[解答]本案涉及网络用户、网络服务提供者的责任。网络游戏装备,虽是虚拟的,但在现实生活中也能转化为一定的财富,具有一定的财产价值。李某运用自己掌握的电脑技术,进入康某的游戏账户,是利用网络窃取他人游戏装备的侵害行为,损害康某的合法民事权益,构成网络用户的侵权责任。

第四节 违反安全保障义务的责任

一、违反安全保障义务责任概述

(一)违反安全保障义务责任的概念

违反安全保障义务的责任,是指负有一般安全保障义务的人,因其违反义务而应承担的侵权责任。我国《侵权责任法》第37条规定:宾馆、商场、银行、车站、娱乐场所等公共场所的管理人或者群众性活动的组织者,未尽到安全保障义务,造成他人损害的,应当承担侵权责任。因第三人的行为造成他人损害的,由第三人承担侵权责任;管理人或者组织者未尽到安全保障义务的,承担相应的补充责任。其中,公共场所,是指以社会公众为对象提供商品或者服务的场所;群众性活动,是指面向社会公众举办的参与人数较多的活动。而安全保障义务,则是管理人或者组织者所承担的在合理限度内保护他人人身和财产安全的义务。①

(二)违反安全保障义务责任的特征

承担安全保障义务的法理依据主要有:收益与风险相一致原理的要求;危险控制理论的要求;节省社会总成本的要求;公司社会责任的要求;实质平等理念的要求等。② 所以,违反安全保障义务的特点,主要表现为:

1. 安全保障义务是一项法定义务。安全保障义务不是依赖于当事人双方合同约定而产生的约定义务,而是法律直接规定的义务。它是特定当事人在公众场合实施公共管理、公共服务活动,对其实施的涉及民事主体财产、人身和精神利益的行为,为防范损害结果的发生、更好地维护民事主体的合法权益、及时救济损害、维持社会秩序稳定,而由法律直接规定的一项法定义务。我国《侵权责任法》、最高人民法院关于人身损害赔偿的司法

---

① 王利明、周友军、高圣平:《中国侵权责任法教程》,中国人民大学出版社2010年版,第430页。
② 张新宝:《侵权责任法原理》,中国人民大学出版社2005年版,第272~275页。

解释，都将其定位为法定义务。

2. 安全保障义务法律关系的主体。承担安全保障义务的主体，是公共场所的管理者或者群众性活动的组织者，他们负有对公共场所、群众性活动的参与者的安全保障义务。公共场所的管理者，包括宾馆、商场、银行、车站、公共浴室、体育馆（场）、动物园、公园、营运中的交通工具的内部空间等公共场所的管理者。这些管理者以自然人、法人和其他非法人组织的身份，从事向公众提供公开服务的活动。而大型演出活动、游行活动、场馆参观活动等的组织者，则是群众性活动的组织者。安全保障义务主体的相对人，是进入该公共管理场所、公共服务场所的任何人以及群众性活动的参加者。

3. 安全保障义务的内容包括硬件方面和软件方面的安全保障义务。硬件方面的安全保障义务包括物的方面、人的方面的安全保障义务。物的方面的安全保障，是指服务场所或活动场所使用的建筑物、配套服务设施、设备应当安全可靠，有国家强制标准的应当符合该标准；没有国家强制标准的，应当符合行业标准或者达到进行此经营所需要达到的安全标准。人的方面的安全保障，则是指公共场所、群众性活动的管理者、组织者，对于可能出现的危险应当采取必要的安全防范措施，配备数量足够的、合格的安全保障人员。如配备经过正规训练、足够的保安员、防火员、救生员等。软件方面的安全保障义务包括：(1)消除内部不安全因素，为公共场所的消费者或者群众性活动的参加者创造一个安全的公共环境、活动场所，如将公共交通工具、公共浴室定期消毒等。(2)进行不安全因素的提示、说明、劝告和协助，如悬挂、放置警示牌，提醒游人"油漆未干，请勿触摸""地板未干，小心滑到"等。(3)防范外部的不安全因素，制止来自第三方的侵害行为，如要求保安人员尽职尽责、不懈怠、不脱岗进行安保巡查等，对发生了来自第三方的损害，除报警外，也积极进行协查。[①]

二、违反安全保障义务责任的构成要件[②]

违反安全保障义务的责任，其构成要件可区分为一般构成要件和特殊构成要件。一般构成要件是适用于一般情形的违反安全保障义务责任的构成要件；特殊构成要件，是适用于特殊情形的违反安全保障义务责任的构成要件。

（一）违反安全保障义务责任的一般构成要件

1. 违反了安全保障义务。安全保障义务是一项法定义务，违反安全保障义务的行为是不作为。它以消极不作为的侵权表现，违反了法律对安全保障义务的直接规定。如公共场所的管理人、群众性活动的组织者，违反危险控制义务、警告义务、组织义务、调查义务、告知义务、看守义务和照料义务等安全保障义务，导致因安全保障义务的缺失或不足，发生损害。具体表现为，在人群密集处或易燃品附近燃放烟花，导致火灾发生，这是对危险控制义务的违反；未张贴"禁止入内"的警示牌或没有建立完善的经营组织机构所致的

---

① 张新宝：《侵权责任法原理》，中国人民大学出版社 2005 年版，第 275~279 页。
② 以下内容参见王利明、周友军、高圣平：《中国侵权责任法教程》，中国人民大学出版社 2010 年版，第 432~436 页。

损害,则是对警告义务、组织义务的违反。当然,安全保障义务人是否尽到安全保障义务,需从安全保障义务的类型、安全保障义务人的能力以及侵权行为的性质等方面综合考虑。

2. 受害人遭受了损害。受害人必须遭受了损害,其人身权益、财产权益受损,才能请求安全保障义务人给予损害赔偿。如商场安装的玻璃门没有标识,导致顾客误以为没有门而撞在门上遭受了损害。

3. 安全保障义务的违反与损害之间存在因果关系。因果关系对违反安全保障义务责任的确立具有十分重要的意义。只有能判定违反安全保障义务的行为,同损害结果间存在因果关系,才能要求该行为对损害负责。如因承担安全保障义务人提供的服务或者场所本身硬件设备不安全,或因为管理人员的怠于作为而导致他人受害的,其行为与损害间都存在因果关系。

4. 安全保障义务人具有过错。违反安全保障义务的责任适用过错责任归责原则,管理人或组织者应尽合理限度范围内的安全保障义务,否则将承担与其过错相应的赔偿责任,受害人须对其过错承担举证责任。该过错同样包括故意和过失两种状态,故意采用主观标准认定,过失采用客观标准认定。具体过错标准,可考虑安全保障义务人的行为是否符合法律规定或特定的操作规程,是否满足同类社会活动中的诚信要求、注意程度等。

(二)违反安全保障义务责任的特殊构成要件

违反安全保障义务的责任的特殊构成要件,是针对第三人侵权情况下的责任构成要件。《侵权责任法》第37条第2款规定:因第三人的行为造成他人损害的,由第三人承担侵权责任;管理人或者组织者未尽到安全保障义务的,承担相应的补充责任。这意味着,在第三人实施侵权行为的情况下,安全保障义务人承担侵权责任的条件,是找不到第三人,或者第三人没有足够的赔偿能力时,方才承担相应的补充责任。

三、违反安全保障义务责任的类型

违反安全保障义务的侵权责任,是指负有安全保障义务的主体违反该义务造成他人人身或者财产损害应承担的责任。它包括全部责任和补充责任两种责任类型。

(一)全部责任

根据《侵权责任法》第37条第1款的规定,在没有第三人介入的情况下,公共场所的管理或者群众性活动的组织者违反安全保障义务,造成他人损害的,应由安全保障义务人自己承担全部侵权责任。

(二)补充责任

《侵权责任法》第37条第2款规定,如果受害人所受损害是由第三人行为造成的,由实施侵权行为的第三人承担侵权责任。但管理人或组织者有过错、未尽到安全保障义务的,在无法找到第三人或者第三人没有能力承担全部侵权责任的情况下,管理人或组织者应在其能够防止或者制止损害的范围内承担相应的补充责任。

[案例]2008年的元宵节,某城市为庆祝节日,在该市的人民公园举办大型的元宵节游园猜灯谜活动。该公园可容纳的游园人数为2000人左右,但为增加利润,公园售出了4000张游园门票。以致在游园那天晚上,人山人海,发生多起踩踏事件,数百人在拥挤、踩踏中受伤,其中还有20人为重伤,2人死亡。问:谁该为这起拥挤、踩踏事件中的人身损害承担赔偿责任?为什么?

[解答]本案属违反安全保障义务的责任。元宵节的游园猜灯谜活动是群众性活动,参与人数众多,应根据公园可容纳的游园人数售票。但公园为增加利润,售出了4000张门票,为拥挤、踩踏事件的发生埋下了安全隐患,也违反了自己所承担的安全保障义务。故公园及相应的管理部门应对此事件负责,承担人身损害的赔偿责任。

第五节 教育机构违反职责的责任

一、教育机构违反职责责任的概念

教育机构的责任,是指对未成年人依法负有教育、管理、保护义务的幼儿园、学校及其他教育机构,因未尽其职责范围内的相关义务,而使在这些教育机构学习、生活的无民事行为能力人或者限制民事行为能力人的身体健康或生命等人身利益受到损害,教育机构就此依法应承担的侵权责任。

二、教育机构违反职责责任的归责原则

《侵权责任法》第38条规定:无民事行为能力人在幼儿园、学校或者其他教育机构学习、生活期间受到人身损害的,幼儿园、学校或者其他教育机构应当承担责任,但能够证明尽到教育、管理职责的,不承担责任。第39条规定:限制民事行为能力人在学校或者其他教育机构学习、生活期间受到人身损害,学校或者其他教育机构未尽到教育、管理职责的,应当承担责任。据此,对在教育机构学习、生活的无民事行为能力人,教育机构的责任实行过错推定责任原则;对在教育机构学习、生活的限制民事行为能力人,教育机构的责任实行过错责任原则。

三、教育机构违反职责责任的构成条件[①]

（一）行为人须为教育机构

教育机构包括学校、幼儿园及其他教育机构,既包括公立教育机构,也包括私立教育机构。教育机构是该种侵权责任的责任主体,哪怕该侵害行为并非教育机构实施,只要发生在教育机构负有管理义务的场所内,教育机构可能都要面临侵权责任的承担。

---

① 以下内容参见房绍坤:《民法》,中国人民大学出版社2009年版,第616页。

（二）侵害人或受害人须为在教育机构接受教育的未成年人

教育机构违反职责的侵害对象是未成年人。在教育机构接受教育的已成年人，即使其实施了致他人损害的行为或自己本身遭受损害的，教育机构对此都不承担此种侵权责任。

（三）教育机构须有过错

教育机构的过错，表现为违反了其应尽的职责范围内的教育、管理、保护未成年人的义务。这种义务限于教育机构组织的教育、教学活动期间，以及教育机构负有管理责任的校舍、操场及其他教育设施、生活设施范围内。

（四）教育机构违反职责的行为与损害后果间存在因果关系

教育机构违反职责的行为表现为不作为，其不作为的行为表现须与未成年人致害或受害之间存在因果关系，否则不构成教育机构违反职责的侵权责任。

四、教育机构违反职责责任侵权行为的具体形态

教育机构违反职责的侵权表现，可从教育机构、学生自身和校外第三人三个方面体现：

1. 教育机构管理疏漏，教职员工责任心不强、玩忽职守，导致未成年学生的人身损害、财产损失。如教育机构的教学设施陈旧、年久失修，楼梯断裂，导致学生在奔跑时摔下楼，造成伤亡；再如教育管理人员、教师体罚或变相体罚未成年学生，导致未成年学生的人身损害或精神损害；还有，未成年学生在上课、参加学校组织的校外活动以及体育活动过程中，学校因未尽安全保障义务而致未成年学生遭受人身损害的，教育机构均应对此承担违反职责的侵权责任。

2. 未成年学生自身或相互之间的原因，如嬉戏、打闹或者发生矛盾等，都容易在未成年学生间发生人身伤害事件，导致学生损害。如一未成年学生在与另一未成年学生嬉戏中，将其手烫伤等。此间，教育机构若未能尽到相应的管理职责、注意义务，也需承担侵权损害赔偿责任。

3. 第三人的致害行为造成未成年学生的损害。未成年学生的自我保护意识较差，一些侵入学校的第三人，可能对未成年学生实施抢夺、敲诈等；一些校外工厂的排气、排污行为也可能污染学校，导致学生中毒。这些损害虽系第三人行为所致，但学校仍负有教育管理的义务，仍需就该义务的未能妥善履行，承担相应的侵权责任。

五、教育机构违反职责责任的类型

1. 自己责任。教育机构未尽职责范围内的相关义务致使未成年人遭受损害，或者未成年人致使他人损害的，教育机构应当承担与其过错相应的赔偿责任。

2. 补充责任。《侵权责任法》第40条规定：无民事行为能力人或者限制民事行为能力人在幼儿园、学校或者其他教育机构学习、生活期间，受到幼儿园、学校或者其他教育机

构以外的人员人身损害的,由侵权人承担侵权责任;幼儿园、学校或者其他教育机构未尽到管理职责的,承担相应的补充责任。即在无法找到第三人或第三人没有能力承担全部侵权责任的情况下,教育机构承担与其未尽教育、管理职责的程度相适应的责任。

需要注意的是,教育机构对未成年人的教育、管理、保护义务并不是监护义务,而是一种法定义务。监护人的监护义务没有因为未成年人进入教育机构接受教育而发生转移。面对未成年人所受的损害,教育机构在承担教育机构违反职责的侵权责任的同时,如果监护人未尽到监护责任,也应承担与其过错相应的赔偿责任。

> [案例]5岁的乐乐系某幼儿园的学生,就在老师带领学生回教室时,乐乐走路不小心摔倒,导致右上肢受伤,经诊断为右上肢桡骨骨折。家长要求赔偿各项费用共计8万余元。幼儿园认为,乐乐的受伤是其走路时不小心摔倒所致,属意外事件,与幼儿园无关,拒绝承担赔偿责任。为此,乐乐的家长将幼儿园诉至法院。问:该案应如何处理?为什么?
>
> [解答]本案属教育机构违反职责的侵权责任。根据《侵权责任法》第38条的规定,无民事行为能力人在幼儿园、学校或者其他教育机构学习、生活期间受到人身损害的,幼儿园、学校或者其他教育机构应当承担责任,但能够证明尽到教育、管理职责的,不承担责任。对无行为能力学生的教育机构责任,采取了过错推定责任原则。幼儿园、学校或者其他教育机构不承担责任,就必须能够举证证明已经完全尽到教育、管理职责。上述案例中,幼儿园并不能就上述要求进行举证,因此应当承担赔偿责任。

另外,我国《侵权责任法》除了对上述特殊主体的侵权责任进行明确规定的同时,第33条还就"完全民事行为能力人暂时丧失意识"这一特殊情形下的责任承担进行了明确的规定。完全民事行为能力人暂时丧失意识的责任,是指完全民事行为能力人因某种原因暂时丧失行为能力时致人损害的民事责任。《侵权责任法》第33条第1款规定:完全民事行为能力人对自己的行为暂时没有意识或者失去控制损害他人合法权益时,采用过错责任原则,由有过错的侵权人承担法律责任;没有过错的,根据公平原则,由行为人给受害人适当补偿。该条第2款规定:完全民事行为能力人因酗酒、滥用麻醉药品或精神药品对自己的行为暂时没有意识或者失去控制造成他人损害的,应当承担侵权责任。即由直接加害人承担民事责任。

【思考题】

1. 试述监护人责任的责任承担。
2. 如何确定用人者责任的责任主体?
3. 网络用户、网络服务提供者责任的法律特征是什么?
4. 试述违反安全保障义务的责任的构成要件。
5. 试述教育机构违反职责的侵权责任与监护人责任的联系与区别。

【司法考试真题链接】

1. 丁某在自家后院种植了葡萄,并垒起围墙。谭某(12岁)和马某(10岁)爬上围墙攀摘葡萄,在争抢中谭某将马某挤下围墙,围墙上松动的石头将马某砸伤。下列哪些选项是正确的?(   )(2007年)

   A. 丁某应承担赔偿责任

   B. 谭某的监护人应当承担民事责任

   C. 马某自己有过失,应当减轻赔偿人的赔偿责任

   D. 本案应适用特殊侵权规则

2. 某小学组织春游,队伍行进中某班班主任张某和其他教师闲谈,未跟进照顾本班学生。该班学生李某私自离队购买食物,与小贩刘某发生争执被打伤。对李某的人身损害,下列哪一说法是正确的?(   )(2009年)

   A. 刘某应承担赔偿责任

   B. 某小学应承担赔偿责任

   C. 某小学应与刘某承担连带赔偿责任

   D. 刘某应承担赔偿责任,某小学应承担相应的补充赔偿责任

3. 甲搬家公司指派员工郭某为徐某搬家,郭某担心人手不够,请同乡蒙某帮忙。搬家途中,因郭某忘记拴上车厢挡板,蒙某从车上坠地受伤。下列哪一选项是正确的?(   )(2007年)

   A. 应由郭某承担赔偿责任

   B. 应由甲公司承担赔偿责任

   C. 应由甲公司与郭某承担连带责任

   D. 应由甲公司与徐某承担连带责任

4. 小学生小杰和小涛在学校发生打斗,在场老师陈某未予制止。小杰踢中小涛腹部,致其脾脏破裂。下列哪一选项是正确的?(   )(2007年)

   A. 陈某未尽职责义务,应由陈某承担赔偿责任

   B. 小杰父母的监护责任已转移到学校,应由学校承担赔偿责任

   C. 学校和小杰父母均有过错,应由学校和小杰父母承担连带赔偿责任

   D. 学校存在过错,应承担与其过错相应的补充赔偿责任

5. 某旅行社导游李某带团游览一处地势险峻的景点时,众人争相拍照,李某未提示注意安全,该团游客崔某不慎将唐某撞下陡坡摔伤。下列哪些选项是正确的?(   )(2007年)

   A. 旅行社对损害结果不承担赔偿责任

   B. 崔某应当对唐某承担赔偿责任

   C. 旅行社应当承担补充赔偿责任

   D. 李某应当对唐某承担侵权责任

6. 甲在某酒店就餐,邻座乙、丙因喝酒发生争吵,继而动手打斗,酒店保安见状未出面制止。乙拿起酒瓶向丙砸去,丙躲闪,结果甲头部被砸伤。甲的医疗费应当由谁承担?（　　）(2006年)

　　A. 甲由乙承担,酒店无责任
　　B. 由酒店承担,但酒店可向乙追偿
　　C. 由乙承担,酒店承担补充赔偿责任
　　D. 由乙和酒店承担连带赔偿责任

第二十四章　特殊行为的侵权责任

【引例】

在厦门至福州的高速公路上,一辆帕杰罗越野车以110km/h在行使,突然,前窗玻璃在没有任何外力的情况下,破了拳头大小的洞,高速气流正好打在右侧副驾驶乘车人李某的胸口部位,乘车人李某当场身亡。于是引起纠纷。

本案为产品责任,帕杰罗越野车的生产商应该承担责任。越野车以110km/h速度行驶,在高速公路上属于正常的速度;前窗玻璃在没有任何外力的情况下破了个洞,因为这,才导致了乘车人李某死亡,属于产品制造方面存在缺陷导致损害,《侵权责任法》第41条规定:"因产品存在缺陷造成他人损害的,生产者应当承担侵权责任。"产品责任适用无过错责任原则,即不问侵权人是否有过错都应当承担侵权责任。在本案中,被侵权人只需证明越野车存在缺陷、造成了损害的事实、缺陷产品与损害事实存在因果关系,侵权人就应该承担责任。需要说明的是,被侵权人除了可以向越野车的生产商起诉,还可以向越野车的销售者起诉要求损害赔偿。法律根据是《侵权责任法》第43条的规定:"因产品存在缺陷造成损害的,被侵权人可以向产品的生产者请求赔偿,也可以向产品的销售者请求赔偿。"

第一节　特殊行为的侵权责任概述

特殊侵权责任是指法律特别规定的侵权责任,其构成要件、归责原则及举证责任与一般的侵权责任不同。在不同的教材中,所囊括的类型是不一样的,有的教材将其归纳为各类侵权责任,把习惯上所称的及新出现的不同类型的侵权责任都放在一起,这样虽解决了分类的繁杂,但看起来有些凌乱,而本书为便于读者更清晰地理解侵权责任的各类型,将特殊主体的侵权责任单列一章,而本章只讨论除特殊主体的侵权责任之外的法律特别规定的侵权责任。

在本章中所讨论的特殊侵权责任是指当事人基于与自己有关的行为、物件、事件或者其他特别原因致人损害,依照法律规定所应当承担的法律后果。主要特点有:第一,特殊侵权责任是法律直接规定的。第二,特殊侵权责任在举证责任分配上一般适用举证责任倒置。第三,在归责原则上通常是适用过错推定或无过错,有时还形成二元归责体系,如产品责任。第四,对抗辩事由的适用法律规定非常严格。

第二节 产品责任

一、产品责任概述

（一）产品责任的概念

产品是指经过加工、制作，用于销售的物品。产品责任，是指产品在消费过程中因缺陷造成他人人身或财产损害，产品制造者、销售者所应承担的侵权责任。

《民法通则》第 122 条规定了产品责任，1993 年通过、2000 年修正的《产品质量法》对产品责任作了进一步的规定。《侵权责任法》第 5 章专门规定了产品责任。

（二）产品责任的主体

1. 生产者、销售者

《侵权责任法》第 41 条规定："因产品存在缺陷造成他人损害的，生产者应当承担侵权责任。"第 42 条规定："因销售者的过错使产品存在缺陷，造成他人损害的，销售者应当承担侵权责任。""销售者不能指明缺陷产品的生产者也不能指明缺陷产品的供货者的，销售者应当承担侵权责任。"第 43 条规定："因产品存在缺陷造成损害的，被侵权人可以向产品的生产者请求赔偿，也可以向产品的销售者请求赔偿。""因销售者的过错使产品存在缺陷的，生产者赔偿后，有权向销售者追偿。"

产品生产者、销售者为直接承担产品责任的主体。作为被侵权人既可以向生产者，也可以向销售者请求损害赔偿。生产者和销售者共同为产品责任的责任主体。

2. 运输者、仓储者

《民法通则》第 122 规定："因产品质量不合格造成他人财产、人身损害的，产品制造者、销售者应当依法承担民事责任。运输者、仓储对此负有责任的，产品制造者、销售有权要求赔偿损失。"《侵权责任法》第 44 条承继了《民法通则》的规定："因运输者、仓储者等第三人的过错使产品存在缺陷，造成他人损害的，产品的生产者、销售者赔偿后，有权向第三人追偿。"

有过错的运输者、仓储者等第三人为间接承担责任的主体。也就是说如果运输者、仓储者等第三人过错而造成产品有缺陷致人损害的，被侵权人还是先向产品的生产者、销售者请求赔偿，赔偿后的生产者、销售者才可以向运输者、仓储者追偿。如果涉及诉讼，可将此案以另案处理或将运输者、仓储者列为第三人，一并处理。

二、产品责任的归责原则

产品责任立法，采用了二元归责原则，即不同的责任主体承担不同的归责原则，有的适用无过错责任原则，有的适用过错责任原则，但是主要还是以无过错责任原则为主导。

（一）无过错责任

产品的生产者，无疑是承担无过错责任。而销售者，则区分对待：根据《侵权责任法》

第 43 条的规定:"因产品存在缺陷造成损害的,被侵权人可以向产品的生产者请求赔偿,也可以向产品的销售者请求赔偿。"可见,销售者在这种情况下承担的为直接的表面责任,是无过错责任。

(二)过错责任

产品责任的过错责任有两种,一种是销售者承担的最终责任,即因销售者的过错使产品存在缺陷,销售者应承担最终责任;另一种为仓储者、运输者的责任,即如果产品缺陷是因仓储者、运输者的过错所致,生产者或销售者在承担无过错的直接责任之后,可向有过错的运输者、仓储者追偿。

[案例]甲、乙系好友。某日,甲送给乙一瓶"不倒翁"牌白酒。可是,乙只喝了一小杯后即人事不省,被送医院急诊。后证明该酒含有有毒物质。乙将生产该酒的"诚信"酒厂告上了法庭。

[解答]本案中,乙因喝了"诚信"酒厂生产含有有毒物质的"不倒翁"白酒而人事不省,这是因产品严重缺陷而造成的损害,故不问酒厂有没有过错,都应当承担侵权责任。产品责任为无过错责任,因此,酒厂应当按照无过错责任原则对乙的损害承担责任。

三、产品责任的构成要件

(一)产品存在缺陷

确认产品责任的基本根据就是产品存在缺陷。所谓缺陷,《产品质量法》第 46 条规定:"本法所称缺陷,是指产品存在危及人身、他人财产安全的不合理的危险;产品有保障人体健康和人身、财产安全的国家标准、行业标准的,是指不符合该标准。"根据该法第 40 条的规定,下列情况也属于缺陷范围:(1)不具备产品应当具备的使用性能而事先未作说明的;(2)不符合在产品或者其包装上注明采用的产品标准的;(3)不符合以产品说明、实物样品等方式表明的质量状况的。

一般来说,产品缺陷主要有三种:制造缺陷、设计缺陷和产品说明或警示不充分(也叫经营缺陷)。

1. 设计缺陷指在设计产品时,其产品的结构、配方等方面存在不合理的危险。

2. 制造缺陷指产品因原材料、配件、工艺、程序等方面出现使用错误或装配形成最终产品的过程中出现错误,导致产品具有不合理的危险。

3. 警示不充分指生产者没有提供必要的使用说明或对产品的危险没有提供必要的警示,导致产品存在使用、储存等方面不合理的危险。

在这三种缺陷中,制造缺陷与设计缺陷在实践中比较常见,人们的关注也比较多,但是如果产品是合格产品,没有制造缺陷和设计缺陷,但是产品的说明和警示没有作充分说明,也一样会造成损害,特别是对具有一定危险性的产品,制造者或者销售者更要尽充分的注意义务,防止买受人在使用中发生危险,造成损害。

> [案例]某蛋糕店业主购买了10瓶被告工厂生产的"歼敌"牌杀虫气雾剂。隔了数日,3名工人在蛋糕店制作间、营业厅和2楼清扫卫生,并用该杀虫气雾剂进行喷洒,使用了两瓶半。下班时,1名工人在关闭电灯时发生爆炸,1人被炸成重伤,另外2人受轻伤,一些财产被损害。经现场勘验,此爆炸为空气爆炸,是空气中的杀虫剂浓度过高所致。该杀虫气雾剂有产品质量检验合格证、检验报告、农药临时登记证、注册商标,产品包装上注明"可按10平方米房内喷撒15秒的剂量向空间喷射,喷后若关闭窗约20分钟效果更佳",产品有易燃品标志,但没有易爆品及切勿接触电源等字样,没有适当的禁止性、警示性说明。因此蛋糕店主向被告工厂提起损害赔偿诉讼。
>
> [解答]本案是一起因产品警示不充分缺陷造成损害赔偿的产品责任案件,被告"歼敌"牌杀虫气雾剂的生产厂家应该承担赔偿责任。尽管被告工厂有质量合格证,也作了警示说明,但是该产品的主要成分为液化石油气,有一定的危险性,而生产者仅在用量上作了建议性使用说明,没有作适当的禁止性、警示性说明,属于警示性说明不充分的缺陷。

(二)须有损害事实

产品缺陷致人损害包括人身损害、精神损害、财产损害及纯经济利益的损失。损害的存在及大小,需要被侵权人来证明。

《侵权责任法》第45条规定:"因产品缺陷危及他人人身、财产安全的,被侵权人有权请求生产者、销售者承担排除妨碍、消除危险等侵权责任。"可见,只要存在人身、财产遭受损害的可能性,被侵权人就有权请求生产者、销售者承担责任。

(三)使用或消费缺陷产品与损害事实之间有因果关系

产品责任案中的因果关系是指使用或消费缺陷产品与被侵权人遭受的损害之间是引起与被引起、在时间上有先后顺序的关系。要确认该因果关系,与其他一般侵权案件相比较而言,其证明对象有不同,原告需证明:(1)被告为缺陷产品的生产者或销售者;(2)产品存在缺陷;(3)受害者受到损害;(4)损害是由于使用或消费有缺陷的产品所致。

产品责任因果关系的认定有时非常困难,特别是对于高科技产品,就算是采用了实验检验、化验、数理统计等许多方法,有时候也难以得到客观的认定。

四、产品责任的抗辩事由

《产品质量法》第41条第2款规定,生产者能够证明有下列情形之一的,不承担赔偿责任:(1)未将产品投入流通的(只加工、制作);(2)产品投入流通时,引起损害的缺陷尚不存在的;(3)将产品投入流通时的科学技术水平尚不能发现缺陷的存在的。《民事诉讼证据的若干规定》第4条第1款第6项规定,因缺陷产品致人损害的侵权诉讼,由产品的生产者就法律规定的免责事由承担举证责任。根据这一规定,生产者要想免责,需要自己来承担证明责任。

第三节 机动车道路交通事故责任

一、道路交通事故责任概述

（一）道路交通事故责任的概念

道路交通事故是指道路交通参与人，包括车辆驾驶人、行人、乘车人以及其他在道路上进行与交通有关活动的人员，在道路上因过错或者意外造成的人身伤亡或者财产损失的事件。道路交通事故责任指道路交通参与人因违反道路交通安全法律法规而发生交通事故，导致他人人身或者财产损失、应当承担的法律后果。

（二）道路交通事故的法律适用

我国《侵权责任法》第六章共六个条文，专章规定了"机动车交通事故责任"，规定了具体侵权责任类型；而我国规范这类事故纠纷主要依据的是《道路交通安全法》（2004年5月1日）；同时，而损害赔偿的重要依据是最高人民法院《关于审理人身损害赔偿案件适用法律若干问题的解释》，以及《民法通则》和《侵权责任法》中的相关规定。

二、机动车交通事故责任的归责原则

道路交通事故责任的归责原则在不同的情况下适用不同的归责原则，具体如下：

（一）保险公司在第三者责任强制保险责任范围内承担无过错责任

《道路交通安全法》第76条规定："机动车发生交通事故造成人身伤亡、财产损失的，由保险公司在机动车第三者责任强制保险责任限额内予以赔偿。"即只要肇事车辆参加了机动车第三者责任强制保险，发生了交通事故，其造成的损失首先就由保险公司在机动车交通事故责任强制保险责任限额范围内予以赔偿。此时不问机动车有没有过错，保险公司都应该承担。

（二）机动车之间发生的交通事故责任适用过错责任

机动车之间发生交通事故的，由有过错的一方承担责任；双方都有过错的，按照各自过错的比例分担责任。

（三）机动车与非机动车驾驶人、行人之间交通事故适用无过错责任

《道路交通安全法》第76条规定："机动车与非机动车驾驶人、行人之间发生交通事故，非机动车驾驶人、行人没有过错的，由机动车一方承担赔偿责任；有证据证明非机动车驾驶人、行人有过错的，根据过错程度适当减轻机动车一方的赔偿责任；机动车一方没有过错的，承担不超过百分之十的赔偿责任。""交通事故的损失是由非机动车驾驶人、行人故意碰撞机动车造成的，机动车一方不承担赔偿责任。"

这条规定所确立的为过错还是无过错责任存在着重大争论。无过错责任是指除了法定的抗辩事由，无论侵权人有没有过错，都应当要承担责任。根据《道路交通安全法》第76条的规定，当非机动车驾驶人、行人故意造成损害时可以免除机动车一方的责任；当非机动车驾驶人、行人有过错时，可以减轻机动车一方的责任。也就是说除了非机动车、行人故意或过失可以免除、减轻机动车一方的责任，在其他的情况下，机动车一方都应当承担责任。这应当可以理解为无过错责任。

三、机动车交通事故责任的构成要件

机动车之间的交通事故责任的归责原则为过错责任，而机动车与非机动车驾驶人、行人的归责原则为无过错责任，因此构成要件会有所不同，为便于理解，现分开阐述：

（一）机动车一方致非机动车、行人损害的责任构成要件

1. 机动车一方存在肇事行为。
2. 非机动车、行人一方遭受了损害。在机动车与非机动车驾驶人、行人之间发生道路交通事故后，受有损失的一方通常都是非机动车驾驶人或行人。
3. 肇事与损害之间存在因果关系。

（二）机动车之间的事故责任构成要件

1. 一方或者双方有过错。过错以是否违反道路交通安全法律法规作为认定的标准。在司法实践中，双方都有过错的情况比较多见，一般采用过失相抵的方式来认定双方的责任，主要按照公安机关交通管理部门出具的《交通事故认定书》来认定双方的责任。
2. 一方或双方存在肇事行为。
3. 一方或双方遭受了损害。造成的损害包括人身损害或者财产损害，一般按照《人身损害赔偿解释》的标准来计算。
4. 肇事行为与损害之间有因果关系。

[案例]四川通江县文峰乡农民曹某去探望居住在右安门外开阳里的朋友。曹某步行由北向南进入二环主路横过机动车道时，适逢刘某驾驶奥拓车由东向西在主路从左侧数第一条车道内行驶。在刘某采取制动措施过程中，小轿车前部撞到曹某身体左侧，曹某倒在汽车引擎盖上撞碎前挡风玻璃并翻滚过驾驶室顶盖后摔倒在车后，造成曹某当场死亡，汽车受损。北京市公安局交管局宣武支队出具的交通责任事故认定书认定双方负同等责任。

[解答]本案即为一起机动车与行人之间的交通事故所引发损害赔偿纠纷。交通责任事故认定书认定双方负同等责任，说明死者曹某对此事故也负有同等责任，按照《道路交通安全法》第76条的规定："有证据证明非机动车驾驶人、行人有过错的，根据过错程度适当减轻机动车一方的赔偿责任。"由此，机动车驾驶人刘某承担本次事故的50%的责任。根据认定的标准，死者曹某的近亲属可以向法院要求刘某承担死亡赔偿金、丧葬费等费用。具体数额依照《人身损害赔偿解释》的相关规定计算。

四、机动车交通事故责任的抗辩事由

《道路交通安全法》第76条第2款规定,在非机动车驾驶人、行人故意碰撞机动车造成交通事故的情况下,机动车一方不承担赔偿责任。机动车一方致非机动车、行人损害时,机动车一方承担无过错责任,但并不表示机动车一方无论在什么情况下都应当承担责任,法律也规定了法定的免责事由,即非机动车驾驶人、行人故意碰撞机动车的情形。在实践中主要有:被侵权人自杀、自残或故意和机动车辆相撞骗取赔偿等情况。

机动车之间的交通事故责任是按一般过错承担责任的,应当可以理解为一般的抗辩事由都是适合的。

五、几类特殊的机动车交通事故责任的确定

(一)转让而未过户情况下的赔偿义务人

《侵权责任法》第50条规定:"当事人之间已经以买卖等方式转让并交付机动车但未办理所有权转移登记,发生交通事故后属于机动车一方责任的,由保险公司在机动车强制保险责任限额范围内予以赔偿。不足部分,由受让人承担赔偿责任。"机动车物权变更是采用登记对抗主义,未进行登记只发生不得对抗善意第三人的效力,并不影响所有权的转移。出现名义所有人与实际所有人不一致的情况时,因机动车一经交付,受让人即实际所有人就控制、"保有"车辆,并可进行使用收益。所以在这种情况下,应由受让人承担赔偿责任。

(二)租赁、借用机动车发生交通事故后的责任承担

《侵权责任法》第49条规定:"因租赁、借用机动车等情形机动车所有人与使用人不是同一人时,发生交通事故后属于机动车一方责任的,由保险公司在机动车强制保险责任限额范围内予以赔偿。不足部分,由机动车使用人承担赔偿责任;机动车所有人对损害发生有过错的,承担相应的赔偿责任。"

一般情况下,由机动车使用人承担责任,因为机动车使用人实际控制着机动车,更有能力避免损害的发生。但是机动车所有人得对其过错造成的损害承担责任,其中过错主要有:机动车存在缺陷未向使用人说明的;明知或者应当知道他人没有机动车驾驶执照、或者存在其他不适宜驾驶机动车的情形而将机动车租借他人使用的,等等。

(三)因盗窃、抢劫或者抢夺的机动车发生交通事故后的责任承担

《侵权责任法》第52条规定:"盗窃、抢劫或者抢夺的机动车发生交通事故造成损害的,由盗窃人、抢劫人或者抢夺人承担赔偿责任。保险公司在机动车强制保险责任限额范围内垫付抢救费用的,有权向交通事故责任人追偿。"

机动车辆被盗窃、抢劫或者抢夺后,机动车的所有人失去了对机动车的控制。所以不能由其承担责任,而由盗抢人承担,也体现了对盗抢人的制裁和惩罚。

(四)转让拼装或者报废机动车发生交通事故后的责任承担

《侵权责任法》第51条规定,以买卖等方式转让拼装或者已达报废标准的机动车,发生交通事故后造成损害的,由转让人和受让人承担连带责任。《道路交通安全法》第16条规定,任何人不得拼装机动车。第100条也规定:"驾驶拼装的机动车或者已达到报废标准的机动车上道路行驶的,公安机关交通管理部门应当予以收缴,强制报废。"可见,在法律上是禁止任何人买卖拼装机动车或者已达到报废标准的机动车的,是属于违法行为。因违法行为发生交通事故的,转让人和受让人承担连带责任。

(五)发生交通事故后机动车驾驶人逃逸的责任承担

《侵权责任法》第53条规定,机动车驾驶人发生交通事故后逃逸,该机动车参加强制保险的,由保险公司在机动车强制保险的保险责任限额范围内予以赔偿;机动车不明或者该机动车未参加强制保险,需要支付被侵权人人身伤亡抢救、丧葬等费用的,由道路交通事故社会救助基金垫付。道路交通事故社会救助基金垫付后,其管理机构有权向交通事故责任人追偿。

第四节 医疗损害责任

一、医疗损害责任概述

(一)医疗损害责任的概念

医疗损害责任是指医疗机构及其医务人员在医疗过程中因过失造成患者人身损害或其他损害,而应承担的侵权责任。其中的"损害"指的是依照法律规定,医疗机构应当承担侵权责任的患者的损害,而不包括实施正常的医疗行为无法避免的患者肌体损伤或者功能障碍。[①]

《侵权责任法》第7章专章规定了医疗损害责任,规定患者在诊疗活动中受损害的,统一用本法的各项规定,从而消除了实践中经常出现法律适用的医疗事故与非医疗事故二元现象。

(二)医疗损害责任的归责原则

《侵权责任法》第54条规定:"患者在诊疗活动中受到损害,医疗机构及其医务人员有过错的,由医疗机构承担赔偿责任。"第58条又规定:"患者有损害,因下列情形之一的,推定医疗机构有过错:(一)违反法律、行政法规、规章以及其他有关诊疗规范的规定;(二)隐匿或者拒绝提供与纠纷有关的病历资料;(三)伪造、篡改或者销毁病历资料。"以上两条表明医疗损害通常情况下适用一般过错责任归责原则,只有在第58条规定的特殊情况下才

---

① 张新宝:《侵权责任法》,中国人民大学出版社2010年第2版,第232页。

适用过错中的推定过错责任。

二、医疗损害责任的构成要件

（一）有损害事实

损害事实是指侵害了受害人的生命权或者健康权,表现为被侵权人的人身或财产损害,特定情况下的精神损害;还包括其近亲属的财产损害或精神损害。需要注意的是这种损害为非正常损害,即超出了合理范围的诊疗行为所造成的损害。

（二）医务人员、医疗机构有过错

医务人员、医疗机构在诊疗活动中负担一定的义务,没有尽到义务,则构成过错。因此,明确医务人员有哪些注意义务是判断医务人员有过错的前提。
（关于医疗机构的和医务人员的义务将在本节第三点详细说明。）

（三）有违法性侵害患者的生命、健康等人身权利的诊疗行为

诊疗行为是医务人员、医疗机构的一种诊断行为,并不当然具有违法性,只有违法性的诊疗行为才为侵权行为。在医疗损害中通常表现为:误诊、贻误治疗、不当处方、不当手术和处置、手术和处置导致病人不应有的伤害等等。

（四）诊疗行为与损害事实有因果关系

诊疗行为与损害事实的因果关系的证明在司法实践中通常都很复杂,所以在有些案件中,因果关系须经过专门的医疗科学技术方面的鉴定才能证明。主要是因为:首先,医疗损害往往是由多种原因造成的,比如病患的个人体质、心情、疾病的发展等都能影响结果;其次,人类对自身身体结构和机理的认识还非常有限,有很多目前医学水平还不能达到的地方;再次,医疗活动的专业性强,不具有专业知识的患者和法官,一般无法对此加以判断。

而根据《侵权责任法》的规定,因果关系作为侵权责任的构成要件,举证责任在被侵权人即原告一方,而且不推定因果关系的存在。《证据规则》第4条第1款第8项规定,因医疗行为引起的侵权诉讼,由医疗机构就医疗行为与损害结果之间不存在因果关系承担举证责任。

三、医疗机构及医务人员的义务

明确医疗机构及医务人员的义务是确定他们是否承担医疗损害责任的前提,根据《侵权责任法》第7章的规定,医疗机构及其医务人员有以下义务:

（一）遵守诊疗规范的义务

诊疗规范是医疗机构及其医务人员从事诊疗活动的行为准则。具体为(1)遵守医务人员的职业道德规范,取得医师执业证书,按照注册的执业类别、执业范围执业;(2)遵守法律、行政法规、规章以及其他有关诊疗规范的规定;(3)适当检查、治疗等与当时医疗水

平相应的各项诊疗义务;(4)使用经批准使用的药品、消毒药剂和医疗器械;(5)对患者的隐私保密义务。

(二)如实说明,征得同意的义务

《侵权责任法》第55条规定:"医务人员在诊疗活动中应当向患者说明病情和医疗措施。需要实施手术、特殊检查、特殊治疗的,医务人员应当及时向患者说明医疗风险、替代医疗方案等情况,并取得其书面同意;不宜向患者说明的,应当向患者的近亲属说明,并取得其书面同意。"第56条规定:"因抢救生命垂危的患者等紧急情况,不能取得患者或者其近亲属意见的,经医疗机构负责人或者授权的负责人批准,可以立即实施相应的医疗措施。"

第55条是医务人员在诊疗活动中一般应尽的义务,主要是为了说明医疗过程中具有严重损伤后果的医疗风险、可能产生副作用、后遗症、并发症等的诊疗行为,该行为可能影响身体机能甚至危及生命,并征得患者的同意或者患者近亲属的同意。第56条规定的则是关于在紧急情况下知情同意的特殊规定。需要注意的是"不能取得患者或其近亲属意见",主要是指患者不能表达意志,也无近亲属陪伴,又联系不到近亲属的情况,不包括患者或者近亲属明确表示拒绝采取医疗措施的情况。

> [案例]患者许某因右中指伸屈肌腱断裂到当地医院治疗,经诊断为"右中指屈肌腱断裂"并行肌腱吻合术。在麻醉过程中,许某出现上腹痛、胸痛,手术被迫暂停。后经X线检查显示右侧气胸,医院未作特殊处理。次日,医院继续行肌腱吻合术,复查胸片显示气胸,仍未予特殊处理。术后,患者出现严重气胸,遂以并发症处理不及时将该医院告上法院。
>
> 当地法院委托市医学会作医疗事故鉴定,而医方未能提供麻醉同意书及麻醉记录单的原始资料。经鉴定分析,结果为:(1)诊断明确,医方麻醉术式选择符合医疗规范。(2)患者右侧气胸系麻醉并发症,医方对气胸发生后的处理欠积极。
>
> 法院的判决结果:医方因过错造成患者损害,构成四级医疗事故,负完全责任。
>
> [解答]本案为一起因医方过错而造成的医疗损害。医疗损害责任适用过错责任原则,即原则上一般过错,在特殊情况下为推定过错。本案中,医方不能提供麻醉同意书,无法证明自己在医疗技术操作中履行了告知义务,也无法证明在麻醉操作中遵循了诊疗规范,可直接推定医方过错。并且患者在麻醉中出现的异常表现,医方没有进一步检查和给予相应的处理,这一点又违背了医疗注意义务和医疗救助义务。因此,应由医方承担损害赔偿责任。

四、医疗损害责任的抗辩事由

诊疗活动有未知性、特异性、专业性等特点,医疗侵权行为也得考虑其特殊性,除适用一般侵权行为的免责事由外,还有一些特殊的免责事由。

根据《侵权责任法》第60条的规定,如果出现下列行为,医疗机构可以免责。

1. 患者或近亲属不配合医疗机构进行符合诊疗规范的诊疗。

2. 医务人员在抢救生命垂危的患者等紧急情况下已尽到合理诊疗义务。
3. 因医疗水平限制造成的损害。

第五节 环境污染损害责任

一、环境污染损害责任的概念

"环境"是指影响人类生存和发展的各种天然的和经过人工改造的自然因素的总和。环境污染是指对影响人类生存和发展的天然和人工改造的因素实施的不良影响。包括生活环境的污染,也包括对生态环境的污染。其形式表现为水污染、大气污染、噪声污染、光污染、辐射污染等,对人类生活影响极大。环境污染责任是指污染环境造成他人财产或者人身损害而应承担民事上的法律后果。

《民法通则》第124条规定,违反国家保护环境防止污染的规定,污染环境造成他人损害的,应当依法承担民事责任。《侵权责任法》第8章专章规定环境污染责任。此外,《中华人民共和国环境保护法》、《中华人民共和国海洋环境保护法》、《中华人民共和国水污染防治法》、《大气污染防治法》、《中华人民共和国环境噪声污染防治法》和《中华人民共和国放射性污染防治法》等法律对环境污染都有规定。同时,国家还制定了300多项环境保护标准,各省、直辖市、自治区制定了不少地方性环境保护法规,国务院有关部委包括国家环境保护部颁布了大量有关环境保护的规章。

二、环境污染损害责任的归责原则

《侵权责任法》第65条规定:"因污染环境造成损害的,污染者应当承担侵权责任。"环境污染责任作为一种特殊的侵权责任,在归责原则上适用无过错责任。即在受害人有损害,污染者的行为与损害有因果关系的情况下,不论污染者有无过错,都应对其污染造成的损害承担侵权责任。

如果违反法律规定的排污标准,侵权者是否需承担责任呢?根据《侵权责任法》第65条的规定,侵权者承担责任并不要求以违法性作为环境污染致人损害责任的构成要件,也就是说,即使是国家环境保护管理部门批准的排污行为,排污没有超过批准的指标,造成他人人身、财产损害的,也应当承担赔偿责任。

三、环境污染损害责任的构成要件

(一)须有污染环境的行为

环境污染行为是引起自然因素总体不良变化的行为,一般为积极的作为行为,即侵权人实施某种会污染环境的行为,比如排放废水、废气、废渣等。

(二)须有损害后果

损害后果是指被侵权人因接触或暴露于被污染的环境而受到的人身伤害、死亡以及财产损失等后果。环境污染损害一般具有长期性、潜伏性、持续性、广泛性、复杂性的特点。①

(三)因果关系

污染者承担赔偿责任的一个必要条件就是环境污染行为与损害后果之间有因果关系,只有存在因果关系,受害人才能要求侵权人承担环境污染责任。但是由于在环境污染责任的认定中,由受害人对污染者行为与其损害之间存在因果关系进行举证非常困难,如果由受害人承担因果关系的举证义务,则受害人很难获得救济。因此,《侵权责任法》第66条规定,因污染环境发生纠纷,污染者应当就法律规定的不承担责任或者减轻责任的情形及其行为与损害之间不存在因果关系承担举证责任。这条规定实质上是免除本应由原告承担的举证责任,而就待证事实的反面事实,由被告承担举证责任,同时将污染行为与损害之间的因果关系的举证责任加于污染者,从而保护受害人的合法权益。在举证责任分配上实行举证责任倒置。

四、环境污染损害责任的抗辩事由

(一)不可抗拒的自然灾害

我国《民法通则》第107条规定:"因不可抗力不能履行合同或者造成他人损害的,不承担民事责任,法律另有规定的除外。"《环境保护法》第41条第3款规定:"完全由不可抗拒的自然灾害,并经及时采取合理措施,仍然不能避免造成环境污染损害的,免予承担责任。"

"不可抗力"是指不能预见、不可避免,非人力所能的情况,有时也称"神力行为"。这个解释比较宽泛,《环境保护法》使用的是更为精确的名词"不可抗拒的自然灾害"。当然,如果把不可抗拒的自然灾害作为免责条件,还要求侵权人采取了合理的措施。

(二)受害人故意

参照《水污染防治法》的规定,在被侵权人故意或者重大过失时,可以免除或者减轻污染方的责任。如果被侵权人只有一般过错,则不能减轻污染方的责任。

(三)第三者过错时,污染者的追偿权

《侵权责任法》第68条规定:"因第三人的过错污染环境造成损害的,被侵权人可以向污染者请求赔偿,也可以向第三人请求赔偿。污染者赔偿后,有权向第三人追偿。"由此,第三人过错不是环境污染损害责任的免责事由。

> [案例]王某承包了20亩鱼塘。某日,王某发现鱼塘里的鱼大量死亡,王某认为鱼的死亡是因为附近的腾达化工厂排污引起,遂起诉腾达化工厂请求赔偿。腾达化工厂

---

① 张新宝:《侵权责任法》,中国人民大学出版社2010年第2版,第286页。

辩称,根本没有向王某的鱼塘进行排污。关于化工厂是否向鱼塘排污的事实举证责任,应当由谁来承担?

[解答]本案为一起环境污染致人损害案件,适用无过错责任,举证责任倒置。对于免责事由以及行为与损害结果之间不存在因果关系的举证责任,是由侵权人来承担的,而对于排污的事实和受损的事实,则应该由受害人承担举证责任。本案中,化工厂是否向鱼塘排污事实应该由化工厂来承担。

五、环境污染损害责任的诉讼时效

我国《环境保护法》第42条规定:"因环境污染损害赔偿提起诉讼的时效期间为三年,从当事人知道或者应当知道受到污染损害时起计算。"

第六节 高度危险作业致人损害责任

一、高度危险作业致人损害责任的概念

高度危险作业致人损害责任是指因从事对周围环境具有高度危险作业造成他人损害时,作业人所应当承担的损害赔偿责任。《民法通则》第123条对高度危险作业的种类作了列举性的规定,将高空、高压、易燃、易爆、剧毒、放射性以及高速运输等常见的危险列为高度危险性作业,但并没有完全概括它的范围,《侵权责任法》第69条确立了高度危险责任的一般条款,即除了民法通则所列举的之外的对周围有高度危险性的其他作业也应该属于这一范围。

二、高度危险作业致人损害责任的归责原则

《侵权责任法》第69条规定:"从事高度危险作业造成他人损害的,应当承担侵权责任。"可见,高度危险作业致人损害适用无过错责任原则,即只要是高度危险作业造成他人人身、财产损害,无论作业人是否有过错,都要承担侵权责任。

高度危险责任适用无过错归责的理由不在于行为的可谴责性,也不在于行为意思的瑕疵(故意或过失),而是因为对于享受特殊权利所造成的不幸事件,权利人应当承担责任。即从某种行为中获利的人,同时应承受该行为的风险。

三、高度危险作业致人损害责任的构成要件

(一)存在高度危险作业的行为

高度危险作业所囊括的范围很广,所以如何界定高度危险作业对理解高度危险作业致人损害的构成就显得很关键,在理论和实践中,我们应当注意以下两点:

1. 作业本身具有高度危险性。我们所说的作业本身的高度危险性是指作业发生损

害的概率比一般的作业高,对周围造成损害的可能性大,造成的后果极其严重。如保有易燃、易爆物品。而且这种危险具有不可避免的特点,超过了一般正常的防范意识。

2. 高度危险作业的"损害"无法避免。从事这种作业的人即使尽了相当的注意义务也可能造成周围的危险。

(二)存在损害事实

高度危险作业所造成的损害是对周围某一范围内不特定的人和财产造成的损害。

(三)因果关系

不同种类的高度危险作业与损害之间的因果关系复杂程度有所不同,如高空作业侵权责任的因果关系较为容易证明和判断,而剧毒物质作业与损害事实之间的因果关系证明则较复杂。

> [案例]原告乘坐地铁进入车站乘车时,由于其快速奔跑而掉下站台,被地铁轧断左腿和右脚。经急救和住院治疗,双下肢截肢。伤情被鉴定为伤残三级,开支医疗费用6.7万余元。原先要求被告地铁公司承担全部责任,赔偿各种费用共计219万余元。一审法院适用高度危险作业中的无过错责任和公平原则,支持原告的部分诉讼请求,判决被告赔偿原告各种经济损失50万余元和精神抚慰金30万元。二审维持原判。
> [解答]本案为一起典型的因高度危险作业致人损害案件。高速运输属高度危险作业,对此,高速运输作业的行为人地铁公司应当对受害人原告承担无过错责任。在本案中,原告被运行的地铁轧断左腿和右脚,造成双下肢截肢,伤残三级,人身遭受严重损害,地铁公司为高度危险作业行为人,不问其有没有过错都应当承担责任。

四、高度危险作业致人损害责任的抗辩事由

高度危险作业致人损害责任属于典型的无过错责任,不问侵权人有没有过错都得承担责任,但是并不表示不考虑被侵权人的过错,在被侵权人有过错的情形下,应当减轻或免除侵权人的责任,这就意味着一般的抗辩事由也同样适用高度危险作业。

高度危险致人损害责任因各危险作业性质不同,所以承担责任的抗辩事由也各有区别,下面分别简单的陈述:

1. 民用核设施致人损害责任的抗辩事由包括:战争、受害人故意。
2. 占用或使用危险物质,以及从事高空、高压、地下挖掘、高速运输工具致人损害责任的抗辩事由:受害人故意、不可抗力。被侵权人有重大过失的,可以减轻责任。
3. 民用航空器致人损害责任的抗辩事由:只在受害人故意的情况下免责。
4. 高压电致人损害的抗辩事由,主要包括:
(1)不可抗力;
(2)被侵权人故意,比如自杀、自伤等;
(3)被侵权人的违法行为,如盗窃、破坏等犯罪行为、其他违法行为。

5. 在高度危险区域活动时致人损害。

《侵权责任法》第 76 条规定:"未经许可进入高度危险活动区域或者高度危险物存放物区域受到损害,管理人已经采取安全措施并尽到警示义务的,可以减轻或者不承担责任。"这条是有关被侵权人重大过错的特别规定,如果管理人已经采取安全措施并尽到警示义务,而被侵权人仍然进入高度危险活动区域或者高度危险物存放区域的,就能认定被侵权人具有重大过失。

第七节 饲养动物致人损害责任

一、饲养动物致人损害责任的概念

饲养动物致人损害责任是指饲养的动物造成他人人身或财产权益损害时,动物的饲养人或管理人承担的损害赔偿责任。我国《侵权责任法》第 10 章规定了饲养动物致人损害责任。

二、饲养动物致人损害责任的归责原则

饲养动物致人损害责任的归责原则上为无过错责任,以动物园的推定过错为例外。我们分开论述:

(一)无过错责任

《侵权责任法》第 78 条规定:"饲养的动物造成他人损害的,动物饲养人或者管理人应当承担侵权责任,但能够证明损害因被侵权人故意或者过失造成的,可以不承担或者减轻责任。"《民法通则》第 127 条规定:"饲养的动物造成他人损害的,动物饲养人或者管理人应当承担民事责任;由于受害人的过错造成损害的,动物饲养人或者管理人不承担民事责任;由于第三人的过错造成损害的,第三人应当承担民事责任。"

《侵权责任法》第 78 条与《民法通则》第 127 条规定的即是在一般情况下饲养动物致人损害的归责原则,即无过错归责原则。在这种情况下,饲养人或管理人可以以被侵权人有故意或重大过失作为抗辩事由。《侵权责任法》第 79 条和第 81 条还规定了特别情况下的无过错情形:一种情形是违反管理规定,未对动物采取安全措施造成他人损害的;另一种情形是饲养的动物为禁止饲养的危险动物情形。在这两种情况下,只有第三人过错可以成为减轻或免除责任的理由。

(二)过错推定责任

根据《侵权责任法》第 81 条的规定,在动物园的动物致人损害的情形,动物园可以通过证明自己尽到了管理职责而不承担责任,适用过错推定原则。

[案例]小女孩甲(8 岁)与小男孩乙(12 岁)放学后常结伴回家。一日,甲对乙讲:"听说我们回家途中的王家昨日买了一条狗,我们能否绕道回家?"乙答:"不要怕!被狗

咬了我负责。"后甲和乙路经王家同时被狗咬伤住院。该案赔偿责任应如何承担？

[解答]本案为因饲养的动物致人损害的案件，适用无过错责任原则，由动物的饲养人或管理人承担责任。《侵权责任法》第78条规定："饲养的动物造成他人损害的，动物饲养人或者管理人应当承担侵权责任，但能够证明损害因被侵权人故意或者过失造成的，可以不承担或者减轻责任。"本题中甲、乙均无过错。故王家应当承担损害赔偿责任。

三、饲养动物致人损害责任的构成要件

（一）须为饲养的动物实施了某种独立行为

《野生动物保护法》与《物权法》规定，野生动物资源属于国家。所以相对于野生的动物而言，饲养的动物能为特定的人所控制或管理。

（二）须有损害事实

动物都有其本身的特性，有些动物有可能对他人的人身或财产造成损害。造成的损害包括人身、财产或精神损害。

（三）饲养的动物致害行为与损害事实的因果关系

因果关系的证明责任由被侵权人承担。

四、饲养动物致人损害责任的抗辩事由

（一）被侵权人故意或重大过失

《侵权责任法》第78条规定："能够证明损害因被侵权人故意或者重大过失造成的，饲养人或者管理人可以不承担或者减轻责任。"因此，只有在被侵权人故意或重大过失的情况下才可以成为免责或减轻责任的事由，而如果受害人一般过失造成损害则不能免除或者减轻饲养动物所有人或管理人的赔偿责任。

需要注意的是，并非被侵权人故意或者重大过失作为抗辩事由可以适用于一切饲养动物致人损害的情形，根据《侵权责任法》第79条、第80条有两种例外规定的情形：一是饲养的动物属于禁止饲养的动物；二是饲养人或者管理人违反管理规定，未对动物采取安全措施造成损害。

（二）第三人过错

因第三人的过错致使动物造成他人损害的，被侵权人可以向动物饲养人或者管理人请求赔偿，也可以向第三人请求赔偿。动物饲养人或者管理人赔偿后，有权向第三人追偿。

(三)动物园没有过错

一般的动物饲养人或者管理人不得以尽到管理职责作为其抗辩事由,但在动物园的动物致人损害的情形则为例外。动物园的动物造成他人损害的,动物园承担过错推定责任。

第八节 物件损害责任

一、物件损害责任概述

(一)物件损害责任的概念

物件损害责任有广义和狭义之分,广义的物件损害责任是指物件所有人、管理人或者其他主体对其所管领的物件致人损害所应承担的民事责任。狭义的物件损害责任仅指建筑物、构筑物或者其他设施致人损害所应承担的责任。

《民法通则》第126条规定,建筑物或者其他设施以及建筑物上的搁置物、悬挂物发生倒塌、脱落、坠落造成他人损害的,它的所有人或者管理人应当承担民事责任,但能够证明自己没有过错的除外。《侵权责任法》第11章对物件损害责任作了专章规定。

(二)物件损害责任的归责原则

物件损害原则上适用过错推定原则。被侵权人证明自己的损害是因建筑物等设施或者其他搁置物、悬挂物脱落、坠落造成的,所有人、管理人或者使用人对自己没有过错承担举证责任。

采用过错推定的归责原则主要在于:首先,物件损害责任中物件的危险性高于一般生活物品,但是又低于高度危险物品,其责任状态也就介于一般过错与无过错责任之间;其次,管理人或者使用人控制着建筑物等设施及其搁置物、悬挂物,而被侵权人通常并不了解情况,很难获得足够的证据,让其证明所有人、管理人有过错不公平;再次,一般情况下,建筑物等设施的或者物体的脱落、坠落与所有人、管理人或者使用人在管理、维护时存在过错有很大的关系。

二、物件损害责任的认定

确定是否承担物件损害责任,需要注意以下几点:

1. 是"物件"而非"人的行为"损害责任。造成损害的直接原因不是人的行为而是物件危险,也就是说管理人或者使用的责任只是因为其不作为义务下的损害。比如说,搁置物坠落是因为搁置的物件坠落而造成的损害,而不是搁置物的管理人作用于搁置物而致人损害,如果是管理人或使用人作用于物件而导致损害的应该属于一般的侵权行为。

2. 承担责任的主体为管理人、所有人或者使用人。注意"或者"这一词语的应用,三者为选择性的关系,要看具体的侵权行为,是谁有能力控制物件。

3. 物件损害责任是与物件有关的各种情况下的损害的集合。《侵权责任法》第11章的规定并非都是物件致人损害责任，如建筑物倒塌下的责任承担，只是与物件损害责任相关的责任承担。而第87条所规定的抛掷物或者坠落物侵权不明时的责任承担并非侵权责任，而是对被侵权人的补偿，属于社会救助的性质。

> [案例]甲购买了一幢楼房，租与乙居住。有一天，阳台上的花盆掉下，砸伤了行人丙。问行人丙的损失由谁负责？
> [解答]本案中，乙为使用人，是这一幢楼的直接管理者，其阳台上的搁置物坠落，应当由乙来承担责任。而不是所有人甲，因为他并没有实际控制该楼房。

三、物件损害责任的类型

（一）建筑物、构筑物或其他设施损害责任

《侵权责任法》第85条规定："建筑物、构筑物或者其他设施及其搁置物、悬挂物发生脱落、坠落造成他人损害，所有人、管理人或者使用人不能证明自己没有过错的，应当承担侵权责任。所有人、管理人或者使用人赔偿后，有其他责任人的，有权向其他责任人追偿。"第86条规定："建筑物、构筑物或者其他设施倒塌造成他人损害的，由建筑单位与施工单位承担连带责任。建设单位、施工单位赔偿后，有其他责任人的，有权向其他责任人追偿。因其他责任人的原因，建筑物、构筑物或者其他设施倒塌造成他人损害的，由其他责任人承担侵权责任。"

理解以上两条应注意以下几点：

1. 建筑物、构筑物或者其他设施等"脱落、坠落"与建筑物等"倒塌"不同：建筑物等脱落、坠落致人损害，其所有人、管理人或使用人承担责任，建筑物倒塌致人损害责任，责任主体可能为建设单位和施工单位也可能为其他主体。

2. 物件损害责任的"物件"包括两类：一是传统的建筑物、构筑物或者其他设施；二是建筑物、构筑物或者其他设施的搁置物、悬挂物。

3. 构筑物是指在土地上建设的不供人们直接在内进行生产和生活活动的场所，如道路、桥梁、水井等，在概念和外延上与建筑物都有所不同。

4. 其他人可以是勘察设计人、监理人及直接实施侵权的人，如爆炸人、业主等。

（二）堆放物、妨碍通行物、林木、地下设施和地面施工致人损害的责任

1. 堆放物损害责任

《侵权责任法》第88条规定："堆放物倒塌造成他人损害，堆放人不能证明自己没有过错的，应当承担侵权责任。"堆放物损害责任适用过错推定。承担责任的主体为堆放物倒塌或在公共道路上堆放物造成他人损害的堆放人。

2. 妨碍通行物损害责任

《侵权责任法》第89条规定："在公共道路上堆放、倾倒、遗撒妨碍通行的物品造成他

人损害的,有关单位或者个人应当承担侵权责任。"适用无过错责任原则,通常,责任主体是实施堆放、倾倒、遗撒行为的人,对公共道路负有管理、维护义务的单位或者个人如果没有及时清理妨碍通行物致人损害,也应当承担责任。[①]

3. 林木折断损害责任

《侵权责任法》第90条规定:"因林木折断造成他人损害,林木的所有人或者管理人不能证明自己没有过错的,应当承担侵权责任。"林木致人损害,适用过错推定,责任主体为林木的所有人或者管理人。

需注意:树木是独自成林,而不是作为附属于建筑物或构筑物等公共设施;而且,如果树木属于道路等构筑物旁的护路树时,树木倾倒、折断致人损害,以构筑物致人损害处理。

4. 地下设施损害责任

《侵权责任法》第91条规定:"窨井等地下设施造成他人损害,管理人不能证明尽到管理职责的,应当承担侵权责任。"地下设施致人损害,应当由相应的管理人承担责任。

(三)地面施工损害责任

《侵权责任法》第91条规定:"在公共场所或者道路上挖坑、修缮安装地下设施等,没有设置明显标志和采取安全措施造成他人损害的,施工人应当承担侵权责任。"

理解这条应当注意以下几点:

1. 施工场所为公共场所,而且为"地面"非空中或地下。
2. 责任主体为施工人。
3. 归责原则为过错推定,即如果施工人没有设置明显标志和采取安全措施就推定其有过错,应承担责任。

> [案例]甲公司铺设管道,在路中挖一深坑,设置了路障和警示标志。乙驾车撞倒全部标志,致丙骑摩托车路经该地时避让不及而驶向人行道,造成丁轻伤。问:丁的损失应当由谁来承担责任?
>
> [解答]《侵权责任法》第91条规定:"在公共场所或者道路上挖坑、修缮安装地下设施等,没有设置明显标志和采取安全措施造成他人损害的,施工人应当承担侵权责任。"本案中甲已经设置了路障和警示标志,履行了自己应尽的义务,无须承担侵权责任;丙没有过错,无须承担侵权责任;乙驾车撞倒全部标志才导致丁受伤,所以应由乙承担赔偿责任。

(四)建筑物中抛掷物品或坠落物品损害责任

《侵权责任法》第87条规定:"从建筑物中抛掷物品或者从建筑物坠落的物品造成他人损害,难以确定具体侵权人的,除能够证明自己不是侵权人的外,由可能加害的建筑物使用人给予补偿。"

---

① 王胜明:《中华人民共和国侵权责任法释义》,法律出版社2010年版,第434页。

根据以上规定,如果能够确定具体侵权人,则按照一般侵权行为由具体的侵权人承担责任。如果无法确定具体侵权人时,则由可能加害的建筑物使用人给予补偿。而可能的加害人要免除责任则要证明自己没有过错,适用过错推定的归责原则。

四、物件损害责任的抗辩事由

(一)物件的所有人或管理人无过错

所有人或管理人能够证明自己没有过错的,免除其赔偿责任。证明自己没有过错指的是管理上没有过错。

(二)不可抗力

如果物件致人损害是因不可抗力造成的,依照《侵权责任法》第29条的规定,应当免除所有人、管理人的赔偿责任。

(三)第三人过错

根据《侵权责任法》第28条的规定,损害是由第三人造成的,第三人应当承担侵权责任,物件所有人、管理人免责,赔偿责任应由第三人承担。

(四)受害人故意或者受害人过失

根据《侵权责任法》第27条的规定,由于受害人自己故意造成物件损害的,免除物件所有人、管理人的赔偿责任;如果是由于受害人自己的过失造成物件损害的,基于损害的过错和原因力均为受害人一方,物件所有人或管理人没有过失,也没有原因力,因而不承担责任。

【思考题】

1. 试述医疗损害责任的构成要件。
2. 如何理解产品缺陷的概念和种类?
3. 如何认识产品责任的归责原则?
4. 如何认识不同情形下机动车交通事故责任的不同归责原则?
5. 我国物件致人损害责任有何特征?
6. 施工人责任的构成要件有哪些?

【司法考试真题链接】

1. 甲以正常速度驾驶汽车(已投保)途中,突遇行人乙在非人行道处横穿公路,甲紧急刹车,但仍将其撞伤。保险公司在机动车第三者责任强制保险责任限额内对乙支付保险金后,乙尚有一部分损害未获赔偿。对于这部分损害赔偿费用的承担问题,下列哪一种说法是正确的?(2005年)

A. 由保险公司承担赔偿责任
B. 由乙自行承担
C. 由甲承担部分赔偿责任
D. 由甲承担全部赔偿责任

2. 赵某将一匹易受惊吓的马赠给李某,但未告知此马的习性。李某在用该马拉货的过程中,马受惊狂奔,将行人王某撞伤。下列哪一选项是正确的?(2007年)

A. 应由赵某承担全部责任
B. 应由李某承担责任
C. 应由赵某与李某承担连带责任
D. 应由李某承担主要责任,赵某也应承担一定的责任

3. 甲将数箱蜜蜂放在自家院中槐树下采蜜。在乙家帮忙筹办婚宴的丙在帮乙喂猪时忘关猪圈,猪冲入甲家院内,撞翻蜂箱,使来甲家串门的丁被蜇伤,经住院治疗后痊愈。下列哪一种说法是正确的?(2005年)

A. 甲应对丁的医疗费用承担全部民事责任
B. 乙应对丁的医疗费用承担全部民事责任
C. 丙应对丁的医疗费用承担全部民事责任
D. 乙和丙应对丁的医疗费用承担连带责任

4. 甲、乙各牵一头牛于一桥头相遇。甲见状即对乙叫道:"让我先过,我的牛性子暴,牵你的牛躲一躲。"乙说:"不怕。"继续牵牛过桥,甲也牵牛上桥。结果二牛在桥上打架,乙的牛跌入桥下摔死。乙的损失应由谁承担?(2002年)

A. 甲应负全部赔偿责任
B. 应由乙自负责任
C. 双方按各自的过错程度承担责任
D. 双方均无过错,按公平责任处理

5. 某商场家电部一员工在布置展台时,一通电的取暖器石英管突然爆裂,致其受伤。后查明事故原因是由于厂家不慎将几台质检不合格的商品包装出厂。该员工欲通过诉讼向商家索赔,但不知应以产品责任还是以产品质量瑕疵担保为由诉讼。下列关于二者区别的表述中哪些是正确的?(2002年)

A. 前者需要有现实损害,后者不需要
B. 前者属于侵权行为,后者属于违约行为
C. 前者的责任承担形式主要是损害赔偿,后者则主要为修理、更换
D. 前者可以直接向法院起诉,后者一般先向合同相对人要求补救或赔偿

6. 甲购买一辆汽车,在开回的路上,因刹车失灵而翻车受伤。在此情形下,他可以请求谁承担何种责任?(2002年)

A. 请求商家承担违约责任

B. 请求厂家同时承担违约和侵权责任
C. 请求厂家承担侵权责任
D. 请求厂家承担侵权责任,同时请求商家承担违约责任

7. 甲在某酒店就餐,邻座乙、丙因喝酒发生争吵,继而动手打斗,酒店保安见状未出面制止。乙拿起酒瓶向丙砸去,丙躲闪,结果甲头部被砸伤。甲的医疗费应当由谁承担?(2006年)

A. 由乙承担,酒店无责任
B. 由酒店承担,但酒店可向乙追偿
C. 由乙承担,酒店承担补充赔偿责任
D. 由乙和酒店承担连带赔偿责任

8. 某化工厂排放的废水流入某湖后,发生大量鱼类死亡事件。在是否承担赔偿责任问题上,该化工厂的哪些抗辩理由即使有证据支持也不能成立?(2006年)

A. 其排放的废水完全符合规定的排放标准
B. 另一工厂排放的废水足以导致湖中鱼类死亡
C. 该化工厂主观上没有任何过错
D. 原告的赔偿请求已经超过2年的诉讼时效

9. 大华商场委托飞达广告公司制作了一块宣传企业形象的广告牌,并由飞达公司负责安装在商场外墙。某日风大,广告牌被吹落砸伤过路人郑某。经查,广告牌的安装存在质量问题。关于郑某的损害,下列哪一选项是正确的?(2008年)

A. 大华商场承担赔偿责任,飞达公司承担补充赔偿责任
B. 飞达公司承担赔偿责任,大华商场承担补充赔偿责任
C. 大华商场承担赔偿责任,但其有权向飞达公司追偿
D. 飞达公司承担赔偿责任,大华商场不承担责任

10. 甲饲养的一只狗在乙公司施工的道路上追咬丙饲养的一只狗,行人丁避让中失足掉入施工形成的坑里,受伤严重。下列哪些说法是错误的?(2009年)

A. 如甲能证明自己没有过错,不应承担对丁的赔偿责任
B. 如乙能证明自己没有过错,不应承担对丁的赔偿责任
C. 如丙能证明自己没有过错,不应承担对丁的赔偿责任
D. 此属意外事件,甲、乙、丙均不应承担对丁的赔偿责任

11. 大学生甲在寝室复习功课,隔壁寝室的学生乙、丙到甲寝室强烈要求甲打开电视观看足球比赛,甲只好照办。由于质量问题,电视机突然爆炸,甲、乙、丙三人均受重伤。关于三人遭受的损害,下列哪一选项是正确的?(2010年)

A. 甲可要求电视机的销售者承担赔偿责任
B. 甲可要求乙、丙承担损害赔偿责任
C. 乙、丙无权要求电视机的销售者承担赔偿责任
D. 乙、丙有权要求甲承担损害赔偿责任

12. 甲系某品牌汽车制造商,发现已投入流通的某款车型刹车系统存在技术缺陷,即通过媒体和销售商发布召回该款车进行技术处理的通知。乙购买该车,看到通知后立即

驱车前往丙销售公司,途中因刹车系统失灵撞上大树,造成伤害。下列哪些说法是正确的?(2011年)

  A. 乙有权请求甲承担赔偿责任
  B. 乙有权请求丙承担赔偿责任
  C. 乙有权请求惩罚性赔偿
  D. 甲的责任是无过错责任

第二十五章 共同侵权

【引例】

患者甲在乙医院住院治疗,乙医院邀请丙医院的专家丁与本院的专家戊一同对甲会诊。专家丁因疏忽大意,误诊为甲的右肾坏死,专家戊也因疏忽大意没有发现诊断错误,两人决定对甲实施手术,切除甲的右肾。手术后发现甲的右肾没有病变。

本案中,专家丁与专家戊都因疏忽大意的过失造成甲的损害,而且他们是对同一主体造成的同一损害,构成共同过失的侵权行为。又由于丁是丙医院的医生,戊为乙医院的医生,因此,甲的损失应由丙与乙承担连带责任。

第一节 共同侵权行为概述

一、共同侵权行为的概念及特征

（一）概念

共同侵权行为,有广义与狭义之分,狭义的也叫共同加害行为,是指两个或者两个以上的行为合致人同一损害,应当承担连带责任的侵权行为。而广义的共同侵权行为还包括教唆、帮助的共同侵权行为、共同危险行为等共同侵权行为。

我国的《侵权责任法》只承认狭义的理解,司法解释进行了扩充,本章一并进行讨论。可以用下图来说明我们讨论的范围:

```
                         ┌ 共同故意行为
                         │ 共同过失行为
          狭义的共同侵权行为 ┤ 故意与过失混合行为
广义的共同侵权行为 ┤         └ 无意思联络的数人侵权行为直接结合的
          │ 教唆、帮助的共同侵权行为
          └ 共同危险行为
```

（二）特征

1. 构成侵权的主体为两个或两个以上。数个主体可以是自然人,也可以是法人和其他组织,或者自然人和法人或其他组织的集合。

2. 构成侵权的主体具有主观上的共同性。即数个主体主观对损害后果的发生存在共同的故意或者过失或者直接结合致人同一损害。也可理解为数个主体对同一损害后果承担责任,而不是数个主体对不同的损害后果承担责任。

3. 数个共同侵权人的共同行为所造成的损害后果是同一的、不可分割的。同一性,是指数个主体的侵权行为造成一个、不可侵的损害后果,而不是把每个侵害人个人的独立行为引起的后果简单相加。换言之,数个侵权主体的侵权行为的损害后果只有一个,否则就不构成共同侵权行为。

4. 数个主体承担责任为连带责任。即数个共同侵权人对受害人承担连带责任。受害人有权请求加害人中的任何一人或者数人承担全部损害赔偿责任,任何加害人都有义务向受害人负全部赔偿责任。

二、共同侵权行为的责任分配

共同侵权行为主体人数多、主观恶性大、所造成的损害程度一般也更为严重,因此,为加强对受害人的保护,确保其获得赔偿,共同侵权行为人对受害人承担连带责任。所谓连带责任是指数个责任主体对损害共同承担责任,其中的任何一个责任主体对全部损害承担侵权责任,在承担完全部赔偿份额后,有权向其他未承担责任的其他责任主体追偿。

我们可以分为对外责任和对内责任来讨论。

(一)对外关系中的连带责任

《侵权责任法》第 8 条规定:"二人以上共同实施侵权行为,造成他人损害的,应当承担连带责任。"第 13 条规定:"法律规定承担连带责任的,被侵权人有权请求部分或者全部连带责任人承担责任。"可见共同侵权行为的每个行为人都要对受害人所受到的侵害承担全部责任。受害人有权请求全部行为人或者其中部分行为人承担全部的责任;受害人的请求权全部实现后,就不得再次提出请求。这是一种法定责任,不因加害人内部的约定而有所改变。

(二)对内关系中的责任分担

《侵权责任法》第 14 条规定:"连带责任人根据自己责任大小确定相应的赔偿数额;难以确定责任大小的,平均承担赔偿责任。""支付超出自己赔偿数额的连带责任人,有权向其他连带责任人追偿。"根据这一规定,在对内关系上,各侵权主体应当根据各加害人的过错程度以及其行为与损害结果之间原因力的比例来分担责任。如果过错程度及原因力大小无法区分时,才可以平均分担。

三、共同侵权行为的责任免除

受害人是否可以免除部分加害人的侵权?最高人民法院《关于审理人身损害赔偿案件适用法律若干问题的解释》第 5 条规定:"赔偿权利人起诉部分共同侵权人的,人民法院应当追加其他共同侵权人作为共同被告。赔偿权利人在诉讼中放弃对部分共同债权人的诉讼请求的,其他共同侵权人对被放弃诉讼请求的被告应当承担的赔偿份额不承担连带责任。责任范围难以确定的,推定各共同侵权人承担同等责任。人民法院应当将放弃诉讼请求的法律后果告知赔偿权利人,并将放弃诉讼请求的情况在法律文书中叙明。"可见,受害人无权仅仅免除部分侵权人的责任,如果受害人只选择部分侵权人承担全部责任后,承担责任的侵权人有权向未承担责任的其他加害人进行追偿,受害人无权干涉。如果受害人免除部分侵权人的责任,那么其他侵权人则可以在相应的范围内免责。

> [案例]甲、乙、丙三人将丁打伤了,丁花去医疗费等费用5000元。问:丁可以如何主张自己的权利?
>
> [解答]甲、乙、丙为共同侵权,对丁的损失承担连带责任。乙可以请求甲、乙、丙中的任何一个人承担全部责任,而甲、乙、丙中任何一个人承担完赔偿责任,可以向其他两人追偿。也就是说假如丁起诉了甲,要求承担全部责任,则甲承担全部责任后可以向乙和丙追偿,要求其承担他们该承担的份额。
>
> 进一步假设:假如丁认为丙是自己的亲友,因而免除丙的责任,则甲和乙在免除后范围内承担责任,而不是承担全部责任。

第二节 共同加害行为

一、共同加害行为的概念

共同加害行为是指两个或两个以上的行为人共同侵犯他人的合法权益从而造成损害,由加害人承担连带责任的侵权行为。这种就是共同故意或共同过失致人损害的情形,正是因为这种共同的主观过错把数人连在一起而共同承担侵权责任,数个主体之间可以数人都是故意或者数人都是过失,也可以部分人为故意,部分人为过失,无论数个主体之间是共同故意或者是共同过失至人损害,都构成共同侵权。

> [案例]
> 例1:甲、乙、丙三人都为同事,因事甲、乙和丙发生了冲突,于是甲和乙商量要给丙一个教训,有一天,两人在丙经过的路上拉了一根绳子,把丙绊倒受伤。
>
> 例2:甲、乙共抬重物登高,都预见重物有坠落伤人的可能性,但彼此询明,均有不至坠落之自信。结果继续抬行不久,重物坠落伤及随后的游人丙。
>
> 问:两案例中甲、乙是什么性质的行为?
>
> [解答]例1为典型的共同加害行为,甲、乙共同故意造成了丙的人身伤害;例2为共同过失侵权行为。不管例1的情形还是例2的情形,甲、乙都应当承担连带责任。

二、共同加害行为的构成要件

共同加害行为的构成要件有四:

1. 加害主体须为两人或两人以上,即主体的复数性。

数个主体对受害人承担责任或在彼此之间进行责任分担。各主体均为独立承担侵权责任的主体,不存在职务上的隶属关系或替代关系,如雇主与雇员、帮工与被帮工之间的关系等。

2. 主观过错的共同性或数个行为的直接结合性。

主观过错的共同性是指共同故意、共同过失或者故意与过失的混合三种情况,不管哪种情况都构成共同侵权。而数个行为的直接结合性是指无意思联络的数人侵权行为直接结合的情形。

3. 致害后果的同一性。

共同加害行为所导致的后果是一个统一的不可分割的整体。也就是说,损害后果构成一个整体,被侵权人为同一主体,受到侵害的民事权益是同一类别或者相似类别的。比如在共同损害中,甲造成的为丙的身体伤害,乙造成的为丙的财产伤害,但是因为甲和乙在主观上有关联,同样也构成共同侵权。

4. 侵权行为与损害后果的因果关系。

共同侵权行为与作为一个整体的损害后果之间具有因果关系。

> [案例]甲、乙夫妇因8岁的儿子严重残疾,生活完全不能自理而非常痛苦。一天,甲往儿子要喝的牛奶里放入"毒鼠强"时被乙看到,乙说:"这是毒药吧,你给他喝呀?"见甲不说话,乙叹了一口气后就走开了。毒死儿子后,甲、乙两人一起掩埋尸体并对外人说儿子因病而死,问:甲、乙是否构成共同侵权?
>
> [解答]本题中,甲的行为毫无疑问为故意杀人,问题在于乙的行为是否构成侵权,与甲在主观是什么关系?我们从题中可知,乙明知甲在儿子要喝的牛奶里放毒,而没有尽到监护责任去制止这一行为,后来还一起掩埋尸体,明知而希望,为故意,因此主观上两人为共同故意,构成共同故意侵权。

第三节 共同危险行为

一、共同危险行为的概念

共同危险行为,也称准共同侵权行为,是指数人共同实施危及他人人身安全的行为并造成损害结果,而实际侵害行为人又无法确定的侵权行为。《侵权责任法》第10条规定:"二人以上实施危及他人人身、财产安全的行为,其中一人或者数人的行为造成他人损害,能够确定具体侵权人的,由侵权人承担责任;不能确定具体侵权人的,行为人承担连带责任。"《人身损害赔偿解释》第4条也规定:"二人以上共同实施危及他人人身安全的行为并造成损害后果,不能确定实际侵害行为人的,应当依照民法通则第一百三十条规定承担连带责任。共同危险行为人能够证明损害后果不是由其行为造成的,不承担赔偿责任。"共同危险行为成立后,虽然真正的侵害行为人只能是其中一人或部分人,但是如果无法确定谁是真正的侵害行为人,则由共同实施危险行为的数人承担连带责任。当然,如果能够证明受害人的损害后果并非由其危险行为造成,可免责。

> [案例]在一个高层居民楼上,3个儿童在15层楼的楼道上玩。在玩的过程中,3个儿童发现某家居民的门前放了一些旧的酒瓶子,3个儿童就每人拿起1个,到楼道窗户前,用手把瓶子伸到楼外,喊"一、二、三",就一齐松手,把瓶子扔了出去。这时,正好楼里面的一位居民抱着自己2岁的孩子从楼道里出来,走到门口,这3个瓶子中的1个瓶子正巧打到小孩的头上,将孩子砸伤。经过调查,不知道究竟是哪个孩子的瓶子打伤孩子的。问:谁应当承担责任?
>
> [解答]本案为一起共同危险行为引起侵权责任承担的案件,3个孩子一起扔瓶子,造成了危险,又不能确定是谁的瓶子造成损害,因而也无法确定谁是具体侵权人。根据《侵权责任法》第10条的规定:"二人以上实施危及他人人身、财产安全的行为,其中一人或者数人的行为造成他人损害,能够确定具体侵权人的,由侵权人承担责任;不能确定具体侵权人的,行为人承担连带责任。"因此,本案中受害人可以请求3个孩子的监护人承担连带责任。

二、共同危险行为的构成要件

作为"准共同侵权行为",与典型的共同侵权行为相比较而言,除需具备主体复数性及损害后果同一性外,还须具备以下要件:

1. 数人同时或者相继实施具有危险性的行为。数人在实施危险行为时是同时或相继实施的,在时间上是同一性的或连续得比较紧密,否则不构成共同危险行为。

2. 共同行为人的行为均具有共同的危险性。每个行为人的行为都具有违法性,客观上都有危及他人财产或人身的可能性,甚至是现实存在的危险性。

3. 侵权行为人不可确定性。共同危险行为真正的侵权行为人只是其中的一个或一部分,只是无论是被侵权人还是法院都无法确认是谁的行为造成的损害。

4. 整个共同危险行为与损害结果之间具有关联性。共同危险行为作为一个整体造成了同一的损害结果,各个危险行为人的行为只是可能造成了损害后果,其行为与损害后果之间的因果关系是法律推定的,是种替代因果关系。

三、共同危险行为的责任分配

根据《侵权责任法》第10条的规定,两人以上实施危及他人人身、财产安全的行为,不能确定具体侵权人的,行为人承担连带责任。由此可见,在外部,共同危险行为人对受害人承担连带赔偿责任。在内部,共同危险行为人中一人或部分人承担了全部赔偿责任以后,有权向其他应负责任而未负责任的行为人追偿。追偿比例因为无法确定过错及原因力的大小,一般情况下就是取平均数。

四、共同危险行为的责任免除

从共同危险行为制度设置的角度来看,如果行为人能举证证明自己没有实施具有危险性的加害行为或者自己的行为与损害后果之间没有因果关系,就可以免责。这里的证明主要是要因果关系上,而不是主观过错上,也就是说如果行为人只是证明自己实施的行为没有过错是不可以免责的。

但是,假如行为人可以证明其他行为人之一或一部分为实际加害人,同样可以免责,因为此时的纠纷本质上已不是共同危险行为,而是单独侵权或共同侵权行为,由直接行为人或其替代者承担责任。

第四节　无意思联络的数人侵权行为

一、无意思联络的数人侵权行为的概念

无意思联络的数人侵权是指数个行为人并无共同过错,但由于数个行为的结合而导致同一损害后果的侵权行为。特别要注意的是,数个行为人既不是故意,也不存在过失,而是分别实施侵权行为,各行为结合造成了同一损害后果。数人之间行为的结合方式一种为直接结合,即每个人的侵权行为都足以造成全部损害。另一种结合方式为间接结合,即每个主体的侵权行为偶然的结合,共同加在一起造成了同一损害后果。

如果是直接结合则成立共同侵权,形成连带责任;如果是间接结合,而成立"多因一果"侵权行为,是按份责任。因此,直接结合和间接结合的区分是承担连带责任与否的关键因素。

二、无意思联络的数人侵权行为的类型

（一）直接结合的无意思联络的数人侵权行为

《侵权责任法》第11条规定:"二人以上分别实施侵权行为造成同一损害,每个人的侵权行为都足以造成全部损害的,行为人承担连带责任。"这条规定可以理解为无意思联络数人侵权行为直接结合,属于共同侵权,行为人应当承担连带责任。

无意思联络数人侵权直接结合需满足以下要件:

1. 行为人为两人以上。行为人的复数性是最基本的条件,而且每个人的行为都必须是侵权行为。

2. 数个行为人分别实施了侵权行为,彼此之间没有任何的意思联络。分别实施了侵权行为即是要求每个行为之间相互独立,并且实施侵权行为的数个行为人之间不具有主观上的关联性,在实施侵权行为之前及实施侵权行为过程中,都没有与其他行为人有意思上的联络,甚至根本就没有意识到还有其他人和侵权行为的存在。

3. 损害后果同一。这里更加强调对同一损害的内容的关联性和性质的相同性。举例说明:如果甲和乙的行为都造成了财产损害或人身损害,财产损害与人身损害是作为一个整体而存在的,我就说其损害后果是同一的。如果甲的行为造成的为财产损害,乙的行为造成的为人身损害,就算是都是一个受害人,但因为在这里,财产损害与人身损害没有合成一个整体,则我们认为其不具有同一性,而是两个单独的侵权行为。

4. 每个人的行为都足以造成全部损害结果。对"足以"这个词的理解非常关键,它强

调的是每个人的行为即使没有其他侵权行为的作用,一样可以造成全部损害。

> [案例]某十字路口,行人依行人绿灯步行过街,甲、乙两司机驾车闯红灯分别从相对的两个方向驶来,丙躲闪不及,甲、乙两车将丙挤在中间相撞,致丙受伤。
> [解答]在本案中,甲和乙分别实施了侵权行为,而且无论是单独甲的行为还是乙的行为都足以造成丙的损害,事实上也造成了损害,因此属于无意思联络的数人侵权的直接结合。根据《侵权责任法》第11条的规定,甲、乙承担连带责任。

(二)间接结合的无意思联络的数人侵权行为

《侵权责任法》第12条规定:"二人以上分别实施侵权行为造成同一损害,能够确定责任大小的,各自承担相应的责任;难以确定责任大小的,平均承担赔偿责任。"《人身赔偿解释》也规定:"二人以上没有共同故意或者共同过失,但其分别实施的数个行为间接结合发生同一损害后果的,应当根据过失大小或者原因力比例各自承担相应的赔偿责任。"这一规定指的是无意思联络数人侵权行为间接结合的情况,不成立共同侵权,形成按份责任。

无意思联络数人侵权间接结合需满足以下要件:
1. 行为人为两人以上。
2. 数个行为人分别实施了侵权行为,彼此之间没有任何发生损害后果的意思联络。
3. 各行为人的行为单独不能致损害后果发生。
4. 各行为主体行为的结合具有偶然性,共同作用导致了同一损害后果的发生。

> [案例]付某骑自行车下班回家,在非机动车道正常骑行中遇一汽车迎面驶来,为躲避该车,付某遂靠边骑行。但是此时又有一摩托车违章逆行,付某再次避让导致撞在路边摔倒,造成腰部扭伤,花费数百元医药费。
> [解答]在本案中汽车司机和摩托车司机的各自过错行为均非针对付某,没有共同故意也没有共同的过失,即他们无意思联络。并且如果只有一个原因发生,不管是汽车行驶还是摩托车行使都不会导致付某的受伤,但两过失行为在特定的时间偶然性地发生了联系,共同促成了付某人身损害的发生。因此,汽车驾驶司机和摩托车驾驶司机就构成了无意思联络数人侵权间接结合。根据《侵权责任法》第12条的规定,汽车司机和摩托车司机承担按份责任。

【思考题】

1. 试述共同侵权行为的特征。
2. 无意思联络数人侵权的直接结合与无意思联络数人侵权的间接结合的区别是什么?

3. 共同危险行为的构成要件是什么？

【司法考试真题链接】

1. 一小偷利用一楼住户甲违规安装的防盗网，进入二楼住户乙的室内，行窃过程中将乙打伤。下列哪一种说法是正确的？（2005年）
   A. 乙的人身损害应由小偷和甲承担连带责任
   B. 乙的人身损害只能由小偷承担责任
   C. 乙的人身损害应由甲和小偷根据过错大小，各自承担责任
   D. 乙的人身损害应先由小偷承担责任，不足部分由甲承担

2. 三个小孩在公路边玩耍，此时，一辆轿车急速驶过，三小孩捡起石子向轿车扔去，坐在后排座位的刘某被一石子击中。刘某将三小孩起诉至法院。关于本案举证责任分配，下列哪些选项是正确的？（2008年）
   A. 刘某应对三被告向轿车投掷石子的事实承担举证责任
   B. 刘某应对其所受到损失承担举证责任
   C. 三被告应对投掷石子与刘某所受损害之间不存在因果关系承担举证责任
   D. 三被告应对其主观没有过错承担举证责任

3. 甲晚10点30分酒后驾车回家，车速每小时80公里，该路段限速60公里。为躲避乙逆向行驶的摩托车，将行人丙撞伤，丙因住院治疗花去10万元。关于丙的损害责任承担，下列哪一说法是正确的？（2010年）
   A. 甲应承担全部责任　　　　　B. 乙应承担全部责任
   C. 甲、乙应承担按份责任　　　D. 甲、乙应承担连带责任

4. 赵某在公共汽车上因不慎踩到售票员而与之发生口角，售票员在赵某下车之后指着他大喊："打小偷！"赵某因此被数名行人扑倒在地致伤。对此应由谁承担责任？（2004年）
   A. 售票员　　　　　　　　　　B. 公交公司
   C. 售票员和动手的行人　　　　D. 公交公司和动手的行人

第二十六章　侵权损害赔偿

【引例】

刁某暂借村委会饲养所居住。后经村委会讨论决定将此房卖给阮某,并通知刁某于次年5月30日搬出,但刁某拒不搬出。7月29日,阮某强行维修房屋,将刁某的粮食、衣物等压在房内。事后,村和乡都派人进行了清点登记,并让刁某将物品取回,阮某按损失程度进行赔偿。刁某拒不收回东西,使被压物品长期存放于院内,造成了新的损失,并向法院起诉要求阮某赔偿全部损失。

本案阮某强行维修房屋,致刁某遭受损失,对此虽刁某拒不搬出有一定责任,但阮某应负赔偿责任;然而,刁某借机刁难,所造成的新的损失,是由刁某自己的过错所致,根据《民法通则》的规定,受害人自己故意造成的损害和扩大的损失不应赔偿。

第一节　侵权损害赔偿概述

一、侵权损害赔偿的概念

侵权损害赔偿,是指侵权人对其侵权行为所致损失以金钱或实物予以赔偿的民事责任方式。在多样性的侵权责任方式中,侵权损害赔偿是适用最广泛的一种侵权责任方式,当其他侵权责任方式不足以救济受害人时,侵权损害赔偿均有适用的余地。侵权法具有预防侵权、填补损失和抚慰功能。侵权损害赔偿意在填补侵权行为所致损害,恢复侵权行为发生之前的状态。损害赔偿时既可以采用金钱赔偿也可以采用实物赔偿,但通常采用金钱赔偿,金钱具有一般等价物的作用,因而金钱赔偿比实物赔偿更简便易行。

二、侵权损害赔偿的原则

在确定侵权损害赔偿时应遵循以下原则:

(一)全面赔偿原则

全面赔偿原则,是指对侵权人的侵权行为无论是出于主观故意或过失,也无论侵权人是否受到刑事或行政制裁,均应按照其所造成的损害的大小确定民事赔偿范围。因此,侵权损害赔偿的范围既包括直接损失也包括间接损失以及精神损失。全面赔偿的目的是使受害人的状况尽可能恢复到未被侵害之前的状态。侵权损害赔偿不同于违约损害赔偿的区别之一是,违约损害赔偿受可预见规则的限制,而侵权损害赔偿以全面赔偿为原则,不受可预见规则的限制。当然,间接损失和精神损失的赔偿以法律有明确规定为限。

尽管侵权损害赔偿以全面赔偿为原则,但有时即使是全面赔偿也不足以弥补受害人的全部损失,比如对于死亡赔偿,因生命一旦失去则无可挽回,且生命无价是不能用金钱衡量的。因此,民法对侵害生命权的赔偿不是对生命价值的赔偿。

(二)过错相抵原则

过错相抵,又称受害人存有过失,是指受害人对于损害的发生或扩大也存在过错,在损害赔偿时要减轻或免除加害人的赔偿金额。我国《民法通则》第131条规定:"受害人对于损害的发生也有过错的,可以减轻侵害人的民事责任。"《侵权责任法》第26条规定:"被侵权人对损害的发生也有过错的,可以减轻侵权人的责任。"《人身损害赔偿解释》第2条也规定:"受害人对同一损害的发生或者扩大有故意、过失的,依照民法通则第一百三十一条的规定,可以减轻或者免除赔偿义务人的赔偿责任。但侵权人因故意或者重大过失致人损害,受害人只有一般过失的,不减轻赔偿义务人的赔偿责任。适用民法通则第一百零六条第三款规定确定赔偿义务人的赔偿责任时,受害人有重大过失的,可以减轻赔偿义务人的赔偿责任。"《精神损害赔偿解释》第11条也规定:"受害人对损害事实和损害后果的发生有过错的,可以根据其过错程度减轻或者免除侵权人的精神损害赔偿责任。"

适用过错相抵时,要考虑:第一,受害人的行为是损害发生或扩大的共同原因;第二,受害人存在过错。值得注意的是,侵权人故意或重大过失致人损害,而受害人只有一般过失的,不适用过失相抵。

(三)损益相抵原则

损益相抵,又称损益同销,是指受害人基于损失发生的同一原因而获得利益时,应当将该利益从赔偿额中抵销,加害人仅对抵销后的损失承担赔偿责任。损益相抵的理论依据,在于侵权赔偿的前提是受害人的损失,当受害人基于损失发生的同一原因受有利益时该利益本身就会冲抵其损失。因此,在计算受害人的损失时,应当将受害人的损失额减去基于损失发生的同一原因所获利益,二者的差额才是受害人的真正损失。比如,建筑物被撞倒,对所有权人而言是损失,其当然可以请求赔偿,但是建筑物倒塌后所遗留的建筑材料,对于所有权人而言将是一种利益。因此,在计算损失时,应将其所获利益从赔偿额中扣除。

(四)考虑当事人的经济状况原则

考虑当事人的经济状况原则,是指在侵权损害赔偿案中确定具体损害赔偿额时,要适当考虑加害人的经济状况,要为其及其家属保留基本生活所必需的经济条件。如果实行全面赔偿将使加害人及其家属的经济生活陷入极其困难的境地时,可根据具体情况适当减少加害人的赔偿数额。

考虑当事人的经济状况原则,是社会文明的体现,也是社会主义人道主义的要求。

第二节 财产损害赔偿

财产损害赔偿,是指侵害他人财产权益造成他人财产损失,行为人应当承担的财产损害赔偿责任。财产损害赔偿是全面赔偿,即财产损害赔偿的数额以所造成的客观损失为限,损失多少,赔偿多少。这种客观损失既包括直接损失也包括间接损失。间接损失又称为可得利益的损失,是指受害人原本可以得到但因侵权行为的发生致丧失的利益。

《民法通则》第117条规定:"侵占国家的、集体的财产或者他人财产的,应当返还财产,不能返还财产的,应当折价赔偿。损坏国家的、集体的财产或者他人财产的,应当恢复原状或者折价赔偿。受害人因此遭受其他重大损失的,侵害人并应当赔偿损失。"根据该规定,侵害财产造成损害首先应该考虑的是,能返还原物的,要返还原物;原物已经损坏能修复的要尽量修复;修复后影响其质量和价值的,要予以相应的经济补偿;如果不能返还原物也不能恢复原状的,可以用同质量或同种类的实物赔偿,或按照被损害财产的实际价值予以赔偿。在计算原物实际价值时应当根据原物的原有价格、已经使用的时间和将可以使用的时间等因素综合判断。

按照财产损害全面赔偿的原则,间接损失也应赔偿,不应忽视,否则,就使受害人的损失得不到全部赔偿。《最高人民法院关于交通事故中的财产损失是否包括被损车辆停运损失问题的批复》中规定:"在交通事故损害赔偿案件中,如果受害人以被损车辆正用于货物运输或者旅客运输经营活动,要求赔偿被损车辆修复期间的停运损失的,交通事故责任者应当予以赔偿。"《产品质量法》第44条第2款规定:"因产品存在缺陷造成受害人财产损失的,侵害人应当恢复原状或者折价赔偿。受害人因此遭受其他重大损失的,侵害人应当赔偿损失。"该款后半段及其上述《民法通则》第117条后半段都是关于受害人间接损失赔偿的规定。

财产损害间接损失的认定要严格,只能限于合理损失,不能任意扩大。财产损害间接损失的计算相对复杂,通常采用收益平均法,也可以采用同类比照法,即以条件基本相同的同类生产、经营者在同等条件下的平均收益乘以受害人财产被损害后不能生产、经营的时间。

[案例]2000年1月3日10时许,甲驾驶大型牵引车在焦灵路由东向西行驶至亭角上斜路段时,因雨天路滑车辆后轮打滑致使车辆失控越过中心实线,撞上了对方车道驶来的乙的"东风"牌卡车,造成两车损坏及乙受轻伤。交警认定甲负全责,乙不负责任。甲全额赔偿了乙的车辆维修费用及医疗费,但不肯赔偿乙车辆修复期间的停运损失。乙认为自己的车辆正用于某工程的土石方运输,每天可获纯利550元,要求甲赔偿停运损失、工商运管费、保险费、路费等合计38356元。请问:甲是否应赔偿上述费用?

[解答]本案中,甲应赔偿乙车辆停运损失,赔偿标准按正常情况下乙车辆营运可预期的必得利益计算。乙已实际支出的工商运管费、保险费视同停运损失。

第三节 人身损害赔偿

人身损害赔偿,是指侵害他人身体并造成经济上的损失应负的赔偿责任。人身损害赔偿的主要法律依据是《民法通则》第119条和《侵权责任法》第16条,并参照最高人民法院的《人身损害赔偿解释》的相关规定。人身伤害按照损害的情况和程度可分为一般伤害、人身残废和致人死亡三种,与之相应,人身损害的赔偿也有三种情况。

一、一般人身伤害的损害赔偿

一般伤害,是指经过治疗可以恢复健康,不会造成残废的人身伤害。人身伤害的赔偿范围包括:医疗费、误工费、护理费、交通费、住宿费、住院伙食补助费、必要的营养费。这些项目的赔偿也称为一般的常规性的赔偿。

关于医疗费,应根据医疗机构出具的医药费、住院费等收款凭证,结合病历和诊断证明等相关证据确定。赔偿义务人对治疗的必要性和合理性有异议的,应当承担相应的举证责任。医疗费的赔偿数额,按照一审法庭辩论终结前实际发生的数额确定。器官功能恢复训练所必需的康复费、适当的整容费以及其他后续治疗费,赔偿权利人可以待实际发生后另行起诉。但根据医疗证明或者鉴定结论确定必然发生的费用,可以与已经发生的医疗费一并予以赔偿。

关于误工费,应根据受害人的误工时间和收入状况确定。误工时间根据受害人接受治疗的医疗机构出具的证明确定。受害人因伤致残持续误工的,误工时间可以计算至定残日前一天。受害人有固定收入的,误工费按照实际减少的收入计算。受害人无固定收入的,按照其最近3年的平均收入计算;受害人不能举证证明其最近3年的平均收入状况的,可以参照受诉法院所在地相同或者相近行业上一年度职工的平均工资计算。

关于护理费,应根据护理人员的收入状况和护理人数、护理期限确定。护理人员有收入的,参照误工费的规定计算;护理人员没有收入或者雇佣护工的,参照当地护工从事同等级别护理的劳务报酬标准计算。护理期限应计算至受害人恢复生活自理能力时止。受害人因残疾不能恢复生活自理能力的,可以根据其年龄、健康状况等因素确定合理的护理期限,但最长不超过20年。受害人定残后的护理,应当根据其护理依赖程度并结合配制残疾辅助器具的情况确定护理级别。

关于交通费,应根据受害人及其必要的陪护人员因就医或者转院治疗实际发生的费用计算。交通费应当以正式票据为凭;有关凭据应当与就医地点、时间、人数、次数相符合。

关于住宿费,受害人确有必要到外地治疗,因客观原因不能住院,受害人本人及其陪护人员实际发生的住宿费和伙食费,其合理部分应予以赔偿。

关于住院伙食补助费,可以参照当地国家机关一般工作人员的出差伙食补助标准予以确定。

关于必要的营养费,根据受害人伤残情况参照医疗机构的意见确定。

二、致人残废的损害赔偿

人身残废,是指受害人身体遭受严重损害,经过治疗后不能恢复健康,致使部分或全部丧失劳动能力的人身伤害。受害人是否残废以及残废程度有时难以确定,这时对受害人的赔偿可先按一般伤害赔偿,待日后伤情稳定残废得以证实后再按残废处理。

受害人因伤致残的除了上述常规性赔偿之外,还应赔偿其因增加生活上需要所支出的必要费用以及因丧失劳动能力导致的收入损失,包括残疾赔偿金、残疾辅助器具费、被扶养人生活费,以及因康复护理、继续治疗实际发生的必要的康复费、护理费、后续治疗费。

关于残疾赔偿金,应根据受害人丧失劳动能力程度或者伤残等级,按照受诉法院所在地上一年度城镇居民人均可支配收入或者农村居民人均纯收入标准,自定残之日起按20年计算。但60周岁以上的,年龄每增加1岁减少1年;75周岁以上的,按5年计算。

关于残疾辅助器具费,应按照普通适用器具的合理费用标准计算。伤情有特殊需要的,可以参照辅助器具配制机构的意见确定相应的合理费用标准。

关于被扶养人生活费,应根据扶养人丧失劳动能力程度,按照受诉法院所在地上一年度城镇居民人均消费性支出和农村居民人均年生活消费支出标准计算。被扶养人为未成年人的,计算至18周岁;被扶养人无劳动能力又无其他生活来源的,计算20年。但60周岁以上的,年龄每增加1岁减少1年;75周岁以上的,按5年计算。被扶养人是指受害人依法应当承担扶养义务的未成年人或者丧失劳动能力又无其他生活来源的成年近亲属。被扶养人还有其他扶养人的,赔偿义务人只赔偿受害人依法应当负担的部分。

关于康复费,应赔偿其因康复护理、继续治疗实际发生的必要的康复费。

关于护理费,应赔偿其因康复护理、继续治疗实际发生的必要的护理费。受害人因残疾不能恢复生活自理能力的,可以根据其年龄、健康状况等因素确定合理的护理期限,但最长不超过20年。受害人定残后的护理,应当根据其护理依赖程度并结合配制残疾辅助器具的情况确定护理级别。

关于后续治疗费,受害人器官功能恢复训练所必需的康复费、适当的整容费以及其他后续治疗费,赔偿权利人可以待实际发生后另行起诉。但根据医疗证明或者鉴定结论确定必然发生的费用,可以与已经发生的医疗费一并予以赔偿。

[案例]2008年8月1日晚7时许,甄某某与家人及邻居正在南昌市福满多餐厅聚餐,突然,为火锅提供燃气的卡式炉燃气罐发生爆炸,致使甄某某面部、双手烧伤,送往医院救治,诊断为深2度烧伤,烧伤面积达10%,面部结下严重瘢痕。卡式炉爆炸原因是这种燃气罐不具备盛装该种石油气的能力,而卡式炉仓内漏气也是事故发生的重要诱因。请问:甄某某可以请求哪些费用赔偿?

[解答]本案中,甄某某因烧伤致残可以请求赔偿医疗费、误工费、护理费、交通费、住宿费、住院伙食补助费、必要的营养费、残疾赔偿金、残疾辅助器具费、被扶养人生活费、后续治疗费以及请求支付适当的精神损害抚慰金。

三、致人死亡的损害赔偿

致人死亡的赔偿,是指赔偿侵害生命权所造成的损失。除了赔偿死者在死亡前因医疗和抢救其生命所花费的医疗费、护理费等费用外(即一般伤害的常规性赔偿),还应当赔偿丧葬费、被扶养人生活费、死亡补偿费以及受害人亲属办理丧葬事宜支出的交通费、住宿费和误工损失等其他合理费用。

关于丧葬费，按照受诉法院所在地上一年度职工月平均工资标准，以6个月总额计算。

关于死亡赔偿金，按照受诉法院所在地上一年度城镇居民人均可支配收入或者农村居民人均纯收入标准，按20年计算。但60周岁以上的，年龄每增加1岁减少1年；75周岁以上的，按5年计算。

上述各类伤害的赔偿费用原则上应当一次性给付。赔偿义务人请求以定期金方式给付残疾赔偿金、被扶养人生活费、残疾辅助器具费的，应当提供相应的担保。人民法院可以根据赔偿义务人的给付能力和提供担保的情况，确定以定期金方式给付相关费用。

第四节 精神损害赔偿

一、精神损害赔偿的概念

精神损害赔偿，是指侵害自然人的人身权益或法律规定的某些财产权益致使受害人遭受心理或生理上的痛苦，侵权人应承担的损害赔偿责任。

因侵权行为造成的精神上和肉体上的痛苦能否采用物质赔偿的形式，这在学说上有不同的观点。精神损害采用物质赔偿的形式至少存在两个问题：一是人在精神和肉体上的内在痛苦难以用金钱计算和衡量；二是财产赔偿的功能是用来填补受害人的损失的，包括恢复原状和金钱补偿，而对于精神上的痛苦能否用金钱来弥补受害人的精神上的创伤是存在疑问的。而且，自罗马法以来的传统民法都认为侵权责任以财产损失为限。直到近、现代民法后，一些资本主义国家的民法典、立法及其司法实践中开始突破传统民法的规定，承认精神损害可以适用财产赔偿。在我国，通说认为最早规定精神损害赔偿的是《民法通则》第120条，该条规定："公民的姓名权、肖像权、名誉权、荣誉权受到侵害的，有权要求停止侵害，恢复名誉，消除影响，赔礼道歉，并可以要求赔偿损失。"但也有学者认为我国民法通则并未规定精神损害赔偿制度。[①] 为了明确精神损害的赔偿以及便于加强精神损害赔偿司法实践中的可操作性，最高人民法院于2001年2月26日颁行通过了《关于确定民事侵权精神损害赔偿责任若干问题的解释》，2009年12月26日，《侵权责任法》获得通过，立法机关在民事基本法中正式明文规定了精神损害的赔偿，该法第22条规定："侵害他人人身权益，造成他人严重精神损害的，被侵权人可以请求精神损害赔偿。"

正是由于能否用金钱弥补受害人的精神上的创伤值得怀疑，所以对于精神损害所给付的金钱不称为赔偿金而称为抚慰金，精神损害抚慰金是借助金钱的形式安抚、慰藉受害人及其近亲属，从而实现人道主义的目的。根据《精神损害赔偿解释》第9条的规定，精神损害抚慰金包括三种方式：(1)致人残疾的，为残疾赔偿金；(2)致人死亡的，为死亡赔偿金；(3)其他损害情形的，为精神抚慰金。

---

① 余延满：《我国〈民法通则〉并未规定精神损害赔偿制度》，载《法学评论》1992年第5期。

[案例]某甲为唐山大地震幸存者,其父母在地震中均遇难身亡,当时某甲还是一岁的女童。后来,某甲的亲属送给她一张其父母的结婚照片,某甲极为珍惜,妥善保存,作为对父母的纪念。2000年,某甲将该照片送到某照相馆加工放大,照相馆将该照片丢失,给某甲造成极大的痛苦。请问:某甲能否就珍贵照片丢失给自己带来的极大痛苦请求照相馆赔偿其精神损害?

[解答]本案中,可以。根据《精神损害赔偿解释》的规定,侵害具有人格象征意义的特定纪念物品可以请求精神损害赔偿。该仅存的照片对某甲而言意义非同一般,丢失后又无法弥补,给其造成巨大的精神痛苦,为此,可以比照对人格利益损害的精神损害抚慰金救济的方法,对受害人进行精神损害抚慰金救济。

二、精神损害赔偿的适用范围

(一)精神损害赔偿的一般适用情形

根据《精神损害赔偿的解释》的规定,下列精神损害情形受害人可以要求赔偿:(1)自然人的生命权、健康权、身体权、姓名权、肖像权、名誉权、荣誉权、人格尊严权、人身自由权遭受非法侵害,或违反社会公共利益、社会公德侵害他人隐私或者其他人格利益,致人精神损害,造成严重损害的。(2)非法使被监护人脱离监护,导致亲子关系或者近亲属间的亲属关系遭受严重损害的。(3)以侮辱、诽谤、贬损、丑化或者违反社会公共利益、社会公德的其他方式,侵害死者姓名、肖像、名誉、荣誉;非法披露、利用死者隐私,或者以违反社会公共利益、社会公德的其他方式侵害死者隐私;非法利用、损害遗体、遗骨,或者以违反社会公共利益、社会公德的其他方式侵害遗体、遗骨,致使死者的近亲属精神损害,造成严重后果的。(4)具有人格象征意义的特定纪念物品,因侵权行为而永久性灭失或者毁损,致使物品所有人精神损害,造成严重后果的。

(二)精神损害赔偿诉讼不予受理或不予支持的情形

1. 法人或其他组织提出的精神损害赔偿请求,不予受理。《精神损害赔偿解释》第5条规定:"法人或者其他组织以人格权利遭受侵害为由,向人民法院起诉请求赔偿精神损害的,人民法院不予受理。"精神损害的对象只限于自然人,法人或其他组织作为组织体一般认为它们不存在精神损害的问题。

2. 当事人在侵权诉讼后另行提起精神损害赔偿的,不予受理。《精神损害赔偿解释》第6条规定:"当事人在侵权诉讼中没有提出赔偿精神损害的诉讼请求,诉讼终结后又基于同一侵权事实另行起诉请求赔偿精神损害的,人民法院不予受理。"

3. 侵权致人精神损害未造成严重后果的,一般不予支持。《精神损害赔偿解释》第8条规定:"因侵权致人精神损害,但未造成严重后果,受害人请求赔偿精神损害的,一般不予支持,人民法院可以根据情形判令侵权人停止侵害、恢复名誉、消除影响、赔礼道歉。"

三、精神损害赔偿数额的确定

精神损害赔偿数额的确定,应综合考虑以下因素:(1)侵权人的过错程度,法律另有规定的除外;(2)侵害的手段、场合、行为方式等具体情节;(3)侵权行为所造成的后果;(4)侵权人的获利情况;(5)侵权人承担责任的经济能力;(6)受诉法院所在地平均生活水平。法律、行政法规对残疾赔偿金、死亡赔偿金等有明确规定的,适用法律、行政法规的规定。

【思考题】

1. 人身伤害常规赔偿有哪些项目?赔偿方法是什么?
2. 简述直接损失和间接损失及其相互间的区别。
3. 如何理解精神损害赔偿在侵权法中的地位和作用?

【司法考试真题链接】

1. 周某将拍摄了其结婚仪式的彩色胶卷底片交给某彩扩店冲印,并预交了冲印费。周某于约定日期去取相片,彩扩店告知:因失火,其相片连同底片均被焚毁。周某非常痛苦,诉至法院请求彩扩店赔偿胶卷费、冲印费损失及精神损害。下列哪些选项是正确的?(2007年)

   A. 彩扩店侵害了周某的财产权和肖像权
   B. 彩扩店的行为构成违约行为和侵权行为
   C. 彩扩店应当赔偿胶卷费并返还冲洗费
   D. 周某的精神损害赔偿请求应当得到支持

2. 文某在倒车时操作失误,撞上冯某新买的轿车,致其严重受损。冯某因处理该事故而耽误了与女友的约会,并因此争吵分手。文某同意赔偿全部的修车费用,但冯某认为自己的爱车受损并失去了女友,内心十分痛苦,要求文某赔一部新车并赔偿精神损害。下列哪一选项是正确的?(2007年)

   A. 文某应当赔偿冯某一部新车
   B. 文某应当向冯某支付精神损害抚慰金
   C. 文某应向冯某赔礼道歉
   D. 法院不应当支持冯某的精神损害赔偿请求

图书在版编目(CIP)数据

民法分论/胡卫萍主编. —厦门:厦门大学出版社,2013.5
江西省法学教材系列
ISBN 978-7-5615-4488-4

Ⅰ.①民… Ⅱ.①胡… Ⅲ.①民法-中国-高等学校-教材 Ⅳ.①D923

中国版本图书馆 CIP 数据核字(2013)第 009695 号

厦门大学出版社出版发行
(地址:厦门市软件园二期望海路 39 号 邮编:361008)
http://www.xmupress.com
xmup @ xmupress.com
南平市武夷美彩印中心印刷
2013 年 5 月第 1 版 2013 年 5 月第 1 次印刷
开本:787×1092 1/16 印张:24 插页:2
字数:555 千字 印数:1~3 000 册
定价:38.00 元
本书如有印装质量问题请直接寄承印厂调换